D1652769

Wissenschaftliche Beiträge
aus dem Tectum Verlag

Reihe Medienwissenschaft

Wissenschaftliche Beiträge
aus dem Tectum Verlag

Reihe Medienwissenschaft
Band 38

Robert Boehm

Jenseits des Postmodernen
Die Geburt der Metatragödie

Tectum Verlag

Robert Boehm
Jenseits des Postmodernen. Die Geburt der Metatragödie
Wissenschaftliche Beiträge aus dem Tectum Verlag
Reihe: Medienwissenschaft; Bd. 38

© Tectum – ein Verlag in der Nomos Verlagsgesellschaft, Baden-Baden 2020
ISBN 978-3-8288-4457-5
ePDF 978-3-8288-7476-3
ePub 978-3-8288-7477-0
ISSN 1861-7530

Covergestaltung: Tectum Verlag, unter Verwendung des Bildes # 232808011
von Makhnach_S | www.shutterstock.com

Druck und Bindung: CPI buchbücher.de, Birkach
Printed in Germany

Alle Rechte vorbehalten

Besuchen Sie uns im Internet
www.tectum-verlag.de

Bibliografische Informationen der Deutschen Nationalbibliothek
Die Deutsche Nationalbibliothek verzeichnet diese Publikation
in der Deutschen Nationalbibliografie; detaillierte bibliografische
Angaben sind im Internet über http://dnb.d-nb.de abrufbar.

Inhalt

Abbildungsverzeichnis IX
Vorwort: Brave New Pulp Fiction 1
1 Einleitung 3
2 Metatragödien 13
3 Gesellschaftlicher Kontext 27
3.1 Postmoderne 27
3.2 Metamoderne 32
4 Historischer Kontext 47
4.1 Also sprach Zarathustra 49
4.2 Literarische Wurzeln 55
4.3 Film Noir 62
4.4 Midnight-Movies und Gegenkultur 68
4.5 (Mind-)Games & Tarantino 79
4.6 Dark Drama 83
4.7 New Weird 88
5. Metatragisches Erzählen 93
5.1 Von Immersion zu Paranoia 93
5.2 Die Leiche Gottes als Köder 100
5.3 Der blinde Fleck 108
5.4 Leben im Leerraum 120
6 Die Welt als Metafiktion 129
6.1 Vom Schisma zum Schema 129
6.2 Demut als Größenwahn, Größenwahn als Demut 130
6.3 Die Bestie Protagonist: Gewalt und Tanzeinlagen 135
6.4 Meta-Schicksal: Alles ist verflochten 149
6.5 Meta-Metaphysik: Die Welt als Wahnwitz und Potenzial ... 154
6.6 Jenseits von Selbstverwirklichung: Dialektische
    Selbstgestaltung 162

6.7	Protagonisten sind Individuen	170
6.8	Der dissoziative Leviathan	178
7	**Metatragik in ausgesuchten Serien**	**189**
7.1	Dark	190
	7.1.1 Infragestellung der Realität	194
	7.1.2 Metafiktionalität	204
	7.1.3 Untote Autoren	217
	7.1.4 Selbstbegegnungen	222
	7.1.5 Die Protagonisten identifizieren sich mit ihrer Geschichte.	224
	7.1.6 Ideologie und Utopismus	230
7.2	American Gods	233
	7.2.1 Infragestellung der Realtität	235
	7.2.2 Metafiktionalität	240
	7.2.3 Untote Autoren	246
	7.2.4 Selbstbegegnungen	248
	7.2.5 Die Protagonisten identifizieren sich mit ihrer Geschichte.	250
	7.2.6 Ideologie und Utopismus	256
7.3	Westworld	264
	7.3.1 Infragestellung der Realität	267
	7.3.2 Metafiktionalität	270
	7.3.3 Untote Autoren	276
	7.3.4 Selbstbegegnungen	279
	7.3.5 Die Protagonisten identifizieren sich mit ihrer Geschichte.	282
	7.3.6 Ideologie und Utopismus	286
7.4	Zusammenfassung	291
8	**Utopismus**	**295**
8.1	Der tote Punkt	295
8.2	Homo Ludens Ludens	305

Nachwort: Jenseits von Grand Theft Auto 329

Danksagung 333

Quellenverzeichnis 335

Bildquellen 361

Abbildungsverzeichnis

Abbildung 1: Repräsentativer Zusammenprall mit der Vierten Wand in der frühen Metatragödie ZARDOZ........ 16

Abbildung 2: Selbstbegegnung in STAR WARS: EPISODE VIII – THE LAST JEDI. 53

Abbildung 3: Typische Bildgestaltung des Film Noir.. 66

Abbildung 4: Spielzeuglabyrinth in der Serie WESTWORLD aus dem Point-of-View der Roboter-Frau Dolores........ 74

Abbildung 5: die Vierte Wand als kaleidoskopischer Kristallpalast in ZARDOZ........ 76

Abbildung 6: An BIOSHOCK erinnerndes Level-Design in der Serie WESTWORLD 81

Abbildung 7: Überschneidung der Begriffe Metatragödie, Mindgame-Movie, Dark Drama und New Weird. .. 91

Abbildung 8: Kleinsche Flasche 98

Abbildung 9: Zed im Spiegelkabinet von ZARDOZ........ 117

Abbildung 10: Der Blinde Fleck........ 118

Abbildung 11: Habitable Zone zweier Sonnensysteme. 123

Abbildung 12: Phallische Symbolik in ANNIHILATION 139

Abbildung 13: Annäherungen an ein nicht-lineares Zeitverständnis im späten 19. Jahrhundert. 186

Abbildung 14: Buddha-Statue und Psychopharmaka im Vorspann von AMERICAN GODS........ 301

Abbildung 15: Flow-Diagramm........ 319

Vorwort: Brave New Pulp Fiction

Deutsche Wahlplakate zeigen Angela Merkel nebst der vagen Andeutung, sie habe wohl nicht vor, die Bundesrepublik in einen menschenfeindlichen Schreckensstaat zu verwandeln[1]. Vor dem Referendum zum *Brexit* fordert der britische Politiker Michael Gove die Bürger auf, sich doch nicht ausgerechnet von Experten beraten zu lassen[2]. Kurzum: das ungewollte und doch hässliche Kind der Postmoderne reckt sein Haupt und hört (nicht) auf den Namen *postfaktisch*.

Zugleich stellen Gentechnik, Digitalisierung und die exponentielle Evolution künstlicher Intelligenz grundstürzend infrage, was es bedeutet, Mensch zu sein.

Videospiele etablieren sich zunehmend als Medium, TV-Serien werden immer cineastischer und Streamingdienste tragen den Keim des morschen Kinos in heimische Stuben.

Ein neues Genre führt all das zusammen. Die Welt kippt zunehmend ins Surreale und folgerichtig kehren surrealistische Erzählformen auf Leinwand und Bildschirme zurück. Zweige, deren Wurzeln von der Weimarer Republik über die dunkelsten Momente Hollywoods bis hin zum schrägen Trip der Midnight-Movies reichen, tragen frische Früchte.

Analog dazu erzählen Kulturkritiker von Žižek und Harari bis hin zu Jordan Peterson kritische Geschichten über eine Kultur, die zunehmend von bloßen Geschichten dominiert wird. In deren narrativen Medien knospen Ansätze eines neu heraufdämmernden Utopismus, der mehr mit Quentin Tarantino zu tun hat als mit METROPOLIS[3] und dem Ende der Geschichte(n).

Ob etwas erzählt werden soll wird immer irrelevanter.

Zur Frage wird *Wie*.

---

[1] Vgl. cdu.de (2018). https://www.cdu.de/artikel/plakate-zur-bundestagswahl, zuletzt geprüft am 14.02.2020
[2] Vgl. Jackson/Ormerod 2017
[3] METROPOLIS. R.: Fritz Lang. GER 1927

1 Einleitung

> „Es gibt keine Wähler mehr, nur noch Konsumenten. Alles Algorythmen, alles Verbraucher. Und sie wählen das, was man ihnen vorsetzt, solange sie verbrauchen dürfen. Denn das Verbrauchen ersetzt ihnen die Lebendigkeit, den Hunger. Das Verbrauchen ist der Hunger der Immersatten. Es gibt nur noch Zielgruppen, keine Milieus, nur noch Gefühle. Milieus der Gefühle. Humanismus."
>
> Verleger in: M – EINE STADT SUCHT EINEN MÖRDER[4]

In diesem Buch geht es um die Entstehung eines erzählerischen Genres: der Metatragödie. Ihm zugehörige Werke finden sich in Form von Kinofilmen, TV-Serien, Romanen, Videospielen und sonstigen narrativen Medien – der Fokus liegt jedoch auf der Untersuchung filmischer und serieller Erzählungen. Das Kernthema dieses Genres besteht in der Lenkbarkeit menschlichen Wahrnehmens und Handelns – z.B. durch algorythmisch personalisierte Propaganda auf Basis der Analyse großer Datensätze oder auch schlicht durch die alltägliche Einflussnahme seitens Mitmenschen und Umwelt.

Der Manipulation zu entkommen scheint in Metatragödien unmöglich. Gleichwohl sind die Erzählungen meist in bestimmter Hinsicht optimistisch und teils sogar regelrecht utopistisch: anstatt sich gegen Manipulation per se auszusprechen, werfen sie die Frage auf, wozu man manipuliert werden bzw. sich selbst manipulieren sollte.

Zentrales Merkmal jeder Metatragödie ist dabei, dass sich nicht mehr mit letzter Gewissheit bestimmen lässt, was in der erzählten Geschichte vor sich geht, bzw., was sie zu bedeuten hat – und dass sowohl ihre Protagonisten als auch der Rezipient jeweils auf sich gestellt eigene Wege finden müssen, damit umzugehen.

Es kommt zu einer Auflösung der festen Realität, in der zur Orientierung lediglich Geschichten verbleiben – die nur als solche Sinn ergeben. So beginnen die Protagonisten einer Metatragödie schließlich selbst, ihr Leben indirekt als Fitkion zu begreifen. Eben darin liegt eine bestimmte Form von Utopismus: sich selbst von außen betrachten und in der eigenen Biographie narrative Bedeutung finden zu können.

---

[4] Vgl. M – EINE STADT SUCHT EINEN MÖRDER [Fernsehserie]. Creator: David Schalko. AUT/GER 2019, Staffel 1, Folge 6, Min.: 28:00

Die individuelle Geschichte anstelle großer Ideologien, Religionen und Leitbilder als sinnstiftende Erzählung zu erschließen, die zum eigenen Leben passt.

In einem gesellschaftlichen Kontext betrachtet reflektieren Metatragödien somit Potenziale, die sich aus technischen Entwicklungen ergeben. Bereits die Entdeckung der Fotografie und später des Films machen möglich, einer externalisierten Version von sich selbst zu begegnen. Noch sehr viel präsenter wird dieser Effekt durch die digitale Revolution, besonders das Internet und dessen zunehmende Verknüpfung mit dem Alltagsleben, etwa durch Soziale Medien.

Was man tut, wird in immer stärkerem Maße dokumentiert, gespeichert und narrativ aufbereitet. Die eigene Lebensgeschichte wird als solche greifbarer und nachvollziehbarer. Dieser Prozess verselbstständigt sich durch die Analyse und Spiegelung menschlichen Verhaltens durch Algorythmen, deren simpelste Variante personalisierte Werbung ist. Vorlieben, Interessen und das eigene Verhalten werden selektiv auf das Individuum zurückprojiziert und sei es nur in Form von angepassten Produktvorschlägen. Die dahinterstehenden Prozesse werden immer komplexer und schwieriger zu durchschauen. Vor allem dienen sie in der Regel anderen Zwecken als der Entwicklung eines interessanten, sinnstiftenden Selbstbildes.

Die metatragische Utopie besteht darin, den Spieß umdrehen zu können: nicht nur hilflos mit sich selbst konfrontiert zu werden, sondern die eigene Rolle reflektieren und gegebenenfalls neu interpretieren zu können. Nicht bloß permanent wahrgenommen zu werden, sondern sich stattdessen selbst in der dritten Person wahrzunehmen, wie der Spieler eines Videospiels seine Avatarfigur – und sich selbst zu manipulieren, statt manipuliert zu werden. Wenn man so will: die eigene Geschichte neu zu schreiben – nicht hinsichtlich der Fakten, sondern in Bezug auf deren Implikationen.

Problematisch dabei ist, dass extreme Selbstreflexion – allemal in metatragischen Erzählungen – zwangsläufig die Erkenntnis mit sich bringt, dass man das eigene Ich bloß begrenzt begreift. Zwar kann man sich von außen betrachten, doch dies führt zu Entfremdung. Es mag helfen, zu verstehen, was man will – doch warum man etwas will wird fundamental infragegestellt. Nicht einmal der Wunsch, nicht beeinflusst zu werden, ist davon ausgenommen, potenziell das Produkt fremder Einflussnahme zu sein.

Von diesem Paradoxon ausgehend propagieren Metatragödien, das eigene Empfinden und die – eigene wie fremde – Sicht auf sich selbst mithilfe eines verbindenden Narrativs in Einklang zu bringen: auf das doppelte Scheitern metatragischer Protagonisten daran, die Welt oder sich selbst zu verstehen, folgt ihre Konzentration auf die eigene Lebensrealität. Da deren Hintergründe ein Mysterium bleiben, ist jedoch auch alles Wissen darüber Halbwissen: eine Geschichte.

Diese in Metatragödien zum Ausdruck kommenden Betrachtungsweise entspricht verschiedenen Denkansätzen der Postmoderne. Der Begriff Postmoderne, wie er hier verwendet wird, bezeichnet das Scheitern der Moderne und ihrer großen Erzählungen. Philosophische Systeme, Ideologien und Utopien sind demnach auf Sand gebaut, da sie stets Anspruch auf unumstößliche Wahrheiten erheben. Aus postmoderner Sicht jedoch ist Wahrheit relativ. Es gibt kein Richtig oder Falsch, sondern bloß Standpunkte und Ansichten, die gleichwertig und letzten Endes willkürlich sind. Auch die Idee, nach der einen oder anderen Universal-Formel eine perfekte Gesellschaft errichten oder ein vollkommenes Leben führen zu können, ist illusorisch.

Dem wird in metatragischen Erzählungen nicht wiedersprochen. Allerdings erscheint diese Erkenntnis letztendlich eher befreiend denn als Problem. Das eigene Leben wird selbst zur sinnstiftenden Erzählung, ohne einem absoluten Prinzip folgen zu müssen. Anstatt dem Streben nach einem tieferen Sinn im Weg zu stehen, bieten seine Konflikte Orientierung. Was warum geschieht wird weniger wichtig, als wie man damit umgeht. Viele Metatragödien spielen dabei in regelrecht dystopischen Szenarien – die von ihren Protagonisten im Verlauf der Handlung als individuelle Utopien begriffen werden. Deren Kern ist jeweils Selbstgestaltung ohne den Druck, irgendeinem konkreten Traum oder einer Bestimmung dienlich sein zu müssen, wie er z.B. im Konzept humanistischer Selbstverwirklichung implizit enthalten ist.

Dieses Ideal steht nicht notwendigerweise in Verbindung mit spezifischen Technologien. Wie in Kapitel 5 dargestellt wird, finden sich auch metatragische Erzählungen, die allemal weit vor der Etablierung des Internets entstanden sind. Im Zuge der Digitalisierung werden die damit verbundenen Themen, wie eben die Konfrontation mit sich selbst, jedoch weitaus präsenter im Alltagsleben und somit greifbarer. Auch sorgt technischer Fortschritt – und im besonderen Maße die Entwicklung immer komplexerer künstlicher Intelligenz – zunehmend dafür, dass Menschen ihren wirtschaftlichen und militärischen Nutzen für das ökonomische und politische System verlieren, wie u.a. Harari darlegt[5]. Hinzu kommt, dass mit der Vorstellung eines frei entscheidenden wahren Ichs auch die bisherigen Grundlagen liberaler Gesellschaftsmodelle, wie etwa demokratische Abstimmungen und freie Märkte, infragegestellt werden[6]. Die in Metatragödien zum eigenständigen Wert erhobene Gestaltung des individuellen Lebens bietet ein alternatives Bedeutungskonzept, wie aus den in diesem Buch vorgenommenen Analysen an späterer Stelle hervorgeht (siehe besonders Kapitel 8).

Aus diesen Gründen werden dabei vor allem Filme und TV-Serien untersucht, die ab 1990 erschienen sind, also während der kommerziellen Phase des Internets. Ebenfalls relevant ist, dass sich der Fokus des massenattraktiven Kinos von diesem Zeitpunkt an von narrativer Plausibilität hin zu Schauwerten und Attraktion verschiebt[7]. Die ohnehin relative Aussage oder Bedeutung des Plots tritt hinter die unmittelbare Bedeutung des Gezeigten zurück. Wie bereits angeschnitten, bieten Metatragödien eine Art intellektuelle Rechtfertigung dafür, sich auf das reine Wie des Geschehens zu fokussieren – obschon sie selbst in der Regel über einen vergleichsweise komplexen Plott verfügen.

Die Zugehörigkeit zum Genre der Metatragödie wird am Vorhandensein bestimmter erzählerischer Motive festgemacht, auf die im folgenden Kapitel eingegangen wird. Bei der Definition als Genre wird auf Schraders Definition eines solchen als wiederkehrende Kombination von Setting und Konflikt zurückgegriffen[8]. In Metatragödien ist das Setting die Dekonstruktion des jeweiligen Settings eines beliebigen anderen Genres – und der Konflikt die bewusste Annahme von dessen Konflikt durch die Protagonisten. Wie beim Film Noir, der zu den prägenden Einflussfaktoren späterer Metatragödien zählt, handelt es sich also eher um ein parasitäres Metagenre, das stets im Verbund mit einem fremden Wirtsgenre vorkommt[9]. Eine Art Subgenre mit austauschbarem Hauptgenre. Überwiegend, aber nicht ausschließlich, handelt es sich bei Letzterem um Science-Fiction.

Als nach 1990 erschienene Metatragödien verstanden werden in diesem Buch die Spielfilme IN THE MOUTH OF MADNESS[10], LOST

---

5 Vgl. Harari 2017, S. 413
6 Vgl. Harari 2018, S. 89-90
7 Vgl. Leschke/Venus in: Leschke/Venus/Heidbrink 2007, S. 7
8 Vgl. Schrader 1972, S. 53
9 Vgl. Durgnat 1970, S. 38
10 IN THE MOUTH OF MADNESS. R.: John Carpenter. USA 1994

Highway[11] The Truman Show[12], Being John Malkovich[13], Fight Club[14], The Matrix[15] (sowie die beiden Fortsetzungen The Matrix Reloaded[16] und The Matrix Revolutions[17]), Unbreakable[18] (sowie die beiden Fortsetzungen Split[19] und Glass[20]), Donnie Darko[21], Stranger Than Fiction[22], Slipstream[23], Sauna[24], Watchmen[25], Black Swan[26], The Cabin in the Woods[27], Resolution[28], Snowpiercer[29], The World's End[30], Trudno byt bogom (deutscher Titel: Es ist schwer, ein Gott zu sein)[31], Ex Machina[32], Tatort: Im Schmerz geboren[33], Tomorrowland[34], High-Rise[35], Mænd & høns (deutscher Titel: Men & Chicken)[36], Arrival[37], A Cure for Wellness[38], The Endless[39], Logan[40],

---

11 Lost Highway. R.: David Lynch. FRAU/USA 1997
12 The Truman Show. R.: Peter Weir. USA 1998
13 Being John Malkovich. R.: Spike Jonze. USA 1999
14 Fight Club. R.: David Fincher. GER/USA 1999
15 The Matrix. R.: Lana Wachowski/Lilly Wachowski. USA 1999
16 The Matrix Reloaded. R.: Lana Wachowski/Lilly Wachowski. AUS/USA 2003
17 The Matrix Revolutions. R.: Lana Wachowski/Lilly Wachowski. AUS/USA 2003
18 Unbreakable. R.: M. Night Shyamalan. USA 2000
19 Split. R.: M. Night Shyamalan. USA 2016
20 Glass. R.: M Night Shyamalan. USA 2019
21 Donnie Darko. R.: Richard Kelly. USA 2001
22 Stranger Than Fiction. R.: Marc Forster. USA 2006
23 Slipstream. R.: Sir Anthony Hopkins. USA 2007
24 Sauna. R.: Antti-Jussi Annila. CZE/FIN 2008
25 Watchmen. R.: Zack Snyder. USA 2009
26 Black Swan. R.: Darren Aronofsky. USA 2010
27 The Cabin in the Woods. R.: Drew Goddard. USA 2012
28 Resolution. R.: Justin Benson/Aaron Moorhead. USA 2012
29 Snowpiercer. R.: Joon-ho Bong. CZE/KOR 2013
30 The World's End. R.: Edgar Wright. GBR/USA/JPN 2013
31 Trudno byt bogom. R.: Aleksey German. RUS 2013
32 Ex Machina. R.: Alex Garland. GBR 2014
33 Tatort: Im Schmerz geboren. R.: Florian Schwarz. GER 2014
34 Tomorrowland. R.: Brad Bird. ESP/FRA/GBR/USA 2015
35 High-Rise. R.: Ben Wheatley. BEL/GBR/IRL 2015
36 Mænd & høns. R.: Anders thomas Jensen. DNK/GER 2015
37 Arrival. R.: Denis Villeneuve. USA 2016
38 A Cure for Wellness. R.: Gore Verbinski. GER/USA 2016
39 The Endless. R.: Justin Benson/Aaron Moorhead. USA 2017
40 Logan. R.: James Mangold. USA 2017

THE DISCOVERY[41], BLADERUNNER 2049[42], STAR WARS: EPISODE VIII - THE LAST JEDI[43] und ANNIHILATION[44]. Diese Liste erhebt keinen Anspruch auf Vollständigkeit. Abgesehen von ihren gemeinsamen Charakteristika als Metatragödien, die ebenfalls verschieden stark ausgeprägt vorliegen, sind die genannten Werke höchst unterschiedlich – in Hinsicht auf Inhalt, Anspruch und Produktionsaufwand. Das Spektrum reicht dabei von familienfreundlichen Hollywood-Stücken und Komödien bis hin zu hochkomplexen Art-House-Filmen und umfasst sogar eine deutsche TATORT-Folge: obwohl es sich mehrheitlich um amerikanische Produktionen handelt, finden sich auch Metatragödien aus dem europäischen und asiatischen Raum.

Hinzu kommen darüber hinaus einige Filme, die zwar nicht als vollwertige Metatragödien betrachtet werden können, aber dennoch in hohem Maß zur metatragischen Selbstdekonstruktion neigen, einige der entsprechenden Motive aufweisen und eine ähnliche Weltsicht zum Ausdruck bringen, wie beispielsweise BLINKENDE LYGTER (deutscher Titel: FLICKERING LIGHTS)[45], MEMENTO[46], BATMAN BEGINS[47] (sowie die beiden Fortsetzungen THE DARK KNIGHT[48] und THE DARK KNIGHT RISES[49]), ADAMS ÆBLER (deutscher Titel: ADAMS ÄPFEL)[50], THE PRESTIGE[51], WHEN NIETZSCHE WEPT[52], WANTED[53], SCOTT PILGRIM VS. THE WORLD[54], THE HUNGER GAMES[55] (sowie die drei Fortsetzungen THE HUNGER GAMES: CATCHING FIRE[56], THE HUNGER GAMES: MOCKINGJAY - PART 1[57] und THE HUNGER GAMES: MOCKINGJAY -

---

41 THE DISCOVERY. R.: Charlie McDowell. USA 2017
42 BLADE RUNNER 2049. R.: Denis Villeneuve. CAN/GBR/HUN/USA 2017
43 STAR WARS: EPISODE VIII - THE LAST JEDI. R.: Rian Jonson. USA 2017
44 ANNIHILATION. R.: Alex Garland. GBR/USA 2018
45 BLINKENDE LYGTER. Anders Thomas Jensen. DNK/SWE 2000
46 MEMENTO. R.: Christopher Nolan. USA 2000
47 BATMAN BEGINS. R.: Christopher Nolan. GBR/USA 2005
48 THE DARK KNIGHT. R.: Christopher Nolan. GBR/USA 2008
49 THE DARK KNIGHT RISES. R.: Christopher Nolan. GBR/USA 2012
50 ADAMS ÆBLER. R.: Anders Thomas Jensen. DNK/GER 2006
51 THE PRESTIGE. R.: R.: Christopher Nolan. USA 2006
52 WHEN NIETZSCHE WEPT. R.: Pinchas Perry. USA 2007
53 WANTED. R.: Timur Bekmambetov. GER/USA 2008
54 SCOTT PILGRIM VS. THE WORLD. R.: Edgar Wright. CAN/GBRJPN/USA 2010
55 THE HUNGER GAMES. R.: Gary Ross. USA 2012
56 THE HUNGER GAMES: Catching Fire. R.: Francis Lawrence. USA 2013
57 THE HUNGER GAMES: MOCKINGJAY - PART 1. R.: Francis Lawrence. USA 2014

PART 2[58]), CLOUD ATLAS[59], PROMETHEUS[60], OBLIVION[61], MAD MAX: FURY ROAD[62], DR. STRANGE[63], ALIEN: COVENANT[64], BAD TIMES AT THE EL ROYALE[65], RAUS[66] oder THE DEAD DON'T DIE[67].

Beispielsweise in PROMETHEUS, OBLIVION, DR. STRANGE und RAUS durchleben die Protagonisten zwar eine metatragische Entwicklung im geschilderten Sinne, die Filme verfügen jedoch nicht über eine so markante metafiktionale Ebene wie die Titel der ersten Liste. Die THE HUNGER GAMES-Reihe kann in ihrer Gesamtheit als Metatragödie eingestuft werden – für sich betrachtet entsprechen die einzelnen Episoden den Kriterien jedoch nur teilweise.

Regisseure, in deren Œuvre sich wiederkehrend metatragische Filme finden, sind somit beispielsweise Ridley Scott (auch dessen Film BLADE RUNNER[68] von 1982 entspricht den Kriterien einer Metatragödie und kann in diesem Zusammenhang als wegweisendes Werk betrachtet werden, siehe Kapitel 4.4), Christopher Nolan, Denis Villeneuve, Tom Tykwer (dessen LOLA RENNT[69] ebenfalls einen Einflussfaktor für die Entwicklung metatragischen Erzählens darstellt, siehe Kapitel 4.5), Anders Thomas Jensen, Drew Goddard, M. Night Shyamalan, Alex Garland, Justin Benson und Aaron Moorhead sowie Lana und Lilly Wachowski.

Wie eingangs erwähnt, lassen sich auch Erzählungen in anderen Medien als Metatragödien einstufen, wobei die entsprechenden Motive teils in speziellen, medienspezifischen Ausdrucksformen vorliegen. Darunter fallen etwa die Videospiele PREY (sowohl das unter diesem Namen erschienene Spiel des Entwicklers Human Head Studios aus

---

58 THE HUNGER GAMES: MOCKINGJAY - PART 2. R.: Francis Lawrence. GER/USA 2015
59 CLOUD ATLAS. R.: Tom Tykwer/Lana Wachowski/Lilly Wachowski. GER/HKG/SGP/USA 2012
60 PROMETHEUS. R.: Ridley Scott. GBR/USA 2012
61 OBLIVION. R.: Joseph Kosinski. USA 2013
62 MAD MAX: FURY ROAD. R.: George Miller. AUS/USA 2015
63 DR. STRANGE. R.: Scott Derrickson. USA 2016
64 ALIEN: COVENANT. R.: Ridley Scott. GBR/USA 2017
65 BAD TIMES AT THE EL ROYALE. R.: Drew Goddard. USA 2018
66 RAUS. R.: Philipp Hirsch. GER 2019
67 THE DEAD DON'T DIE. R.: Jim Jarmusch. USA/SWE 2019
68 BLADE RUNNER. R.: Ridley Scott. HKG/USA 1982
69 LOLA RENNT. R.: Tom Tykwer. DEU 1998

dem Jahr 2006[70] als auch PREY von 2017, entwickelt von Arkane Studios[71]), S.T.A.L.K.E.R.: SHADOW OF CHERNOBYL[72], BIOSHOCK[73], BIOSHOCK 2[74], BIOSHOCK INFINITE[75] (einschließlich der separat spielbaren Erweiterung BIOSHOCK INFINITE: BURIAL AT SEA[76]), ALAN WAKE[77], LIFE IS STRANGE[78], HELLBLADE: SENUA'S SACRIFICE[79], ECHO[80] und, allemal in Ansätzen, WHAT REMAINS OF EDITH FINCH[81] sowie CONTROL[82], DISCO ELYSIUM[83] und DEATH STRANDING[84].

Die im Folgenden vorgenommene Untersuchung metatragischen Erzählens und der damit einhergehenden Sichtweise bzw. Utopie erfolgt überwiegend anhand von Kinofilmen. Anschließend erfolgt eine detaillierte Analyse dreier metatragischer TV-Serien – untersucht werden AMERICAN GODS[85], WESTWORLD[86] und die deutsche Serie

---

70 PREY. PC/Xbox 360. Entwickler: Human Head Studios u.a.. Publisher: 2K Games. 2006
71 PREY. PC/Xbox One/PlayStation 4. Entwickler: Arkane Studios Austin. Publisher: Bethesda Softworks. 2017
72 S.T.A.L.K.E.R.: SHADOW OF CHERNOBYL. PC. Entwickler: GSC Game World. Publisher: CIS: GSC World Publishing/THQ. 2007
73 BIOSHOCK. PC u.a.. Entwickler: 2K Australia u.a.. Publisher: 2K Games. 2007
74 BIOSHOCK 2. PC/PlayStation 3/Xbox 360. Entwickler: 2K Australia u.a.. Publisher: 2K Games. 2010
75 BIOSHOCK INFINITE. PC u.a. Entwickler: Irrational Games/2K Australia. Publisher: 2K Games. 2013
76 BIOSHOCK INFINITE: BURIAL AT SEA. PC u.a. Entwickler: Irrational Games. Publisher: 2K Games. USA 2013-2014
77 ALAN WAKE. PC/Xbox 360. Entwickler: Remedy Entertainment/Nitro Games. Publisher: Microsoft Game Studios/Remedy Entertainment/Nordic Games. 2010
78 LIFE IS STRANGE. PC u.a.. Entwickler: dontnod Entertainment. Publisher: Square Enix. 2015
79 HELLBLADE: Senua's Sacrifice. PC/PlayStation 4/Xbox One. Entwickler: Ninja Theory. Publisher: Ninja Theory. 2017
80 ECHO. PC/PlayStation 4. Entwickler: Ultra Ultra. Publisher: Ultra Ultra. 2017
81 WHAT REMAINS OF EDITH FINCH. PC/ PlayStation 4/Xbox One. Entwickler: Giant Sparrow/SCE Santa Monica Studio. Publisher: Annapurna Interactive. 2017
82 CONTROL. PC/PlayStation 4/Xbox One. Entwickler: Remedy Entertainment. Publisher: 505 Games. 2019
83 DISCO ELYSIUM. PC/ PlayStation 4/Xbox One. Entwickler: ZA/UM. Publisher: ZA/UM. 2019
84 DEATH STRANDING. PC/PlayStation 4. Entwickler: Kojima Productions. Publisher: Sony Interactive Entertainment/505 Games. 2019
85 AMERICAN GODS [Fernsehserie]. Creators: Bryan Fuller, Michael Green. USA seit 2017
86 WESTWORLD [Fernsehserie]. Creators: Jonathan Nolan/Lisa Joy. USA seit 2016

DARK[87] – was mehrere Gründe hat. Einerseits wird dem Rezipienten aufgrund der gegenüber klassischen Spielfilmen wesentlich länger ausgedehnten Erzähldauer mehr Zeit gelassen, die Inhalte zu verarbeiten. Somit werden komplexe Thematiken – wie die metatragische Meta-Utopie (siehe Kapitel 6 und 8) – einem breiteren Publikum zugänglich gemacht. Beispielsweise kann die Serie MR. ROBOT[88] als stark vereinfachte und temporär gedehnte Neuauflage von FIGHT CLUB beschrieben werden.

Andererseits wird die Verknüpfung zwischen narrativer Fiktion und Alltagsrealität, der sich Protagonisten wie auch Rezipienten ausgesetzt sehen, zusätzlich durch das anzunehmende Rezeptionsumfeld von Serien betont: der eigenen Privatwohnung. Anders als das spezielle Rezeptionsumfeld des Kinos, ist diese kein offener sozialer Schauplatz, der gezielt für eine bestimme Umgangspraxis mit Filmen geschaffen wurde.[89]

Von Interesse ist, dass sowohl AMERICAN GODS als auch DARK für digitale Streamingdienste produziert wurden. Im Fall von AMERICAN GODS (auch) für Amazon Prime – genau wie die ebenfalls metatragischen Serien MR. ROBOT, THE MAN IN THE HIGH CASTLE[90], ASH VS EVIL DEAD[91], PREACHER[92], VIKINGS[93] (vor allem die späteren Staffeln) und PHILIP K. DICK'S ELECTRIC DREAMS[94].

DARK ist eine Netflix-Produktion – genau wie MANIAC[95], DIRK GENTLY'S HOLISTIC DETECTIVE AGENCY[96] und BLACK MIRROR[97].

---

87 DARK [Fernsehserie]. Creators: Janje Friese/Baran bo Odar. GER/USA seit 2017
88 MR. ROBOT [Fernsehserie]. Creator: Sam Esmail. USA seit 2015
89 Vgl. Seel 2013, S. 9-10
90 THE MAN IN THE HIGH CASTLE [Fernsehserie]. Creator: Frank Spotnitz. USA seit 2015
91 ASH VS EVIL DEAD [Fernsehserie]. Creators: Ivan Raimi/Sam Raimi/ Tom Spezialy. USA 2015-2018
92 PREACHER [Fernsehserie]. Creators: Sam Catlin/Evan Goldberg/Seth Rogen. USA seit 2016
93 VIKINGS [Fernsehserie]. Creator: Michael Hirst. IRL/CAN seit 2013
94 PHILIP K. DICK'S ELECTRIC DREAMS [Fernsehserie]. Creator: David Farr u.a.. GBR/USA seit 2017
95 MANIAC [Fernsehserie]. Creators: Cary Joji Fukunaga/Patrick Somerville. USA 2018
96 DIRK GENTLY'S HOLISTIC DETECTIVE AGENCY [Fernsehserie]. Creator: Max Landis. USA 2016-2017
97 BLACK MIRROR [Fernsehserie]. Creator: Charlie Brooker. GBR seit 2011

Hinsichtlich der beiden Anthologie-Serien BLACK MIRROR und PHILIP K. DICK'S ELECTRIC DREAMS ist anzumerken, dass jeweils nur bestimmte der jeweils in sich abgeschlossenen Episoden die metatragischen Motive aufweisen. Besonders interessant ist die interaktive BLACK MIRROR-Folge BANDERSNATCH[98], auf die in Kapitel 5.2 näher eingegangen wird. WESTWORLD ist eine Fernsehserie des amerikanischen Senders HBO – eine weitere metatragische TV-Produktion ist die österreichische Serie M – EINE STADT SUCHT EINEN MÖRDER aus dem Jahr 2019. Bei dieser handelt es sich um eine in die Gegenwart versetzte Adaption von Fritz Langs Spielfilm M[99] aus dem Jahr 1931. In Teilen kann auch David Lynchs TWIN PEAKS[100] als metragische Serie eingestuft werden – besonders deren 2017 erschienene dritte Staffel.

Im folgenden Kapitel werden zunächst die fünf metatragischen Kernmotive vorgestellt, welche sich in dieser Kombination in sämtlichen dieser Werke finden. Anschließend wird das Genre in Bezug zu dem gesellschaftlichen und intellektuellen Diskurs der Postmoderne gesetzt – bzw. zu einer speziellen Tendenz desselben, die hier als Metamoderne bezeichnet wird.

Darauf folgen eine Einordnung in den historischen Kontext filmischer und literarischer Erzählungen und eine Spezifizierung der erzählerischen Synergien, welche durch die Kombination der fünf Motive zustandekommen. Einher geht damit eine bestimmte Weltsicht, die in einigen Aspekten näher beleuchtet wird.

Infolge dessen werden die Ergebnisse der bis zu diesem Punkt vorgenommenen Untersuchungen auf die drei genannten Serien bezogen, um eine vertiefte Analyse anhand konkreter Beispiele zu gewährleisten.

Abschließend wird dargestellt, inwieweit Metatragödien als eine Form politischer Utopien angesehen werden können – speziell vor dem technologischen und kulturellen Hintergrund des 21. Jahrhunderts.

---

98 BLACK MIRROR: BANDERSNATCH. R.: David Slade. USA/GBR 2018
99 M. R.: Fritz Lang. GER 1931
100 TWIN PEAKS [Fernsehserie]. Creator: Mark Frost/David Lynch. USA 1990-2017

2 Metatragödien

> "What is a person but a collection of choices? Where do those choices come from? Do I have a choice?"
>
> Wiliam in: WESTWORLD (Staffel 2)[101]

Das Konzept der Metatragödie besitzt große Ähnlichkeit zu dem von Wachholz definierten Dark Drama und der literarischen Strömung des New Weird. Alle drei Genres können vereinfachend als eine Art mainstreamtauglicher Surrealismus mit existentiellem Einschlag beschrieben werden. Der hauptsächliche Unterschied liegt in der jeweiligen Definitionsweise: die Einstufung als Dark Drama wird vor allem an der Auseinandersetzung mit bestimmten Themen festgemacht und die als New Weird an einer gewissen Stimmung im Verbund mit gebrochenen Genrekonventionen. Die Kategorisierung als Metatragödie hingegen erfolgt anhand des Nachweises von fünf konkreten narrativen Motiven.

Dennoch liegt ein hohes Maß an Überschneidung vor und potenziell kann eine Erzählung zwei oder allen drei Definitionen entsprechen – und überdies noch Film Noir und/oder Mindgame-Movie sein, worauf in Kapitel 4.7 näher eingegangen wird. Vielleicht sind infolge der Postmoderne entstandene Genres auch grundsätzlich nur als kombinierbare Versatzstücke denkbar.

Es folgt eine Erörterung der fünf zentralen Motive, die sich in sämtlichen zuvor benannten Metatragödien finden. In der Mehrheit der Fälle werden sie innerhalb der Erzählung auch in der entsprechenden Reihenfolge relevant:

1. Die diegetische Realität wird infrage gestellt.
2. Es handelt sich um Metafiktion.
3. Untoter Autor.
4. Selbstbegegnung der Protagonisten.
5. Die Protagonisten identifizieren sich mit ihrer Geschichte.

Es wird kurz darauf eingegangen, was jeweils darunter zu verstehen ist.

---

101 Vgl. WESTWORLD, Staffel 2, Folge 9, Min.: 48:00

Die diegetische Realität wird infrage gestellt.

Die Protagonisten von Metatragödien werden mit einer Wirklichkeit konfrontiert, die sie nicht verstehen können. Meist nimmt das phantastische oder metaphysische Züge an, wie z.B. in THE MATRIX oder AMERICAN GODS. Denkbar sind jedoch auch der Befall durch Wahnvorstellungen, wie in BLACK SWAN und FIGHT CLUB, oder die allumfassende Verschwörung in THE TRUMAN SHOW. Auch beides zugleich kommt vor: WATCHMEN etwa verfügt einerseits über rätselhafte Science-Fiction-Elemente und ist parallel in einem komplexen Noir-Szenario angesiedelt, in dem sich Wahrheit und Intrige zunehmend in den Wirren des kalten Krieges verlieren.

Das vielleicht bodenständigste Beispiel ist UNBREAKABLE: der Protagonist steckt in einer tiefen Lebenskrise, da er seine Karriere als Sportler aufgegeben hat, um eine Familie zu gründen. Dass er scheinbar über Superheldenkräfte verfügt, bleibt dabei zunächst irrelevant, da er ohnehin schon daran scheitert, grundsätzliche Fragen nach dem Sinn seines Daseins zu beantworten.

Entscheidend ist, dass es sich als unmöglich erweist, verlässliche Wahrheiten zu ermitteln, unzweifelhafte Entscheidungen zu treffen oder die Regeln der Realität in Gänze zu erfassen. Was die Protagonisten erleben, scheint keinem verständlichen Prinzip zu folgen und folglich ist auch fraglich, wie sie darauf reagieren.

Zwar wird in manchen Metatragödien schließlich aufgeklärt, was vor sich geht, doch zunächst bleibt den Beteiligten nichts übrig, als sich blind durchs Dunkel zu tasten. Oft kommt die Entfüllung auch so spät, dass sie nicht mehr von Nutzen ist: beispielsweise in LOGAN erfahren Zuschauer und Hauptcharakter letztlich, was hinter den Kulissen vor sich geht. Letzterer hat jedoch bereits Entscheidungen getroffen, die es ihm unmöglich machen, von seinem gesetzten Kurs abzuweichen und wird in diesem Fall, wenn überhaupt, durch die Erkenntnis noch darin bestätigt.

Unabhängig von der Natur des jeweiligen Mysteriums zwingt dieses, zu spekulieren und auf Basis dessen Entscheidungen zu treffen.

Es handelt sich um Metafiktion.

In einer Metatragödie wird dekonstruktiv die *Vierte Wand* durchbrochen: die Erzählung macht in irgendeiner Form markant auf ihren Status als artifizielles Erzeugnis aufmerksam. Dies kann z.B. als Bruch erzählerischer Konventionen, explizite Anspielung auf andere Erzählungen, Ironisierung des Geschehens, einen kommentierenden nondiegetischen oder unzuverlässigen Erzähler oder eine Zersplitterung der Chronologie durch Rückblenden etc. erfolgen. Entscheidend ist, dass der Rezipient gezwungen ist, aktiv über die dargestellten Ereignisse in Form einer fiktionalen Erzählung nachzudenken.

Im Grunde genommen ist dies bereits bei einer einfachen Rückblende der Fall: was der Zuschauer erlebt, weicht von dem ab, was er erleben könnte, wenn er die Geschehnisse durch ein reales Fenster oder in Form einer Live-Übertragung im Fernsehen beobachten würde. Das Dargestellte wurde bereits von jemandem gesichtet und strukturiert bzw. kommentiert. Es kann nicht direkt aus der eigenen Perspektive wahrgenommen werden, sondern entspricht bereits einer konstruierten fremden Wahrnehmung. Zwar würde dies bei einer Live-Sendung genauso zutreffen, die Ereignisse in einem Spielfilm, Roman oder der Handlung eines weitgehend linear erzählten Videospiels wurden jedoch bereits in ihrer Gänze von jemandem erfasst und zu einer abgeschlossenen Geschichte geordnet.

Dabei ist zu beachten, dass Menschen in der Regel durch ihre Vorerfahrung mit Medien geprägt sind (besonders, da die meisten Metatragödien über eine hohe Altersfreigabe verfügen; keine der hier genannten verfügt in Deutschland über eine geringere Freigabe als FSK 12). Somit kann nicht davon ausgegangen werden, dass beispielsweise eine gewöhnliche Rückblende zu besonderer Reflexion anregt. Es muss vielmehr ein drastischer Bruch mit üblichen Erzählkonventionen vorliegen. MEMENTO etwa besteht ausschließlich aus Vor- bzw. Rückblenden, sodass sich überhaupt keine Handlungsgegenwart im herkömmlichen Sinne ausmachen lässt.

Der Bruch der Vierten Wand kann sowohl durch die Erzählweise erfolgen wie auch durch das Erzählte. WATCHMEN z.B. nimmt auf reale historische Ereignisse Bezug, die jedoch anders abgelaufen sind als in der Welt des Zuschauers. So wurde u.a. der Vietnamkrieg von den USA gewonnen und die Aufklärung der Watergate-Affäre von einem korrupten Superhelden verhindert.

Der Begriff der Vierten Wand leitet sich dabei von der imaginären Wand ab, welche die auf einer Theaterbühne inszenierte Realität von

15

der Realität der Menschen im Publikum trennt: solange die von den Schauspielern verkörperten Charaktere sich nicht so verhalten, als würden sie gerade in einem Theaterstück auftreten, bleibt diese Wand intakt. Wenn sie jedoch beispielsweise direkt zum Publikum sprechen, durchbrechen sie die imaginäre Barriere.[102]

Abbildung 1: Repräsentativer Zusammenprall mit der Vierten Wand in der frühen Metatragödie ZARDOZ. Der Protagonist schlägt zornig gegen ein für ihn unsichtbares Kraftfeld – und damit zugleich gegen die Mauer, die ihn vom Rezipienten trennt. Metatragische Ambivalenz kommt zustande, da eine entsprechende Vierte Wand innerhalb der Erzählung vorhanden ist und diese zugleich von der Realität des Rezipienten abgrenzt. Der aus dem Jahr 1974 stammende Film kann nicht zuletzt aufgrund der fraglichen Szene als Wegbereiter späterer Metatragödien angesehen werden (siehe Kapitel 4.4).

Im Fall von Metatragödien ist relevant, dass die Protagonisten selbst nicht mit Gewissheit davon ausgehen können, Teil eines Films zu sein oder dergleichen, wie etwa der Superheld Deadpool im gleichnamigen Film[103] oder der zum Zuschauer sprechende Cowboy Buster Scruggs in THE BALLAD OF BUSTER SCRUGGS[104].
Dies nämlich würde seinerseits eine verlässliche Wahrheit darstellen und die Infragestellung der Realität irrelevant machen: alles wäre

---

102 Vgl. Wulff. http://filmlexikon.uni-kiel.de/index.php?action=lexikon&tag= det&id= 2999, zuletzt geprüft am 14.02.2020
103 DEADPOOL. R.: Tim Miller. USA 2016
104 THE BALLAD OF BUSTER SCRUGGS. R.: Ethan Coen/Joel Coen. USA 2018

dadurch erklärbar, dass es als Teil einer fiktiven Handlung erfunden wurde, die als solche nicht notwendigerweise plausibel sein muss.

Deadpool scheint sich sicher zu sein, dass er und alle Figuren in seinem Umfeld bloß fiktiv sind und somit bereitet es ihm auch keine Gewissensbisse, diese reihenweise umzubringen. Auch in einigen Metatragödien tun die Protagonisten ihren Mitmenschen grässliche Dinge an – sich selbst gegenüber können sie dies aber nicht durch die Gewissheit rechtfertigen, dass diese nicht real sind.

Untoter Autor.

Die erzählten Geschehnisse haben einen Autor in Form eines Charakters innerhalb der Erzählung, häufig des Antagonisten. Darunter zu verstehen ist jemand oder etwas, dass entweder die Welt, in der die Handlung stattfindet, erschaffen hat und/oder das Leben der Protagonisten aktiv dirigiert.

Nicht jeder einflussreiche Charakter ist als Autorencharakter in diesem Sinne zu verstehen: der böse Löwe Scar in THE LION KING[105] etwa verwandelt zwar die Savanne in ein Ödland, er tut dies jedoch nicht intentionell. Ebensowenig entsprechen sämtliche Mentor-Figuren der Definition: Obi Wan Kenobi nimmt im ersten STAR WARS[106]-Film zwar Einfluss auf Luke Skywalker, allerdings geschieht das völlig offen, sein Einfluss ist begrenzt und nur ein Bruchteil des Geschehens entspricht seinen Vorstellungen. Der Regisseur in THE TRUMAN SHOW hingegen manipuliert die Ereignisse zielgerichtet und mit voller Absicht. Er verfolgt einen Plan und ist bestens über die Hintergründe der Ereignisse informiert, welche die Realität von Truman infrage stellen.

Im Autorencharakter fallen Metaebene und diegetische Realität zusammen – und damit die Rollen von Rezipient und Protagonisten: beide sehen sich einer Geschichte ausgesetzt, die von jemandem geschrieben wurde. Dabei wird Ersterem gegenüber zusätzlich betont, dass er gerade eine fiktionale Erzählung konsumiert und Letztere erfahren indirekt nun doch, dass sie Teil einer Geschichte sind, denn hinter dem, was sie erleben, scheint ein fremder Plan zu stecken. Entscheidend ist, dass der Autor das Vorhandensein einer tieferen Bedeutung repräsentiert.

---

105 THE LION KING. R.: Roger Allers/Rob Minkoff. USA 1994
106 STAR WARS. R.: George Lucas. USA 1977

In einer Metatragödie erweist er sich schlussendlich jedoch stets als fehlbar, fremdartig oder in seinen Absichten bzw. seiner Natur unverständlich. Der Regisseur in der Truman Show ist kein allwissender Gott, sondern bloß der größenwahnsinnige Schöpfer einer Fernsehsehndung und auf Einschaltquoten aus. Der Architekt des Hochhauses in HIGH-RISE verliert am Ende die Kontrolle über das von ihm gestartete soziale Experiment und kommt dabei um. Die eigentlichen Motive der Außerirdischen in ARRIVAL, THE ENDLESS und ANNIHILATION sind und bleiben unbekannt.

Was der untote Autor repräsentiert, ist, dass die Geschehnisse sich als Geschichte begreifen lassen, was allerdings zunächst nicht weiterhilft: darüber hinaus bleiben sie ambivalent und entfalten keinen eindeutigen Sinn.

In einigen Metatragödien sind auch zwei oder mehr solche Autorencharaktere vorhanden, die oft in einem antagonistischen Verhältnis stehen wie Gott und Teufel – aber jeweils für sich genommen keine echte greifbare Bedeutung repräsentieren. Eine solche Konstellation bilden beispielsweise Grandma Death und Frank in DONNIE DARKO, Wilford und Gilliam in SNOWPIERCER oder der Oberste Anführer Snoke und der desillusionierte Luke Skywalker in STAR WARS: EPISODE VIII – THE LAST JEDI.

Selbstbegegnung der Protagonisten.

Die Protagonisten von Metatragödien begegnen einem Duplikat ihrer selbst als Teil der äußeren Welt. Dieses ist nicht zwangsläufig antagonistisch, aber in jedem Fall ein unergründliches Mysterium. Je nach Kontext kann es sich dabei auch um eine Filmaufnahme, Fotografie oder das Spiegelbild des entsprechenden Charakters handeln, in den mei-sten Fällen jedoch ist es ein Doppelgänger im Sinne einer separaten Person.

In FIGHT CLUB muss der Protagonist feststellen, dass sein anarchistischer Mitbewohner Tylor Durdon niemand anderes ist als sein eigens Alter Ego, welches ihm in halluzinativer Gestalt begegnet und außerdem die Kontrolle über seinen Körper übernimmt, wenn er zu schlafen glaubt. In ANNIHILATION begegnet die Protagonistin einem außerirdischen Organismus, der sich in eine Kopie ihrer selbst transformiert – was die Frage aufwirft, ob sie selbst das Original ist oder lediglich eine weitere Kopie. Truman führt Selbstgespräche mit seinem Spiegelbild und fährt damit auch fort, nachdem er bereits weiß, dass sich hinter dem von der anderen Seite aus durchsichtigen Spiegel eine Kamera befindet, durch welche ihn die Macher der Fernsehshow beobachten.

Genauso können Protagonisten durch schockierende neue Erkenntnisse über sich selbst mit ihrem eigenen Ich konfrontiert werden. So findet Officer KD6-3.7 in BLADE RUNNER 2049 heraus, dass er kein künstlicher Replikant ist, um dann herauszufinden, dass er es doch ist. Die fünf Halbbrüder in MÆND & HØNS stellen überraschend fest, dass es sich bei ihnen um Hybriden aus menschlicher und tierischer DNS handelt, die den gentechnischen Experimenten ihres Vaters entsprungen sind.

Auch noch abstraktere Selbstbegegnungen sind möglich. So führt der Protagonist von MR. ROBOT Selbstgespräche mit seinem imaginären Freund, in denen er mehr oder weniger direkt den Rezipienten anspricht – und zugleich den unzuverlässigen Erzähler der Serie. Donnie beginnt in einer Szene aus DONNIE DARKO vorherzusehen, was andere Charaktere tun. Anschließend sieht er vorher, was er selbst tun wird und setzt seine Vision sodann auch in die Tat um, wodurch er wiederum etwas tut, was nur rückblickend Sinn ergibt: er geht zum Kleiderschrank seines Vaters und findet dort eine Pistole, von der er zuvor gar nicht wusste.

Entscheidend ist, dass die Protagonisten explizit damit konfrontiert werden, ihr eigenes Denken und sich selbst nicht abschließend verstehen, ihre Probleme lösen oder zu einer Form von Wahrheit gelangen zu können, indem sie *einfach sie selbst sind*, darauf hören, *was ihr Herz ihnen sagt* oder dergleichen.

Die Protagonisten identifizieren sich mit ihrer Geschichte.

Nachdem es sich als vergeblich herausgestellt hat, die auf ihr Dasein einwirkenden Vorgänge zu durchschauen oder einen weiterführenden Sinn darin zu entdecken, konzentrieren sich die Protagonisten auf das, was ihnen bleibt: ihre eigene Geschichte. Die Umstände ihres individuellen Lebens, einschließlich aller Probleme, Aufgaben und Chancen, die sich daraus für sie ergeben.

In gewisser Weise treten sie damit selbst an die Stelle des Autorencharakters. Da sie ihr Ich allerdings ebenso wenig verstehen wie die äußere Wirklichkeit, kann auch die eigene Identität nur von der narrativ interpretierten Reihenfolge der Ereignisse abgeleitet werden – so wie sie selbst sie wahrnehmen oder erinnern. Anstatt schließlich doch noch eine höhere Bestimmung zu finden, ein objektives Richtig und Falsch oder eine Trennlinie zwischen Wahrheit und Illusion, entscheiden sie im vollen Bewusstsein der damit einhergehenden Willkür selbst, worum es in ihrer Geschichte geht.

Damit ist nicht gemeint, sich einfach eine Erklärung auszudenken, fraglichen Argumenten zu glauben oder auszublenden, was den eigenen Horizont übersteigt. Vielmehr geht es darum, die Maxime des eigenen Handelns von dem abzuleiten, was man verstehen kann – und dabei den Umstand zu beachten, dass es Dinge gibt, die man nicht versteht.

In FIGHT CLUB beispielsweise ist der Protagonist nicht in der Lage, herauszufinden, ob neben Tylor Durdon sonst noch jemand, den er kennt, bloß eine Wahnvorstellung ist. Ungeachtet dessen rettet er schließlich seine Freundin Marla Singer und beginnt eine Beziehung mit ihr: seine Gefühle für sie sind der Anreiz, überhaupt nach Wahrheit zu suchen und den Lauf der Dinge zu verändern. Gleichsam ist Donnie Darko in DONNIE DARKO unfähig, die diversen scheinbar übernatürlichen Vorkommnisse in seinem Leben zu begreifen. Er begreift jedoch unzweifelhaft, dass er den Tod seiner Freundin Gretchen verhindern möchte und handelt entsprechend.

Diese Identifikation mit der eigenen Geschichte ist nicht zwangsläufig gleichbedeutend mit romantischen Beziehungen: in der Serie PREACHER Z.B. verliert der Protagonist stattdessen seinen Glauben an die leitende Hand Gottes – geht aber (zumindest zeitweise) in seiner Rolle als Prediger auf. In THE WORLD'S END werden die Funktion als Anführer einer rebellischen Jugendbande und die Mission einer nie endenden Kneipentour zum sinnstiftenden Narrativ des psychisch zerrütteten Hauptcharakters Gary King.

Entscheidend ist, dass sich die Protagonisten erst im Verlauf der Handlung dazu durchringen, sich mit ihrer Geschichte als solcher zu identifizieren und dies nicht von Beginn an tun. Beispielsweise in THE DEAD DON'T DIE können sich die Charaktere zwar nicht – wie etwa Deadpool oder Buster Scruggs – darauf verlassen, fiktionale Charaktere zu sein, sie akzeptieren jedoch unmittelbar, gelassen und ohne große Vorbehalte, dass sie sich in einer filmhaften Situation befinden.

In vollwertigen Metatragödien ist dieser Schritt meist mit einer kontemplativen Phase oder umfassenden Sinnkrise verbunden: in vielen Fällen hadern die Protagonisten sogar damit, sich das Leben zu nehmen oder sich dem vom Autorencharakter vorgegebenen Lauf ihres Schicksals zu ergeben. Was ihnen im Endeffekt Orientierung bietet, ist paradoxerweise die Erfahrung der hoffnungslosen Orientierungslosigkeit.

Besonders repräsentativ ist dabei der in der Handlung mehrerer Metatragödien auftauchende Leuchtturm, der bereits seiner Funktion nach Sicherheit im Unbekannten verspricht und sich dann stets als Verkörperung unlösbarer Rätsel entpuppt. Eine besonders prominente Rolle spielt ein selbiger in ANNIHILATION, der Serie PHILIP K. DICK'S ELECTRIC DREAMS (Staffel 1, Folge 4) und den Videospielen ALAN WAKE, LIFE IS STRANGE, HELLBLADE: SENUA'S SACRIFICE (sofern man die seltsam aufragende Holzkonstruktion an der Küste als eine Art Leuchtturm deutet, zu deren Spitze sich die Protagonistin im Verlauf des Spiels vorkämpft), sowie in sämtlichen Teilen der BIOSHOCK-Reihe.

Da es kein klares vorgegebenes Ziel gibt und keine heilige Mission der Menschheit, sind persönliche Ziele und die Verantwortung für konkrete Menschen das Einzige, was Halt bietet. Oft leiten metatragische Protagonisten im Umkehrschluss sogar allgemeine Überzeugungen von ihren individuellen Wünschen ab, was durchaus selbstlose Züge annehmen kann. In LOGAN z.B. opfert der Protagonist sich für die Freiheit der unterdrückten Minderheit, der er selbst angehört (Mutanten mit Superkräften) – nicht, weil er deren Kollektiv als solches für wertvoll erachtet oder sich gar als Teil davon empfindet, sondern um seine Tochter zu beschützen, die als dessen Angehörige verfolgt wird.

In vielen Fällen werden zugunsten der individuellen Wahrheit des eigenen Empfindens und eines darauf ausgerichteten Lebens kollektive Lügen in Kauf genommen. So möchten die Protagonisten von WATCHMEN nicht in einem Atomkrieg umkommen, weshalb sie letztendlich darauf verzichten, die üblen Machenschaften des Autorencharakters aufzudecken – die einen solchen verhindern. Generell zeichnen sich viele Metatragödien durch Handlungselemente wie Hypnose, Drogen, psychische Konditionierung, Illusionen und Intrigen aus, die sonst vor allem in Geheimagentenfilmen populär sind. Und gewissermaßen fangen ihre Protagonisten schließlich an, ihre eigenen Geheimoperationen durchzuführen, um in einem Geflecht aus Illusionen selbst Illusionist zu werden.

Worin metatragischen Protagonisten schließlich einen Lebenssinn finden, ist die Idee, ein erfülltes Dasein führen zu können, indem sie gute Geschichten erleben – die sie selbst als solche empfinden.

Sonstige Aspekte.

> Life isn't about finding yourself. Or finding anything. Life is about creating yourself.
>
> Bob Dylan, in Anlehnung an George Bernard Shaw[107]

Aus dem komplexen Zusammenspiel dieser fünf Motive ergeben sich diverse weiterführende Aspekte. An dieser Stelle soll darauf bloß zusammenfassend eingegangen werden.

So wird in Metatragödien parallel infrage gestelt, was wirklich ist – und wie bzw. von wem diese Wirklichkeit wahrgenommen wird. Herkömmliche Antworten auf entsprechende Fragen werden dekonstruiert: im Autorencharakter große Erzählungen wie z.B. der Glaube an einen Gott und im Moment der Selbtbegegnung die vom liberalen Humanismus propagierte Vorstellung eines festen und authentischen inneren Selbst.

Die eigene Identität wird als Geschichte entlarvt, die sich einer weiteren Geschichte abspielt darüber, in welcher Welt die erste stattfindet. Das eigene Ich-Konzept ist weder unveränderlich noch akkurat, genau wie der Buddhismus und die psychologische Theorie der Narrativen Identität propagieren.

Diese Theorie basiert auf der Idee des autobiographischen Gedächtnisses, wonach Erinnerungen keine verlässliche Aufzeichnung vergangener Ereignisse darstellen, sondern deren bereits interpretierte, selektierte und zum Teil auch schlichtweg neu erfundene Version. Demnach ist das Bild, das ein Mensch von sich hegt, eine fiktionale Geschichte, welche sein Gehirn sich fortlaufend selbst erzählt – und sie dabei andauernd umschreibt.[108]

Besonders gut nachvollziehbar wird dieser Prozess, wenn er in sozialen Netzwerken wie Facebook externalisiert wird: das eigene Onlineprofil gestalten zu können lädt zu dem Versuch ein, ein perfektes Selbst zu kreieren, Erlebnisse in ausgewählter Form darzustellen und das Ergebnis für die tatsächliche Realität zu halten[109].

---

107 Vgl. Dylan in: Rolling Thunder Revue: A Bob Dylan Story by Martin Scorsese. R.: Martin Scorsese. USA 2019
108 Vgl. Pohl 2007, S. 95
109 Vgl. Harari 2018, S. 395

Indem sie sich infolge ihrer Selbstbegegnung und der Erkenntnis der Fehlbarkeit des Autorencharakters mit ihrer eigenen Geschichte identifizieren, akzeptieren metatragische Protagonisten implizit genau diese Vorstellung. Ihr Ich ist eine Geschichte – doch das ist nicht zwangsläufig eine schlechte Nachricht.

Die Fitkion zu verwirklichen gibt ihnen ein Ziel – und sie bewusst anpassen zu können, macht dieses sehr viel umsetzbarer. Es gilt nicht, nach einer über jeden Zweifel erhabenen inneren Berufung zu suchen, sondern man kann bis zu einem bestimmten Grad selbst entscheiden, wozu man sich berufen fühlen möchte. In Metatragödien ist die Hoffnung enthalten, das eigene Selbstbild und die tatsächliche äußere Lebensrealität jeweils für sich partiell verändern zu können, sodass beides stärker übereinstimmt.

Dies bedeutet sowohl eine Abkehr von der positivistischen Vorstellung einer für jeden gleichermaßen zugänglichen festen Wirklichkeit als auch von radikal relativistischen Ansätzen, welche empfundene Wahrheit über die ermittelbaren Tatsachen stellen.

Identität ist nicht daran gebunden, wie man von anderen wahrgenommen wird. Wie man sich selbst wahrnimmt, ist jedoch ebenfalls keine fixe Tatsache. Oft lehnen die Protagonisten von Metatragödien in diesem Zusammenhang sowohl gesellschaftliche Zwänge als auch die vorgegebenen Rollen als deren Opfer und Rebellen ab: z.B. indem sie sich weder auf die Zugehörigkeit zu einer bestimmten Minderheit oder Majorität reduzieren lassen, noch ihre damit zusammenhängende Diskriminierung hinnehmen.

Anstatt nach einer großen Erzählung über die Welt als Ganzes zu suchen, finden sie eine kleine Erzählung über ihre individuelle Realität. Wer sie zu sein glauben ist eine Geschichte – aber es kann durchaus eine sinnstiftende Geschichte sein, die das Empfinden des Geschehens intensiviert: zwar nicht ganz wahr aber wahrhaftig.

Eine entsprechende Sichtweise hat umfassende Konsequenzen. So verlieren Intelligenz und die Fähigkeit, die Welt mithilfe objektiv kluger Entscheidungen zu beherrschen, ihren Stellenwert als Fundament des menschlichen Selbstwertgefühls und werden durch das Mysterium subjektiven Bewusstseins ersetzt. Bedeutung erwächst nicht aus äußeren Ereignissen, sondern daraus, wie diese erlebt werden.

Somit gelangen metatragische Protagonisten schließlich zu einer Perspektive, die derjenigen des Rezipienten ähnelt.

Handelnde sind von Natur aus Erzählende[110]. Sich dessen bewusst zu werden, bedeutet, das Erzählen zum Teil der Erzählung zu machen. Als Akteure eines Narrativs erleben sich die Protagonisten gleichzeitig als dessen Zuschauer: sie durchbrechen die Vierte Wand ihrer eigenen Realität.

Die Geschichten, durch die man sich als menschliches Wesen konstituiert, werden als solche erkannt. Da das Bedürfnis nach Geschichten fortbesteht, wird grundsätzlich an ihnen festgehalten – allerdings bringt das mit sich, ihre Fiktionalität zu akzeptieren und zum Teil der Geschichten zu machen. Es gibt einen Ausweg aus dem Dillema: in Form der Idee, die eigene Lebensgeschichte von einer metafiktionalen Perspektive aus zu betrachten.

In gewisser Hinsicht wird das Dasein dadurch zum Spiel – und Ethik wird ersetzt durch Game-Design. Dies bedeutet jedoch nicht, zum Nihilisten zu werden: vielmehr wird Nihilismus eben dadurch überwunden. Ob das, was man tut, einen höheren Sinn hat, ist einerlei, bezogen darauf, dass – und wie man es erlebt.

In diesem Sinne lässt sich der Prozess, den die Protagonisten in Metatragödien durchlaufen, durchaus als eine Art von Therapie für individuelle Sinnkrisen beschreiben. Diese wird auch dem Rezipienten angeboten. Metatragische Erzählungen sind äußerst anschlussfähig: ihr Konsum erlaubt, eigene Krisen, wie etwa den postmodernen Zweifel an großen Erzählungen und der eigenen Identität, in sie hineinzuprojizieren und sie von Protagonisten stellvertretend durchleben und überwinden zu lassen.

Dabei sind die metatragischen Motive absolut mit anderen erzählerischen Paradigmen kombinierbar, wie beispielsweise Voglers *Heldenreise,* und ein Werk ist nie auf seinen Gehalt als Metatragödie zu beschränken. Die Protagonisten können die unterschiedlichsten Konflikte austragen und dabei eine durchaus konventionelle Charakterentwicklung durchlaufen. Entscheidend ist, dass sie sich im Verlauf ihrer Entwicklung mehr oder weniger derselben bewusst werden und reflektiert darauf Einfluss nehmen.

Der Begriff *Metatragödie* knüpft dabei an das Theater des antiken Griechenlands an. Darin, und besonders in dessen Tragödien, sieht Damasio die Anfänge des bewussten künstlerischen Einsatzes von narrativer Fiktion zur Manipulation von Emotionen. Demnach bietet die Beschäftigung mit Narrativen dem Menschen einen generellen

---

110 Vgl. Seel 2013, S. 121-122

evolutionären Vorteil, da sie erlaubt, bestimmte Lebenssituationen stellvertretend zu üben – was im griechischen Theater erstmals reflektiert zu diesem Zweck vollzogen wurde.[111]

In Metatragödien fangen die reflektiert beobachteten Protagonisten ihrerseits damit an, sich reflektiert zu beobachten. Das Üben von Situationen und die Vermittlung von Wissen treten dabei hinter dem emotionalen Aspekt zurück – sowohl für Protagonisten wie auch Rezipienten. In der Lebenssituation emotionaler Sinnkrisen wird die Manipulation von Emotion an sich zu einer hilfreichen Strategie.

Umgekehrt wird nicht nur die Lebensführung der Protagonisten zu einem spielerischen Prozess, sondern auch deren Rezeption durch den Rezipienten. Beide vermögen den Plot nicht zu verstehen, sondern bloß zu deuten und beide müssen dies aktiv in Angriff nehmen.

Gewissermaßen besteht die Prämisse einer Metatragödie in der Frage nach ihrer Prämisse.

Somit werden – nicht nur aus metatragischen Videospielen, sondern gleichwohl aus Filmen, Büchern, Serien, etc. – Metagames, bei denen die Rollen von Protagonisten und Rezipienten sich jeweils gegenseitig spiegeln. Die Wirklichkeit als Spiel zu denken, ist seinerseits ein Spiel mit Wirklichkeit.

---

111 Vgl. Damasio in: Jaspers/Unterberger/Freud 2006, S. 88

3 Gesellschaftlicher Kontext

3.1 Postmoderne

Der Begriff Postmoderne wird sehr unterschiedlich, oft auch widersprüchlich verwendet[112]. Darunter verstanden wird meist eine Zeit nach oder Kritik an der Moderne. Deren genaue Definition varriiert dabei jedoch ebenfalls enorm. Gemeint sind teils das anfänglich im 17. Jahrhundert anzusiedelnde Bestreben, den Menschen mithilfe rationaler Wissenschaft zum Herrn über die Natur zu machen, die im 18. Jahrhundert begonnene Aufklärung, Industrialisierung und Kapitalismus des 19. Jahrunderts oder die utopischen Avantgarde-Bewegungen der Kunst des 20. Jahrhunderts.[113]

Allenfalls postmoderne Architektur verfügt in Gestalt der Vision des Bauhaus und seiner Nachfolger über einen eindeutigen modernen Gegensatz[114]. Partiell wird die Postmoderne auch als Auseinandersetzung mit der Kehrseite der modernistischen Ideale Freiheit, Gleichheit und Gerechtigkeit verstanden, wobei darin meist weniger eine völlige Abkehr, als vielmehr der Versuch zu sehen ist, die demokratischen Möglichkeiten innerhalb des Projekts der Moderne zu vertiefen[115]. Abgelehnt wird dessen kategorische Gleichsetzung mit Zivilisation und von Vernunft mit kulturellem und sozialem Fortschritt[116].

Ursprünglich fand der Begriff in der Literaturkritik der 1950er Jahre Verwendung. Ab den 1980ern wird von ihm Gebrauch gemacht, um den Zustand der westlichen Gesellschaft als Ganzes zu beschreiben.[117] Dieser ist demnach geprägt von einer Krise herkömmlicher Macht, Autorität, Ethik, Identität und patriarchaler Strukturen[118]. Nach wie vor werden als postmodern jedoch auch künstlerische Stragien und philosophische Kategorien bezeichnet[119].

---

112 Vgl. Bertens 1995, S. 3
113 Vgl. Welsch 2008, S. 47
114 Vgl. Bertens 1995, S. 11
115 Vgl. Giroux 1991, S. 3
116 Vgl. Ebd., S. 8
117 Vgl. Bertens 1995, S. 10
118 Vgl. Giroux 1991, S. 1-2
119 Vgl. Bertens 1995, S. 3 / Koelb 1990, S. 3

Grundsätzlich wird der Ausdruck Postmoderne häufig mit Feminismus und Multikulturalismus assoziiert[120]. Die wesentliche Gemeinsamkeit der unterschiedlichen Ansätze besteht in einer bestimmten Perspektive auf die Welt[121].

Diese ist geprägt von Zweifeln an der Fähigkeit des Menschen, die Realität als solche unverfälscht wahrzunehmen oder sie, z.B. in Form von Kunstwerken, philosophischen Systemen oder methodischem Wissen zu repräsentieren[122]. Alles ist eine Frage der Interpretation und folglich gibt es keine absolute Wahrheit oder Wirklichkeit außer der, die jeweils zwischen Menschen einer Gruppe in Form eines Konsenses verabredet wird[123].

So proklamiert beispielsweise der postmoderne Philosoph Jean-François Lyotard, dass auch wissenschaftliche Erkenntnis keinen höheren Anspruch darauf erheben könne, vormodernen Mythen und Erzählungen hinsichtlich ihres Wahrheitsgehalts überlegen zu sein[124]. Demgegenüber betont der – sich ebenfalls als postmodern bezeichnende – Philosoph Villém Flusser die Sonderstellung derselben, gerade weil nichts sicher ist und Wissenschaftlichkeit darin besteht, sich unablässig selbst zu hinterfragen[125].

Postmodernes Denken versucht in jedem Fall, die nicht zu rechtfertigenden Ansätze der Moderne zu transzendieren, die nach universellen Tatsachen suchen oder sich darauf stützen[126]. Politische, moralische und ästhetische Grundsätze sind relativ und können nicht als gegeben angesehen werden[127].

Als Prototyp eines dem gegenüberstehenden idealistischen Wirklichkeitsmodells kann Platons Höhlengleichnis betrachtet werden – das jedoch, in etwas abgewandelter Form, genauso oft zur Legitimation postmoderner Perspektiven verwendet wird[128].

Wie Menschen üblicherweise die Welt wahrnehmen, wird darin verglichen mit der Sicht in einer Höhle festgeketteter Gefangener, die eine Wand anstarren. Auf dieser sehen sie die Schatten von Gegenständen,

---

120 Vgl. Bertens 1995, S. 8
121 Vgl. Ebd., S. 9
122 Vgl. Ebd., S. 10
123 Vgl. Lyotard 1982, S.10
124 Vgl. Kubsch 2004, S. 4-6
125 Vgl. Flusser 1998, S. 27-34
126 Vgl. Bertens 1995, S. 5
127 Vgl. Ebd., S. 10
128 Vgl. Schwan in: Schwan/Meusburger 2003, S. 163

die hinter ihnen vor einem Feuer entlanggetragen werden, sinnbildlich für die verzerrte Repräsentation der tatsächlichen Wirklichkeit in der subjektiven Wahrnehmung. Diese Gegenstände sind jedoch ebenfalls nur Abbilder von Dingen aus der Welt jenseits der Höhle: der unanfechtbaren Wahrheiten und Tugenden, der eigentlichen Bedeutung und dem Sinn der Dinge, zu welchen nach Platons Vorstellung jeder durch eigenständiges Philosophieren potenziell selbst gelangen kann.[129]

Zwar muss man die Wirklichkeit aus Platons Sicht interpretieren, um sie zu verstehen, es gibt jedoch nur einen einzigen richtigen Weg, das zu tun, und eine definitive Wahrheit, zu welcher man dabei letzten Endes unweigerlich gelangt.

Aus postmoderner Sicht wäre das Gleichnis in etwa dahingehend zu erweitern, dass diese Außenwelt entweder gar nicht existiert – oder der Höhlenausgang vergittert ist. Als Extremform entsprechend perspektivischen Denkens kann der Solipsismus angesehen werden, also der erkenntnistheoretische Standpunkt, dass alles Wahrgenommene nur in der eigenen Vorstellung vorhanden ist und somit nichts außer dem eigenen Ich existiert, auch keine anderen Menschen[130].

In der Regel jedoch geht postmodernes Denken nicht so weit. Im Fokus postmodernen Denkens steht eher die kritische Auseinandersetzung mit *Metanarrativen* – sozial konstruierten und sich selbst legitimierenden Geschichten darüber, was im allgemein real bzw. richtig ist, wie z.B. politischen Programmen oder Religionen. So definiert etwa Lyotard die Postmoderne philosophisch als Zweifel an solchen Geschichten[131]. Verstanden als historische Epoche ist sie geprägt durch die beginnende Auflösung der Metanarrative der Moderne, die zunehmend als Einbildung oder bloße Ideologie empfunden werden und ohnehin permanentem Wandel unterworfen sind[132].

Zu jenen kann beispielsweise der Marxismus gezählt werden, mit dem sich die französische Philosophie der 1950er und 1960er Jahre noch strukturalistisch, also fokussiert auf ganzheitliche Lösungen, auseinandersetzte.

---

129 Platon. https://www.projekt-gutenberg.org/platon/platowr3/staat07.html, zuletzt geprüft am 14.02.2020
130 Spektrum.de. https://www.spektrum.de/lexikon/psychologie/solipsismus/14433, zuletzt geprüft am 14.02.2020
131 Vgl. Koelb 1990, S. 3
132 Vgl. Wachholz 2014, S. 34

Die eher aufs Partielle konzentrierten Tendenzen besonders der französischen Postmoderne werden in Abgrenzung dazu häufig als *poststrukturalistisch* bezeichnet.[133]

Besonders in diesem Zusammenhang steht postmodernes Denken häufig in Verbingung mit Praktiken der Dekonstruktion[134]. Darunter zu verstehen ist eine bestimmte kritische Form der Auseinandersetzung mit Narrativen aller Art, die sich auf deren kontextuelle Wirkung bzw. Funktion konzentriert, anstatt auf ihre vorgebliche wahre Bedeutung[135]. Demnach kann z.B. ein Roman oder Gedicht keinen Anspruch darauf erheben, irgendeine universelle Wahrheit zum Ausdruck zu bringen, sondern bloß die Ansichten, Vorurteile und prägenden Lebensumstände des Verfassers. Auch der Leser kann den Text lediglich zu seinen eigenen Erfahrungen in Bezug setzen und allenfalls systematisch herleiten, von welchem eingeschränkten Blickwinkel aus der Verfasser die Realität betrachtet hat. Zu den Wegbereitern entsprechend poststrukturalistischen Denkens zählen z.B. Jaques Derrida, Roland Barthes, Michel Foucault, Jaques Lacan, Gilles Deleuze und Félix Guattari[136].

Mit der Bedeutung von Erzählungen werden, etwa bei Barthes sehr kategorisch, auch der Glaube an Götter, Gesetze und Logik abgelehnt[137]. Besonders in der Literaturkritik der US-amerikanischen Postmodernde wird häufig eine generelle Abkehr von Narrativen oder Repräsentationsversuchen angestrebt. Allerdings kann die Postmoderne auch dabei nicht eindeutig auf ein Prinzip reduziert werden. So zeichnet sich beispielsweise die postmoderne Architektur gerade durch die Rückkehr narrativer Elemente aus.[138]

Mit dem Wegfallen von Bezugspunkten, Werten und Normen gerät auch die Vorstellung des Menschen als selbstbestimmtes Individuum bzw. aktiv handelndes Subjekt in eine Krise[139]. So zeichnet sich die Moderne (in ihren verschiedenen eingangs dargestellten Konzeptionen) durch den humanistischen Glauben an ein einheitliches wahres Selbst

---

133 Vgl. Stanford Encyclopedia of Philosophy (2005). https://plato.stanford.edu/entries/postmodernism/, zuletzt geprüft am 14.02.2020
134 Vgl. Bertens 1995, S. 5-6
135 Vgl. Stanford Encyclopedia of Philosophy (2005). https://plato.stanford.edu/entries/postmodernism/, zuletzt geprüft am 14.02.2020
136 Vgl. Bertens 1995, S. 5-6
137 Vgl. Barthes 1967, S.6
138 Vgl. Bertens 1995, S. 4
139 Vgl. Wachholz 2014, S. 34

aus. Dieses verfügt über einen freien Willen und dem eigenen Empfinden gemäß zu handeln, gibt somit dem Dasein seinen Sinn. Demnach ist es mehr oder weniger möglich, die Welt unverfälscht wahrzunehmen und zumindest subjektiv unzweifelhaft richtige Entscheidungen zu treffen: sofern man aufrichtig genug sich selbst gegenüber ist, kann es gelingen, der eigenen inneren Berufung gerecht zu werden.[140] In der Postmoderne wird die Existenz eines stabilen, kohärenten Selbst angezweifelt[141]. So geht z.B. poststrukturalistisches Denken davon aus, dass der Mensch vor allem von der Sprache, die er spricht, fremd gelenkt und geformt wird: der Wortschatz eines Menschen bestimmt, was er überhaupt sagen oder denken kann. Foucault vertritt die Ansicht, dass der Mensch sich primär durch seine Beteiligung an sozialen Machtprozessen als Subjekt konstituiert.[142] Harraway argumentiert, dass sich das (männliche weiße) freie Selbst allein durch seine Abgrenzung von anderen Unfreien – wie Frauen, farbigen Menschen, unbelebter Natur und Tieren – als solches identifizieren kann und lehnt die ihm in der westlichen Tradition beigemessene Bedeutung stringent ab[143].

Unter postmodern-relativistischen Gesichtspunkten erscheint fest definiertes Wissen dabei per se als Träger bestimmter Machtverhältnisse: Geschichten darüber, was wahr ist, legitimieren je bestimmtes Handeln und erscheinen somit suspekt[144].

Besonders die Infragestellung von Identität und äußerer Wahrheit ist auch im Zusammenhang von Metatragödien von großer Bedeutung. Postmoderne Prämissen finden sich, wenigstens in Ansätzen, in sämtlichen metatragischen Erzählungen. Allerdings bedeutet die Identifikation der Protagonisten mit ihrer Geschichte, Wahrheit nicht nur als subjektiv zu erkennen, sondern sich, wenn auch reflektiert, für die eigene subjektive Wahrheit zu entscheiden. Narrative werden nicht grundsätzlich abgelehnt – und das tun auch nicht alle infolge der Postmoderne entstandenen Denkansätze.

---

140 Vgl. Harari 2017, S. 302
141 Vgl. Giroux 1991, S. 3
142 Vgl. Bertens 1995, S. 6-7
143 Vgl. Harraway 1980, S.77
144 Vgl. Bertens 1995, S. 7

3.2 Metamoderne

> An einem Philosophen ist es eine Nichtswürdigkeit zu sagen: das Gute und das Schöne sind Eins: fügt er gar noch hinzu „auch das Wahre", so soll man ihn prügeln. Die Wahrheit ist hässlich: wir haben die Kunst, damit wir nicht an der Wahrheit zu Grunde gehen.
>
> Friedrich Nietzsche, nachgelassene Fragmente[145]

Postmodernes Denken ist Gegenstand umfassender Kritik. Dabei muss beachtet werden, welche seiner Ausprägungen jeweils gemeint ist – was keinesfalls immer klargestellt wird. Habermas etwa kritisiert, dass Postmodernisten sich oft gegen die Moderne richten, dabei aber zugleich höchst moderne Konzepte wie Freiheit, Subjektivität und Kreativität propagieren[146]. Welsch merkt an, dass die Forderung nach Pluralismus häufig bloß als Auflösungslizenz statt Reflexionsgebot begriffen oder praktiziert wird[147]. Auch kann die postmoderne Kritik an Metanarrativen selbst als Metanarrativ verstanden werden[148]. So relativiert sich die Aussage, alle Aussagen seien relativ, offenkundig selbst[149].

Bürger bezeichnet die Verabschiedung eines platten objektivistischen Wirklichkeitsverständnisses zwar als große geistige Errungenschaft der westlichen Kultur, richtet sich jedoch gegen die dadurch implizit legitimierte Fiktionalisierung politischer Sachverhalte. So prangert er beispielsweise an, dass die Kriegsberichterstattung des US-amerikanischen Senders CNN teils mit Bildmaterial aus dem Spielfilm BLACK HAWK DOWN[150] illustriert wurde und plädiert anstelle einseitig wertender Medien für einen Schutz des individuellen und existentiellen Ringens um Wahrheit bzw. eines entsprechenden Verständnisses von Menschenwürde.[151]

Teils wird auch schlicht verlangt, der Beliebigkeit der Postmoderne klare Ideen, Werte und Traditionsbewusstsein entgegenzusetzen[152].

---

145 Vgl. Newmark 2017, S. 44
146 Vgl. Spektrum.de. https://www.spektrum.de/lexikon/psychologie/solipsismus/14433, zuletzt geprüft am 14.02.2020
147 Vgl. Welsch 2008, S. 81
148 Vgl. Kubsch 2004, S. 11
149 Vgl. Ebd., S. 16
150 BLACK HAWK DOWN. R.: Ridley Scott. GBR/USA 2001
151 Vgl. Bürger 2007, S. 15-18
152 Vgl. Wachholz 2014, S. 43

Entsprechende Kritik bezieht sich meist auf die Postmoderne als Denkrichtung oder Standpunkt. Viele Autoren vertreten darüber hinaus jedoch die Ansicht, sie habe auch als Beschreibung des vorherrschenden Gesellschaftszustands ausgedient. So sei die Moderne mit ihren großen utopischen Tendenzen zwar vorrüber, doch deren kritische Aufarbeitung sei ebenfalls nicht mehr bezeichnend für die Gegenwart und ihre Diskurse.

Dies wirft jedoch die Frage auf, was dieses neue Zeitalter auszeichnet und wie es zu benennen ist. Verschiedentlich wurde versucht, dies zu beantworten. Alan Kirby beispielsweise plädiert für den Begriff der *Digimoderne* bzw. (digitalisierten) *Pseudomoderne*. Robert Samuels hat die Phrase *Automoderne* vorgeschlagen. Gelegentlich findet sich auch das etwas unglückliche Begriffskonstrukt *Post-Postmoderne*.[153]

Besonders prominent ist in diesem Zusammenhang Nicholas Bourriauds Diagnose, die aufs Einzelne fokussierte (künstlerische) Postmoderne sei tot und dessen Forderung, sich statt mit den Fehlern der Moderne mit der nicht einfach abstreitbaren Ganzheitlichkeit der Globalisierung auseinanderzusetzen. Ihm schwebt eine entsprechende Gegenbewegung zu Standardisierung und Kommerzialisierung vor, die er als *Altermoderne* betitelt.[154] Bourriauds Ansicht nach charakterisiert sich die gegenwärtige Epoche weder durch die einseitige Dominanz der Perspektive des westlichen weißen Mannes, noch durch deren postmoderne Dekonstruktion anhand einheitlicher Ansätze wie Rasse, Gender, Klasse und Herkunft. So hebt er u.a. hervor, dass sich die entwickelte vernetzte Welt, die mit Begriffen wie Moderne und Postmoderne bezeichnet wurde, ausgeweitet hat und längst nicht mehr auf die westlichen Länder einzugrenzen ist. Anstelle der westlichen Sicht oder ihrer Opposition sei demnach ein kulturelles Nomadentum getreten. In der Altermoderne sei der Mensch und vor allem Künstler frei von Gebundenheit an seine Ursprünge und könne sich auf das Bereisen, Erforschen und Erfahren einer globalen Welt und Geschichte einlassen.

Vermeulen und van den Akker kritisieren an Bourriauds Konzept u.a., dass dieses nicht klar zwischen Erfahrung und Interpretation unterscheidet: dem Menschen der Gegenwart mag eine ganzheitliche Welt offenstehen, doch er selbst und wie er die Welt wahrnimmt ist nach wie vor das Produkt spezifischer Umstände.[155]

---

153 Vgl. Vermeulen/van den Akker 2010, S. 3
154 Vgl. Bourriaud in: Rudrum/Stavris 2015, S. 253
155 Vgl. Vermeulen/van den Akker 2010, S. 3-4

Gleichwohl stimmen sie überein, dass der Begriff der Postmoderne sich nicht länger eignet, um die aktuelle Ära zu beschreiben. In Abgrenzung zu Bourriaud entwickeln sie ein eigenes Konzept namens *Metamoderne* – und dieses ist im Zusammenhang der in diesem Buch untersuchten Metatragödien von besonderem Interesse.

Demnach zeichnen sich die gegenwärtigen Diskurse durch eine Oszillation aus, zwischen modernem Enthusiasmus und postmoderner Ironie[156]. Dafür bezeichnend ist das Aufleben optimistischer Erzählungen und groß angelegter Zielsetzungen für eine mögliche Zukunft. Während entsprechende Idealvorstellungen im Zeitalter der Moderne meist entweder naiv und/oder fanatisch geglaubt und in der Postmoderne apathisch abgelehnt und angefochten wurden, zeichne sich die Metamoderne durch eine Art von *informierter Naivität* oder *pragmatischen Realismus* aus.

Laut Vermeulen und van den Akker finden sich entsprechende Tendenzen in diversen Lebensbereichen, von Kunst und Architektur bis hin zu Wirtschaft und Politik. Ein entsprechendes Beispiel sehen sie in Barack Obamas Wahlkampf-Slogan *Yes We Can*.

Ein essentielles Kriterium entsprechend metamoderner Metanarrative besteht darin, dass nicht versprochen wird, ein großes historisches Endziel zu erreichen – wie z.B. ein kommunistisches Utopia. Stattdessen steht die Erkenntnis im Vordergrund, dass auch Stillstand illusorisch ist: die Welt verändert sich in jedem Fall und dies zu missachten ist gefährlich. In diesem Sinne mögen Erzählungen nicht gänzlich zutreffen, doch in ihrem Sinne zu handeln kann dazu führen, die propagierten Ziele teilweise zu erreichen – was aus metamoderner Sicht besser ist, als überhaupt nichts zu erreichen. Vermeulen und van den Akker vergleichen das Konzept mit der populären Metapher eines Esels, der vorwärts läuft, weil eine Karotte vor seiner Nase hängt – von einem Stock, welcher an seinem Rücken befestigt ist.[157]

Seit der Gedanke 2010 im *Journal of Aesthetics & Culture* erstmals publiziert wurde, stieß er auf große Resonanz. Beispielsweise wurde von Turner 2011 ein darauf aufbauendes künstlerisches Manifest formuliert. Laut diesem besteht metamoderne Kunst nicht darin, Wahrheiten als gegeben anzunehmen oder sie grundsätzlich abzulehnen, sondern vielmehr zu agieren, *als ob* sie hypothetisch zu finden wären.

---

156 Vgl. Ebd., S. 1
157 Vgl. Ebd., S. 5

Der Fokus wird eher auf die Erreichung bestimmter Ziele gelegt denn auf die Validität der dabei zur Orientierung verwendeten (Meta-) Narrative. Somit wird propagiert, je nach Kontext fließend zwischen verschiedenen, potenziell auch entgegengesetzten Standpunkten zu wechseln. Bestimmte Weltanschauungen müssen nicht objektiv richtig, sondern im jeweiligen Kontext als Anreize hilfreich sein.

So empfielt Turner z.B., Demokratisierung als erstrebenswert zu erachten, so als ob sie die notwendige Konsequenz geschichtlicher Entwicklung sei – unabhängig davon, ob sie das tatsächlich sein mag oder nicht.[158]

Eine entsprechende Perspektive schließt sich nicht zwangsläufig mit allen Ansätzen der Postmoderne aus. So bezeichnet Flusser seine Philosophie selbst als postmodern – sie ist jedoch zugleich geprägt von einem dahingehenden Optimismus, dass der Zerfall einer verlässlichen Wirklichkeit erlaubt, diese gezielt neu zu entwerfen[159].

Gewissermaßen besteht der Kern metamodernen Denkens in der Annahme, dass es eine feststehende Realität jenseits von Geschichten gibt, die jedoch nicht ohne die Verzerrung durch solche wahrgenommen werden kann. Es geht nicht darum, Geschichten zu glauben, sondern an Geschichten zu glauben. Große wie auch kleine Erzählungen gleichen dabei Brillen, die das Gesehene zwar eingrenzen und die Sicht fokussieren, dabei aber nichtsdestotrotz helfen, sich trotz Sehschwäche zurechtzufinden. Somit sind manche Narrative, abhängig vom jeweiligen Ziel und Kontext, besser als andere: so wie auch Sonnenbrillen, Brillen für Kurz- oder Weitsichtige u.s.w..

Auch losgelöst von Vermeulen und van den Akkers Arbeit finden sich Denkansätze, welche deren Grundprämissen teilen. Darunter fallen die Standpunkte einiger populärer Kulturkritiker wie des israelischen Historikers Yuval Noah Harari, des slowenischen Philosophen Slavoj Žižek und des kanadischen Psychologen Jordan Peterson. Diese sollen im Folgenden kurz angerissen und auch bei der Analyse metatragischer Werke in späteren Kapiteln mehrfach referenziert werden.

Peterson verfolgt, häufig in Anlehnung an Carl Gustav Jung und Friedrich Nietzsche, den Ansatz, menschliches Zusammenleben grundsätzlich als Sequenz gespielter *Games* und Narrative als deren Regelwerke zu begreifen (es wird der englische Begriff Games verwendet, da

---

158 Vgl. Turner (2011). http://www.metamodernism.org/, zuletzt geprüft am 14.02.2020
159 Vgl. Flusser 1998, S. 27

im Deutschen nicht zwischen Games – also Spielen mit fest definierten Regeln – und *Plays* – ungeregeltem Spielen wie etwa dem zwanglosen Herumspielen mit einem Ball oder Jojo – unterschieden wird). So beginnen Kinder im Alter von sieben Jahren, ein Verständnis für komplexe Regeln und Moral zu entwickeln – analog dazu, dass sie anfangen, nicht nur Plays, sondern auch Games zu spielen[160]. Das erfolgreiche Bestreiten des Lebens an sich interpretiert Peterson als übergreifendes Metagame: bei dem verschiedene Regelsysteme unterschiedlich effizient sind[161].

Den Einsatz von Narrativen als soziales Spiel zu begreifen, kann durchaus als metamodern verstanden werden. Die Metamoderne definiert sich dadurch, Narrative reflektiert so zu behandeln, als ob sie die Realität repräsentieren. Und Spielen bedeutet per se, in irgendeiner Weise so zu tun, *als ob* – wie etwa der Entwicklungspsychologe Piaget darlegt, auf dessen Arbeit Peterson in Vielem aufbaut. Bei jeder Form von Spiel wird eine erfundene bzw. empfundene Wirklichkeit in die externe Welt projiziert, um mit Letzterer zu interagieren, als wäre Erstere die eigentliche Wahrheit. Dies trifft auf Videospiele genauso zu wie z.B. auf Mannschaftssportarten und Kinder, die mit Spielzeugen Geschichten nachstellen, die sie sich spontan ausdenken.[162] In diesem Sinne ist dem gesamten Konzept der Metamoderne ein spielerischer Aspekt zu eigen – und auch die Identifikation metatragischer Protagonisten stellt einen spielerischen Akt dar, wie in Kapitel 8.2 eingehend erläutert.

Spielerische Narrativierung bedeutet dabei nicht zwangsläufig das Ignorieren von Tatsachen – sondern vielmehr deren aktive Interpretation oder ihre bewusst bzw. zeitweilig nur selektive Betrachtung. Nach Petersons Anschauung sind Metanarrative wie Ideologien, Religionen und Mythen nicht als direkte Wahrheitsquellen relevant, sondern vielmehr als metaphorische Anleitungen, um im Metagame erfolgreich zu sein. Des Weiteren geht er davon aus, dass diese einer Art historischem Selektionsprozess unterworfen sind, da sie nur langfristig weitererzählt werden, wenn sie sich als funktionale Hilfestellung bewähren.[163]

---

160 Vgl. Peterson 2013, S. 32-34
161 Vgl. Ebd., S. 51
162 Vgl. Piaget 1962! S. 160-165
163 Vgl. Peterson S. 34-35

Dies wiederum nutzt er als Argumentationsbasis, um beispielsweise die westliche Wertvorstellung des Menschen als eigenverantwortliches Individuum zu propagieren, obschon er die Vorstellung eines einheitlichen Selbst mit freiem Willen im herkömmlichen Sinne ablehnt. In der gleichen Weise verteidigt er die jüdisch-christliche Tradition als bewährte Grundlage zur Organisation von Gesellschaften – unabhängig von der Validität ihrer metaphysischen Prämissen wie etwa der tatsächlichen Existenz eines Gottes.[164]

Davon ausgehend vertritt er einen stark liberalen bzw. konservativen Standpunkt, kritisiert umfassend postmodernes Denken und betont die Unersetzbarkeit sozialer Hierarchien als Fundament persönlicher Identität. Dabei bedient er sich zum Teil einer recht drastischen Rhetorik: so bezeichnet er beispielsweise das Vorhandensein von Privilegien weißer Menschen als "Marxist lie".[165]

Žižek dagegen vertritt eine in vielem konträre linksgerichtete Position[166]. Nichtsdestotrotz kann diese in gewisser Hinsicht ebenfalls als metamodern eingeordnet werden.

So setzt er sich umfassend kritisch mit ideologischen Narrativen auseinander und vertritt die Ansicht, deren vorgebliche Abwesenheit in der Postmoderne führe ihrerseits zur ideologischen Verpflichtung zu genießen, z.B. durch kapitalistischen Konsum[167]. Anstatt jedoch die Realität im Sinne fraglicher Narrative anzupassen, tritt er für das Gegenteil ein:

> The experience that we have of our lives, from within, the story we tell ourselfs about ourselfs in order to account for what we are doing is, and this is what I call ideology, fundamentally a lie. The truth lies outside in what we do.[168]

---

164 Vgl. Peterson in: Žižek/Peterson 2019. https://www.youtube.com/watch?v=lsWndfzuOc4, zuletzt geprüft am 14.02.2020, Min: 2:34:00
165 Vgl. Žižek 2018. https://www.independent.co.uk/voices/jordan-peterson-clinical-psychologist-canada-popularity-convincing-why-left-wing-alt-right-cathy-a8208301.html, zuletzt geprüft am 14.02.2020
166 Vgl. Parker. https://www.britannica.com/biography/Slavoj-Zizek, zuletzt geprüft am 14.02.2020
167 Vgl. Žižek in: THE PERVERT'S GUIDE TO IDEOLOGY. R.: Sophie Fiennes. GBR/IRL 2012, Min.: 14:00
168 Vgl. Peterson in: Žižek/Peterson 2019. https://www.youtube.com/watch?v=lsWndfzuOc4, zuletzt geprüft am 14.02.2020, Min: 57:00

Laut Žižek vereinnahmt Ideologie ihre Anhänger stets durch das Versprechen, bestimmte Wünsche zu erfüllen. Da sie die Wahrnehmung der Wirklichkeit so tiefgreifend verzerrt, dass kaum möglich ist, ihren Einfluss von den eigenen genuinen Urteilen zu unterscheiden, besteht die eigentliche Verantwortung jedes Menschen darin, bewusst zu reflektieren und zu entscheiden, was man sich wünscht. Dies wiederum ist seiner Ansicht nach besonders durch die Rezeption fiktionaler Geschichten wie z.B. Filme möglich, durch die menschliches Verlangen geformt oder überhaupt erst geweckt wird.[169]

So sieht Žižek den grundlegenden Irrtum der gegenwärtigen Gesellschaft nicht darin, Fiktionen zu ernst, sondern sie im Gegensatz nicht ernst genug zu nehmen[170]. Dies wird beispielsweise anhand seiner *Analyse des Storytellings der deutschen Hard-Rock-Band *Rammstein* deutlich. Laut Žižek inszeniert diese in Teilen narrative Elemente nationalsozialistischer Ideologie, löst sie jedoch aus ihrer eigentlichen Konnotation mit dem entsprechenden Metanarrativ. Dadurch wird der Genuss dieser Elemente in all ihrer Absurdität selbst zum geweckten bzw. erfüllten Wunsch und macht das Metanarrativ selbst überflüssig, was demnach einen subversiven Akt gegen tatsächlich nazinalsozialistisches Denken darstellt.[171]

Eine weitere Parallele zwischen dem Denken Žižeks und Vermeulen und van den Akkers Konzept der Metamoderne besteht in dessen expliziter Unterstützung der *Fridays for Future*-Bewegung (Schüler und Studierende, die während ihrer Unterrichtszeit für mehr Klimaschutz demonstrieren gehen). So tritt er dabei explizit für eine Form von informierter Naivität ein – im Sinne simpler Narrative, die Handlungen auf Basis unmittelbarer Fakten evozieren:

> Only in this naive way we may be brought to do something. In other words: the greatness of these children is precisely their, in some noble sense, stupid naivity. This is it. Don't complicate it with the situation is complex, we don't know and so on and so on. We need more of this. [...] We need to rediscover this children's innocence to be able to look at facts.[172]

---

169 Vgl. Ebd., Min.: 02:02:00
170 Vgl. Žižek in: THE PERVERT'S GUIDE TO CINEMA. R.: Sophie Fiennes. AUS/GBR/NLD 2006, Min.: 2:14:00
171 Vgl. Žižek in: THE PERVERT'S GUIDE TO IDEOLOGY, Min.: 53:00
172 Vgl. Žižek 2019. https://www.youtube.com/watch?v=c7DEKkiZzVg, Min: 5:00

Prinzipiell tritt Žižek also für eine möglichst unverfälschte Auseinandersetzung mit der faktischen Realität ein – obwohl er deren Wahrnehmung, zumindest in gewissem Umfang, für unweigerlich verzerrt hält. In diesem Zusammenhang setzt er sich u.a. explizit damit auseinander, ob es möglich ist, über die reine postmoderne Skepsis gegenüber Narrativen hinauszukommen und wissenschaftliche Erkenntnisse vollständig ernstzunehmen, ohne zu einem unreflektierten Realismus zurückzukehren.

Eine mögliche Lösung sieht er darin, die Realität grundsätzlich als unvollständig zu denken. Er nimmt dabei Bezug auf eine Aussage des Quantenphysikers Niels Bohr, wonach die Realität sich nicht anhand einheitlicher Prinzipien beschreiben lässt, da sie in sich selbst widersprüchlich ist – oder zumindest nicht in ihrer Totalität begriffen werden kann. Diese Vorstellung wiederum vergleicht er mit den künstlichen Welten von Videospielen, welche in in gleicher Weise unvollständig sind: beispielsweise sind Häuser, die in solchen Spielen nicht betreten werden können, in der Regel bloß Kulissen, deren Inneres überhaupt nicht definiert ist. Bis zu einem gewissen Grad sind solche Spielwelten verständlich und auch in sich schlüssig – obwohl sie von ihren Schöpfern nicht bis ins letzte Detail hinein ausgestaltet wurden. Relevant ist, inwiefern mit dieser Welt interagiert werden kann und nicht, weshalb dies möglich ist. Laut Žižek sind auch zukünftige Utopien nur dann von potenziellem Wert, wenn sie genau in diesem Sinne die Vorteile modernen und postmodernen Denkens in sich vereinen.[173]

Wie in Kapitel 8 dargestellt, liegt metatragischen Erzählungen eine utopistische Tendenz zugrunde, auf die genau dies zutrifft.

Das von Žižek beschriebene Konzept einer spielhaften Realität weist ebenfalls Parallelen zu Piaget auf – obwohl Žižek anders als Peterson nicht so weit geht, menschliche Gesellschaftsformen explizit als Spiele mit bestimmten Regeln zu beschreiben. So geht Piaget davon aus, dass spielerische Tätigkeiten dazu dienen, das Konzept von der Wirklichkeit als solcher zu entwickeln, welches Menschen hegen. Es geht nicht primär um das Üben von Aktivitäten oder rationale Verarbeitung – sondern darum, Dinge zu begreifen, sodass man sie instinktiv als real empfindet. Wenn beispielsweise Kleinkinder mit Gegenständen herumspielen, diese hochheben und wieder fallenlassen, dann setzen sie sich womöglich aktiv mit dem Prinzip der Schwerkraft auseinander,

---

173 Vgl. Žižek 2019. https://www.youtube.com/watch?v=545x4EldHlg, Min: 42:00

zugleich aber wird diese durch das Spiel der fundamental empfundenen Wirklichkeit des Kindes hinzugefügt. Demnach leben Menschen, unabhängig von ihrem Alter, in einer subjektiven Illusion, die sie auf die nicht unverfälscht wahrnehmbaren Sinneseindrücke projizieren – auch, wenn sie nicht spielen. Spielen im Sinne des Eintauchens in erfundene Welten bedeutet lediglich, sich dessen bewusst zu sein, weil es nicht automatisch geschieht und die automatisch projizierte Welt dadurch osmotisch zu erweitern.[174] Spiele schaffen Realitäten – aber Spielen auch Realität.

Sowohl Žižek als auch Peterson plädieren also für einen bewussten Umgang mit Geschichten, da diese in jedem Fall beeinflussen, wie man die Realität erlebt und deutet. Dabei lehnen beide sowohl den radikalen Verzicht auf Narrative ab als auch, diesen unreflektiert Glauben zu schenken. Der entscheidende Unterschied besteht darin, dass Peterson dafür plädiert, sie anhand dessen zu bewerten, wie sie sich in der Vergangenheit bewährt haben, während Žižek vor allem dafür eintritt, sie im Kontext neuer Entwicklungen und Umstände fortlaufend infrage zu stellen.

Darüber hinaus vertreten beide stark konträre Standpunkte, woran deutlich wird, dass metamoderne Prämissen potenziell mit sehr verschiedenen Narrativen vereinbar sind. Zum eigentlich Klärungsbedürftigen wird weniger, ob, sondern welche Geschichten erzählt werden sollen – und in welchem Rahmen.

Von Relevanz ist in diesem Zusammenhang, dass Žižek Peterson im Februar 2018 in der britischen Online-Zeitung *The Independend* umfassend kritisiert und ihm z.B. vorgeworfen hat, verrückte Verschwörungstheorien zu verbreiten.[175] Der Artikel stieß auf großes Interesse, besonders seitens der jeweiligen Anhängerschaft beider Akteure in sozialen Medien wie Youtube. Infolgedessen kam es am 19.04.2019 zu einer Podiumsdiskussion zwischen ihnen. Als beispielhafte Kontroverse zwischen metamodernen Standpunkten soll diese hier in einigen Kernpunkten aufgegriffen werden.

Die Veranstaltung fand, unter dem Titel *HAPINESS: CAPITALISM VS: MARXISM*, im Sony Centre for the Performing Arts in Toronto statt.

---

174 Vgl. Piaget 1962, S. 164-168
175 Vgl. Žižek 2018. https://www.independent.co.uk/voices/jordan-peterson-clinical-psychologist-canada-popularity-convincing-why-left-wing-alt-right-cathy-a8208301.html, zuletzt geprüft am 14.02.2020

Dabei erfreute sie sich enormer Aufmerksamkeit: So waren Tickets für die 3.000 Sitzplätze des Theaters ausverkauft und wurden auf Ebay zuletzt für mehr als 1.000 Dollar gehandelt, während weltweit über 6.000 Menschen das Event im (kostenpflichtigen) Livestream verfolgten. Teils wurden im Vorfeld Parallelen zu dem berühmten Duell zwischen Noam Chomsky und Michel Focault im Jahr 1971 gezogen, welches als exemplarisches Aufeinanderprallen moderner und postmoderner Ansätze betrachtet werden kann.[176]

Interessanterweise kamen Žižek und Peterson dabei jedoch in vielen Punkten überein – hauptsächlich in der geteilten Opposition gegenüber bestimmten postmodernen Tendenzen wie populärer Identitätspolitik und der Idee politischer Korrektheit. Beide lehnen Ansätze wie u.a. denjenigen Focaults ab, gesellschaftliche Konflikte ausschließlich als Folge der Unterdrückung von Identitätsgruppen durch andere Identitätsgruppen zu betrachten: auch, da entsprechende Argumentationen Menschen teils entmündigen und ihnen aufgrund ihrer soziokulturellen Prägung die Fähigkeit zu eigenständigem Denken oder konstruktiver Kommunikation absprechen.

Allerdings divergiert ihre jeweils darüberhinausgehende Analyse der hinter diesen Tendenzen stehenden Zusammenhänge. So sieht Peterson in entsprechenden Ausprägungen postmoderner Gedanken eine Überführung des Metanarrativs eines marxistischen Klassenkampfes aus einem wirtschaftlichen Kontext in einen kulturellen. Ähnlich wie Habermas argumentiert er, der vorgebliche Zweifel an den großen Erzählungen der Moderne sei seinerseits eine solche in abgewandelter und in sich widersprüchlicher Form.

Žižek widerspricht dieser Auslegung: für ihn grenzt besonders Focault sich dahingehend vom Marxismus ab, dass er dafür plädiert, das große Ganze zu ignorieren und sich auf das eigene Leben zu fokussieren. Dies hält er seinerseits für problematisch, da die Konzentration auf die eigene Opferrolle – als Teil einer unterdrückten Identitätsgruppe – und besonders die Solidarisierung mit solchen implizit dazu einladen, die damit einhergehende moralische Überlegenheit zu genießen, anstatt die defizitären Zustände effektiv zu verändern. Beispielsweise kritisiert er weiße westliche Intellektuelle, welche gegen eurozentrisches Denken opponieren und eben aus diesem Narrativ der

---

176 Vgl. Frank 2019. https://www.spiegel.de/kultur/gesellschaft/slavoj-zizek-vs-jordan-peterson-marxist-gewinnt-philosophenduell-a-1263756.html, zuletzt geprüft am 14.02.2020

Selbstanzeige ein Gefühl der Überlegenheit schöpfen. In diesem Sinne hält er die marxistische Erzählung für die verhältnismäßig bessere – obwohl er sie ebenfalls scharf kritisiert.[177]

Trotz ihrer entsprechend verschiedenen Interpretationen postmoderner Ideen stimmen beide auch darin überein, dass an deren Stelle nicht das Streben nach persönlichem Glück treten sollte: da dieses leicht zur Instrumentalisierung durch Ideologien führen kann, welche versprechen, solches herbeizuführen. So äußert Žižek:

> So my formular [...] is, my basic dogma is: happiness should be treated as a necessary byproduct. If you focus on it, you are lost. It comes as a by-product of you, working for a cause, and so on. That's the basic thing for me.[178]

Peterson stimmt dem umfassend zu. Anstelle einer Fokussierung auf Glück treten beide für den Wert individueller Verantwortung ein – den auch Žižek in der jüdisch-christliche Tradition begründet sieht. Gleichwohl vertreten sie gegensätzliche Standpunkte in Hinsicht darauf, wie diesem Wert gemäß zu handeln sei. Peterson plädiert für das Bestreben, zunächst Verantwortung für den Verlauf des eigenen Privatlebens zu übernehmen. Dieses in vorteilhafte Bahnen zu lenken befähigt seiner Einschätzung nach erst dazu, auch auf überpersönlicher Ebene konstruktiv zu handeln.

Žižek dagegen erachtet diesen Ansatz für problematisch, da das Ziel, individuell verantwortungsvoll zu agieren, ähnlich wie das Streben nach Glück das Risiko birgt, unwissentlich von fremden Einflüssen manipuliert zu werden, welche Antworten auf Fragen vorgeben, was Verantwortung im Detail bedeutet. Demnach bestehe der erste Schritt darin, sich damit auseinanderzusetzen, welche überpersönlichen Zustände und Narrative ein vorteilhaftes individuelles Dasein ermöglichen.[179]

Eben dieser Konflikt wird auch in vielen Metatragödien thematisiert oder ist zumindest implizit mit dem Motiv verflochten, sich mit der eigenen Geschichte zu identifizieren – wie in Kapitel 6.7 näher behandelt.

---

177 Vgl. Žižek in: Žižek/Peterson 2019. https://www.youtube.com/watch?v=lsWndfzuOc4, zuletzt geprüft am 14.02.2020, Min: 1:55:00
178 Vgl. Ebd., Min: 1:36:00
179 Vgl. Ebd. Min: 2:11:00

Die Untersuchung der Argumentation von Peterson und Žižek ließe sich im Zusammenhang der Metamoderne umfassend fortsetzen. Da an dieser Stelle jedoch lediglich ein Überblick geboten werden soll, wird dies hier unterlassen (wobei besonders auf Žižeks Filmanalysen in späteren Kapiteln noch konkret Bezug genommen wird).

Abschließend wird in Grundzügen auf die Arbeit des dritten genannten Kulturkritikers Yuval Noah Harari eingegangen. Auch dieser ist gegenwärtig sehr populär und, über die Publikation von drei weltweit extrem erfolgreichen Büchern, präsent in vielen öffentlichen Diskussionen und z.B. TED-Talks.

Harari befasst sich ebenfalls sehr intensiv mit Narrativen und ihrer historischen Bedeutung. Dabei betrachtet auch er sie nicht als Weg zur Wahrheitsfindung, sondern vielmehr als Hilfsmittel zur Fokussierung der menschlichen Wahrnehmung – und somit vor allem auch zur Organisation und Motivation komplexer menschlicher Kollektive. Demnach ist eine ähnliche Weltsicht aufgrund des geteilten Glaubens an bestimmte Geschichten, oder zumindest deren geteilte Kenntnis, essentiell, um eine Vertrauensbasis zu schaffen, die erlaubt, mit anderen zu kooperieren, ohne, dass man darüber hinaus persönlich miteinander bekannt sein muss. Gemäß dieser Argumentation sind unter Geschichten sowohl Religionen und Ideologien zu verstehen, als z.B. auch Filmhandlungen und Romane – oder der Glaube daran, dass Geld einen Wert besitzt.[180]

In gewisser Hinsicht kann Letzterer als archaische Urform eines metamodernen Umgangs mit Erzählungen betrachtet werden: anders als direkt getauschte Waren besitzen Währungsmittel in der Regel keinen eigentlichen Nutzen. Vielmehr besteht ihr Nutzen darin, mit einem offenkundig erfundenen Narrativ verknüpft zu sein, bzw. Teil eines Spiels zu sein, welches – zumindest implizit – als solches für sinnvoll erachtet wird. Auf diese Kernthese Hararis wird in Kapitel 6.7 dieses Buches näher eingegangen.

Im Zusammenhang der Metamoderne ist von Belang, dass er sich parallel vor allem mit den Kehrseiten solcher Geschichten und der von ihnen erzeugten Identitäten auseinandersetzt:

> Identity is always problematic because identity is always based on fictional storys, that sooner or later collide with reality. Almost all identitys, I mean

---

[180] Vgl. Harari 2015, S. 228

beyond the level of the basic community of a few dozen people, are based on a fictional story. [...] All identitys are extremely unstable.[181]

Gleichwohl gesteht er ihnen einen potenziellen Wert zu und plädiert dafür, geeignete Narrative zu finden, welche zur Lösung gegenwärtiger Probleme beitragen. So nimmt er beispielsweise auf historische Prozesse wie die Entstehung antiker Imperien in China und Ägypen Bezug. Laut Harari war es diesen hauptsächlich aufgrund jeweils geeigneter Erzählungen möglich, separate Volksstämme zu vereinen, die am Ufer großer Flüsse siedelten – und diese Flüsse in der Folge gemeinsam zu kontrollieren, um z.B. landwirtschaftliche Vorteile zu gewinnen. Darauf aufbauend betont er die Notwendigkeit, passende Narrative zu entwickeln, die globale Kooperationen ermöglichen – um globale Probleme zu bewältigen: wie etwa den Klimawandel, die Gefahr atomarer Konflikte oder technische Entwicklungen wie Gentechnik und künstliche Intelligenz, welche die Grundlagen bestehender Gesellschaften bedrohen. Besonders die letztgenannte Thematik ist auch im Zusammenhang metatragischer Werke von großer Bedeutung.[182]

In jedem Fall kann Hararis Arbeit als metamodern eingestuft werden, da ihr zwar ein postmoderner Zweifel an Narrativen zugrundeliegt, zugleich jedoch für deren strategischen Einsatz Stellung bezogen wird, anstatt für das Bestreben, ihnen zu entkommen.

Auch neben besonders prominenten Denkern wie Harari, Peterson und Žižek lassen sich intellektuelle Ansätze ausmachen, welche mit der Idee der Metamoderne korrelieren. Darunter fällt etwa Francis Fukuyamas 2018 erschiedenes Werk *Identity. The Demand for Dignity and the Politics of Resentment.,* in dem er seine 1992 aufgestellte These wiederruft, die globale Etablierung liberaler Demokratieren stelle das Ende der Geschichte im Sinne eines in sich zufriedenstellenden Endzustands dar. Diesen sieht auch er vor allem durch Tendenzen wie politische Korrektheit und Identitätspolitik bedroht, welche die Bürger demokratischer Staaten als separate Teilgemeinschaften mit widersprüchlichen Interesse auffassen und dadurch spalten.

In diesem Sinne interpretiert er u.a. viele rechtspopulistische Bewegungen als Nebenprodukt solcher Konzepte, die nicht darauf aus sind, das Identitätsgefühl echter Minderheiten zu verteidigen, sondern das

---

181 Vgl. Harari 2017. https://www.youtube.com/watch?v=szt7f5NmE9E&list=WL&index=26&t=0s, zuletzt geprüft am 14.02.2020, Min: 3:00
182 Vgl. Ebd., Min: 8:00

von Mehrheiten – das ebenfalls an festgelegten Eigenschaften wie Rasse, Ethnizität oder Religion festgemacht wird.[183]

Als Gegenentwurf bezieht er Stellung für eine Renaissance nationaler Bekenntnisidentitäten und der liberalen Demokratie, die als Erzählung seiner Meinung nach höher einzuschätzen ist als diejenigen von Kulturen, welche demokratische Werte ablehnen.[184]

Damit bewertet Fukuyama Narrative ebenfalls selektiv – und zwar anhand ihrer Wirkung auf menschliches Zusammenleben. Wie deutlich wird, divergieren entsprechend metamoderne Argumentationen deutlich in Hinblick auf die jeweils bevorzugten Geschichten, nicht aber in der Befürwortung von Geschichten an sich.

Eben dies ist auch in Metatragödien der Fall. Und sofern das Konzept der Metamoderne tatsächlich als Weiterentwicklung oder Abkehr von der Postmoderne zu verstehen ist, lassen sie sich folglich als dessen Entsprechung in Form eines medialen Erzählgenres einordnen.

Allerdings ist dieses nicht auf die Zeit während bzw. nach der Postmoderne zu begrenzen. Vorläufer, Einflüsse und frühe Werke dieses Genres finden sich auch vor den 1990er Jahren – und diesen wird im folgenden Kapitel nachgespürt.

---

183 Vgl. Fukuyama 2018, S. 188
184 Vgl. Ebd., S. 195

4 Historischer Kontext

Bereits in der späten Renaissance führten wissenschaftliche Forschungen zur Entdeckung komplexerer Harmonien als vorgesehen und der Erkenntnis, dass der Mensch nicht im Zentrum des Universums steht. Seelische Zerrissenheit und Melancholie schlugen sich u.a. in der Malerei des *Chiaroscuro* nieder.[185] Das pathetische Wechselspiel von Licht und Dunkelheit wurde zur Metapher für Ausgeliefertsein und Vergänglichkeit – besonders bei den Werken Rembrandts auch für die des menschlichen Seins[186]. Somit ist die Reflexion extremer gesellschaftlicher Umbrüche in Form des psychischen Kollapses fiktionaler Figuren kein neues Prinzip: auch wenn sie in Genres wie Dark Drama und Metatragödie in besonders selbstreflexiver Form vorliegt[187]. In diesem Sinne lassen sich entsprechende Erzählungen als Produkt von Entwicklungen begreifen, welche weit zurückreichen – ins 14. Jahrhundert und darüber hinaus[188].

Als konkreter Beginn der Evolution von Metatragödien wird in diesem Buch jedoch die Philosophie Friedrich Nietzsches verstanden und vor allem dessen metanarratives Hauptwerk ALSO SPRACH ZARATHUSTRA[189]. Auch dieses ist selbstredend im Zusammenhang vorangegangener Entwicklungen zu sehen: beispielsweise finden sich darin zahlreiche Bezüge und Querverweise auf Goethes FAUST[190]. So ist bereits der Begriff des *Übermenschen* daraus entlehnt, wenngleich er abweichend verwendet wird[191]. Unter gewissen Gesichtspunkten weist auch FAUST bereits konkrete Ähnlichkeiten zu späteren metatragischen Erzählungen auf, vor allem der Tragödie erster Teil – der Doktor stürzt in eine Krise, weil er daran scheitert, die Realität zu verstehen, gerät in Mephistopheles an einen höchst fehlbaren Charakter, der zum Autoren seiner Geschichte avanciert und konzentriert sich auf die – vor allem sinnlich – unmittelbare Realität seines eigenen Lebens, anstatt nach letztgültiger Wahrheit zu suchen.

---

185 Vgl. Eco 2012, S. 214-216
186 Vgl. Prater 1992, S. 156
187 Vgl. Wachholz 2014, S. 20
188 Vgl. Prater 1992, S. 122
189 ALSO SPRACH ZARATHUSTRA Autor: Friedrich Nietzsche. Erschienen in vier Einzelbänden zwischen 1883 und 1891
190 FAUST. EINE TRAGÖDIE. Autor: Johann Wolfgang von Goethe. 1808 / FAUST. DER TRAGÖDIE ZWEITER TEIL. Autor: Johann Wolfgang von Goethe. 1832
191 Vgl. Bishop/Stephenson 2005 S. 102

Zudem findet sich, in Gestalt des beim Hexentanz aufgeführten Walpurgisnachtstraums, ein Theaterstück im Theaterstück als deutlich metafiktionales Element. Allerdings ist noch keine entsprechend markante Selbstbegegnung auszumachen, obwohl sich Faust in Folge seines Teufelspakts in eine jüngere Version seiner Selbst verwandelt. Letztlich ist seine Identifikation mit seiner Geschichte dabei auch nicht zwangsläufig als zentrales Thema der Geschichte bzw. Lösung seiner Probleme zu verstehen. Besonders das Eingreifen Gottes am Ende der Erzählung erschwert eine entsprechende Deutung – oder steht ihr sogar ganz im Weg.

Als weiterer, ALSO SPRACH ZARASTHUSTRA vorangegangener Einfluss auf die Entwicklung späterer Metatragödien ließen sich z.B. die Erzählungen Dostojewskis einstufen – welche Nietzsche selbst als entscheidenden Einfluss auf sein Schaffen bezeichnet[192]. Auch diese zeichnen sich durch die Auseinandersetzung mit Gedanken aus, welche sich in ähnlicher Form in vielen nachfolgend entstandenen Metatragödien finden. Besonders die beiden Romane PRESTUPLENIJE I NAKASANIJE (deutscher Titel: SCHULD UND SÜHNE)[193] und ZAPISKI IZ PODPOL'JA (deutscher Titel: AUFZEICHNUNGEN AUS DEM KELLERLOCH)[194] sind hierbei von Interesse, worauf in diesem Buch an späterer Stelle eingegangen werden soll (siehe Kapitel 6.2 und 8.1).

In diesem Kapitel werden jedoch hautpsächlich Entwicklungen im 20. Und 21. Jahrhuntert untersucht, die in der Folge von ALSO SPRACH ZARATHUSTRA gesehen werden können und einen klaren Bezug zu Metatragödien jüngeren Datums aufweisen. Auch hierbei können die in den jeweiligen Unterkapiteln besprochenen Werke meist im Zusammenhang vorangegangener Katastrophen und sozialer Umwälzungen der westlichen Welt gesehen werden: namentlich der beiden Weltkriege, des Vietnamkriegs und des Zweiten Golfkrieges sowie der Öffnung der Sowjetunion und der Geburt des Internets. Dabei wird explizit kein Anspruch auf Vollständigkeit erhoben. Beispielsweise wird nicht direkt auf die Rolle der bildenden Künste eingegangen: so ließe sich z.B. auch der Surrealismus potenziell als Einfluss auf die Entwicklung von Genres wie der Metatragödie oder dem Dark Drama verstehen. Letzteres und auch New Weird sind eher als parallele Entwicklungen zu sehen denn als Vorläufer metatragischen Erzählens.

---

192 Vgl. Lavrin 1969, S. 160
193 PRESTUPLENIJE I NAKASANIJE. Autor: Fjodor Michailowitsch Dostojewski. 1866
194 ZAPISKI IZ PODPOL'JA. Autor: Fjodor Michailowitsch Dostojewski. 1864

4.1 Also sprach Zarathustra

Friedrich Nietzsche zählt neben Martin Heidegger zu den prägenden Einflüssen der späteren postmodernen Philosophie. So waren etwa die französischen Postmodernisten Derrida, Foucault und Deleuze markant von ihm geprägt[195]. Auch für die nordamerikanische Postmoderne ist sein Werk von zentraler Bedeutung[196]. Sofern Postmoderne als philosophische Kategorie verstanden wird und nicht nur als Epochenbegriff, kann es sogar als deren Beginn angesehen werden[197].

Allerdings ist Nietzsches Denken nicht auf die Skepsis gegenüber Narrativen zu beschränken. In weiten Teilen basiert es sogar auf der Erkenntnis der Unvermeidbarkeit von Narration. So werden zwar überpersönliche Metanarrative wie Religionen und Nationalität angezweifelt, Narration an sich aber wird befürwortet. Beispielsweise heißt es in *Die fröhliche Wissenschaft*:

> *Wofür wir dankbar sein sollen.* – Erst die Künstler, und namentlich die des Theaters, haben den Menschen Augen und Ohren eingesetzt, um das mit einigem Vergnügen zu sehen, was jeder selber ist, selber erlebt, selber will; erst sie haben uns die Schätzung des Helden, der in jedem von allen diesen Alltagsmenschen verborgen ist, und die Kunst gelehrt, wie man sich selber als Held, aus der Ferne und gleichsam vereinfacht und verklärt ansehen könne – die Kunst, sich vor sich selber »in Szene zu setzen«.[198]

Somit ist Nietzsche, im hier verwendeten Sinn des Begriffs, eher meta- als postmodern (siehe Kapitel 3.2). Charakteristisch für sein Werk ist dabei die Verbindung verschiedener Formen von Storytelling sowie mehrerer, einander teils widersprechender und narrativ aufbereiteter Gedankengänge: so werden beispielsweise historische Betrachtungen meist in einem stark prosaischen Stil erörtert.[199] Besonders ALSO SPRACH ZARATHUSTRA lässt sich dahingehend als transmedial bezeichnen, da der Text fließend zwischen einer literarischen Handlung, aphoristischen Abhandlungen und Passagen von Lyrik wechselt. Hierin besteht eine deutliche Parallele zu den Filmen Quentin Tarantinos (siehe Kapitel 4.5).

---

195 Vgl. Wolin 2004, S. 4
196 Vgl. Ebd., S. 16
197 Vgl. Koelb 1990, S. 4
198 Vgl. Nietzsche 2009, S. 97
199 Vgl. Ebd., S. 6-7

In diesen gibt es meist keinen Hauptcharakter, sondern bloß einzelne, für sich stehende Figurenplots, die nicht zwangsläufig zu einem größeren Hauptplot zusammenfinden. Da keine klare Hierarchisierung erfolgt, können die Filme als postmodern bzw. selbstdekonstruktiv bezeichnet werden.[200]

Auch ALSO SPRACH ZARATHUSTRA ist – wie spätere Metatragödien – eine Erzählung, die ihre eigene Dekonstruktion vorwegnimmt. Indem Nietzsche seine eigene Autorität als Autor demontiert, demontiert er zugleich jede Interpretation des Lesers.[201]

Die erzählerische Struktur eines Tarantino-Films gleicht einem Puzzle ohne festen Sinn[202]. Über die Dekonstruktion hinaus entstehen dabei jedoch ein lesbares Anagramm bzw. eine Metapher. Beim Versuch, diese zu interpretieren, sind logische Ableitung und Willkür gleichwertig.[203] Jede subjektive Deutung eines Tarantino-Films ist eine richtige Deutung und potenziell erlebt jeder Rezipient ihn anders.

Nietzsche versucht in seinen Werken ebenfalls, erstarrte Denkmuster durch den Gebrauch komplexer Metaphern aufzusprengen. Deren intuitives Moment sieht er als Mittel, der Einschränkung des Denkens durch feste Sprachmuster und den Glauben an objektive Wahrheiten entgegenzuwirken.[204] Kern seiner Philosophie ist der Gedanke, dass Wahrheit und Bedeutung ständiger Veränderung unterworfen und darüber hinaus nur subjektiv selbst zu finden bzw. zu erschaffen sind. Dies in Form fester Thesen zu formulieren wäre paradox. Nichtsdestotrotz vermittelt Nietzsche in seinen Texten bestimmte ästhetische Ideale.

So kann die gesamte Handlung von ALSO SPRACH ZARATHUSTRA als komplexe Metapher ohne klaren Sinn verstanden werden, dennoch stellt die Erzählung illustrativ etwas dar: vor allem Zarathustra als ihren Protagonisten und dessen geistige Entwicklung. Als fiktionaler Charakter wiederum verfügt er über bestimmte idealisierte Eigenschaften und Attribute – die somit losgelöst von ihrer tieferen Bedeutung angepriesen werden. Wie in späteren Metatragödien wird die Handlung als solche dadurch betont, dass ihr tieferer Sinn infrage gestellt wird. Und indirekt stellt dies seinerseits einen tieferen Sinn dar.

---

200 Vgl. Körte in: Fischer/Körte/Seeßlen 1998 S. 26-28
201 Vgl. Conway in Koelb 1990 S. 91
202 Vgl. Körte in: Fischer/Körte/Seeßlen 1998 S. 25
203 Vgl. Ebd., S. 34
204 Vgl. Reschke 2017, S. 49

Postmoderne Denker propagieren häufig das Ideal ästhetischer Gestaltung, das mit spielerischem Verhalten oder einem Ideal von *Playfulness* in Verbindung gebracht wird (der englische Begriff Playfulness wird in diesem Buch nicht übersetzt, da er gegenüber dem deutschen *Verspieltheit* weniger wertend als deskriptiv konnotiert ist und eher eine Einstellung als einen Charakterzug beschreibt). Dies ist u.a. auf den postmodernen Bezug zu Nietzsche zurückzuführen – allerdings repräsentiert postmoderne Playfulness vor allem eine Haltung gegenüber Texten, Narrativen und Argumentationen. Manche postmodernen Denker erweitern diese Haltung auf das generelle Verhältnis des Menschen zur Welt, wobei die Welt gewissermaßen zu einem Text wird, welcher der Interpretation bedarf. Die in Nietzsches Werk zum Ausdruck kommende Playfulness geht jedoch darüber hinaus: es handelt sich weniger um spielerische Skepsis oder Ironie, als vielmehr um ein grundlegend unbeschwertes, lebensbejahendes Verhältnis zur Welt als ästhetischem Phänomen.[205] Und dieses eben kann – anhand ästhetischer Ideale – gestaltet werden: die Welt als Text ist umschreibbar.

Metatragödien vermitteln eine dem sehr ähnliche Perspektive, wie in Kapitel 6.3 ausführlich erörtert. Tatsächlich kann ALSO SPRACH ZARATHUSTRA als Prototyp einer Metatragödie beschrieben werden, in der bereits alle entsprechenden Motive vorhanden sind.

Die Handlung des Textes befasst sich theoretisch mit dem Versuch, Nietzsches Philosophie zu verbreiten. Gleichzeitig stellt das Buch als solches natürlich ganz praktisch einen entsprechenden Versuch dar, was zu einem metafiktionalen Paradoxon führt.

Spätere Metatragödien können als fiktionale Geschichten beschrieben werden, die auf etwas über sich selbst hinaus hindeuten, das aber rätselhaft bleibt. ALSO SPRACH ZARATHUSTRA ist eine philosophische Abhandlung, die in sich selbst hinein deutet: und zwar auf eine wiederum in sich rätselhafte fiktionale Geschichte. Gewissermaßen wird somit fortwährend die Vierte Wand durchbrochen– aus der anderen Richtung als üblich.

Sofern dabei überhaupt von einer diegetischen Realität die Rede sein kann, wird diese infrage gestellt. Die erzählte Geschichte ist in einer grotesken Fantasy-Welt angesiedelt: so begegnet Zarathustra beispielsweise einer Manifestation staatlicher Macht in Gestalt eines zerberushaften Höllenhundes auf einer Vulkaninsel.

---

205 Vgl. Higgins in: Koelb 1990, S. 207

Auch führt er tiefschürfende Gespräche mit seinen Haustieren – einem Adler und einer Schlange – und während des Finales erscheint ein von Tauben umschwärmter Löwe aus seinen vorherigen Wahnträumen, um ihn zu liebkosen.

Ein Autorencharakter innerhalb der Handlung ist einerseits indirekt durch die offenkundige Autorenschaft Nietzsches und dessen Selbst-Fiktionalisierung als Zarathustra auszumachen. Dabei ist von Bedeutung, dass dieser eine Entwicklung durchmacht, weshalb der anfängliche, in seinen Ansichten vergleichsweise unreflektierte Zarathustra als eine Art Autor der Geschichte des späteren, sich mit seiner Unreflektiertheit bewusst auseinandersetzenden zu sehen ist.

Andererseits ist der Tod bzw. die Nichtexistenz Gottes Anlass des zentralen Konflikts der Geschichte, was eine sehr ähnliche Funktion erfüllt. Das dadurch ausgelöste Streben Zarathustras nach Selbsterkenntnis führt ihn bloß zur Erkenntnis seiner eigenen Selbsttäuschung[206]. Darüber hinaus finden sich mehrere noch konkretere Formen von Selbstbegegnung.

So trifft Zarathustra etwa seinen eigenen Schatten als von ihm getrennte Person, mit der er interagiert und ein Gespräch führt. Zu Beginn des dritten Teils von ALSO SPRACH ZARATHUSTRA gelangt er an einen Torweg, während er einen Berg erklimmt. In diesem erkennt er die Repräsentation des Augenblicks – der immer und immer wieder durchlaufen werden muss und bereits unendlich oft durchlaufen wurde, da die Zeit einen Kreis bildet.

Abgesehen von den komplexen philosophischen oder sogar physikalischen Implikationen dieser Szene, wird Zarathustra darin mit sich selbst und der fraglichen Bedeutung seiner Existenz in einem scheinbar deterministischen Universum konfrontiert.

Besonders im zeitlichen Element dieser Selbstbegegnung besteht eine konkrete Ähnlichkeit zu Metatragödien wie DONNIE DARKO oder ARRIVAL (siehe Kapitel 6.8).

Wie auch dort wird die Idee von der ewigen Wiederkunft des Gleichen für Zarathustra schließlich zum Fundament radikaler Lebensbejahung. Die eigene Geschichte ist zumindest retrospektiv nicht zu ändern – und gerade darum akzeptiert er sie.

---

206 Vgl. Conway in Koelb 1990 S. 97

Abbildung 2: Selbstbegegnung in STAR WARS: EPISODE VIII – THE LAST JEDI. Die Szene weist große Ähnlichkeit zu Zarathustras Gebirgsabenteuer auf: so findet die Protagonisten Rey ihr gegenwärtiges Selbst anstelle der unbekannten Wahrheit über ihre Vergangenheit und alles, was sie innerhalb der Reihe ihrer Duplikate tut, wird von den hinter ihr stehenden vorweggenommen und denen vor ihr wiederholt: so schnipst sie z.B. mit den Fingern, wobei das Schnipsen die unendliche Reihe von Reys durchläuft.

Als Alternative zu Gott, absoluter Erkenntnis oder der inneren Stimme eines wahren Selbts, entwirft Nietzsche in ALSO SPRACH ZARATHUSTRA die Vision des Übermenschen, der seinem Leben auch ohne all das einen Sinn gibt, indem er seine eigene Persönlichkeit kreativ neu erschafft. Als einzige Orientierungsmöglichkeit verbleiben dabei ästhetische bzw. stilistische Kriterien[207]. Dies kann als Variante einer Identifikation mit der eigenen Geschichte im metatragischen Sinne verstanden werden. In beiden Fällen übernehmen menschliche Akteure die Funktion des Autorencharakters, ihre eigene Geschichte zu schreiben.

Das gesamte Narrativ von ALSO SPRACH ZARATHUSTRA lässt sich als Konkretisierung dieser abstrakten Philosophie bzw. Ideologie begreifen. Indem Zarathustra schließlich selbst eine rätselhafte Wandlung durchmacht – Was hat die Sache mit dem Löwen und den Tauben zu bedeuten? Wird er tatsächlich zum Übermenschen? – wird er als metatragischer Protagonist zur konkreten lebenden Inkarnation dieser Philosophie – bzw. seines Narrativs. Der Unterschied zwischen der Erzählung, ihrem Stil und ihrer tieferen Bedeutung schwindet: was bzw. wer geschieht ist aus sich selbst bedeutsam.

---

207 Vgl. Wolin 2004, S. 43

Dabei ist zu betonen, dass Nietzsche den Konsum fiktionaler Geschichten nicht per se als Selbstzweck oder rein pragmatischen Akt darstellt. Deutlich wird dies beispielsweise an einer weiteren Passage aus *Die fröhliche Wissenschaft*:

> *Vom Theater.* [...] Menschen, deren Leben keine »Handlung«, sondern ein Geschäft ist, sitzen vor der Bühne und schauen fremdartigen Wesen zu, denen das Leben mehr ist als ein Geschäft? »So ist es anständig«, sagt ihr, »so ist es unterhaltend, so will es die Bildung!« – Nun denn! So fehlt mir allzuoft die Bildung: denn dieser Anblick ist mir allzuoft ekelhaft. [...] Wer etwas wie Faust und Manfred ist, was liegt dem an den Fausten und Manfreden des Theaters! – während es ihm gewiß noch zu denken gibt, *daß* man überhaupt dergleichen Figuren aufs Theater bringt.[208]

In diesem Sinne ist ALSO SPRACH ZARATHUSTRA als metafiktionale Erzählung zu verstehen: die Handlung ist keine Geschichte, die zur Unterhaltung rezipiert werden soll, sondern eine, deren Rezeption als solche Teil der Lebens-Handlung des Rezipienten sein will. Das Buch zielt darauf ab, die Biographie des Lesers selbst durch seine Lektüre narrativ aufzuwerten. In gewisser Hinsicht stellt es diese als einen heroischen Akt dar – und ruft zu einer allgemein heroischen Lebensführung auf. So stellt das Buch sämtliche Werte und Annahmen infrage, die im Leben Sicherheit geben, hält den Leser dazu an, dies selbst zu tun und betont zugleich, wie heroisch dieses Unterfangen ist. Spätere Metatragödien greifen exakt dieses Prinzip auf, ebenso wie die Idee, das Leben spielerisch als Handlung zu begreifen.

Allerdings unterscheiden sie sich stark darin, welche Art von Handlung sie anpreisen. Teils handelt es sich ebenfalls um Heldenepen, meist erleben die Protagonisten jedoch weit bodenständigere Abenteuer. Obwohl sich auch später noch zahlreiche Erzählungen der ersten Kategorie finden, kann die Evolution des Genres im Wesentlichen dahingehend beschrieben werden, dass eine Verschiebung der Akteure erfolgt: vom übermenschlichen Idealbild eines Zarathustra hin zu sehr viel verletzlicheren Charakteren, die in einer unüberschaubaren Welt mit der Bewältigung des Alltags zu kämpfen haben. Eine interessante Übergangsphase stellt dabei dabei eine Reihe von Prosawerken aus dem frühen 20. Jahrhundert dar, welche sich in verschiedener Form mit dem Niedergang des Großbürgertums beschäftigen.

---

208 Vgl. Nietzsche 2009, S. 106-107

4.2 Literarische Wurzeln

> Sie [die Geschichte] spielt, oder, um jedes Präsens geflissentlich zu vermeiden, sie spielte und hat gespielt vormals, ehedem, in den alten Tagen, in der Welt vor dem großen Kriege, mit dessen Beginn so vieles begann, was zu beginnen wohl kaum schon aufgehört hat.
>
> Thomas Mann in: DER ZAUBERBERG[209]

> […] und für Augenblicke ahnte ich glühend, dass ich nur die zerstreute Bilderwelt zusammenraffen, daß ich nur mein Harry Hallersches Steppenwolfleben als Ganzes zum Bilde zu erheben brauche, um selber in die Welt der Bilder einzugehen und unsterblich zu sein.
>
> Der Steppenwolf in: DER STEPPENWOLF[210]

> The most merciful thing in the world, I think, is the inability of the human mind to correlate all its contents.
>
> Francis Wayland Thurston in: THE CALL OF CTHULHU[211]

ALSO SPRACH ZARATHUSTRA ist ein philosophisches Werk in Form einer Metatragödie. In den 1920er und 1930er Jahren entstanden jedoch einige von Nietzsches Denken stark beeinflusste Romane im eigentlichen Sinn, die ebenfalls bereits als frühe Metatragödien eingestuft werden können. Darunter fallen die beiden deutschen Erzählungen DER ZAUBERBERG von Thomas Mann und DER STEPPENWOLF von Hermann Hesse. Es wird kein Anspruch darauf erhoben, Gehalt und Deutungsebenen der beiden Werke auf ihre hier behandelten Aspekte zu beschränken. Beide befassen sich u.a. mit den gesellschaftlichen Veränderungen in Folge des vorangeganenen Ersten und sich anbahnenden Zweiten Weltkriegs, worauf beispielsweise nicht näher eingegangen werden soll.

Alle hierbei über den Roman DER ZAUBERBERG getroffenen Aussagen können auch auf die 1982 von Hans Geißendörfer vorgenommene gleichnamige Verfilmung bezogen werden, allerdings nur auf deren

---

209 DER ZAUBERBERG. Autor: Thomas Mann. 1924
210 DER STEPPENWOLF. Hermann Hesse. 1927
211 CALL OF CTHULHU. Autor: Howard Phillips Lovecraft. 1926

dreiteilige Fernsehfassung[212], nicht auf die stark gekürzte Kinoversion. Stark vereinfacht lässt sich die Handlung dahingehend beschreiben, dass sich ein junger hamburger Großbürger – Hans Castorp – auf Basis einer eher fraglichen Diagnose jahrelang in einem schweitzer Sanatorium aufhält, sich in dessen obskurer Welt verliert und schließlich als Fußsoldat zum Ersten Weltkrieg eingezogen wird, in dem er vermutlich umkommt.

DER STEPPENWOLF handelt von dem vereinsamten Intellektuellen Harry Haller, der in einer namenlos bleibenden Stadt der Weimarer Republik verweilt und dort eine tiefe Sinnkrise durchlebt, welche er schließlich überwindet, indem er sich in wilden Ausschweifungen ergeht.

Jeweils sind alle fünf metatragischen Motiven vorhanden, wenngleich noch nicht so ausgeprägt wie in späteren Medien des Genres. So ist eine metafiktionale Ebene in DER ZAUBERBERG zwar in Form eines in die Erzählung eingreifenden und diese aktiv kommentierenden Erzählers vorhanden, sie ist jedoch sehr viel dezenter als beispielsweise in FIGHT CLUB. Auch begegnet der Protagonist Hans Castorp sich nur insofern selbst, als dass er, während seiner Gebirgswanderungen, intensive Überlegungen bezüglich seiner Identität und seiner Werte anstellt, was in einer meditativen Traumsequenz in einem Schneesturm gipfelt. Während dieser gelingt es ihm allerdings, sich bewusst mit seiner eigenen Geschichte zu identifizieren – auch wenn ihm die Idee sogleich wieder entgleitet.

Die Selbstbegegnung in DER STEPPENWOLF ist verschlüsselter aber zugleich konkreter. So weist die Handlung des Romans deutliche autobiographische Bezüge zum eigenen Leben Hermann Hesses auf[213]. Auch die Initialen des Protagonisten Harry Haller entsprechen den seinen und dieser begegnet der ominösen jungen Frau Hermine – deren Name der weiblichen Form von Hermann entspricht und die zunehmend zur Lenkerin der Handlung avanciert[214]. Selbstbegegnung, fehlbarer Autorencharakter und Bruch der Vierten Wand fallen somit zusammen.

In DER ZAUBERBERG sind mehrere Autorencharaktere vorhanden: einerseits die beiden das Sanatorium leitenden Ärzte, andererseits die

---

212 DER ZAUBERBERG. R.: Hans W. Geissendörfer. AUS u.a. 1982
213 Barbara/Munzert 1999, S. 9
214 Schmidt 2015, S.1

verschiedenen dort lebenden Lehrmeister, die sich bemühen, Hans Castorps geistige Entwicklung zu beeinflussen.

Die diegetische Realität wird in beiden Romanen erst sehr spät infrage gestellt, obwohl beide Protagonisten fortwährend in einer Umgebung agieren, die ihnen fremd erscheint. Im Verlauf beider Geschichten weitet sich diese Entfremdung schließlich aus und nimmt handfest metaphysische Züge an. So wird in DER ZAUBERBERG im Zuge okkulter Zeremonien der Geist eines Toten beschworen, während die Geschehnisse in DER STEPPENWOLF untrennbar mit den surrealistischen Visionen eines Drogenrauschs verschmelzen. Gewissermaßen entwickeln die Romane sich erst zu vollwertigen Metatragödien.

Werden solche im Kontext der Metamoderne betrachtet, ist darüber hinaus vor allem der pädagogische Werdegang Hans Castorps von Interesse. Nachdem der junge Patrizier seine Heimat verlassen hat, verliert er schnell das Interesse an einer Rückkehr – und ihren bürgerlichen Idealen. In der Folge setzt er sich umfassend mit Grundsatzfragen auseinander und gerät dabei an eine Reihe von Individuen, die als eine Art Mentoren auf ihn einwirken und dabei gegensätzliche Standpunkte verkörpern.

Der erste davon ist der von modernen Werten überzeugte, zugleich aber in vielem recht naive und patriarchalisch eingestellte Humanist Settembrini. Auf diesen folgt, als dessen Widersacher, der antihumanistische, antimoderne und relativistisch argumentierende Kommunist Naphta. In dessen Ansichten finden sich teils starke Ähnlichkeiten zu prägenden Autoren der Postmoderne wie etwa Foucault. So steht Letzterer ebenfalls in der Tradition des Marxismus bzw. des französischen Maoismus und befasst sich mit moralischem Relativismus. So wie Naphta vormoderne bzw. mittelalterliche Praktiken gegenüber modernen zu rehabilitieren versucht, propagiert auch Foucault beispielsweise öffentliche Schauprozesse gegenüber einem neuzeitlichen, unter Ausschluss der Öffentlichkeit erfolgenden Strafvollzug.[215]

Auf Naphta folgt in DER ZAUBERBERG der charismatische Plantagenbesitzer Mynheer Peeperkorn. Ohne den anderen Parteien zu widersprechen, vertritt dieser eine zu beiden konträre Weltsicht: in deren Fokus steht keine primär politische oder wissenschaftliche Ideologie, sondern die Konzentration auf das unmittelbare menschliche Empfinden und das eigene Dasein.

---

[215] Karlsen/Villadsen 2016, S.165

Dabei verkörpert er (als zusätzliche Selbstbegegnung) eine grotesk überzeichnete Version der Identifikation mit der eingen Geschichte, zu der Hans Castorp während seines Traums im Schneesturm gelangt (siehe Kapitel 6.3). Auch ähnelt er Nietzsches Übermenschen oder zumindest einer verzerrten Parodie desselben. Bedeutung findet Peeperkorn nicht im Verfechten bestimmter Werte, sondern vielmehr der radikalen Subjektivierung menschlichen Erlebens als metaphorisch – oder auch nicht metaphorisch – sexuelle Verschmelzung mit der Welt.

Und in gewisser Hinsicht scheint Peeperkorn Settembrini und Naphta dadurch überlegen zu sein. Exemplarisch wird dies in einer Szene, in der er eine hitzige Debatte zwischen den beiden unterbricht, um in einer wortreichen Rede seiner Begeisterung für einen am Himmel kreisenden Adler Ausdruck zu verleihen. Er scheint dabei als Sieger aus dem Gespräch hervorzugehen, obgleich er keinerlei intellektuellen Standpunkt vertritt, sondern sich bloß für die archaische Wildheit des Raubvogels begeistert.

Hierbei soll nicht versucht werden, Thomas Mann als direkten Vordenker der Post- bzw. Metamoderne zu stilisieren. Relevant ist eher die doppelte Kritik an Humanismus und Relativismus in Verbindung mit dem Motiv einer Konzentration auf die unmittelbar erlebte Realität. Körperliches Befinden und die Gestaltung einzelner Leben, z.B. in Form von Freundschaften und sexuellen Beziehungen, werden zu Gegenentwurf und Möglichkeit der Flucht vor den abstrakten Narrativen der Gesellschaft in der Zeit vor Ausbruch des ersten Weltkrieges. An die Stelle von Humanismus, Pflicht und Arbeit zum Ruhme des Staates treten zwischenmenschliche Interaktion und die morbide Identifikation mit der eigenen Krankheitsgeschichte der Sanatoriumsinsassen.

Noch drastischer fällt dieser Aspekt in DER STEPPENWOLF aus: Sex, Halluzinogene, Lebensfreude, Gewalt und Humor verhelfen dem Protagonisten dazu, neue Bedeutung in seiner Existenz zu finden – was weder die bürgerliche Lebenswelt noch die Flucht in intellektuelle Rebellion, Isolation und eine idealistische Lebensführung vermochten.

Hinzu kommt abschließend die in beiden Romanen behandelte Infragestellung humanistischer Zuversicht durch technische Erkenntnisse: so entfremdet etwa seine Faszination für die vermittels Röntgenstrahlung gewonnenen Innenansichten seines Leibes Hans Castorp von Settembrini und Harry Haller führt während seines Drogenrauschs einen bizarren Guerillakrieg gegen Automobile und deren Besitzer.

Als weiterer beispielhafter literarischer Einfluss bzw. Vorläufer späterer Metatragödien aus den 1920ern und 1930ern können die Arbeiten des amerikanischen Schriftstellers Howard Phillips Lovecraft angesehen werden. Bei diesen handelt es sich überwiegend um Kurzgeschichten und Novellen des Horror- bzw. Weirdgenres (siehe Kapitel 4.7). Obwohl diese nicht alle Kriterien vollwertiger Metatragödien erfüllen, kommt darin eine Weltsicht zum Ausdruck, die partiell sehr ähnliche Perspektiven vermittelt.

Ähnlich wie die Hard-boiled-Detektivgeschichten, die später als Vorlagen vieler Film Noirs fungierten (siehe Kapitel 4.3), erschienen Lovecrafts Erzählungen fast ausschließlich in Pulp-Magazinen. Nichtsdestotrotz ist er als einer der bedeutendsten Autoren phantastischer Literatur des 20. Jahrhunderts einzustufen[216].

Anders als die Hard-boiled-Romane sind seine Werke jedoch nicht als kritische Reflexion moderner Idealvorstellungen zu betrachten, sondern vielmehr als Ausdruck des Bestrebens, diese in der Populärkultur zu verankern[217].

Lovecraft war politisch streng konservativ[218]. Einige seiner Schriften sind von offenem Rassismus gekennzeichnet[219]. Allerdings repräsentieren auch sie zugleich einen Gegenentwurf zur optimistischen Literatur der Hochmoderne und deren Autoren, die sich selbst als Autoritäten über ihre Texte und deren Implikationen inszenieren.

Vielmehr wird Literatur bei Lovecraft als sich selbstständig erweiterndes, hypertextuelles Archiv verstanden, dass sich von seinen Schöpfern unabhängig weiterentwickelt. Dies kommt einerseits im wiederkehrenden Motiv gefährlicher Bücher innerhalb seiner Erzählungen zum Ausdruck – aus denen vorzulesen beispielsweise dämonische Wesenheiten beschwört. Andererseits praktizierte Lovecraft eine strategische Zitation seiner eigenen Geschichten und derjenigen anderer Autoren, um ein über sich selbst hinausweisendes literarisches Universum zu erschaffen.[220] Beispielsweise tauchen einzelne Charaktere oder eben fiktive Bücher – wie das sogenannte *Necronomicon* – in mehreren seiner Erzählungen auf, welche darüber hinaus nicht direkt zusammenhängen.

---

216 Vgl. Siefener in: Joshi 2016, S. 1
217 Vgl. Sorensen 2010, S. 501-502
218 Vgl. Joshi 2016, S. 21
219 Vgl. Sorensen 2010, S. 511
220 Vgl. Ebd., S. 502

Diese Metafiktionalität wird zusätzlich dadurch gesteigert, dass er beispielsweise eine komplette antiquarische Historie dieses Necronomicons mitsamt vorgeblicher Quellenverweise verfasst und veröffentlicht hat, woraufhin zahlreiche spätere Okkultisten, trotz Lovecrafts eigener Beteuerung von dessen Fiktionalität, reale Versuche unternahmen, das Buch aufzutreiben.[221] Auch knüpften bereits zu Lovecrafts Lebzeiten viele Autoren rückwirkend an sein Werk an und auch spätere Filme, wie das deutsche Dark Drama DIE FARBE[222], die Metatragödien IN THE MOUTH OF MADNESS und THE CABIN IN THE WOODS sowie die SERIE ASH VS EVIL DEAD, können als Teil des von ihm geschaffenen Universums eingestuft werden. Bei Lovecraft selbst weist das Prinzip starke Ähnlichkeit zur postmodern-referenziellen Erzählweise der sehr viel späteren Filme Tarantinos auf.

Ähnlichkeit zum metatragischen Motiv fehlbarer oder mysteriöser Autorencharaktere weisen zudem die im Universum Lovecrafts zentralen Figuren der *Great Old Ones* auf: es handelt sich dabei um uralte und nahezu allmächtige außerirdische Wesen oder Gottheiten, die jedoch entweder geistig minderbemittelt oder so umfassend fremdartig sind, dass ihr Walten der Menschheit und den menschlichen Protagonisten der Geschichten nur Wahnsinn und Vernichtung bringen kann. Die Novelle AT THE MOUNTAINS OF MADNESS[223] beispielsweise läuft auf die Entdeckung hinaus, dass die gesamte Menschheit versehentlich von einer fortschrittlichen Alienspezies erschaffen wurde, die sich daraufhin – ebenfalls versehentlich – selbst vernichtet hat.

Als Alternative zu dem aus einer solchen Weltsicht resultierenden Nihilismus propagiert Lovecraft den Eskapismus in spielerische Traumrealitäten. Dies ist zwar nicht mit der Identifikation mit der eigenen Geschichte im metatragischen Sinne identisch, tendiert aber grundlegend in eine ähnliche Richtung. Eine weitere Parallele seiner Geschichten zu vielen Metatragödien ist das paradoxe Verhältnis zu Wissenschaft: einerseits erweisen sich empirische Erkenntnisse bei Lovecraft meist entweder als falsch oder sie sind so grauenhaft, dass die Erkennenden verrückt werden und/oder sich umbringen. Andererseits scheinen Probleme, wenn überhaupt, nur mithilfe wissenschaftlicher Praktiken gelöst werden zu können (siehe Kapitel 6.5 und 6.6). Die Realität in ihrer Gesamtheit zu begreifen, hat ebenso katastrophale

---

221 Vgl. Frenschkowski 2011, S. 165
222 DIE FARBE. R.: Huan Vu. GER 2010
223 AT THE MOUNTAINS OF MADNESS. Autor: Howard Phillips Lovecraft. 1936

Folgen wie die komplette Weigerung, sich mit ihr zu befassen: nur ein bestimmtes Mischverhältnis von Wahnsinn und Vernunft scheint (Über-)Leben zu ermöglichen. Von weiterem Interesse ist, dass dabei oft das Motiv paralleler Realitäten und nicht-euklidischer Geometrie Verwendung findet. In zahlreichen Metatragödien ist dies ebenso der Fall – worauf in Kapitel 5.2 noch eingegangen wird.

Lovecrafts pessimistisch-moderne Halb-Ablehnung materialistischer Perspektiven geht u.a. auf seine intensive Beschäftigung mit der Philosophie Nietzsches zurück[224]. Auch in DER STEPPENWOLF wird dieser mehrfach namentlich erwähnt und oft zitiert. Die in dem Roman behandelte Leere und Verlogenheit bürgerlicher Gesellschaften sowie deren Unvermögen, begabten Menschen ein positives Leben zu ermöglichen, entstammen als Thema sehr konkret Nietzsches Überlegungen[225]. Das Gleiche gilt für DER ZAUBERBERG, was sich vor allem in den im Buch enthaltenen Reflexionen hinsichtlich des Verhältnisses von Musik und Philosophie niederschlägt[226].

Sowohl Hans Castorp als auch Harry Haller und fast alle Protagonisten der Geschichen Lovecrafts sind so wohlhabend, dass sie keiner beruflichen Tätigkeit nachgehen müssen, um ihren Lebensunterhalt sicherzustellen. Sie werden weder von materiellen Notwendigkeiten abgelenkt, noch bietet die Beschäftigung damit einen Ausweg aus Überdruss und den damit einhergehenden Sinnkrisen, die sie durchlaufen. Die Lösung scheint jeweils in einer grundlegend spielerischen Lebenseinstellung zu bestehen: beispielsweise in Form der in DER STEPPENWOLF zentralen Erkenntnis, dass die Fortführung des eigenen Lebens durch die Option des Selbstmordes zu einem freiwilligen Akt wird. Entsprechender Bedeutungsverlust, der sich aus materieller Absicherung ergibt, ist ein Thema, das besonders in den ab 1990 erschienen Metatragödien oft aufgegriffen wird. Nach den metatragischen Erzählungen in der Literatur der 1920er und 1930er Jahre erfolgt jedoch vorläufig eine Zäsur, was dies betrifft: der nächste große Einfluss auf die Entwicklung des Genres ist im Film Noir der beiden folgenden Jahrzehnte zu sehen. Auch dieser ist massiv vom Denken Nietzsches geprägt[227]. Allerdings wird dort gerade Arbeit zu Ausgangspunkt – und partiell Überwindungshilfe nihilistischer Verzweiflung.

---

224 Vgl. Joshi 1990, S. 18
225 Vgl. Schwarz 1961, S. 191
226 Vgl. Gutmann 1974, S. 424-425
227 Vgl. Conrad 2006, S. 15

4.3 Film Noir

Der Begriff *Film Noir* beschreibt den Zyklus des Hollywoodkinos ab 1941, der teils auch als *Schwarze Serie* bezeichnet wird[228]. Die entsprechenden Filme zeichnen sich durch Pessimismus, Nihilismus und Zynismus aus[229]. Hinzu kommt ein Repertoire wiederkehrender Motive und Stilmittel[230]. Teils werden als Noir nur Kriminalfilme verstanden, die genaue Definition variiert jedoch ebenso wie die exakte zeitliche Einordnung je nach Autor[231].

THE MALTESE FALCON[232] wird oft als Beginn der ursprünglichen Noir Periode verstanden und der 1958 erschienene TOUCH OF EVIL[233] als ihr Ende. Für spätere Filme, die denen aus dieser Epoche ähneln, hat sich der Begriff Neo Noir etabliert[234]. So werden beispielsweise viele Werke des in den späten 1960er Jahren einsetzenden New Hollywood Kinos wie TAXI DRIVER[235] oder THE GODFATHER[236] häufig als solcher eingestuft[237]. Das Gleiche gilt für verschiedene im Milieu der Postmoderne entstandene Produktionen bis zur Gegenwart[238]. Besonders hinsichtlich Letzterer besteht eine hohe Überschneidung zwischen den Begriffen Neo Noir und Dark Drama.

Für das Aufkommen des ursprünglichen Film Noir war hauptsächlich der Zweite Weltkrieg verantwortlich. Dieser sorgte – durch das Bekanntwerden realer Kriegsverbrechen und eine durch neue technische Möglichkeiten immer unmittelbarere Kriegsberichterstattung – für eine neue Form von filmischem Realismus. Zugleich führten der Krieg und die Nachkriegszeit in der Bevölkerung der USA zu einer umfassenden Desillusionierung.

Einen weiteren wichtigen Einfluss auf die Filme dieser Zeit übte das deutsche expressionistische Kino der Weimarer Republik aus – das die Folgen des Ersten Weltkriegs für Europa in ähnlicher Weise reflektierte wie der Noir diejenigen des Zweiten für die USA. Besonders in den

---

228 Vgl. Seeßlen 1998, S. 125
229 Vgl. Grob 2012, S. 9
230 Vgl. Schrader 1972, S. 56-57
231 Vgl. Durgnat 1970, S. 38
232 THE MALTESE FALCON. R.: John Huston. USA 1941
233 TOUCH OF EVIL. R.: Orson Welles. USA 1958
234 Vgl. Silver 1996, S. 331
235 TAXI DRIVER. R.: Martin Scorsese. USA 1976
236 THE GODFATHER. R.: Francis Ford Coppola. USA 1972
237 Vgl. Grob 2012, S. 11
238 Vgl. Naremore 2008, S. 255

visuellen Eigenschaften der Schwarzen Serie besteht eine deutliche Ähnlichkeit. So zeichnen sich die deutschen Filme der expressionistischen Periode durch eine markant unwirkliche Bildgestaltung aus. Klaustrophobische Kulissen, verzerrte Raumeinrichtungen, in hohem Maße stilisierte Sets, extremes Makeup- und Kostüm-Design, schräge Kamerawinkel und eine kontrastreiche Beleuchtung wurden gezielt eingesetzt, um die subjektive Weltsicht der – nicht selten umfassend gestörten – Protagonisten widerzuspiegeln. Ein besonders repräsentatives Beispiel stellt DAS CABINET DES DR. CALIGARI[239] dar.[240]

Vor allem das Spiel mit Licht und Schatten greift dabei die Methode der Chiaroscuro-Malerei der Spätrennaissance auf, innere Zerrissenheit durch die Interaktion von Hell und Dunkel auszudrücken[241].

Charakteristisch für den Film Noir ist wiederum die Verbindung entsprechend ästhetisierter Lichtgestaltung mit sehr viel realistischeren Kulissen[242]. U.a. ist dieser deutsche bzw. europäische Einfluss darauf zurückzuführen, dass viele in Deutschland oder Osteuropa tätige Filmschaffende ihre Heimat aufgrund der sich anbahnenden Machtübernahme der Nationalsozialisten verließen, um in die USA überzusiedeln[243].

Als unmittelbare inhaltliche Vorgänger und Teils auch Vorlagen dienten, wie erwähnt, die meist in Pulp-Magazinen wie BLACK MASK erschienen Hard-boiled-Kriminalromane der 1920er und 30er Jahre, die sich mit den Schattenseiten der aufgeklärten Moderne auseinandersetzen – meist anhand männlicher Protagonisten, die damit zu kämpfen haben, beruflich unabhängig zu bleiben und gleichzeitig die Kontrolle über ihr (Privat-)Leben zu behalten.[244] Oft wird der Film Noir als düsterer Gegenentwurf zur Ideologie des amerikanischen Traums verstanden[245].

In Noirs wird stets die Veränderung bzw. der Zerfall der gesellschaftlichen Ordnung thematisiert. Dies kann jedoch sowohl aus rechten wie auch linken politischen Motiven geschehen und ebenso faschistische wie marxistische Formen annehmen.[246]

---

239 DAS CABINET DES DR. CALIGARI. R.: Robert Wiene. GER 1920
240 Vgl. Biesen 2005, S. 15
241 Vgl. Brinckmann 2014, S. 96
242 Vgl. Schrader 1972, S. 55
243 Vgl. Tuska 1984, S. 123
244 Vgl. Schrader 1972, S. 54-56
245 Vgl. Tuska 1984, S. xviii.
246 Vgl. Durgnat 1970, S. 38-40

Erzählt wird entweder, wie Charaktere sich an ihren Rollen in der sich zersetzenden Gesellschaft festklammern und probieren, diese aufrechtzuerhalten, oder wie sie den verzweifelten, selbstzerstörerischen Versuch unternehmen, daraus auszubrechen.

Dies trifft besonders auf Geschlechterrollen zu. So kann der für Film Noirs typische Frauentypus einer eigenmächtig agierenden bzw. intrigierenden *Femme Fatale* als männliche Angstprojektion verstanden werden, zugleich drückt sich darin jedoch ein tiefgreifendes Bedürfnis nach sozialer und sexueller Befreiung aus.[247]

Auch die Konventionen von männlichem Heroismus sind im Noir Veränderungen unterworfen, was aber stets mit dem Wandel der Frauenbilder zusammenhängt[248].

Menschen erscheinen dabei oft als austauschbare Akteure in über sich selbst hinaus belanglosen Geschichten. So scheint das Geschehen zwar meist das Resultat bewusster Entscheidungen, zugleich aber vom Schicksal vorgegeben zu sein[249]. Eine der Ursachen für die fatale Verfassung der Menschheit im Noir scheint – wie in der Philosophie Nietzsches – das Scheitern von Sprache als Kommunikationsmittel zu sein: da deren gleichbleibende Bedeutung der sich ständig ändernden Welt nicht gerecht werden kann.[250]

Žižek beschreibt das Fremdgelenkt- oder Besessensein von der eigenen Sprache und ihren Strukturen als wiederkehrendes Motiv filmischer Narration. Als ersten aufwändig produzierten Film, der sich dieser Thematik widmet, benennt er Fritz Langs DAS TESTAMENT DES DR. MABUSE[251].[252] Auch dieser kann, als prägender Film der späten Weimarer Republik, zugleich als wichtiger Einfluss auf den Film Noir verstanden werden. Grundsätzlich wirken Menschen, besonders im Noir linker Prägung, oft wie Tiere, die in einem Netz von sprachlichen und sozialen Abstraktionen gefangen sind.

Da ihnen menschliches Verhalten anerzogen wurde, halten sie daran fest, obwohl sie verstehen, dass es sie einschränkt, ihnen schadet und nicht (mehr) hilft, sich in der Welt zurechtzufinden.

---

247 Vgl. Frankfurter 1997, S. 31
248 Vgl. Tasker 2013, S. 354
249 Vgl. Tuska 1984, S. 150
250 Vgl. Conrad 2006, S. 14-15
251 DAS TESTAMENT DES DR. MABUSE. R.: Fritz Lang. GER 1933
252 Vgl. Žižek in: The Pervert's Guide to Cinema, Min.: 14:00

In vielen Fällen werden den agierenden Charakteren sogar explizit tierische Attribute zugewisen: laszive Frauen als Raubkatzen, selbstständige Männer als einsame (oder eben Steppen-)Wölfe u.s.w..
Wie in H.G. Wells' phantastischem Roman THE ISLAND OF DR. MOREAU[253] verschwimmt im Film Noir die Grenze zwischen Mensch und Tier: als das spezifisch Menschliche erscheint, wenn überhaupt, die Fähigkeit, fiktionale Geschichten zu erfinden bzw. daran zu glauben. Soziale Rollen zu spielen – oder mit ihnen zu spielen.

Besonders exemplarisch ist hierbei der Film KISS ME DEADLY[254]. So spricht dessen Romanvorlage mit Hass, Vorurteilen und rücksichtsloser Gewalt vor allem die rassistischen und faschistoiden Züge des amerikanischen Mittelstandes an. Robert Aldrichs Verfilmung hingegen präsentiert den Zustand der Gesellschaft, in der Sex und Gewalt die einzig noch verbliebenen Kommunikationsmittel zu sein scheinen, als das eigentlich Entsetzliche.[255] Unfähig, davon abzuweichen, folgen die Charaktere der rechtsgeprägten Noir Geschichte, bis diese schließlich mit der Detonation einer Atombombe endet[256]. Dabei sagen sie ihre Dialoge auf, als hätten sie sie auswendig gelernt und wollten es so schnell wie möglich hinter sich bringen, um dann zu körperlicher Brutalität übergehen zu können.

Grundsätzlich zeichnen sich viele Film Noirs durch eine gezielte Stilisierung von Choreo-graphien und Dialogen aus, mit denen sie bewusst auf die überzeichneten Inhalte ihrer Pulp-Vorbilder anspielen. Diese Strategie griff auch Quentin Tarantino 1992 mit RESERVOIR DOGS[257] auf, um eine entsprechende Noir Stimmung zu erzeugen.[258]

Oft scheinen die Charaktere analog dazu selbst gegen die Rollen, in denen sie feststecken, zu rebellieren, indem sie diese bewusst bis zur Parodie hin ausreizen. Besonders die Männer in Noirs scheinen in vielen Fällen von einer morbiden Neugier oder masochistischen Passivität beseelt.[259]

---

253 THE ISLAND OF DR. MOREAU. Autor: Herbert George Wells. 1896
254 KISS ME DEADLY. R.: Robert Aldrich. USA 1955
255 Vgl. Seesslen 1998, S. 141
256 Vgl. Sellmann 2001, S. 49
257 RESERVOIR DOGS. R.: Quentin Tarantino. USA 1992
258 Vgl. Silver 1996, S. 335
259 Vgl. Borde/Chaumeton 2002, S. 22

Abbildung 3: Typische Bildgestaltung des Film Noir. Als Scherenschnitt wird der Mann auf seine abstrakte Rolle als finsterer Verfolger reduziert. Besonders interessant sind Einstellungen, in denen wechselnder Lichteinfall die Beteiligten immer wieder von Silhouetten zu konkreten Menschen werden lässt und umgekehrt – was ein sehr metatragisches Motiv darstellt.

Nach Žižek hält der Film Noir trotz allem noch am Prinzip einer eigentlichen Wahrheit fest, die schließlich aufgeklärt oder, etwa in Form einer Nacherzählung durch Rückblenden, Voice-over etc., rekunstruiert werden kann[260]. Diese Aussage lässt sich jedoch nicht auf alle Film Noirs beziehen. In manchen Fällen gibt es schon in der Schwarzen Serie keine verlässliche, nachvollziehbare Realität mehr, wodurch gewissermaßen nichts wirklich, aber alles wahr erscheint[261]. Beispielsweise SUNSET BLVD.[262] wird retrospektiv von seinem Protagonisten erzählt, der jedoch, wie sich herausstellt, am Ende der Geschichte tot ist[263].

---

260 Vgl. Žižek 2006, S. 37-38
261 Vgl. Grob 2012, S. 50
262 SUNSET BLVD.. R.: Billy Wilder. USA 1950
263 Vgl. Telotte 1989, S. 8

Vor allem diese in den besonders düsteren Noirs zum Ausdruck kommende Perspektive auf die Welt als unverständlich, ambivalent und mit menschlichen Kategorien nicht länger fassbar kann als wichtiger Einfluss auf im folgenden produzierte Metatragödien verstanden werden. In gewisser Hinsicht gleichen Metatragödien optimistischen Film Noirs: obwohl die menschliche Kondition darin besteht, unentrinnbar in einem Netz aus Geschichten gefangen zu sein, existieren Menschen als davon unabhängige Kreaturen, denen prinzipiell möglich ist, diese Geschichten zu beherrschen und in ihrem Sinne umzuschreiben. Dabei weisen selbst die entsprechend zuversichtlichen Werke der Schwarzen Serie noch nicht alle metatragischen Motive auf. Gleichwohl präsentieren einige davon – dabei stets männliche – Protagonisten, denen es aufgrund geistiger und körperlicher Überlegenheit gelingt, ein Leben nach ihren eigenen Moralvorstellungen zu führen und über ihre beklemmende Situation hinauszuwachsen, indem sie sich mit ihr identifizieren. Ein solcher Charakter ist z.B. Sam Spade, der Privatdetektiv im Zentrum des Films THE MALTESE FALCON[264]. Entsprechende Figuren werden in vieler Hinsicht Nietzsches Idee des Übermenschen gerecht[265]. Sie tauchen jedoch hauptsächlich in den frühen, noch während oder kurz nach dem Zweiten Weltkrieg gedrehten Noirs auf. In der Folge wurden die Filme der Schwarzen Serie immer pessimistischer. In den späten 1940er und frühen 50er Jahren entwickelten sich die Protagonisten zunehmend zu geisteskranken Antihelden und psychotischen Mördern: die Filme wurden in dem vollen Bewusstsein gedreht, am Ende einer langen Reihe immer fatalistischerer Erzählungen zu stehen und versuchten nicht, davon abzuweichen.[266] Bereits ab 1953 ging die Zahl der jährlich produzierten Film Noirs zurück. Der subversive Ton der Schwarzen Serie war zur Normalität geworden und das Publikum begann, sich anderen Stoffen zuzuwenden[267]. Erst im New Hollywood-Kino der späten 60er und 70er Jahre kehrten Noir-Elemente in den Mainstream zurück, als der Vietnamkrieg eine ähnliche Desillusioierungswelle zur Folge hatte, wie ehedem der Zweite Weltkrieg[268]. Parallel kamen zu dieser Zeit die ersten echten Metatragödien ins Kino.

---

264 Vgl. Biesen 2005, S. 48
265 Vgl. Tuska 1984, S. 216
266 Vgl. Schrader 1972, S. 59
267 Vgl. Sellmann 2001, S. 50
268 Vgl. Grob 2012, S. 21

4.4 Midnight-Movies und Gegenkultur

BEYOND 1984, BEYOND 2001, BEYOND LOVE, BEYOND DEATH. INTO A WORLD OF ETERNAL LIFE, HE BROUGHT THE GIFT OF DEATH. I HAVE SEEN THE FUTURE AND IT DOESN'T WORK. ... AND THEN CREATED GOD ... AND IN THE END RE-CREATED MAN.

Werbeslogan im Trailer des Films ZARDOZ[269]

Schon bevor das Aufkommen der Mindgame-Filme in den 1990er Jahren entsprechend komplexe Erzählungen einem breiten Publikum zugänglich gemacht hat, finden sich einzelne Filme, die aufgrund ihres kognitiven Anspruchs bereits als solche verstanden werden können[270]. Genauso finden sich Filme, die sich bereits mitsamt aller Motive als Metatragödien auszeichnen. In diesem Kapitel soll auf ein paar besonders exemplarische Fälle eingegangen werden.

Darunter fällt Stanley Kubricks 2001: A SPACE ODYSSEY[271] aus dem Jahr 1968, den Durgnat zudem noch als Neo Noir einordnet[272]. Auch dort sind wissenschaftliche Entdeckungen Ausgangspunkt der Demontage einer humanistischen Weltsicht. Ähnlich wie in Lovecrafts literarischem Kosmos wird dem Menschen sein Status als überlegene Spezies aberkannt, da nicht nur andere vernunftbegabte Wesen in Gestalt Außerirdischer zu existieren, sondern diese ihn sogar überhaupt erst mit Vernunft ausgestattet zu haben scheinen. So leben prähistorische Vormenschen zu Beginn des Films in friedlicher, ebenbürtiger Koexistenz mit Tapiren, bis ein fremdartiger Monolith erscheint und die Menschen zu Nachdenken und Selbstreflexion zwingt: woraufhin sie die Tapire gewaltsam als Nahrungsquelle erschließen. Der Mensch wird zum Täter – und vom Subjekt vom Objekt degradiert.

Der wiederkehrende Monolith erfüllt dabei die Funktion des zwar nicht unbedingt fehlbaren, doch völlig unverständlichen Autorencharakters. Diegetische Realität und Diegese werden nicht nur durch die unkonventionelle Inszenierung infrage gestellt, sondern vor allem durch die gegen Ende des Films einsetzende psychedelische Sequenz.

---

269 Zardoz | Trailer | 1974. https://www.youtube.com/watch?v=TVakHZp5ZBE, zuletzt geprüft am 14.02.2020
270 Thon in: Lang 2009, S. 175
271 2001: A SPACE ODYSSEY. R.: Stanley Kubrick. USA 1968
272 Vgl. Durgnat 1970, S. 38

Nach der anfänglichen Episode in der Vorzeit springt die Handlung in eine Zukunft, in welcher die Menschheit beginnt, das Sonnensystem zu erkunden. Mittlerweile wurde ein weiterer Monolith auf dem Mond entdeckt, der ein elektromagnetisches Signal zum Jupiter sendet. Eine Gruppe Astronauten bricht mit einem Raumschiff dorthin auf, allerdings sterben alle bis auf einen, da der Bordcomputer sich gegen seine Herren auflehnt und die anderen umbringt, bevor gelingt, ihn abzuschalten. Beim Jupiter angekommen stößt dieser letzte Überlebende auf einen weiteren im Weltraum schwebenden Monolith, worauf besagte Sequenz einsetzt: fast zehn Minuten lang sind flackernde Lichter, Muster und Spiralen zu sehen, durchsetzt mit Landschaften, die von der Kamera überflogen werden und, immer wieder eingeblendet, dem verzerrten Auge und Gesicht des Astronauten, auf dessen Helmvisier sich diese Eindrücke spiegeln.

In keiner Form erklärt, macht sie die eigenständige Interpretation des Rezipienten zur Notwendigkeit – ebenso wie sie dem Verstand des Protagonisten zuzusetzen scheint.[273] Letzterer begegnet sich in der Folge mehrfach selbst, wobei seine einander ersetzenden Versionen jeweils altern, bis an die Stelle seines greisenhaften Selbst ein titanischer menschlicher Fötus mit seinen Gesichtszügen tritt, der neben der Erde durchs Weltall schwebt. Er durchläuft allemal eine Veränderung – auch wenn sich diese der Nachvollziehbarkeit seitens des Rezipienten entzieht. Eine eindeutige Identifikation mit der eigenen Geschichte erfolgt nicht. Eine nietzscheeske Deutung liegt jedoch nahe, da zu Beginn und Ende des Films die symphonische Dichtung ALSO SPRACH ZARATHUSTRA[274] von Richard Strauss gespielt wird.

Zwei weitere frühe Metatragödien sind die Filme EL TOPO[275] und THE HOLY MOUNTAIN[276] des Regisseurs Alejandro Jodorowsky aus den 1970er Jahren. Sämtliche metatragischen Motive sind jeweils in sehr ausgeprägter Form vorhanden, wobei der Autorencharakter in beiden Fällen von Jodorowsky selbst gespielt wird. Besonders exemplarisch ist eine Szene in EL TOPO, in welcher dieser Charakter gefragt wird, wer er sei und darauf antwortet: "I am God.[277]"

---

273 Vgl. Hans (2013). http://indieethos.com/2013/04/28/how-stanley-kubrick-broke-the-rules-of-classical-hollywood-cinema-and-made-a-better-film-with-2001-a-space-odyssey-my-ma-thesis-redux-part-4-of-4/, zuletzt geprüft am 14.02.2020
274 „ALSO SPRACH ZARATHUSTRA" by Strauss, Richard. 1896
275 EL TOPO. R.: Alejandro Jodorowsky. MEX 1970
276 THE HOLY MOUNTAIN. R.: Alejandro Jodorowsky. MEX/USA 1973
277 Vgl. EL TOPO. Min: 00:28:00

Zugleich setzen sie sich intensiv mit dem Zusammenhang von Raum und Subjektivität bzw. Identität auseinander. Gewissermaßen wird der Fragenkatalog: *wer bin ich? woher komme ich? wohin gehe ich?* erweitert durch: *wo bin ich?*.[278] Diese korrelative Fragmentierung von Raum und Identität weist starke Ähnlichkeit zu postmodernen Perspektiven und der metatragischen Identifikation mit der eigenen Geschichte bzw. dem Kontext des eigenen Lebens auf.

Beide Filme handeln von der Suche nach Wahrheit bzw. einem kausalen Ursprung, was in beiden Fällen scheitert. Besonders exemplarisch ist hierbei THE HOLY MOUNTAIN. Dieser entspricht einer Art surrealistischem Heist-Movie: eine Gruppe verschiedener Spezialisten versucht unter Führung eines Alchemisten, den titelgebenden heiligen Berg zu erklimmen, um die Unsterblichkeit mystischer Unsterblicher zu stehlen, die auf seiner Spitze leben sollen. Dort treffen sie jedoch bloß den unterwegs von ihnen getrennten Alchemisten wieder. Auch dieser wird von Jodorowsky verkörpert – der plötzlich beginnt, in seiner tatsächlichen Funktion als Regisseur Kameraanweisungen zu geben. Letztere werden von der das Geschehen zeigenden Kamera befolgt und machen andere Mitglieder eines Filmteams sichtbar, womit der Film auch endet.

Im Sinne postmoderner Dekonstruktion wird die hinter filmischer Illusion stehende Maschinerie enthüllt. Darüber hinaus wird impliziert, dass hinter jeder sichtbargemachten Illusion eine unendliche Zahl unsichtbarer Illusionen steht.[279] Die postmodernen Ansätze werden dabei verbunden mit asiatischer Erleuchtungsphilosophie, Okkultismus und Schamanismus[280].

Jodorowsky selbst bestreitet dabei allerdings konsequent den Glauben an jedwede Form des Übersinnlichen[281]. Vielmehr sind die entsprechenden Motive als Ausdruck seiner Zugehörigkeit zur künstlerischen Bewegung des Surrealismus zu verstehen[282]. So werden in beiden Filmen ausufernd religiöse Symbole verwendet, was in keinem Zusammenhang zur eigentlichen Handlung steht.

---

278 Vgl. Neustadt 1997, S. 56
279 Vgl. Ebd., S. 57
280 Vgl. Martin 2005, S. I.:
281 Jodorowsky in: LA CONSTELLATION JODOROWSKY. R.: Louis Mouchet. CHE 1994, Min 26:30
282 Vgl. Gibon in: JODOROWSKY'S DUNE. R.: Frank Pavich. FRA/USA 2013. Min: 00:49:00

Der Regisseur begründet dies damit, jedem Rezipienten eine Erfahrung der Filme in dessen jeweils eigenen Begriffen ermöglichen zu wollen.[283] Analog zur religiösen Ikonographie finden sich willkürliche Gewalt und sonstige Inhalte mit heftiger emotionaler Wirkung, deren Darstellung weitgehend unbegründet bleibt.[284] So marschiert etwa in THE HOLY MOUNTAIN plötzlich eine Kolonne von Soldaten mit Gasmasken durchs Bild, die Kreuze mit den blutigen Kadavern gehäuteter Lämmer daran tragen. EL TOPO war aufgrund ähnlich drastischer Bilder bis 2012 in Deutschland indiziert[285].

Da die Filme auf diese Weise heftige psychische Reaktionen hervorrufen, ohne zu erlauben, diese rational in einen Kontext einzuordnen, können sie, nach Guida, als neuartige Form medialer Spiritualität vestanden werden.[286] Interessant ist in diesem Zusammenhang besonders das spezielle Rezeptionsumfeld, in dem beide Filme ursprünglich dem Publikum zugänglich gemacht wurden: EL TOPO war der erste *Midnight Movie* und auch THE HOLY MOUNTAIN wurde als solcher veröffentlicht[287]. Darunter zu verstehen ist, dass die Filme ursprünglich nur in speziellen Kinos und nur um Mitternacht gezeigt wurden. Dennoch entstand eine feste Zuschauerschaft, die sich den Film immer wieder ansah und dabei feste Rituale pflegte – wie etwa, sich als der im Zentrum von EL TOPO stehende Revolverheld zu verkleiden. Viele dieser Zuschauer beschrieben den Kinobesuch als Unter-brechung der profanen Alltagszeit.[288] Lyden beschreibt die Entwicklung solcher Kultfilme, wie neben EL TOPO oder THE HOLY MOUNTAIN auch beispielsweise THE ROCKY HORROR PICTURE SHOW[289] und David Lynchs ERASERHEAD[290], als eine Tendenz der westlichen Popkultur, rituelle Erfahrungen zu imitieren, wie sie etwa mit den kultisch inszenierten Dramen balinesischer Tanzgruppen verglichen werden können[291].

---

283 Vgl. Guida 2015, S. 544
284 Vgl. Ebd., S 546
285 Vgl. The Undertaker (Mitglied des Forums Schnittberichte.com) (2013). https://www.schnittberichte.com/news.php?ID=6222, zuletzt geprüft am 14.02.2020
286 Vgl. Guida 2015, S. 546
287 Vgl. Ebd., S. 540
288 Vgl. Ebd., S.546-547
289 THE ROCKY HORROR PICTURE SHOW. R.: Jim Sharman. UK/USA 1975
290 ERASERHEAD. R.: David Lynch. USA 1977
291 Vgl. Lyden 2003, S. 47

Auch Guida bringt die Mitternachtsvorstellungen von Jodorowskys Filmen mit religiösen Kollektivakten in Verbindung, in denen sich die Teilnehmer symbolisch aus der herrschenden Sozialordnung lösen, diese potenziell kritisieren und sich zugleich als von ihr unabhängige Subjekte konstituieren. Dabei nimmt er Bezug auf Turner, der die Entstehung solcher Rituale als eine Folge davon interpretiert, dass Gesellschaften sich industrialisieren und daraufhin anfangen, zwischen Arbeit und Spiel zu unterscheiden, was entsprechende Formen ausgleichender Kompromisse nötig macht.[292]

Obwohl der Besuch der Vorführung von Midnight Movies wie EL TOPO ein Gemeinschaftsgefühl erzeugt und zur Übernahme gemeinsamer Werte führt (beispielsweise war das kollektive Einverständnis üblich, den Konsum von Cannabis während der Vorstellung nicht als verbrecherischen Akt zu betrachten), ist die Teilnahme am Ritual freiwillig und unterliegt auch während seines Ablaufs keinerlei Zwang.[293] Jodorowsky selbst bezeichnet sich explizit weder als Künstler noch als Mystiker, sondern als jemanden, der Spiele spielt[294].

So wie die Protagonisten der Filme letztlich zu einer von Playfulness geprägten Sicht gelangen, stellt auch ihre Rezeption einen spielerischen Akt dar. Relevant ist weniger die teils recht willkürliche Erzählung, als vielmehr der reflektierte Umgang damit. Dies kann auch auf spätere Metatragödien bezogen werden – wobei sich die Ritualisierung, besonders bei TV-Serien, nicht nur auf das Kino als eine Art Tempel bezieht, sondern auch auf die profane Alltagswelt. Gewissermaßen erfolgt eine Verschiebung von institutionalisierter Religion hin zu individueller Spiritualität in Form einer De- und Rekonstruktion Ersterer.

Schon Jodorowskys Werk kann u.a. als Kritik des US-amerikanischen Kapitalismus und vor allem des Hollywoodkinos verstanden werden[295]. Es ist jedoch zu beachten, dass seine spezifische Wirkung in weiten Teilen auf einer Vorprägung des Rezipienten durch Ersteres basiert: etwa Jodorowskys Selbstinszenierung knüpft an die in Hollywoodfilmen übliche Fetischisierung von Hauptdarstellern an[296]. In dieser kritischen Reflexion und gleichzeitigen Nutzung von Narrativen bzw. Ideologien besteht eine klare Parallele zur Metamoderne.

---

292 Vgl. Guida 2015, S. 547
293 Vgl. Ebd., S.547-548
294 Vgl. Jodorowsky in: LA CONSTELLATION JODOROWSKY, Min: 00:04:35
295 Vgl. Guida 2015., S. 547
296 Vgl. Ebd., S.550

Ein zusätzlicher Einfluss Jodorowskys auf spätere Metatragödien ist in dessen gescheitertem Versuch zu sehen, Frank Herberts Roman DUNE[297] zu verfilmen. Dieser ist, samt seiner Fortsetzungen – besonders GOD EMPEROR OF DUNE[298] – als literarische Metatragödie einzustufen, worauf in diesem Buch jedoch aufgrund der enormen Komplexität der Romane nicht ausführlicher eingegangen werden soll.

Am Projekt der Verfilmung waren zahlreiche einflussreiche Künstler beteiligt, darunter die Rockband *Pink Floyd* und Salvador Dalí[299]. Dennoch scheiterte das Vorhaben schließlich aus Finanzierungsgründen[300]. Die Rechte am Stoff fielen schließlich David Lynch zu, der 1984 den Film DUNE[301] umsetzte, welcher jedoch aufgrund der Einflussnahme der beteiligten Studios so stark von der Romanvorlage abweicht, dass er im Zusammenhang früher Metatragödien vernachlässigt werden kann[302].

Nichtsdestotrotz übte das während der Vorproduktion von Jodorowskys Film entstandene konzeptuelle Material großen Einfluss auf zahlreiche spätere Filme aus, darunter STAR WARS, FLASH GORDON[303], ALIEN[304], BLADE RUNNER und TERMINATOR[305]. Beispielsweise der in TERMINATOR umgesetzte Ansatz, Szenen aus dem Point-of-View eines Roboters mit eingeblendetem Head-Up-Display zu zeigen (siehe Kapitel 5.3), entstand im Zusammenhang des DUNE-Projekts. Auch spätere Metatragödien wie THE MATRIX weisen deutliche Bezüge dazu auf.[306]

---

297 DUNE. Autor: Frank Herbert. 1978
298 GOD EMPEROR OF DUNE. Autor: Frank Herbert. 1981
299 Vgl. Gibon in: JODOROWSKY'S DUNE. Min: 00:49:19
300 Vgl. Seydoux in: JODOROWSKY'S DUNE. Min: 01:09:14
301 DUNE. R.: David Lynch. USA 1984
302 Vgl. Giger in: JODOROWSKY'S DUNE. Min: 01:15:40
303 FLASH GORDON. R.: Mike Hodges. GBR/NEL/USA 1980
304 ALIEN. R.: Ridley Scott. GBR/USA 1979
305 THE TERMINATOR. R.: James Cameron. GBR/USA 1984
306 Vgl. Faraci/McWeeny/Pavich in: JODOROWSKY'S DUNE. Min: 01:19:27 - 1:23:10

Abbildung 4: Spielzeuglabyrinth in der Serie WESTWORLD aus dem Point-of-View der Roboter-Frau Dolores. Die Ursprünge dieser spezifischen Kombination von Form und Inhalt sind in Jodorowskys Projekt zur Verfilmung des Romans DUNE zu sehen. Von besonderem Interesse ist die Symbolik des gezeigten Labyrinths innerhalb der Serie: dieses repräsentiert die vergebliche Suche nach einem höheren Sinn, wie sie auch in den Filmen Jodorowskys thematisiert wird (siehe Kapitel 7.3).

Ebenfalls aus den 1970er Jahren stammt der irisch-US-amerikanische Endzeitfilm ZARDOZ[307]. Als weitere frühe Metatragödie ist dieser zwar ebenfalls recht experimentell, aber dennoch mainstreamtauglicher als beispielsweise EL TOPO[308]. So sind sämtliche darin gezeigten Ereignisse in einen narrativen Kontext eingebunden[309]. Nichtsdestotrotz stieß er bei Kritikern und Rezipienten mehrheitlich auf Ablehnung, was hauptsächlich an seiner thematischen wie visuellen Extravaganz liegt[310].

Die komplexe Handlung dreht sich um den in einer endzeitlichen Welt lebenden Barbaren Zed, der in ein hermetisch isoliertes Utopia eindringt, in dem durch Technologie unsterblich gewordene Wissenschaftler leben. Diese unterdrücken die äußeren Barbaren, indem sie

---

307 ZARDOZ. R.: John Boorman. IRL/USA 1974
308 Vgl. Kinder 1974, S.56
309 Vgl. Jameson 1974
310 Vgl. Kienzl (2012). http://www.critic.de/film/zardoz-3912/, zuletzt geprüft am 14.02.2020

ihnen mithilfe eines riesenhaften fliegenden Steinkopfes den Glauben an den von ihnen erfundenen Gott Zardoz aufzwingen. Zeds Eindringen löst eine Kette von Ereignissen aus, die zum Zusammenbruch ihrer Gesellschaft führt und in einem Massaker gipfelt, bei dem die meisten umkommen. Der Tod wird jedoch von vielen als Erlösung begrüßt und das Ganze stellt sich als komlexer Plan heraus, der von einem der Unsterblichen inszeniert wurde. Zed selbst wurde von diesem durch die genetische Zuchtwahl seiner Vorfahren erschaffen – wird nach der Zerstörung des humanistischen Utopia zu dessen menschlicher Inkarnation und gründet mit einer der nun nicht mehr unsterblichen Überlebenden eine Familie.

Zentrale Themen des Films sind einerseits die Bedeutung des Todes für eine authentische menschliche Existenz und andererseits die Probleme, die sich aus einem gesellschaftlichen Rückfall in vormoderne Zustände ergeben – was besonders im Kontext der religiösfundamentalistischen Tendenzen im Irland der 1970er als zeitkritischer Kommentar zu sehen ist.[311] Zudem wird bürgerliche Doppelmoral kritisiert, indem Vergewaltigungen und Morde, wie bei Kubricks A CLOCKWORK ORANGE[312], zu klassischer Musik gezeigt werden[313].

Darüber hinaus wurde der Film sehr unterschiedlich interpretiert. Jameson versteht ZARDOZ als sozialistische Kritik am Kapitalismus[314]. Kinder hingegen beschreibt ihn als faschistische und polemische männliche Antwort auf feministische Gleichstellungstendenzen[315]. In jedem Fall ist ZARDOZ als vielseitig deutbares Frühwerk post- bzw. metamodernen Erzählens einzustufen.

Dies spiegelt sich innerhalb der Handlung vor allem im wiederkehrenden Motiv eines kaleidoskopischen Kristalls wider und gewissermaßen bildet der gesamte Film eine Art Prisma: als in Form von Licht vermittelte, vielseitig deutbare Wissensmenge. Dies schlägt sich in mehreren verschachtelten Metaebenen und einer narrativen Struktur nieder, bei welcher der Aufbau einzelner Sequenzen jeweils andere Sequenzen reflektiert.[316] Zed selbst wird schließlich zur Verkörperung eines Kristalls und damit zugleich zu dem Gott bzw. Film ZARDOZ.

---

311 Vgl. Jameson 1974
312 A CLOCKWORK ORANGE. R.: Stanley Kubrick. GBR/USA 1971
313 Vgl. Jameson 1974
314 Vgl. Ebd.
315 Vgl. Kinder 1974, S. 54-57
316 Vgl. Ebd., S. 52

Abbildung 5: die Vierte Wand als kaleidoskopischer Kristallpalast in ZARDOZ. Die Erinnerungen des Protagonisten Zed werden abgerufen und als Film reanimiert. Hinter den ebenfalls bildschirmhaften Wänden reifen die neuen Körper umgekommener Unsterblicher vor ihrer Widergeburt heran: sie werdem ihrerseits als Spiegelungen des Vergangenen reanimiert. In der Spiegelung auf dem polierten Boden fließen nicht nur beide Ebenen ineinander, sondern auch die Handlungsgegenwart Zeds und der beiden Frauen. Zusätzlich erfolgt all dies auf der Bildfläche, auf welcher der Rezipient sich ZARDOZ ansieht und wo gewissermaßen die in der Vergangenheit gedrehte Filmhandlung zu neuem Leben erwacht – und in Zeds Erinnerung spiegelt sich das Geschehen bereits im von der Meeresbrandung nassen Sand.

Hinzu kommen diverse weitere metafiktionale Elemente. So spricht der der fehlbare Autorencharakter – der Unsterbliche, der Zardoz erfunden und Zed gezüchtet hat – zu Beginn des Films direkt zum Zuschauer und viele der gezeigten Bilder muten fremd an oder weichen von gängigen filmischen Konventionen ab.

Das Utopia der Unsterblichen ist von einer unsichtbaren Mauer umgeben, die Zed zeitweilig zu durchdringen sucht: wobei er parallel von Innen gegen die Vierte Wand des Bildschirms bzw. der Kinoleinwand schlägt. Analog dazu finden sich auch in diesem Utopia diverse durchsichtige Planen und luftgefüllte Ballons – die ebenso erschlaffen und schließlich zerfetzt werden wie die Trennung zwischen Erzählung und Erzähltem.

Dabei ist von Interesse, dass sich der Film als komplexe Penetrations- bzw. Zeugungs- und Geburtsmetapher auslegen lässt.

Wie ein Spermium dringt Zed in die Eizelle des Steinkopfes ein, der ihn in die Gebärmutter des Utopias transportiert. Dort entwickeln sich die Dinge, bis die Gesellschaft der Unsterblichen, analog zu einsetzenden Wehen, mit viel Geschrei eskaliert, um sich anschließend in einem gewalt-
samen, geburtenhaften Akt zu öffnen, wodurch das zuvor Äußere (die Barbarengesellschaft) mit dem Inneren (der kultivierten Gesellschaft) verschmilzt. Konkret gehen daraus Zeds Sohn hervor, sowie die überlebenden revitalisierten und teils von Zed geschwängerten Unsterblichen. Im Sinne einer spirituellen Wiedergeburt, ist auch Zed selbst ein Produkt der Ereignisse. Es erfolgt also eine Art kollektive Geburt. Geboren wird jedoch keine neue Gesellschaft, sondern eine Reihe einzelner Subjekte, die getrennter Wege gehen. Dies ist typisch für Metatragödien (siehe Kapitel 6.7) sowie auch für das Denken Nietzsches.

ZARDOZ weist verschiedene explizite wie implizite Bezüge zum dessen Werk auf. Selbiges gilt für die Filme Jodorowskys: so orientieren sich Duktus und Metaphorik der Dialoge von EL TOPO stark an ALSO SPRACH ZARATHUSTRA, mit dem Jodorowsky sich schon zuvor intensiv auseinandergesetzt hatte[317]. Beispielsweise hatte er das Werk bereits 1970 in Form einer Langspielplatte musikalisch adaptiert[318].

Der erste von Jodorowsky gedrehte Kurzfilm LA CRAVATE[319] ist darüber hinaus eine – wenn auch recht lose – Adaption von Thomas Manns Kurzgeschichte DIE VERTAUSCHTEN KÖPFE[320]. In diesem Kontext von Interesse ist die sich gegen Vergeistigung und Abstraktion richtende Tendenz der Jodorowsky-Filme und dessen programmatische Aussage „¡Intelectual, aprende morir![321]" (deutsch: Intellektueller, lern zu sterben!). Jameson bezeichnet auch ZARDOZ als anti-intellektuell[322].

DER ZAUBERBERG wird teils ebenfalls als Anti-Bildungsroman verstanden, da der Protagonist nichts lernt, was ihm zu einem endgültigen Standpunkt verhilft und dann zum Schluss in den Krieg zieht[323].

---

317 Vgl. Löser 2014, S. 7
318 Vgl. Ebd., S. 5
319 LA CRAVATE. R.: Alejandro Jodorowsky. FRAU 1957
320 DIE VERTAUSCHTE KÖPFE. Autor: Thomas Mann. 1941
321 Vgl. Martin 2005, S. I
322 Vgl. Jameson 1974
323 Vgl. Böhm/Dennerlein 2013

Da es sich in allen Fällen – anders als bei manchen späteren Metatragödien, wie etwa der Serie ASH VS EVIL DEAD – um recht anspruchsvolle Werke handelt, erscheint diese Gemeinsamkeit als ebenso paradox wie Lovecrafts Verhältnis zur Wissenschaft. Auch dieser Widerspruch wird jedoch durch eine entsprechend metatragische Weltsicht aufgehoben, wie in Kapitel 5.4 ausführlich dargestellt.

Wie bereits erwähnt, wird hier kein Anspruch erhoben, alle frühen Metatragödien aufzulisten. Beispielsweise müssen APOCALYPSE NOW[324] von 1979 und unter bestimmten Voraussetzungen auch die dem Film zugrundeliegende Novelle HEART OF DARKNESS[325] von 1899 sowie auch BLADE RUNNER von 1982 ebenfalls als frühe Metatragödien eingestuft werden. Von besonderem Interesse ist zudem Andrej Tarkowskijs STALKER[326], wie in Kapitel 6.5 erörtert. In jedem Fall stellt das Jahr 1990 einen Wendepunkt in der Entwicklung metatragischer Geschichten dar.

---

324 APOCALYPSE NOW. R.: Francis Ford Coppola (as Francis Coppola). USA 1979
325 HEART OF DARKNESS. Autor: Joseph Conrad. 1899
326 STALKER. R.: Andrej Tarkowskij. RUS 1979

4.5 (Mind-)Games & Tarantino

Die 1990er Jahre können als eine Art Übergangszeit in der Entwicklung von Metatragödien verstanden werden. Dabei spielen mehrere Entwicklungen eine Rolle, die miteinander in Zusammenhang stehen. In deren Folge wurden die Voraussetzungen geschaffen, um metatragische Geschichten von einem seltenen künstlerischen oder subkulturellen Phänomen zu einer massentauglichen Erzählform zu machen.

Von Beginn des Jahrzehnts an ist sowohl im Mainstream- als auch im Autorenfilm ein starker Anstieg filmischer Experimente zu verzeichnen[327]. Ab seiner Mitte finden sich vor allem im amerikanischen Kino zunehmend Titel, die sich trotz starker Abweichungen von üblichen Erzählkonventionen durch einen verhältnismäßig großen kommerziellen Erfolg auszeichnen[328]. Einen zusätzlichen Anstieg erlebt die Produktion solcher Filmwerke seit der Jahrtausendwende[329].

U.a. nach Thon ist darin eine auffällige filmgeschichtliche Tendenz, wenn nicht sogar die Entstehung eines neuen Mikro-Genres zu sehen[330]. Für entsprechende Filme haben sich Begriffe wie *Mindgame-Movies* oder *Mindfuck-Movies* etabliert[331]. Teils ist auch von *Mind-Bendern* die Rede[332].

Typische Merkmale von Mindgame-Movies sind eine Darstellung komplexer Geschichten mit mehreren Handlungssträngen, die Zersplitterung der linearen Chronologie durch Vor- und Rückblenden, unzuverlässiges Erzählen in den verschiedensten Formen und sonstige selbstreflexive Metaebenen wie z.B. Anspielungen auf andere Filme[333]. Häufig werden die Protagonisten dabei zu Figuren im Spiel eines anderen, die Fäden ziehenden Charakters werden[334].

Besonders Letzteres weist große Ähnlichkeit zum untoten Autor von Metatragödien auf: bei vielen Mindgame-Movies handelt es sich auch effektiv um solche.

---

327 Vgl. Wachholz 2014, S.30
328 Vgl. Thon in: Lang 2009, S. 175
329 Vgl. Lexikon der Filmbegriffe (2014). http://filmlexikon.uni-kiel.de/index.php?action=lexikon&tag=det&id=8240, zuletzt geprüft am 14.02.2020
330 Vgl. Thon in: Lang 2009, S. 177
331 Vgl. Venus in: Leschke/Venus/Heidbrink 2007, S. 303
332 Vgl. Thon in: Lang 2009, S. 175
333 Vgl. Ebd., S. 177
334 Vgl. Elsasser in: Buckland 2009, S. 14

Als Wegbereiter hoch bugdetierter Mindgame-Movies sind dabei die Filme Tarantinos anzusehen, vor allem PULP FICTION[335] von 1994, der mit acht Millionen Dollar Produktionskosten weltweit mehr als 200 Millionen Dollar eingespielt hat[336]. Obwohl der Film noch weitgehend zuverlässig erzählt wird, ist seine Chronologie in hohem Maß komplex[337].

Ein entscheidender Einfluss auf Tarantinos narrativen Stil ist dabei, wie erwähnt, im Film Noir zu sehen[338]. Tarantinos Filme wiederum stellen einen wichtigen Einfluss auf spätere Metatragödien dar – obwohl es sich bei ihnen selbst nicht um solche handelt. Ihre Bedeutung für deren Entwicklung ist eher in ihrem Charakter als deutungsoffene Geflechte aus Zitaten zu sehen – wie in Kapitel 4.1 bereits erläutert und in Kapitel 5.2 nachfolgend vertieft.

Der Einsatz von Zitaten umfasst bei Tarantino nicht nur spezifische Verweise auf bestimmte Filme, sondern auch Referenzen auf filmisches Erzählen an sich bzw. die im kollektiven Unterbewusstsein westlicher Kinobesucher verankerte Erfahrung damit[339]. Zitiert werden ästhetische Eigenschaften bzw. Formen – die sich generell zunehmend gegenüber dem Inhalt emanzipieren. So betont auch Žižek, dass unter der Oberfläche narrativer Bedeutung filmischen Geschehens eine viel grundlegendere Ebene unmittelbarer Erscheinungen existiert, die miteinander kommunizieren, sich verwandeln und ineinander übergehen[340].

Venus und Leschke sehen in deren Befreiung vom Primat des Plots sogar die wesentlichste Eigenschaft des postmodernen Kinos bzw. des Kinos nach der Postmoderne. Als wichtigste Ursache dieses Trends benennen sie interessanterweise die rasante Etablierung von Videospielen als eigenständiges Medium und eine davon ausgelöste Übernahme spielerischer Erzählformen durch Filme.

Dabei ist die prägnanteste in *Game-Over-Restart-Konfigurationen* zu sehen, in denen Szenarien mehrfach durchlaufen werden können – auch trotz des etwaigen Todes der Protagonisten. Entsprechende Beispiele sind LOLA RENNT, GROUNDHOG DAY[341] oder SCOTT PILGRIM VS. THE WORLD. Grundsätzlich ist in solchen Konfigurationen, in Filmen

---

335 PULP FICTION. R.: Qurntin Tarantino. USA 1994
336 Vgl. Thon in: Lang 2009, S. 177-178
337 Vgl. Ebd., S. 81
338 Vgl. Körte in: Fischer/Körte/Seeßlen 1998, S. 41
339 Ebd., S. 15
340 Vgl. Žižek in: THE PERVERT'S GUIDE TO CINEMA, Min.: 01:56:00
341 GROUNDHOG DAY. R.: Harold Ramis. USA 1993

wie auch Videospielen, eine deutliche Ähnlichkeit zu Nietzsches Vorstellung der ewigen Wiederkunft des Gleichen zu sehen – auch wenn in der Regel kein direkter Bezug zu dessen Werk vorliegen mag.

Die Adaption spielerischer Formen ist dabei nicht ausschließlich auf solche zyklischen Szenarien beschränkt. Ein alternatives Beispiel stellt der Film LES RIVIÈRES POURPRES (deutscher Titel: DIE PURPURNEN FLÜSSE)[342] dar: so wird in einer Szene dargestellt, wie ein Kommissar Jugendliche befragt und mit ihnen in eine Schlägerei verwickelt wird. Die Jugendlichen spielen zu Beginn das Videospiel STREET FIGHTER[343]. Während der Schlägerei sind nicht nur Musik und Ansagen des weiterlaufenden Spiels im Hintergrund zu hören, sondern die echte Gewalt wird in einer statischen Einstellung gezeigt, die stark an die Darstellung der in dessen Fokus stehenden Karatekämpfe erinnert.

Abbildung 6: An BIOSHOCK erinnerndes Level-Design in der Serie WESTWORLD. Wassereinbrüche, Nebel, enorme Metallgloben und architektonische Konstruktionen mit mehreren, von Treppen verbundenen Etagen sind wiederkehrende Elemente der in BIOSHOCK dargestellten Stadt am Meeresgrund. Obwohl gewisse inhaltliche Parallen beider Erzählungen die Adaption entsprechender Formen zusätzlich unterstreichen, erfolgt keine direkte Zitation bestimmter Bildmotive oder Dialogzeilen.

---

342 LES RIVIÈRES POURPRES. R.: Mathieu Kassovitz. FRA 2001
343 STREET FIGHTER. PC u.a. Entwickler: Capcom. Publisher: Capcom. 1987

In jedem Fall verliert die Narration dabei ihre eindeutige Gerichtetheit. Wichtig ist nicht das Ergebniss, nicht der Ausgang der Geschehnisse. Wenn mehrere mögliche Ergebnisse parallel angeboten werden, verschiebt sich der Fokus auf den dahin führenden Weg, der jeweils mit einigen Variationen beschritten wird. Das Spiel mit Möglichkeiten bleibt bedeutsam, allerdings ist weniger wichtig, was weshalb geschieht, sondern wie die Dinge ablaufen bzw. wie sie erzählt werden. Dies führt zur Emanzipation von Formen, Zitaten und Erzählweisen.

Auch von solchen Game-Over-Restart-Konfigurationen abgesehen finden sich ab 1990 zunehmend Filme, in denen der Plot in den Hintergund tritt. Neben anderweitigen Mindgame-Novies handelt es sich dabei vor allem um Werke des Attraktionskinos mit Fokus auf Schauwerten.[344] Metatragödien können dabei als Zusammenführung von Attraktionsfilmen und Mindgame-Movies verstanden werden, da die Identifikation mit der eigenen Geschichte als solcher – so intellektuell sie in ihren Dimensionen auch sein mag – letztlich rechtfertigt, sich auf das bloße Wie zu fokussieren (was in den Kapiteln 5 und 6 näher erläutert wird).

Eine abweichende Tendenz ist vor allem in bestimmten Mindgame-Movies zu sehen, die sich durch einen Fokus auf *Mind*-lastige Aspekte auszeichnen, wie z.B. dem psychischen Zusammenbruch ihrer Protagonisten[345]. Etwa ab dem Jahr 2000 erfüllen viele Mindgame-Movies dieser Kategorie auch die Kriterien als Dark Drama – welches als zum Genre der Metatragödie parallele Entwicklung zu sehen ist[346].

---

344 Vgl. Leschke/Venus in: Leschke/Venus Heidbrink 2007, S. 7-10
345 Vgl. Ebd.
346 Vgl. Wachholz 2014., s.31

4.6 Dark Drama

Der Genrebegriff Dark Drama wurde erstmals 2014 von Wachholz definiert, um eine Reihe schwer kategorisierbarer Filme zusammenzufassen[347]. Als Dark Drama eingestuft werden können darüber hinaus auch literarische Erzählungen wie z.B. DER KÖNIG DES STERBENS[348], TV-Serien und potenziell sogar bestimmte Erzeugnisse der bildenden Kunst wie etwa die Arbeiten Dalís, was jedoch in der bisherigen Literatur nur oberflächlich behandelt wird[349]. Bruning greift den von Wachholz erarbeiteten Begriff auf und konkretisiert weitere Unterkategorien des Genres, die hier nicht explizit behandelt werden können[350]. Die ersten vollwertigen Dark Drama Filme stammen aus den 1970er Jahren, darunter fallen beispielsweise ERASERHEAD und APOCALYPSE NOW. Mit Titeln wie FIGHT CLUB, LOST HIGHWAY und MEMENTO fand das Genre seinen Weg in den Mainstream des 21. Jahrhunderts.[351]

Bruning bringt Dark Drama auf die Formel: Geschichten von Wahnwelten in einer wahnsinnigen Welt[352]. Zentrales Narrativ ist dabei die inwärts gerichtete Konfrontation mit dem Fremden und Abgründigen der eigenen Psyche, die ein morbides Eigenleben zu führen scheint. Damit einher geht der Zerfall der bisherigen Identität.[353] Die Protagonisten sind meist Alltagsmenschen, die sich kaum vom Rezipienten und dessen Lebenswelt abgrenzen lassen. Alternativ kann es sich auch um Anti-Helden oder effektiv bösartige Villain-Protagonisten handeln.[354]

Kernmotiv eines Dark Drama ist die Reise an den dunkelsten Ort der eigenen Psyche[355]. Dieser ist mit menschlichen Begriffen – bzw. mit Sprache – nicht mehr zu fassen, weshalb er nur als Wahnsinn, Chaos und Ausdruck völliger Fremdartigkeit empfunden werden kann. Er manifestiert sich oft physisch in Form eines räumlichen Ortes, wie etwa der Tempelruinen am Ende des Flusses in APOCALYPSE NOW[356].

---

347 Vgl. Bruning 2014, S. 3
348 DER KÖNG DES STERBENS. Autor: Laura Bruning. 2017
349 Vgl. Bruning 2014, S. 20
350 Vgl. Ebd., S. 8-19
351 Vgl. Wachholz 2014, S. 28-29
352 Vgl. Bruning 2014, S. 3
353 Vgl. Wachholz 2014, S. 3
354 Vgl. Ebd., S. 7
355 Vgl. Ebd., S. 3
356 Vgl. Ebd., S. 8

Diese fremde Dimension außerhalb des bewussten Ichs wird vom dunklen, unterbewussten Ich bewohnt, dass sich aus insgeheimen Wünschen, Trieben und Gedanken bildet. Das dunkle Ich kann sich in Form von Selbstzerstörung, nicht kontrollierbarem eigenen Verhalten oder einer pervertierten Doppelgängerversion der eigenen Person manifestieren.[357] Dies kann laut Wachholz durchaus in Gestalt von magischem Realismus erfolgen, womit die konkrete Darstellung von Elementen aus der Vorstellungswelt der Figuren gemeint ist[358].

Anders als in Horror, Kriminalfilm oder Thriller werden also keine äußeren Bedrohungen und Urängste verkörpert und anschließend bekämpft – als Verbrechen, Monster etc. durch die Betroffenen selbst oder gesellschaftliche Autorität, z.B. personifiziert durch Kriminalermittler. Vielmehr kommt die Bedrohung von Innen.[359] Anstatt die Ängste in einer Art Schocktherapie zu heilen, müssen die Protagonisten zur tiefsten Quelle von Irrsinn und Angst vordringen. Dabei verfolgen sie oft ein abweichendes Ziel, das sich jedoch schließlich nur als Leerstelle entpuppt, die dann mit Wahnsinn gefüllt wird.[360]

Ein Dark Drama wird meist im Setting eines anderen Genres erzählt, wobei dieses jedoch selbst kaum bis überhaupt nicht bespielt wird. VALHALLA RISING[361] ist beispielsweise kein klassischer Wikinger-Abenteuerfilm, obgleich er im mittelalterlichen Skandinavien spielt und EL LABERINTO DEL FAUNO[362] kann maximal formal als Kinderfilm verstanden werden. Lars von Triers ANTICHRIST[363] beginnt im Stil des Neo Noir und greift später Elemente des Torture Porn auf, ist jedoch letztlich ein Dark Drama.[364] Hinzu kommen in den meisten Fällen bestimmte Stilmittel wie eine komplexe oder verwirrend aufgebaute Erählstruktur, hyper-konsequente Narration und surrealistische Bildgestaltung[365].

Dark Drama reflektiert Identitätskrisen in Zeiten großer gesellschaftlicher Veränderung. In seiner heutigen Form ist es ein Genre der Postmoderne, das allerdings simultan versucht, Ausblicke auf eine

---

357 Vgl. Ebd., S. 9
358 Vgl. Bruning 2014, S. 4
359 Vgl. Wachholz 2014, S. 5-6
360 Vgl. Ebd., S. 8
361 VALHALLA RISING. R.: Nicolas Winding Refn. DNK/GBR 2009
362 EL LABERINTO DEL FAUNO. R.: Guillermo del Toro. ESP/MEX/USA 2006
363 ANTICHRIST. R.: Lars von Trier. NDK u.a. 2009
364 Vgl. Wachholz 2014, S. 10-11
365 Vgl. Ebd., S. 3

spätere Ära zu geben.[366] So führt das Verlangen, die Gegenwart wieder verstehbar zu machen, obwohl sie das nicht immer ist, zwangsläufig zur Reflexion ihrer bedrohlichen, hyperkomplexen Aspekte. Diese als solche zu verstehen kann jedoch zu eigenständigen Erkenntnissen führen.[367] Somit zeichnet sich Dark Drama durch eine ambivalente Unentscheidbarkeit aus. Es geht nicht um Erklärungen, aber auch nicht um deren nihilistische Verweigerung. Vielmehr resultiert der Zersetzungsprozess der eigenen Psyche in einem individuellen Antwort- oder sogar Sinnpotenzial.[368] Nach Wachholz erfolgt Identitätsbildung in der Postmoderne nicht mehr durch Impulse, Leitbilder oder Ideologien von außen[369]. Im Kampf gegen Chaos und steten Fluss einer sich fortwährend ändernden Welt kann das Individuum nicht mehr auf Fakten zurückgreifen. Bedeutung kann nur selbst durch Interpretation gefunden werden. Dass dies teils auch gelingt macht den versönlichen Charakter von Filmen wie DONNIE DARKO oder BLACK SWAN aus: sie sind trotz düsterer Prämissen in gewisser Form optimistisch.[370]

Somit kann Dark Drama als Gegenentwurf zum empfundenen postmodernen Nihilismus angesehen werden. Obwohl gesellschaftliche Ordnung und die Utopien der Moderne unerreichbar sind, kann der eigenen Identität durch Interpretation der eigenen Lebensgeschichte Sinn gegeben werden. So sucht Dark Drama im optimalen Fall durchaus nach Antworten, macht aber von der jeweiligen Auslegung des Rezipienten abhängig, welche korrekt und gültig sind.[371]

Auch Wachholz begründet seine Argumentation auf der Theorie der Narrativen Identität[372]. Dies wird verkompliziert durch das Prinzip des dialogischen Selbst: die Annahme, dass ein Mensch kein eigentliches wahres Selbst im humanistischen Sinn besitzt, sondern dass seine Identität aus der Interaktion zahlreicher miteinander verflochtener Bewusstseinsaspekte ergibt. In der Postmoderne können demnach auch interne Konflikte und Widersprüche nicht mehr durch äußere Leitbilder gelöst bzw. reglementiert werden.[373]

---

366 Vgl. Ebd., S. 3
367 Vgl. Ebd., S. 17
368 Vgl. Ebd., S. 28
369 Vgl. Ebd., S. 35
370 Vgl. Ebd., S. 36
371 Vgl. Ebd., S. 37
372 Vgl. Ebd., S. 35-36
373 Vgl. Ebd., S.38

Wachholz vergleicht den im Dark Drama dargestellten Versuch, aus der Zersplitterung der eigenen Psyche eine neue Identität zu schaffen, mit der von Jerome Bruner propagierten Notwendigkeit, die verschiedenen Teilgeschichten einer Narrativen Identität zu einer einzigen, zusammenhängenden Persönlichkeit zu vereinen und miteinander zu synchronisieren – was dann umfasst, wer und was ein Mensch war, ist, werden kann und hätte werden können[374].

Das grundlegende Problem bei einer solchen Identitätsfindung sieht Wachholz in der Unfähigkeit des Menschen, sich ohne Hilfe selbst von außen zu betrachten – so dient ihm seine gesamte materielle wie soziale Umwelt als Projektionsfläche. Kunst und insbesondere die Kunst des Geschichtenerzählens, vor allem über das Medium des Films, kann als konkreteste und effizienteste Form davon verstanden werden.[375]

Darüber hinaus entwirft Wachholz das Modell einer holographischen Psyche. So besteht die Eigenschaft holographischer Speicherräume darin, dass jedes Fragment davon wiederum die Gesamtheit der gespeicherten Informationen enthält. Diesem Ansatz folgend proklamiert er, dass jeder Splitter der menschlichen Identität in sich deren Totalität widerspiegelt. Somit macht erst die Zersetzung der Psyche und die Konfrontation mit ihren einzelnen Elementen – etwa einem dunklen Doppelgänger am dunkelsten Ort im Dark Drama – möglich, zu einem einheitlichen Selbst zu gelangen.[376]

Dark Drama befasst sich also mit der Frage, wer man in der Welt ist und sein kann und hilft zugleich dem Rezipienten, sich dieser Frage selbst mithilfe von Fiktion zu stellen. Das Konzept der Metatragödie ist dem des Dark Drama äußerst ähnlich. In gewisser Hinsicht kann Erstere sogar als Unterkategorie des Letzteren verstanden werden. Besonders die optimistischeren Dark Drama Filme lassen sich allesamt zugleich als Metatragödien einstufen. Allerdings finden sich die metatragischen Motive auch z.B. in THE TRUMAN SHOW, STAR WARS: EPISODE VIII – THE LAST JEDI, TOMORROWLAND, TATORT: IM SCHMERZ GEBOREN, RAUS, MÆND & HØNS und ARRIVAL sowie TV-Serien wie AMERICAN GODS, ASH VS EVIL DEAD und DIRK GENTLY'S HOLISTIC DETECTIVE AGENCY – die allesamt nicht den Kriterien als Dark Drama entsprechen.

Zwar ist auch die in jeder Metatragödie zu findende Selbstbegegnung u.a. als Manifestation des unterbewussten Ichs zu verstehen, allerdings

---

374 Vgl. Ebd., S. 39
375 Vgl. Ebd., S. 38
376 Vgl. Ebd., S. 40

nimmt dieses Selbst, dem man begegnet, nicht zwangsläufig eine so antagonistische Rolle ein.Umgekehrt entsprechen viele der von Wachholz als Dark Drama eingestuften Werke nicht der in diesem Buch vorgeschlagenen Definition der Metatragödie. In Filmen wie REQUIEM FOR A DREAM[377], ENTER THE VOID[378] oder ERASERHEAD ist beispielsweise kein zentraler Autorencharakter auszumachen. Z.B. bei Letztgenannten wird zwar zu Beginn und Ende ein ominöser Mann gezeigt, welcher an Schalthebeln hantiert, dieser ist jedoch keine so zentrale Figur wie etwa Frank in DONNIE DARKO oder der Regisseur in THE TRUMAN SHOW. Auch erfolgt nicht zwangsläufig eine Identifikation mit der eigenen Geschichte. Mit dem Abgrund der eigenen Psyche konfrontiert zu werden, bedeutet nicht notwendigerweise, auch einen Weg zu finden, damit umzugehen. DIE FARBE etwa erzählt von der Begnung mit dem Unbekannten, dass weder verstanden noch besiegt wird und letztlich aus eigenem Antrieb verschwindet – nachdem es die meisten Charaktere des Films vollständig zerstört hat.Im Kern konzentriert sich Dark Drama auf eine Reihe von Problemen und Metatragödien auf einen Weg, diese – oder auch andere – zu lösen. Vereinfachend ist eine grundlegend Dark Drama-hafte Weltsicht Teil des Weges – der narrativen Interpretation der eigenen Biographie – allerdings scheint diese nur dann zum Ziel zu führen, wenn sie einen spielerischen Charakter annimt, der an Tarantinos narrativen Stil erinnert. Zudem wird dabei nicht unbedingt komplett auf äußere Leitbilder verzichtet, wie Wachholz dem Dark Drama diagnostiziert. In Metatragödien macht auch die Zersplitterung des Selbst dessen Splitter oft nicht greifbarer. Und in einigen Fällen – ein besonders exemplarisches Beispiel ist die Serie WESTWORLD – akzeptieren die Protagonisten sehr bewusst, dass sie von bestimmten äußeren Einflüssen geprägt werden.Dark Drama zeigt die Welt als finsteren Ort, Metatragödien rechtfertigen das Leben trotz seiner Willkür als ästhetisches Phänomen – was, wie erwähnt, in einer symbiotischen Beziehung stehen kann. So kann das repräsentative Dark Drama LOST HIGHWAY als moderne Version von Goethes FAUST bzw. Weg seines Protagonisten in die Hölle beschrieben werden[379]. Metatragödien setzen sich spekulativ mit der Möglichkeit auseinander, in der Hölle zu (über-)leben.

---

377 REQUIEM FOR A DREAM. R.: Darren Aronofsky. USA 2000
378 ENTER THE VOID. R.: Gaspar Noé. FRAU u.a. 2009
379 Vgl. Planchet (1997), http://cinetext.philo.at/magazine/circvit.html, zuletzt geprüft am 14.02.2020

4.7 New Weird

Abschließend soll in diesem Kapitel kurz auf einen weiteren Genrebegriff eingegangen werden, der zu Dark Drama und der in diesem Buch entworfenen Metatragödie große Ähnlichkeit besitzt: New Weird. Da es sich dabei vorwiegend um eine literarische Kategorie bzw. Bewegung handelt, wird er an dieser Stelle nur oberflächlich behandelt. Gleichwohl entsprechen auch einige Filmwerke der Definition. Beispielsweise trifft dies, je nach Verständnis, auf THE SHAPE OF WATER[380], THE ENDLESS oder die TV-Serie CARNIVAL ROW[381] zu. Das finnische Videospiel CONTROL wurde von seinen Entwicklern explizit als Teil des Genres konzipiert[382]. Bei ANNIHILATION handelt es sich um eine lose Adaption von Jeff VanderMeers Romantrilogie SOUTHERN REACH[383], welche als repräsentatives New Weird-Werk angesehen werden kann – und wie THE ENDLESS und CONTROL zugleich als Metatragödie einzustufen ist.

VanderMeer selbst liefert eine Arbeitsdefinition, wonach New Weird eine Form von phantastischer Literatur darstellt, die Element aus Fantasy und Science-Fiction in unkonventioneller Weise kombiniert. Hinzu kommen häufig surrealistische Horrormomente, wodurch der Fokus von den Hintergründen der Handlung und dem Setting, in dem sie angesiedelt ist, auf die unmittelbar geschilderten Ereignisse und Erlebnisse der Charaktere verlagert wird. Obwohl die Erzählungen oft in alternativen Realitäten angesiedelt sind, weisen jene stets Bezüge zur realen Welt auf und unterwandern die romantisierten Ideen traditioneller Fantasy. Nicht selten nimmt dies eine politische Dimension an.

Das Fremdartige, Surreale und Übernatürliche lässt sich dabei nie konkret eingrenzen oder an in sich geschlossenen Zusammenhängen festmachen, sondern erscheint letztlich als generelle Eigenschaft der Wirklichkeit. VanderMeer spricht von einem *surrender to the weird.*

In diesem Kontext verwenden einige Autoren des Genres postmoderne Erzähltechniken, wobei die im Text geschilderte Wirklichkeit

---

380 THE SHAPE OF WATER. R.: Guillermo del Toro. CAN/USA 2017
381 CARNIVAL ROW [Fernsehserie]. Creator: Travis Beacham/René Echevarria. USA seit 2019
382 Vgl. Megill in: Lake u.a. 2018. https://www.youtube.com/watch?v=eMHf nPCZWgw&list=PLDDaqwy2GJQkF5K45jfki5Mb9R30ATZNO&index=1, Min: 0:00
383 SOUTHERN REACH. Autor: Jeff Vandermeer. 2014; Bestehend aus den drei Romanen ANNIHILATION, AUTHORITY und ACCEPTANCE

aber als solche bestehen bleibt: genau wie in Metatragödien wird die Relevanz der Ereignisse den Protagonisten gegenüber nicht durch Dekonstruktion gemindert.[384]

Michel Moorcock bietet eine etwas weiter gefasste Klassifikation des Genres an:

> For me, the appeal of the weird story is precisely that it is designed to disturb. At least if left to itself. Mayby all we can really say about it is that it suits a certain mood in the reader; that it's subtler and more complex than generic fantasy storys. [...] 'Weird', the modern-day synonym for 'strange' or 'unusual', has proven so useful that a modern style of fiction championed by the likes of China Miéville, M.John Harrison [sic!] and Jeff VanderMeer is now known as 'the new weird'.[385]

So wird New Weird in der Regel als abgewandelte Iteration des ursprünglichen Weird Genres angesehen. Diese literarische Periode ist zwischen 1880 und 1940 anzusiedeln. Die meisten zu ihr gehörigen Erzählungen sind in amerikanischen Pulp-Heften erschienen – der Genrebegriff selbst leitet sich von dem Magazin *Weird Tales* ab. Ein besonders prominenter Vertreter dieser Epoche ist H.P. Lovecraft (siehe Kapitel 4.2).[386]

Dessen Tod im Jahr 1937, der Zweite Weltkrieg sowie die Übersetzung der Werke Franz Kafkas ins Englische markieren laut VanderMeer einen Wendepunkt. Während Lovecrafts Erzählungen archetypisch für Weird-Literatur stehen, welche konkret übernatürliche Handlungselemente verwendet, um die Fremdartigkeit der Realität auszudrücken, repräsentiert Kafka demnach die alternative Tendenz, dies eher durch die Schilderung obskurer Rituale zu tun. So kommen beispielsweise IN DER STRAFKOLONIE[387] oder DAS SCHLOSS[388] weitgehend ohne paranormale Ereignisse aus. In Folge der 1940er Jahre erschienene Weird-Texte neigen nicht selten dazu, beide Strategien zu kombinieren.[389]

---

384 Vgl. Jeff VanderMeer in: THE NEW WEIRD. Herausgeber: Ann VanderMeer/Jeff VanderMeer. 2008, S. xvi
385 Vgl. Moorcock in: VanderMeer/VanderMeer 2012, S. XIII-XIV
386 Vgl. Noys/Murphy 2016, S. 117-134
387 IN DER STRAFKOLONIE. Autor: Franz Kafka. 1919
388 DAS SCHLOSS. Autor: Franz Kafka. 1926
389 Vgl. Jeff VanderMeer in: VanderMeer/VanderMeer 2012, S. XIII-XIV XVIII

Die ab 1980 einsetzende New Weird Periode greift viele erzählerischen Motive der ursprünglichen Weird-Autoren auf, zeichnet sich jedoch parallel durch eine kritische Abgrenzung zu deren meist reaktionären politischen Vorstellungen aus. Charakteristisch ist dabei eine Kombination von Nihilismus bzw. Antihumanismus und einer radikalen Bejahung des Lebens und des Körperlichen – wenngleich dieses oft reichlich fremd erscheint.

Insofern lässt New Weird sich weder treffend als modern noch postmodern beschreiben. Noys und Murphy sprechen dabei von einer Art *Pulp-Modernismus*.[390] Somit kann auch dieses Genre als metamodern eingestuft werden. In Teilen trifft das genauso auf z.B. Lovecraft zu – wobei dieser in einigen Aspekten, wie etwa dem Vertreten rassistischer Standpunkte, an einem modernistischen Wahrheitsverständnis festhält, welches den reflexiveren Tendenzen seines Werks zuwiderläuft.

Ebenso wie Dark Drama kann New Weird nicht mit dem Konzept der Metatragödie gleichgesetzt werden. Trotz der umfassenden Parallelen weisen nicht alle New Weird-Erzählungen die fünf metatragischen Motive auf, vor allem steht nicht so sehr im Fokus, dass die Protagonisten schließlich eine narrative Weltsicht entwickeln.

So sind z.B. SOUTHERN REACH und Jay Lakes Kurzgeschichte THE LIZARD OF OOZE[391] zugleich vollwertige Metatragödien, Brian Evensons Erzählung WATSON'S BOY[392] dagegen zeichnet sich nicht durch eine klare Selbstbegegnung oder die folgende Identifikation mit der eigenen Geschichte aus.

Während Dark Drama den Fokus auf die Unbegreiflichkeit der eigenen Psyche legt, sieht Malcolm-Clarke den des New Weird in der Unbegreiflichkeit grotesker äußerer bzw. körperlicher Wirklichkeiten[393]. So entwirft beispielsweise China Miévilles Roman PERDIDO STREET STATION[394] das hochgradig surreale Szenario einer phantasmagorischen Großstadt mit eigenen metaphysischen Gesetzen, bewohnt von Kaktusmenschen, Cyborgs und riesigen Nachtfaltern, die ihre Larven mit psychedelischen Drogen stillen. Im Kontrast dazu entsprechen die Protagonisten gängigen Fantasy-Archetypen und durchlaufen weitgehend traditionelle Charakterentwicklungen.

---

390 Vgl. Noys/Murphy 2016, S. 117-134
391 THE LIZARD OF OOZE. Autor: Jay Lake. 2005
392 WATSON'S BOY. Autor: Brian Evenson. 2000
393 Vgl. Malcolm-Clarke in: THE NEW WEIRD. S. 338-340
394 PERDIDO STREET STATION. Autor: China Miéville. 2000

Demgegenüber fokussieren Metatragödien sich auf die Suche nach dem wenigstens partiell Begreiflichen im Spannungsfeld zwischen innerer und äußerer Realität (siehe Kapitel 4.4).

Es ist zu erwähnen, dass sich auch abseits der in der Fachliteratur als New Weird eingestuften Titel Werke finden, die der Definition entsprechen und/oder metatragisch sind. Darunter fallen teils z.B. Walter Moers' auf dem fiktiven Kontinent *Zamonien* angesiedelte Groteskromane. Besonders DIE STADT DER TRÄUMENDEN BÜCHER[395] wird beiden Klassifikationen gerecht und erweitert deren überwiegend eher düstere Prämissen um eine nachhaltig komödiantische Ebene.

Da der Schwerpunkt dieses Buches auf visuellen Erzählungen liegt, wird die Untersuchung belletristischer Strömungen hier nicht weiter vorangetrieben. Stattdessen soll im Anschluss näher darauf eingegangen werden, was metatragisches Erzählen an sich auszeichnet.

Zusammenfassend können Metatragödie, Mindgame-Movie, Dark Drama und New Weird als verschiedene, einander in Teilen überschneidende Ausprägungen postmoderner Sinnsuche in narrativen Medien verstanden werden – und einzelne Werke können in eine, zwei, drei oder auch alle vier Kategorien fallen.

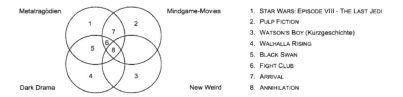

Abbildung 7: Überschneidung der Begriffe Metatragödie, Mindgame-Movie, Dark Drama und New Weird. Trotz des Verwandschaft aller vier Kategorien können fragliche Erzählungen grob dahingehend eingeteilt werden, wie vielen davon sie im Einzelfall entsprechen bzw. nicht entsprechen. Eine definitive Abgrenzung ist jedoch kaum möglich, da alle vier sich grundlegend als Aspekte derselben Tendenz beschreiben lassen.

---

395 DIE STADT DER TRÄUMENDEN BÜCHER. Autor: Walter Moers. 2004

5. Metatragisches Erzählen

5.1 Von Immersion zu Paranoia

All that we see or seem is but a dream within a dream.

Edgar Allan Poe in: A Dream Within a Dream[396]

„Man gewöhnt sich daran, dass man sich nicht gewöhnt."

Hans Castorp in: Der Zauberberg[397]

Das Konzept filmischer Immersion ist in sich nicht schlüssig. Balázs definiert es 1938 als Hineingesogensein von Auge und Bewusstsein in die Handlung, wodurch der Rezipient alles so sähe, wie die handelnden Personen es sehen müssten, ohne, dass er sich körperlich vom Fleck zu bewegen bräuchte[398]. Dem ist entgegenzuhalten, dass Menschen, die sich einen Film ansehen, sich in der Regel von vornherein der Irrealität des Dargestellten bewusst sind. Während die Kinobesucher 1896 – angeblich – noch in Panik gerieten, als die Gebrüder Lumière in einem ihrer Kurzfilme eine direkt auf die Kamera zurasende Dampflock zeigten, ist das moderne Publikum an Illusionen gewöhnt und nimmt sie auch als solche wahr[399].

Dieses Bewusstsein wirkt dem Erleben fiktionaler Narrative nicht entgegen, sondern ist vielmehr dessen Grundbedingung. Erzählter Wirklichkeit haftet per se ein Illusions- bzw. Traum- oder Flowcharakter an: Menschen wissen genau, dass die Geschichten in Filmen und sonstigen Erzählmedien nicht echt sind und doch – oder gerade deswegen – lassen sie sich davon emotional berühren.[400] Selbst wenn jemand von einem Film so umfassend in den Bann geschlagen werden sollte, dass dieser ihn die restliche Realität völlig vergessen lässt, unterscheidet sein Erleben sich dabei von dem Erleben nichtfilmischer Wirklichkeit sowie auch vom Erleben der Charaktere.

---

396 A Dream Within a Dream. Autor: Edgar Allan Poe. 1849
397 Vgl. Der Zauberberg, S. 366
398 Balázs 1938, S. 215
399 Vgl. Karasek. http://www.spiegel.de/spiegel/print/d-13687466.html, zuletzt geprüft am 14.02.2020
400 Vgl. Žižek in: The Pervert's Guide to Cinema, Min.: 1:49:00

Ein Film kann zwar Emotionen darstellen und wecken, er wird dem sinnlichen Reichtum des Bewusstseinsstroms jedoch bloß begrenzt gerecht[401]. Es fehlen nicht nur Eindrücke wie Gerüche oder Schmerzen[402], sondern die Dinge werden auch – abgesehen von einigen Ausnahmen wie HARDCORE HENRY[403] oder Passagen des Films DOOM[404] – nicht direkt vom Point-of-View der Charaktere aus gezeigt. Besonders extreme Kameraeinstellungen, wie Frosch- und Vogelperspektiven, ermöglichen ein Wahrnehmen, dass sich drastisch von realen menschlichen Wahrnemungen unterscheidet, solange diese nicht von technischen Hilfsmitteln unterstützt werden. Effektiv sind Point-of-View-Aufnahmen so unkonventionell und daher irritierend, dass sie Immersion im Sinne Balázs', wenn überhaupt, entgegenwirken.

Vielmehr lassen Filme in der Vorstellung des Rezipienten einen dreidimensionalen Raum entstehen, in den er sich selbst als unsichtbaren Beobachter hineinprojiziert: es erfolgt also eher eine Art von außerkörperlicher Erfahrung als eine Übernahme der Perspektive der körperlich am Geschehen beteiligten Charaktere[405]. Hinzu kommen ein durch Schnitte, Rückblenden, Slow Motion, etc. manipulierte zeitliche Wahrnehmung der Ereignisse, die Notwendigkeit, nicht erzählte Hintergründe und Zusammenhänge zu erschließen, sich ausgelassene Szenen vorzustellen usw.. Nicht Illusion bewirkt Immersion, sondern Imagination[406].

Metafiktionale Erzählungen machen zusätzlich auf ihren Status als künstliches Erzeugnis aufmerksam, indem sie systematisch ihre eigenen Konstruktionsmethoden demontieren[407]. Tatsächlich thematisieren fast alle aktuellen Filme mehr oder weniger direkt die Unmöglichkeit, einen Film zu machen[408].

---

401 Vgl. Damasio in: Jaspers/Unterberger/Freud 2006, S. 83
402 Selbstredend können Geschichten Empathie mit den agierenden Charakteren auslösen und z.B. den Anstrengungen eines Bergsteigers zuzusehen, löst bestimmte Aktivitäten im sensomotorischen Teil des Gehirns aus (Vgl. Sammer 2015, S. 31). Es ist trotzdem etwas anderes, tatsächlich Bergsteigen zu gehen.
403 HARDCORE HENRY. R.: Ilya Naishuller. RUS/USA 2015
404 DOOM. R.: Andrzej Bartkowiak. CZE u.a. 2005; basierend auf dem gleichnamigen Videospiel: DOOM. PC u.a. Entwickler: Id Software. Publisher: Atari/Activision/GT Interactive. 1993
405 Vgl. Fiennes in: Fairbairn 2006, S. 19
406 Vgl. Seel 2013, S. 178
407 Vgl. Waugh 2013, S. 2
408 Vgl. Žižek in: THE PERVERT'S GUIDE TO CINEMA, Min.: 1:44:00

Da immersive Illusion, wie erörtert, nur bedingt existiert, wird diese in metafiktionalen Erzählungen wie Mindgame-Filmen, Dark Drama oder Metatragödien nicht erst zerstört, sondern das ohnehin vorhandene Paradoxon fiktionalen Erlebens wird zusätzlich betont.

So verzichtet beispielsweise Lars von Triers Film DOGVILLE[409] weitestgehend auf ein Szenenbild im engeren Sinne: die Schauspieler führen die Geschichte in einer leeren Halle auf, auf deren Betonboden die Grundrisse einiger Gebäude mit Kreide gezeichnet wurden. Sie agieren jedoch so, als wären die Kreidestriche tatsächlich undurchsichtige Wände und als befänden sie sich in der Stadt im wilden Westen, in welcher die Erzählung spielt. Damit wird nicht die Illusion entlarvt, vorgeblich reale Ereignisse zu beobachten. Stattdessen werden Wirkung und Funktionsweise der davon unabhängigen Halb-Illusion seziert, wie Filme sie hervorrufen.

In dieser Hinsicht ähneln solche Werke den von Marcel Duchamp geschaffenen Ready-mades. Ab 1915 begann der Künstler, unter dieser Bezeichnung Alltagsgegenstände als Kunstobjekte zu deklarieren, wobei er sie nicht oder nur minimal veränderte. Für eine Ausstellung unabhängiger Künstler reichte er beispielsweise das Objekt FOUNTAIN ein: ein Urinalbecken, welches er lediglich mit einem Pseudonym signiert und auf die flache Seite gelegt hatte, sodass es aufrecht stehen konnte. Die Schöpfung der Ready-mades dekonstruierte die individuelle, handgemachte Eigenschaft von Kunst.[410] Von Duchamp gingen zahlreiche künstlerische Strömungen aus, die jede metaphysische Bedeutung sowie den Anspruch, in universellen Sinnstrukturen wie etwa platonischer Geometrie Begründung zu finden, radikal ablehnten. Dieser tiefgreifende Skeptizismus ist auch, allemal in künstlerischer Hinsicht, als wichtiger Einfluss auf die spätere Postmoderne zu verstehen.[411]

Zugleich weisen die Ready-mades jedoch einen antimaterialistischen Charakter auf, was in ihrer postmodernen Rezeption oft unterschlagen wird. Profane, industrielle Erzeugnisse in einen künstlerischen Kontext zu stellen, dekonstruiert diesen Kontext an sich. Zugleich werden die Gegenstände selbst dadurch jedoch in gewisser Hinsicht verwandelt und mythisch aufgeladen. Ihre scheinbar klare Bedeutung wird infrage gestellt und der Betrachter wird aufgefordert, sie neu zu interpretieren.

---

409 DOGVILLE. R.: Lars von Trier. DNK u.a. 2003
410 Vgl. Mink 1994, S. 63
411 Vgl. Evers in: Achenbach 2009, S. 63

Duchamp hat sich nachweislich mit alchemistischen Ideen beschäftigt und die Erzeugung der Ready-mades kann als Akt der hermetischen Transformation von Objekt und Mensch verstanden werden: indem die Illusion von Kunst als isoliertes System offenbart wird, wird ihr ambivalenter Charakter potenziell auf die gesamte Wirklichkeit menschlichen Lebens und Erlebens ausgeweitet.[412]

Auch metafiktionales Erzählen erforscht nicht nur die fundamentalen Strukturen narrativer Fiktion, sondern auch die mögliche Fiktionalität der realen bzw. als real empfundenen Welt des Rezipienten[413]. Dabei greift es die Idee der Heisenbergschen Unschärferelation auf: so ist es unmöglich, die objektive Außenwelt als solche zu beschreiben, da der Beobachter das Beobachtete stets verändert[414].

Auch DOGVILLE zerlegt durch seine rudimentäten Kulissen nicht etwa die Bedeutung der aufgeführten Handlung durch Ironie. Vielmehr kommt Ironie zum Einsatz, um diese Bedeutung zu betonen und sogar zu steigern.[415] In der Illusion selbst, so Žižek, steckt etwas, das realer ist, als die dahinterstehende Realität[416].

Natürlich trifft diese Aussage auf sämtliche fiktionalen Geschichten zu. Der Konsum erzählter Wirklichkeiten hilft, eigene Erfahrungen zu strukturieren, sie einzuordnen und in Abhängigkeit dazu Verlangen zu entwickeln, Ziele zu setzen und sowohl das jeweilige Weltbild als auch die eigene Identität zu festigen[417]. Metafiktionale Erzählungen helfen bloß zusätzlich dabei, den spezifischen Aspekt der Wirklichkeit zu festigen, dass sie selbst diese Wirklichkeit festigen. Sie bestätigen den Rezipienten darin, sein Welt- und Selbstbild durch den Konsum von Geschichten zu bestätigen.

Dieses Paradoxon kann mit einem Möbiusband verglichen werden. Das erzählerische Dekonstruieren des Erzählens gibt dem Erzählten zusätzliche Bedeutung. Gerade die Tatsache, dass es sich um eine Illusion handelt, unterstreicht, dass Illusionen als solche einen Wert besitzen.

---

412 Vgl. Ebd., S. 79-80
413 Vgl. Waugh 2013, S. 2
414 Vgl. Ebd., S. 3
415 Vgl. Žižek in: THE PERVERT'S GUIDE TO CINEMA, Min.: 1:46:00
416 Vgl. Ebd., Min: 1:47:00
417 Vgl. Sammer 2015, S. 29

Handelt es sich jedoch um eine Metatragödie, übt diese zugleich den gegenteiligen Effekt aus: Nicht nur das Erzählen wird dekonstruiert, sondern auch das Erzählte. Die diegetische Realität, in der die Protagonisten leben und agieren, wird in ihrer Validität fraglich – sowohl für sie selbst als auch dem Rezipienten gegenüber. Eine Metatragödie hilft dabei, zu verstehen, wie unverständlich sie ist.

Dies lässt sich seinerseits mit einem Möbiusband vergleichen. Und die beiden Möbiusbänder gehen fließend ineinander über, da die Situation des Rezipienten von derjenigen der Protagonisten gespiegelt wird. Beide werden Zeuge von Ereignissen, die sie nicht einordnen können und beide werden damit konfrontiert, dass diese Teil einer fiktionalen Geschichte sind und als solche eigentlich einzuordnen sein müssten.

Für die Protagonisten sind die rätselhaften Geschehnisse unmittelbar Teil dessen, was sie für die Realität halten. Indirekt gilt das auch für den Rezipienten: zwar ist das Dargestellte offenkundig nur Teil eines Films – dieser ist jedoch als solcher ein Bestandteil seiner Wirklichkeit. Somit wird diese ebenfalls infrage gestellt.

Dass z.B. der Protagonist von FIGHT CLUB nicht mit Sicherheit unterscheiden kann, was echt ist und was Einbildung, stellt auch den Rezipienten vor die Frage, inwiefern er das denn vermag. ARRIVAL dekonstruiert gängige Vorstellungen über den linearen Ablauf der Zeit und hebt hervor, dass auch auf das Zeitempfinden des Zuschauers womöglich kein Verlass ist. Indem STAR WARS: EPISODE VIII - THE LAST JEDI die Bedeutung der Ereignisse in den vorangegangenen sieben STAR WARS Filmen kritisch hinterfragt, hinterfragt der Film auch deren Deutung durch den Rezipienten und den um die Filme bestehenden Fan-Kult.

Werden zwei Möbiusbänder an den Kanten miteinander verbunden, entsteht ein im dreidimensionalen Raum unmögliches Objekt: die nach ihrem Entdecker benannte Kleinsche Flasche. Diese verfügt über gar keine Kanten mehr. Innen und Außen sind vage voneinander unterscheidbar, aber das Objekt verfügt über keine Öffnung im eigentlichen Sinn und der genaue Übergang zwischen den beiden Räumen ist nicht zu bestimmen.[418]

---

418 Weisstein (2018). http://mathworld.wolfram.com/KleinBottle.html, zuletzt geprüft am 14.02.2020

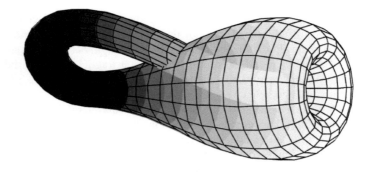

Abbildung 8: Kleinsche Flasche. Das Objekt könnte der Länge nach zerschnitten werden, um zwei Möbiusbänder zu erzeugen. Sein Inneres und sein Äußeres sind ohne Kante miteinander verbunden und es gibt keine davon abgetrennten Innenräume (die Außenwand ist dem theoretischen Konzept nach so dünn, dass sie kein Volumen besitzt). Das Objekt ist ein Paradoxon und nicht im dreidimensionalen Raum herstellbar, da die Außenwand nicht vom Flaschenhals durchbrochen und dessen Inneres wiederum nicht von der Außenwand durchtrennt wird.

Ebenso paradox ist das Verhältnis der diegetischen Realität einer Metatragödie und der physischen Realität des Rezipienten. Wie Innen und Außen der Kleinschen Flasche ist beides nicht klar voneinander trennbar.

Gestört wird somit nicht die Immersion des Rezipienten, sondern die der Protagonisten. Letztere erkennen selbst, dass ihre Wirklichkeit zumindest in bestimmter Hinsicht eine subjektive Fiktion ist. Dadurch wiederum wird die Immersion der Welt infrage gestellt, in welcher der Rezipient lebt und die er für real hält.

Die Kombination von Metafiktionalität und mysteriösen Vorgängen innerhalb der Fiktion ist kein Angriff auf das Konzept filmischer Immersion, sondern benutzt dieses samt seiner Fraglichkeit als Metapher für das menschliche Verhältnis zur Wirklichkeit an sich.

Solange Rezipient und Protagonisten nicht über Methoden der absoluten Wahrheitsfindung verfügen, ist es für sie unmöglich, die erzählten Ereignisse abschließend zu interpretieren. Genausowenig sind etwaige moralische oder sonstige Fragen, die von der Erzählung aufgeworfen werden, endgültig zu beantworten. Es ist lediglich möglich, Interpretationsversuche anzustellen, deren Ergebnis dann seinerseits interpretiertierungsbedürftig ist.

Dieser Gedanke weist starke Ähnlichkeit zu buddhistischen Betrachtungsweisen wie dem Gleichnis vom Juwelennetz des Indra auf: In diesem wird das Universum abstrakt als Netz von Prismen beschrieben, die jeweils als mehrfacher Spiegel fungieren. Jedes Prisma ist eine eigene Einheit. Wenn man es betrachtet, sieht man jedoch bloß die Reflexionen der anderen Juwelen. Das Universum selbst ist somit lediglich ein endloses System von Spiegelungen, hinter denen keine unmittelbaren Bilder oder Tatsachen stehen. Man selbst ist ebenfalls nur ein solches Juwel, in dem sich das Universum spiegelt und ebensowenig verstehbar.[419]

Dadurch, dass die illusionäre Realität einer Metatragödie die Realität außerhalb von ihr spiegelt, wird Realität an sich als reine Illusion dargestellt. Das einzig verlässliche sind die unmittelbaren Sinneseindrücke und Emotionen als bloße Erscheinungen. Alles Darüberhinausgehende ist Interpretation.

Besonders eine filmisch erzählte Geschichte ist faktisch gesehen nur eine willkürliche Abfolge nacheinander gezeigter Einzelbilder oder Vorgänge. Alles, was außerhalb des gezeigten Auschnittes der diegetischen Welt existiert, muss mehr oder minder bewusst selbst erschlossen bzw. imaginiert werden und ist somit nicht verlässlich: ist eine Reling zu sehen, muss z.B. mit einer gewissen Willkür hergeleitet werden, dass diese Teil eines gerade nicht komplett gezeigten Schiffes ist.[420] Wie Seel betont, bedeutet das Rezipieren von Filmen, in eine unzugänglich bleibende Welt mitgenommen zu werden, da alles Sichtbare sich innerhalb eines unsichtbaren Horizonts bewegt[421].

Diese zunächst recht nihilistisch anmutende Perspektive bildet in Metatragödien die Ausgangsbasis einer komplexen Entwicklung. In deren Verlauf beginnen die Protagonisten schließlich damit, eigenen Interpretation des Geschehens bewusst als Handlungsgrundlage zu verwenden und somit selbst zum Autor ihrer Geschichte zu werden – analog zum Rezipienten, der diese bewusst analysieren muss, um das Gesehene einzuordnen.

Eingeleitet wird diese Entwicklung durch eine Finte: die Andeutung, dass eben doch eine absolute Wahrheit existiert. Am Anfang steht die Saat von Paranoia.

---

419 Vgl. Pan-Chiu 2005, S. 53
420 Vgl. Seel 2013, S. 63
421 Vgl. Ebd., S. 34

5.2 Die Leiche Gottes als Köder

Die doppelt rekursive Verbindung von diegetischer und nondiegetischer Realität lässt die Erfolgsaussichten jedweden Interpretationsversuchs vonseiten des Rezipienten von vornherein gering erscheinen. Auch innerhalb der Geschichte scheint es in Metatragödien meist keine festen Wahrheiten zu geben. Doch erst, nachdem sich der Autorencharakter schließlich als fehlbar oder unverständlich herausgestellt hat, gleicht die Lage der Protagonisten gänzlich des Rezipienten: dass sie sich in einer Geschichte ohne Sinn befinden, macht ihre Erlebnisse umso fragwürdiger als rätselhafte Vorgänge für sich allein genommen.

Zunächst jedoch verspricht das Vorhandensein eines Verantwortlichen Orientierung. Die Welt, in der sie sich befinden, scheint möglicherweise eine Illusion zu sein, als solche aber hat sie einen Urheber.

Dieser Umstand bietet einen Anlass, überhaupt nach Antworten zu suchen und die Ereignisse zu interpretieren, obwohl sie so mysteriös sind. Gewissermaßen verleitet erst der Schein eines Leuchtturms dazu, bei Nacht und Sturm nach einer Küste zu suchen, anstatt sich einfach treiben zu lassen – obwohl er sich dann später als Irrlicht entpuppt (um bei maritimen Metaphern zu bleiben – siehe Kapitel 2).

Selbiges gilt für den Rezipienten. Zusätzlich zu sonstigen metafiktionalen Elementen hebt die in der Erzählung behandelte Thematik von Autorenschaft hervor, dass fiktionale Erzeugnisse in der Regel eine greifbare Bedeutung oder Aussage besitzen. Allemal archetypische Geschichten wie Märchen, mit denen die meisten Rezipienten bereits als Kinder in Berührung gekommen sein dürften, zeichnen sich abseits von narrativer Plausibilität meist dadurch aus, dass sie eine Botschaft vermitteln (wie etwa: *geh nicht allein in den Wald* oder *wer egoistisch handelt, wird bestraft*).

Wie erwähnt, fallen Erzählung und Rezeption im Autorencharakter endgültig zusammen. Rezipient und Protagonisten werden dazu verleitet, nach Sinn zu suchen – und schließlich enttäuscht.

Das Problem lässt sich mit der Analyse eiszeitlicher Höhlenzeichnungen vergleichen. So können diese als eine Art Rorschachtest verstanden werden: jede Deutung durch heutige Wissenschaftler sagt mehr über deren Vorurteile aus, als über die unbekannten Glaubensvorstellungen der Jäger und Sammler, die sie geschaffen haben[422].

---

422 Vgl. Harari 2015, S. 76

Nichtsdestotrotz scheint das Bestreben, sie zu deuten, dadurch gerechtfertigt zu werden, dass sie von Menschen hergestellt wurden. Sie sind kein zufällig entstandenes Resultat natürlicher Prozesse, sondern haben einen menschlichen Autor. Andernfalls wäre es nicht weniger gerechtfertigt, ein beliebiges Stück Höhlenwand oder ein sonstiges Naturphänomen zu interpretieren (etwa im Flug der Vögel nach göttlichen Zeichen zu suchen u.s.w.).

In ähnlicher Weise bestätigen die Filme Tarantinos dessen Autorenschaft bzw. ihre Lesbarkeit durch Querverbindungen und geheime Bezüge zu anderen Filmen, die sie selbst in einen filmischen Kontext setzen.[423] Versteckte Referenzen fungieren als Rätsel, was impliziert, dass jemand diese ausgeheckt und eine mögliche Lösung parat hat.

Die Geschichte wird zum Hypertext, der vorgibt, Teil eines größeren Zusammenhangs zu sein. Es scheint eine höhere Bedeutung zu geben – was sich implizit auch auf die Realität jenseits von Geschichten bezieht.

So vergleicht auch der postmoderne Philosoph Roland Barthes den Glauben an die Relevanz der vom Autor einer Erzählung womöglich angedachten Bedeutung mit dem Glauben an die Existenz Gottes – und lehnt beides konsequent ab (siehe Kapitel 3.1). In Anlehnung an Nietzsches Formel *Gott ist tot* spricht er dabei vom *Tod des Autors*. Demnach ist unerheblich, ob der Urheber eines Textes irgendetwas ausdrücken wollte oder ob dieser über eine a priori vorhandene Aussage verfügt. Von Bedeutung ist lediglich, wie der Rezipient die Geschichte interpretiert.[424]

Metatragödien setzen jedoch genau an diesem Punkt an: um zu interpretieren, was in einer Geschichte geschehen ist, muss der Interpret zunächst wissen, was überhaupt geschehen ist. Und die Intention des Autors ist, in Gestalt des Autorencharakters, effektiv Teil des erzählten Geschehens. Auch dieses Prinzip lässt sich mit einem Möbiusband vergleichen: das Fehlen einer klaren Prämisse regt zur Suche danach an.

Tatsächlich neigen Menschen sogar verstärkt dazu, die Existenz bedeutsamer Muster oder Entitäten mit eigenen Absichten zu vermuten, je weniger sie den Eindruck haben, ihre Wirklichkeit zu verstehen und zu kontrollieren[425].

---

423 Vgl. Körte in: Fischer/Körte/Seeßlen 1998 S. 13-14
424 Vgl. Barthes 1967, S. 5
425 Vgl. Shermer (2010). https://www.youtube.com/watch?v=b_6-iVz1R0o, zuletzt geprüft am 14.02.2020, Min.: 13:00

Gemäß der *snake detection theory* ist ein gewisses Maß dahingehender Paranoia sogar von evolutionärem Vorteil: in einem verdächtig raschelnden Gebüsch eine Schlange zu vermuten, anstatt naiv von einer harmlosen Erklärung auszugehen, erweist sich im Zweifelsfall als die bessere Wahl[426]. Einige Wissenschaftler machen diese Tendenz für den Glauben bzw. Aberglauben an Götter, Aliens, Verschwörungen und sonstige intentionelle Schöpfer verantwortlich[427].

In jedem Fall unterstreicht das Vorhandensein eines Autorencharakters die Notwendigkeit, nach einer Wirklichkeit oder Intention jenseits der Illusionen zu suchen.

Analog setzt die Rezeption eines Tarantino-Films als beliebig deutbarer Hypertext eine Abschaffung des traditionellen Autors voraus, ohne das Konzept im Text verankerter Bedeutungen vollständig aufzugeben. Die vorhandenen Querverweise deuten zwar auf andere Filme hin, aber nicht auf bestimmte Filme: z.B. die Anime-Sequenz in KILL BILL zitiert eher den Stil japanischer Cartoons an sich als ein spezielles Werk. Somit ist jede Assoziation mit einem bestimmten Anime eine richtige Interpretation – ohne, dass sie Anspruch darauf erheben könnte, alternativen Deutungen überlegen zu sein. Somit können Tarantinos Filme als eine Form postmodernen Autorenkinos verstanden werden, obwohl sie nicht losgelöst von den eigenen popkulturellen Kenntnissen des Rezipienten beschreibbar sind.[428] Was in der Handlung geschieht, steht gewissermaßen in Anführungszeichen – ohne, dass spezifiziert wird, ob es als Zitat, Parodie, Hommage, Hervorhebung oder schlicht ironisch gemeint ist. Der Autor ist nicht völlig tot, doch er fungiert eher als drehbarer Wegweiser, der in Richtung eigener Auslegungen deutet.

Einige Tarantino-Filme verfügen dabei sogar über einen konkreten Autorencharakter wie er in Metatragödien zu finden ist. So ist etwa Bill in KILL BILL[429] als solcher zu verstehen: er hat das im Zentrum der Handlung stehende Deadly Viper Assassination Squad gegründet, seine Mitglieder – einschließlich der Protagonistin – ausgebildet sowie auch menschlich geformt und dadurch eine eigene Meta-Realität mit eigenen Gesetzen geschaffen, in der sie alle leben.

---

426 Öhman/Flykt/Esteve 2001, S. 466
427 Vgl. Shermer (2010). https://www.youtube.com/watch?v=b_6-iVz1R0o, zuletzt geprüft am 14.02.2020, Min.: 13:00
428 Vgl. Körte in: Fischer/Körte/Seeßlen 1998 S. 15
429 KILL BILL. R.: Quentin Tarantino. USA 2003

Das Bestreben, Bill zu töten ist somit sehr im Sinne Barthes' – allerdings kommt es nicht nur dem Rezipienten zu, die Geschichte zu deuten und vom Autor unabhängige Bedeutungen zu schaffen, sondern auch der Protagonistin selbst (siehe Kapitel 5.4).

Nichtsdestotrotz ist KILL BILL keine wirkliche Metatragödie. Die Realität erscheint in sämtlichen Filmen Tarantinos als höchst interpretierbar bzw. illusionär, doch dieser Illusionscharakter ist kein Problem, mit dem die Protagonisten sich während der Ereignisse bewusst auseinandersetzen müssen. Tatsächlich scheinen sich viele dieser Figuren bereits zu Beginn der Filme durch ein Weltbild auszuzeichnen, welches dem entspricht, zu dem die Protagonisten von Metatragödien erst im Verlauf komplizierter Überlegungen, persönlicher Entwicklung und der Überwindung tiefschürfender Sinnkrisen gelangen.

Dies trifft auf die meisten Akteure in den KILL BILL-Filmen zu, aber z.B. auch auf die von Christoph Waltz gespielten Figuren des Oberst Hans Landa in INGLOURIOUS BASTERDS[430] und Dr. King Schultz in DJANGO UNCHAINED[431]. Sie alle scheinen ihr Leben spielerisch als eine Art Geschichte zu betrachten, ohne dass dargestellt wird, wie sie zu dieser Ansicht gekommen sind. In gewisser Hinsicht lassen sich Metatragödien dahingehend beschreiben, dass sie die bei Tarantino offenen Hintergründe herleiten bzw. ausformulieren (und in einem abstrakten Sinne lässt sich Kapitel 8 dieses Buches dahingehend zusammenfassen, dass die Theorie der Narrativen Identität Tarantinos Filme zu Utopien für das digitale Zeitalter macht – ebenso wie Videospiele und Dark Drama).

Die Erkenntnis, Teil einer Geschichte zu sein, die von jemand anderem erdacht wurde, relativiert die Bedeutung dieser Geschichte und der persönlichen Ziele metatragischer Protagonisten. Gewissermaßen werden sie schon selbst zu Rezipienten ihres Narrativs, sobald sie von der Existenz des Autorencharakters erfahren. Dies ist jedoch eine neue und zunächst meist als bedrohlich erlebte Situation, der sie zu entfliehen versuchen, indem sie nach dem Sinn des Narrativs suchen.

Die Handlung der Metatragödie DONNIE DARKO etwa liefert keinerlei zufriedenstellende Begründung für die dargestellten Ereignisse und auch der Protagonist Donnie ist sich dessen bewusst. Es werden lediglich Andeutungen und Hinweise geboten, die einander widersprechen.

---

430 INGLOURIOUS BASTERDS. R. Quentin Tarantino. USA/GER 2009
431 DJANGO UNCHAINED. R. Quentin Tarantino. USA/GER 2012

Diverse Auslegungen sind möglich und potenziell auch in sich schlüssig, sofern jeweils einige der gegebenen Information ignoriert oder andere, die fehlen, spekulativ ergänzt werden.

In jedem Fall laufen alle Interpretationsversuche auf die Frage nach der Natur des Autorencharakters hinaus: Frank, der ominöse Mann im Hasenkostüm, setzt die Ereignisse in Gang und manipuliert sie fortlaufend. Dabei scheint er übernatürliche Fähigkeiten zu besitzen und irgendeine Art von Plan zu verfolgen. Ob es sich bei ihm jedoch um eine Wahnvorstellung Donnies, das durch die Zeit reisende Gespenst seines im späteren Verlauf des Films erschossenen Doppelgängers, eine Manifestation Gottes, einen Außerirdischen, ein Wesen aus einer höheren Dimension oder sonst etwas handelt, bleibt völlig offen. Und so wie Donnie zunächst versucht, Franks Natur zu begreifen, hängt auch jede Auslegung des Rezipienten von dahingehenden Spekulationen ab.

Der Autorencharakter ist ein MacGuffin, der die Handlung vorantreibt, ohne selbst genau definiert werden zu müssen[432]. Im Fall einer Metatragödie funktioniert dies jedoch nur bis zu einem gewissen Punkt.

Ein typischer MacGuffin wäre z.B. der Koffer in PULP FICTION[433]: Darin befindet sich irgendetwas Wertvolles, das dem im Zentrum der Erzählung stehenden Gangsterboss gestohlen wurde.

Was dies eigentlich ist, bleibt unerheblich und wird in dem Film auch nicht aufgeklärt. In einer Metatragödie wird die Natur des MacGuffins jedoch zeitweilig zur entscheidenden Frage – und niemals adäquat beantwortet.

Ob er dabei ein komplettes Geheimnis bleibt wie Frank, verrückt wie Tylor Durdon ist oder schlicht und einfach ein Idiot wie etwa der drogensüchtige Leiter der psychologischen Studie in der Serie MANIAC ist unerheblich.

Der eigentliche MacGuffin ist nicht er selbst, sondern die durch sein Vorhandensein betonte Autorenschaft: auslegbar bleiben muss die Bedeutung der erzählten Geschichte.

Jeder Deutungsansatz einer Metatragödie ist zwangsläufig ambivalent: solange keine übergreifende Erklärung gefunden werden kann, sind alle möglichen Interpretationen zugleich richtig und falsch.

---

432 Vgl. William. http://mrbartonmaths.com/resourcesnew/8.%20Research/Real%20Life/Relevance%20as%20MacGuffin%20%28BERA%2097%29.pdf, zuletzt geprüft am 14.02.2020, S. 1
433 Vgl. Körte in: Fischer/Körte/Seeßlen 1998 S. 13

Dieses Paradoxon entspricht dem populären Gedankenexperiment von Schrödingers Katze. Dabei werden quantenmechanische Prinzipien auf die makroskopische Welt übertragen: Eine Katze wird in einen versiegelten Raum gesperrt. Mit ihr wird etwas eingeschlossen, dass sie vielleicht umbringt, vielleicht aber auch nicht, z.B. eine zerbrechliche Phiole voll Gift. Solange man nicht nachschaut, was in dem Raum geschehen ist, sind beide Fälle gleich wahrscheinlich. Sofern es die Welt außerhalb des isolierten Raums betrifft, ist sie, theoretisch gesehen, zugleich tot und lebendig.[434]

In der fiktionalen Realität einer Metatragödie ist der Autor im genau diesem Sinne als mehrdeutig bzw. untot zu betrachten. Eine absolute Wahrheit exstiert womöglich nicht – wohl aber die subjektiven Deutungen des Geschehens.

Besonders radikal ist in diesem Punkt der interaktive Netflix-Film BLACK MIRROR: BANDERSNATCH. Erzählt wird die Geschichte eines Videospiele-Entwicklers im London der 1980er Jahre, dessen Realität zunehmend mit der eines von ihm entwickelten interaktiven Spiels verschmilzt. Diese Geschichte wird ihrerseits interaktiv erzählt: der Rezipient hat immer wieder Gelegenheit, per Mausklick oder Fernbedienung Entscheidungen für den Protagonisten zu treffen. Dies beginnt mit der Auswahl der Müsli-Sorte, die dieser zum Frühstück isst und nimmt im Verlauf der Ereignisse immer weitreichendere Züge an. Was BANDERSNATCH von ähnlichen Ansätzen, wie z.B. dem Videospiel LIFE IS STRANGE abhebt, ist, dass die getroffenen Entscheidungen nicht nur den zukünftigen Ablauf der Erzählung beeinflussen, sondern auch deren Hintergründe. U.a. verhält sich der Vater des Protagonisten merkwürdig und in fast jedem Fall führen die getroffenen Entscheidungen zu einem Punkt, an welchem Letzterer dessen Safe knackt, um herauszufinden, was dieses Verhalten zu bedeuten hat. Der Inhalt des Safes steht jedoch nicht fest, sondern hängt davon ab, welche Entscheidungen zuvor getroffen wurden. Hat der Rezipient beispielsweise entschieden, dass der Protagonist seinen Vater finsterer Machenschaften verdächtigt, findet er im Safe Beweise, die eben dies bestätigen. Hat er jedoch so gewählt, als wäre dem Vater zu trauen, zerschlägt der Inhalt alle dahingehenden Befürchtungen. Dieser Safe funktioniert exakt wie die Kiste, in der sich Schrödingers Katze befindet – und macht aus der metatragischen Weltsicht eine konkrete spielerische Erzählmechanik.

---

434 Vgl. Gribbin 2014, S. 4

So erzählt zwar LIFE IS STRANGE ebenfalls eine metatragische Geschichte, diese ist jedoch nicht ganz so relativistisch. Die am Anfang implizit vorhandenen Tatsachen der Handlung bleiben stabil, egal, wie der Spieler sich später entscheidet. Z.B. ist einer der Professoren, der die Protagonistin – eine Kunststudentin – unterrichtet, in jedem Fall ein gemeingefährlicher Serienmörder, was auch so bleibt, unabhängig davon, wie sie bzw. der Spieler sich verhalten. Zwar bietet LIFE IS STRANGE einen komplexen Science-Fiction-Plot mit Zeitreisen, doch dieser funktioniert nach den noch immer wirkenden Prinzipien der Kausalität.

In BANDERSNATCH jedoch wirkt sich die Interpretation der Gegenwart nicht nur auf die Zukunft aus, sondern auch auf die Vergangenheit. Entscheidungen haben nicht nur Konsequenzen, sondern sie verändern auch die Gründe, aus denen sie getroffen wurden. Sowohl Ursache als auch Wirkung sind ein Produkt der Auslegung des jeweils anderen.

Damit treibt BANDERSNATCH das Prinzip auf die Spitze, ohne sich grundlegend von anderen Metatragödien zu unterscheiden. Auch in diesem Fall bleiben einige Bestandteile der Handlung stabil: z.B. lebt der Protagonist in jedem Fall mit seinem Vater in London und beginnt mit der Programmierung seines Videospiels, egal, wie der Rezipient entscheidet. Umgekehrt weist auch jede linear(er) erzählte Metatragödie deutungsoffene Komponenten auf: in LIFE IS STRANGE betrifft das etwa die scheinbar übernatürlichen Elemente, wie die Fähigkeit der Protagonistin, die Zeit zurückzuspulen und eine Reihe unerklärlicher Wetterphänomene, für die im Grunde überhaupt keine Erklärung geboten wird. In FIGHT CLUB, BLACK SWAN und DER STEPPENWOLF bleibt offen, welche Figuren echte Menschen sind und welche Hirngespinste, etc..

Es geht um das Zusammenspiel von Konstanten und Variablen, wie besonders in der Erzählung von BIOSHOCK INFINITE immer wieder betont wird – und die Interpretation der Variablen in Abhängigkeit von den Konstanten. Dabei sind hypothetisch unendlich viele Interpretationen möglich, wobei die Ambivalenz nicht immer so extrem sein muss wie z.B. in DONNIE DARKO oder LIFE IS STRANGE.

Es geht mehr um die Gleichwertigkeit verschiedener Deutungen, was sich abstrakt mit dem mathematischen Konzept hyperbolischer bzw. nichteuklidischer Geometrie vergleichen lässt. Diese ist nicht an das Parallelaxiom der euklidischen Geometrie gebunden, welches vereinfacht ausgedrückt besagt, dass es zu jeder Geraden jeweils nur genau eine zu dieser Geraden parallele andere Gerade gibt, die durch einen bestimmten Punkt außerhalb von ihr verläuft. Demnach sind zwei Geraden, die jeweils zu einer dritten Geraden parallel verlaufen, auch zueinander parallel. Im nichteuklidischen Raum muss dies nicht der Fall sein – oder es gibt überhaupt keine parallelen Geraden.[435]

Bezogen auf die Interpretation fiktionaler Erzählungen bedeutet das, dass mehrere auch zu einander wiedersprüchliche Interpretationen einer Geschichte korrekt sein können, solange sie jeweils zu deren unmittelbar geschilderten Ereignissen (oder Teilen davon) passen. In Metatragödien sind diese stets in irgendeiner Hinsicht mehrdeutig – und auch die Protagonisten müssen einen Weg finden, damit umzugehen, dass die Wahrheit viele Gesichter hat, selbst wenn sie deren Menge eingrenzen, indem sie ihre Erlebnisse und Erinnerungen für bare Münze nehmen.

Bei der Auswahl möglicher Wahrheiten werden sie jedoch nicht nur von den Ereignissen selbst eingeschränkt, sondern auch von ihrer Vorgeschichte, die sie geprägt oder geformt hat. Was sie erleben, können sie interpretieren – aber wer *sie* sind, ist ebenfalls interpretationsbedüftig.

Interpret und Teil des Texts zu sein, schließt sich nicht aus.

---

435 Vgl. Spektrum.de. https://www.spektrum.de/lexikon/mathematik/euklidisches-parallelenaxiom/4589, zuletzt geprüft am 14.02.2020

5.3 Der blinde Fleck

"I know what's real. I know what I am. And nobody pulls my strings! [...] I'm not a piece of fiction."

John Trent in: In the Mouth of Madness[436]

Natürlich handelt es sich bei Schrödingers Katze um ein abstraktes Gedankenexperiment, mit dem eine komplexe Problematik der Quantenmechanik veranschaulicht werden soll. Katzen in Kisten sind nicht wirklich jenseits von Leben und Tod. Es ist irrational, etwas Totes für lebendig oder ein beliebiges Stück Höhlenwand für interpretationsbedürftig zu halten, wenn es nicht mit nachvollziehbaren Intentionen bemalt wurde.

Dies wäre paranoid – und genau darin besteht der Ansatz surrealistischer Techniken wie Salvador Dalís paranoid-kritischer Methode. Paranoia wird dabei beschrieben als Delirium der Interpretation.

Darunter zu verstehen ist die Einsicht, dass jedwedes Element der Wirklichkeit potenziell endlos interpretierbar ist. Durch die systematische Deutung beliebiger Assoziationen entsteht irrationales Wissen: so wäre es in diesem Sinne nicht verkehrt, in der Struktur irgendeiner Felswand nach Mustern zu suchen – unabhängig davon, ob sie von eiszeitlichen Wildbeutern bemalt wurde oder nicht. Z.B. das Bild einer Frau dort hinein zu deuten, wäre demnach die Entdeckung eines eben durch die Interpretation tatsächlich vorhandenen bzw. entstandenen und somit bedeutsamen Aspekts dieser Wand.[437]

Genau diese Art von paranoidem Wissen erzeugen Metatragödien, sobald versucht wird, sie zu analysieren. Wie bei den Filmen Tarantinos ist die schiere Existenz der Interpretationen wichtiger als ihre Plausibilität. Was sich tatsächlich in dem Koffer in PULP FICTION befindet, kann nur entschieden, nicht ermittelt werden.[438] Wissen über den Koffer ist irrationales Wissen.

Und sofern Autorenschaft nicht ans Verfolgen eines Plans mit festem Ziel gekoppelt ist, sondern schlicht an bewusstes, wenn auch vielleicht spekulatives oder irrationales Empfinden bzw. Interpretieren, ist egal, dass der Autorencharakter letztlich doch keine Orientierung bietet.

---

436 Vgl. IN THE MOUTH OF MADNESS, Min 1:20:00
437 Vgl. Breton 1936, S. 15
438 Vgl. Körte in: Fischer/Körte/Seeßlen 1998 S. 13

Man kann selbst zum Autor werden – auch, wenn man dabei nach wie vor von einem fremden Plot gelenkt wird, den man nicht versteht.

Harari kritiesiert an Filmen wie THE MATRIX und THE TRUMAN SHOW, dass deren Protagonisten sich zwar als Marionetten eines fremden Willens erkennen und den Versuch unternehmen, der Manipulation zu entkommen, letztendlich aber doch wieder bloß vorgegebenen Geschichten folgen, welche sie weiter an ein wahres Selbst und freien Willen glauben lassen[439]. Er geht dabei allerdings nicht auf die Möglichkeit ein, dass sie nur so tun, als ob sie glauben. In der hiesigen Deutung wird eben davon ausgegangen: sie sind sich vollständig bewusst, dass sie nur eine Rolle spielen – aber das akzeptieren sie und wählen zudem aus, welche Rolle es genau ist.

Entscheidend ist dabei das Moment der Selbstbegegnung, in dem sie einer Version ihrer selbst als Teil der äußeren Welt begegnen: dies bringt die Erkenntnis mit sich, dass man immer noch Teil der Geschichte ist, auch wenn man sie als solche begriffen hat.

Bloß, weil man den Illusionisten und seine Methoden kennt, muss das nicht heißen, dass man deren Wirkung entkommen ist. Allemal nachwirkend beeinflusst das Werk des Autorencharakters die Protagonisten selbst dann noch, wenn sie ihn komplett durchschaut haben.

Es lässt sich nicht von der Hand weisen, dass der Erste MATRIX-Film und THE TRUMAN SHOW zu den hier aufgeführten Metatragödien zählen, in denen die Selbstbegegnung am dezentesten ausfällt. Truman erkennt lediglich, dass er manipuliert und beobachtet wird – und zwar u.a. von einer Kamera, die hinter seinem Spiegel versteckt ist. Allerdings spricht er schließlich gezielt zu Regisseur und Publikum – und richtet sich dabei an sein Spiegelbild. Nachdem Neo in THE MATRIX aus der Gefangenschaft in selbiger erwacht, muss er sich mit seinem realen, ihm aber neuen Körper arrangieren, der ihm fremd ist – besonders, nachdem er jahrzehntelang in Nährlösung eingelegt war und folglich sehr viel schwächer ist als seine digitale Entsprechung. Zudem wird er damit konfrontiert, dass man ihn für den Protagonisten einer kryptischen Prophezeiung hält, von der er bis dato noch nie gehört hat. Dass er sich schließlich aktiv darauf einlässt, kann durchaus so verstanden werden, dass er in dieser Geschichte sein bereits vorhandenes authentisches Selbst wiederfindet, was THE MATRIX den Status einer Metatragödie klar aberkennen würde. Die Folgefilme der Reihe legen jedoch eine metatragische Deutung nahe.

---

439 Vgl. Harari 20018, S. 327

Tatsächlich liest THE MATRIX RELOADED sich wie eine nachgeschobene Klarstellung dieses Punktes: ein großer Teil des Films besteht aus der Erörterung kausal-deterministischen Gedankenguts, mit ein paar eingeschobenen Gewalteinlagen zur Auflockerung.

Das Motiv der Selbstbegegnung metatragischer Protagonisten ist in höchstem Maße doppeldeutig. Einerseits stellt es die Vorstellung eines freien Willens infrage und betont, wie sehr man von den Umständen und ihrer an Narrative geknüpften Interpretation gelenkt wird. Die Protagonisten erkennen sich selbst als Akteure in vorgegebenen Geschichten, die sie im Grunde passiv rezipieren, genau wie der Zuschauer eines Films.

Bei Metatragödien ist dieser Prozess jedoch nur in begrenztem Maße passiv. Wie erwähnt, muss auch der Zuschauer aktiv über seine Erlebnisse während des Zuschauens nachdenken, um diesen einen Sinn beizumessen. Und seine Interpretation beeinflusst diese, wenn der Film nicht nur als aufgezeichnete Bildfolge verstanden wird, sondern als davon abgeleitete Geschichte in der subjektiven Vorstellung.

Geschehen ist, wovon der Zuschauer glaubt, dass es geschehen ist.

Und allerspätestens mit dem Ende der Erzählung bleibt das seiner Auslegung überlassen. Leben die Charaktere glücklich bis ans Ende ihrer Tage? Ist Donnie Darko tot und ist es ihm gelungen, seine Freundin zu retten? Findet Truman seine Angebetete und beginnt mit ihr eine erfüllende Beziehung? Ist die Protagonistin von ANNIHILATION der verseuchten Zone entkommen oder sieht man am Ende des Films nur ihre Mimikry-Version, hinter der sich das gestaltwandelnde Alien verbirgt, welches damit fortfährt, die Erde neu zu gestalten?

Die Erkenntnis der Fehlbarkeit des Autorencharakters versetzt Rezipient und Protagonisten in die gleiche Lage. Das Moment der Selbstbegegnung widerum repräsentiert die Erkenntnis dessen. Allemal die Protagonisten selbst werden nun definitiv mit der Ambivalenz ihrer Situation konfrontiert – und gewissermaßen werden sie dadurch zur Verkörperung des Rezipienten innerhalb der Erzählung, wie die Avatarfigur des Spielers in einem Videospiel. Sie borgen sich das wahrnehmende Bewusstsein des Zuschauers, wenn man so will, was den objektiv illusionären Geschehnissen der Erzählung subjektive Bedeutung verleiht.

Somit schließen sich Determinismus und Freiheit nicht zwingend aus: man ist frei, wenn das, was man will, und das, was man tut, übereinstimmen: unabhängig davon, ob beides das Resultat von Kettenreaktionen oder fremder Einflussname ist oder nicht. Es ist die eigene *Geschichte* – mit der die Protagonisten sich identifizieren.

Umgekehrt betont die Selbstbegegnung dem Rezipienten gegenüber, dass auch dieser, bzw. seine Interpretation der Geschichte, vom Autorencharakter und ihm unbekannten Faktoren beeinflusst wird. Die Metatragödie ist wie die Höhlenmalereien eine Art Rorschachtest – und was er in sie hineindenkt ist nicht nur eine Interpretation des Vorgegebenen, sondern gleichzeitig Ausdrucks seiner eigenen Psyche, inklusive ihrer un- bzw. unterbewussten Elemente und Vorprägung.

Besonders drastisch fällt dieser Effekt bei metatragischen Videospielen aus. In HELLBLADE: SENUAS SACRIFICE übernimmt der Spieler effektiv die Rolle der Psychose, von welcher die geisteskranke Protagonistin besessen ist und von der sie gelenkt wird. Im Gegenzug stellt sich heraus, dass En, die Protagonistin von ECHO, nicht nur ihrem Geliebten Foster und dessen Freund London eine falsche Persönlichkeit vorgespielt hat, um sie zu manipulieren, sondern auch dem Spieler – der ihr, indem er sie durch diverse Level gesteuert hat, wie jene geholfen hat, ihre Ziele innerhalb der Spielwelt zu erreichen.

In BIOSHOCK werden Spieler und Avatar gleichermaßen getäuscht: so wird in dem Spiel eine lineare Geschichte erzählt, die sich nur begrenzt beeinflussen lässt. Der Protagonist hilft darin einem Fremden, der ihn schlicht darum bittet. Dies wird zunächst als übliche Spielsituation angeboten und nicht weiter infrage gestellt. Schließlich stellt sich jedoch heraus, dass der Protagonist aufgrund einer hypnothischen Konditionierung gezwungen war, alles zu tun, worum man ihn (mit bestimmten Codewörtern) gebeten hat – und auch der Spieler hat, sofern er denn bis zu diesem Punkt gespielt hat, blind Befehle befolgt.

Der Effekt der Seltbegegnung kann in jedem Fall mit der in einem Text getroffenen Behauptung verglichen werden, dass der Leser eines Textes vermutlich den nächsten Satz lesen wird. Hat der Leser weitergelesen, so hat der Text ihn gerade manipuliert. Natürlich hatte er sich schon vorher entschlossen, den Text zu lesen – was aber nur möglich war, da der Text bereits existierte usw..

Dieses Paradoxon spiegelt die alte philosophische Frage nach dem Vorhandensein des freien Willens[440].

---

440 Vgl. Beckermann. http://www.philosophieverstaendlich.de/freiheit, zuletzt geprüft am 14.02.2020

Schopenhauer etwa formuliert das Problem wie folgt:

> Die Identität nun aber des Subjekts des Wollens mit dem erkennenden Subjekt, vermöge welcher (und zwar nothwendig) das Wort »Ich« beide einschließt und bezeichnet, ist der Weltknoten und daher unerklärlich.[441]

Das Subjekt des Wollens entspricht dem Protagonisten als Charakter einer Geschichte, der samt seiner An- und Absichten von dieser geformt worden ist. Das erkennende Subjekt jedoch entspricht seinem subjektiv erlebenden und reflektierenden Bewusstsein – bzw. dem Rezipienten.

Laut Damasio besteht das menschliche Bewusstsein allemal metaphorisch per se aus zwei Bestandteilen: dem Kino im Kopf und dem Selbst, welches sich quasi den Film ansieht und diesen zugleich auf die Basis der von den Sinnesorganen eingespeisten Rohdaten projiziert, die gewissermaßen als Leinwand fungieren[442]. Dass die Metapher des Kinos dem Prinzip gerecht wird, liegt seiner Einschätzung nach daran, dass dieses Medium aktiv bestrebt ist, bewusstes Erleben zu imitieren und sich diesem Ziel im Laufe seiner Geschichte immer weiter angenähert hat bzw. weiter annähert[443].

Dass Metatragödien das Rezipieren des jeweiligen Mediums als Metapher für das menschliche Bewusstsein verwenden, wird besonders explizit in einer Szene von DONNIE DARKO: Donnie und Frank sitzen im Kino und sehen sich den Film THE EVIL DEAD[444] an, der dort gerade gezeigt wird. Plötzlich benutzt Frank sein Auge als eine Art Projektor, um ein eigenes Bild auf einen Teil der Leinwand – und damit in den anderen Film hinein – zu projizieren. Dieses hineinprojizierte Bild zeigt das Wurmloch, welches später in Donnie Darko vorkommt.

Einerseits handelt es sich dabei um ein doppelt metafiktionales Spiel mit der Situation des Zuschauers: Dieser sieht sich DONNIE DARKO an, in DONNIE DARKO taucht THE EVIL DEAD auf und darin wieder DONNIE DARKO. Der Film ist Teil der Realität, die wiederum mit einem Film gleichgesetzt wird usw..

Andererseits wird das Kino für Donnie zu einem Ort der Selbsterkenntnis: er gelangt in dieser Szene zu dem Entschluss, was er als nächstes tut. Gleichzeitig wird seine eigene Realität zum Bestandteil eines Films und im Umkehrschluss filmisch.

---

441 Vgl. Schopenhauer 1847, S. 160
442 Vgl. Damasio in: Jaspers/Unterberger/Freud 2006, S. 83
443 Vgl. Ebd., S. 85
444 THE EVIL DEAD. R.: Sam Raimi. USA 1981

Handeln und Wahrnehmen fallen zusammen, nachdem Projektion und Rezeption zusammenfallen.

Darüber hinaus wird ein Zusammenhang zwischen der Natur des Bewusstseins und dem subjektiven Zeitempfinden angedeutet: das projizierte Wurmloch fungiert später als Zeitmaschine (allemal wird diese Deutung nahegelegt) und in der gerade laufenden Szene aus THE EVIL DEAD ist eine Uhr zu sehen.

Unter Bewusstsein zu verstehen ist hierbei, wie sich etwas anfühlt. Der Philosoph Thomas Nagel veranschaulicht den Unterschied zu rein rationaler Verarbeitung am Beispiel von Fledermäusen: selbst, wenn diese sprachbegabt wären, könnten sie jemandem, der dies nicht persönlich erlebt hat, unmöglich vermitteln, wie es sich anfühlt, die Welt vermittels Echoortung wahrzunehmen. Zwar lässt sich theoretisch nachvollziehen, welche Informationen sie dadurch sammeln, das unmittelbare Erleben des Prozesses ist jedoch etwas anderes. Ebenso kann einem von Geburt an blinden Menschen über das theoretische Konzept von Lichtwellen hinaus nur indirekt verständlich gemacht werden, wie es sich anfühlt, z.B. die Farbe Gelb zu sehen und zwei Sehfähige können unmöglich sichergehen, dass sie das Gleiche erleben, wenn sie etwas Gelbes anschauen. Bezeichnet wird dieser subjektive Gehalt bewusster Wahrnehmungen (also das, was man unmittelbar als Realität erlebt, nicht, was man darüber denkt) mit dem Begriff Qualia.[445]

Ein Dialog der metatragischen Serie DIRK GENTLY'S HOLISTIC DETECTIVE AGENCY bringt den Gedanken auf den Punkt:

"Answer a question: who are you?"

„Amanda Brotzman?"

„That is just a noise people can make to refer to you. You're not your name. Who are you?"

"I'm … from Oregon. I, uh … When I was 20, I had…"

"These are just things, that happened to your body. Who are you?"

"Uhm, when I think … I hear a voice in my head. I am the brain, having those thoughts?"

---

445 Vgl. Nagel 1986. http://www.philosopher.eu/others-writings/nagel-what-is-it-like-to-be-a-bat/, zuletzt geprüft am 14.02.2020

"If you're the one hearing the voice in your head, then who are you?"

"I am the consciousness ... that controls the body of, sees through the eyes of ... and hears the thoughts of Amanda Brotzman."[446]

Wie genau und vor allem warum bewusstes Erleben aus neurologischen Prozessen entsteht, ist momentan unbekannt[447]. Es ist nicht auszuschließen, dass eine methodische Erklärung letztendlich überhaupt nicht möglich ist und jenseits des für Menschen Verstehbaren liegt.[448] Allemal ist Qualia mit herkömmlich materialistischen Betrachtungsweisen nur schwer zu vereinen.[449]

Das Problem ist nicht, zu erklären, weshalb bestimmte Situationen bestimmte Empfindungen in Menschen hervorrufen, warum sie Schmerz verspüren, wenn sie auf einen Nagel treten, sich in attraktive potenzielle Partner verlieben oder Früchte lecker finden. Dergleichen lässt sich evolutionär begründen – oder zumindest sind entsprechende Argumentationen in sich schlüssig.

Fraglich ist vielmehr, warum sie überhaupt etwas empfinden: die Flucht anzutreten, wenn man einen Tiger sieht, ist eine logische Reaktion, die sich auch algorythmisch regeln ließe, ohne dass man dabei Angst erleben müsste (Tiger = Weglaufen). Algorythmen (und damit Computer) besitzen jedoch kein Bewusstsein – anders als Menschen und die meisten Tiere[450].

Eine interessante These ist in diesem Zusammenhang der Panpsychismus. Dieser geht davon aus, dass Bewusstsein eine generelle Eigenschaft von Materie *an sich* ist, so wie sie eine Masse besitzt, der Schwerkraft ausgesetzt ist und Licht reflektiert. Derartig grundlegende Phänomene werden von der Wissenschaft nur beschrieben, nicht begründet: wie Schwerkraft funktioniert ist quantifizierbar, warum es sie gibt hingegen wirft metaphysische Grundsatzfragen nach der Natur der Realität als solcher auf.

---

446 Vgl. DIRK GENTLY'S HOLISTIC DETECTIVE AGENCY, Staffel 2, Folge 5, Min.: 22:00
447 Vgl. Nagel 1986. http://www.philosopher.eu/others-writings/nagel-what-is-it-like-to-be-a-bat/, zuletzt geprüft am 14.02.2020
448 Vgl. Levine 1983. https://onlinelibrary.wiley.com/doi/abs/10.1111/j.1468-0114.1983.tb00207.x, zuletzt geprüft am 14.02.2020
449 Vgl. Levine 1983
450 Vgl. Harari 2017. https://www.youtube.com/watch?v=szt7f5NmE9E&list=WL&index=26&t=0s, zuletzt geprüft am 14.02.2020, Min: 38:00

Demnach wäre nicht zu klären, wieso man etwas empfindet, sondern bloß, wie das kollektive Bewusstsein der Materie vieler Körperzellen als das einer zusammenhängengen Person zustandekommt.[451]

Ob Bewusstsein naturwissenschaftlich erkkärbar sein mag oder nicht, ist im Zusammenhang metatragischer Erzählungen aber zunächst gar nicht so entscheidend: Allemal scheitern deren Protagonisten daran, ihr externalisiertes Selbst zu verstehen, wenn sie ihm begegnen und identifizieren sich stattdessen in der Folge mit ihrem Bewusstsein.

Dieses ist klar vom christlichen Konzept einer Seele oder dem wahren Selbst des Humanismus zu unterscheiden. Der Versuch, zu verstehen, was hinter der eigenen Wahrnehmung steht, führt zu keinerlei Antwort, sondern lediglich zu immer neuer Wahrnehmung und der Konfrontation mit dem unverständlichen Unbewussten. Auch Žižek betont die Unfähigkeit des Menschen, sich selbst oder die wahre Natur der Dinge zu verstehen und bringt Bewusstsein dabei mit dem Rezeptionsprozess von Filmen in Verbindung:

> We say the eye is the window of the soul. But what if there is no soul behind the eye? What if the eye is the crack, through which we can perceive just the abyss of a netherworld?[452]

Am Beispiel der Filme Alfred Hitchcocks führt er das Problem weiter aus. So scheint das Schicksal von Hitchcocks Charakteren einerseits vollkommen determiniert oder von willkürlichen Zufällen bestimmt zu sein. Tatsächlich steht ja auch schon fest, was noch geschehen wird, da der Film bereits zur Gänze abgedreht ist, wenn man ihn sich ansieht. Diesem blinden Automatismus gegenüber steht der Vorrang des Blicks vor dem Gesehenen: soweit es den Wahrnehmenden bzw. die erlebenden Charaktere betrifft, werden die Dinge erst in dem Moment real, in dem sie wahrgenommen oder am eigenen Leib erlebt werden – ungeachtet ihrer Determiniertheit.[453]

Das Paradoxe dessen wird auf verstörende Weise erfahrbar, wenn beides zusammenfällt. Besonders spürbar geschieht dies in Gestalt von Monstern wie Zombies, Cyborgs und dem Terminator. Solche Kreaturen funktionieren effektiv als blinde Maschinen.

---

451 Vgl. Seager/Allen-Hermanson 2010. https://stanford.library.sydney.edu.au/archives/spr2012/entries/panpsychism/, zuletzt geprüft am 14.02.2020
452 Žižek in: THE PERVERT'S GUIDE TO CINEMA, Min.: 42:10
453 Vgl. Žižek 2006, S. 33

Sie scheinen weder Mitleid noch bösartige Absichten im eigentlichen Sinne zu haben. Wie Computer folgen sie einer algorythmischen Agenda (Menschen = Fressen etc.). Nichtsdestotrotz sind sie durch einen absoluten Blick bestimmt. Ihr permanentes Starren ist zugleich Ausdruck kalter Leere. Beides ist gleich einem Möbiusband verbunden und konfrontiert den Rezipienten mit der nicht beantwortbaren Frage nach seinem eigenen Bewusstsein.[454]

Als Extrembeispiel kann dabei das Xenomorph aus ALIEN angesehen werden. So entschied sein Schöpfer, der schweitzer Künstler H.R. Giger, dem Geschöpf keine erkennbaren Sinnesorgane zu verleihen, was umso beklemmder macht, dass es in der Lage zu sein scheint, seine Opfer anzusehen[455].

Noch extremer wird diese Erfahrung, wenn die Perspektive solcher Kreaturen dem hilflos zusehenden Rezipienten als Point-of-View-Einstellung aufgezwungen wird. So wird beispielsweise in Hitchcocks THE BIRDS[456] eine Stadt aus der zunächst neutralen Vogelperspektive gezeigt. Als jedoch erst das Kreischen von Vögeln hörbar wird und sich dann zahllose blutgierige Seemöven von überall um die Kamera her auf die Stadt herabsenken, verwandelt sich die Einstellung in deren monströses Starren.[457]

Weitere Beispiele wären die Sicht des weißen Hais in JAWS[458], des sumerischen Dämons in THE EVIL DEAD oder Anakin Skywalkers in STAR WARS: EPISODE III - REVENGE OF THE SITH[459], während er chirurgisch in Darth Vader verwandelt wird: so sieht der Zuschauer hilflos wie er selbst mit an, wie ihm die schwarze Maske aufs Gesicht gesetzt wird.

In ALIEN³ [460] und ALIEN: COVENANT werden Szenen sogar aus dem (verschwommen dargestellten) Point-of-View von Gigers Xenomorph gezeigt: der Zuschauer erlebt Dinge, von denen völlig offen bleibt, wie das Geschöpf sie wahrnimmt. Und reduziert aufs bloße Bewusstsein muss er in all diesen Filmen hilflos zusehen, wie die von der Kamera verkörperten Monster grausige Dinge anstellen.

---

454 Vgl. Ebd., S. 34
455 Vgl. Giger in: Salesbury u.a. 2014
456 THE BIRDS. R.: Alfred Hitchcock. USA 1963
457 Vgl. Žižek in: THE PERVERT'S GUIDE TO CINEMA, Min.: 1:57:00
458 JAWS. R.: Steven Spielberg. USA 1975
459 STAR WARS: EPISODE III - REVENGE OF THE SITH. R.: George Lucas. USA 2005
460 ALIEN³. R.: David Fincher. USA 1992

Dieses seelenlos monströse Handeln und Erleben entspricht dem psychoanalythischen Konzept des *Dings*: der nicht näher definierbaren fremdartigen Kraft, die das subjektive Bewusstsein überhaupt erst zustandebringt[461].

Žižek beschreibt es als die Summe, die in ihrem Rest enthalten ist bzw. die Nabelschnur, die das Ganze an ihren Platz fesselt. Genau dieses vollkommene Paradoxon ist, wodurch das Subjekt sich definiert.[462]

Abbildung 9: Zed im Spiegelkabinet von ZARDOZ. Seine Unfähigkeit, sich selbst zu verstehen, macht unmöglich, eine verlässliche Wahrheit zu finden – so wie sein eigenes Spiegelbild unweigerlich einen Teil des Spiegels ausfüllt, den er betrachtet.

Dieser beklemmende Gedanke steht im Zentrum des Dark Drama (siehe Kapitel 4.6) und auch in einer Metatragödie ist das externalisierte Selbst genau in diesem Sinne monströs. Es ist der blinde Fleck des eigenen Bewusstseins, der jedem Versuch, die Realität oder sich selbst zu verstehen, im Weg steht.

Sowohl Protagonisten wie auch Rezipient gleichen jemandem, der zwischen zwei Spiegeln steht oder vergeblich probiert, hinter den undurchlässigen Spiegel der Vierten Wand zu blicken. Versuchen sie, die Handlung zu verstehen oder nachzuvollziehen, in welcher Form sie selbst diese erleben, wird ein Teil des Bildes jeweils vom eigenen Spiegelbild verdeckt.

---

461 Vgl. Žižek in: THE PERVERT'S GUIDE TO CINEMA, Min.: 1:56:00
462 Vgl. Žižek 2006, S. 34

Von jeder Perspektive aus ergeben sich endlos viele Reflexionen. Der Versuch, die Fiktion zu durchschauen, führt lediglich zu immer neuen Schichten aus Fiktion.

Die Realität ist nicht losgelöst von der eigenen Perspektive wahrnehmbar, von eigenen Erwartungen geprägt und was Wahrnehmen überhaupt bedeutet, ist gänzlich rätselhaft. Alles, was bleibt, ist die Gewissheit, von Narrativen manipuliert zu werden.

Abbildung 10: Der Blinde Fleck. Die Stelle der Netzhaut eines menschlichen Auges, von welcher aus der Sehnerv das Auge mit dem Gehirn verbindet, verfügt über keine Photorezeptoren und ist somit blind. Dies kann sehr einfach im Selbstversuch erfahren werden. Wird beispielsweise das auf dieser Abbildung zu sehende X mit dem linken Auge fixiert, während das rechte Auge geschlossen ist, wird das O unsichtbar, sofern der Abstand zwischen Auge und Abbildung ungefähr dem Dreifachen des Abstandes zwischen O und X entspricht. Das Prinzip veranschaulicht die Unfähigkeit, das eigene Bewusstsein ins Bewusstsein zu rücken.

Besonders deutlich wird dies anhand des Films BEING JOHN MALKOVICH: ein paar Verwaltungsangestellte finden in ihrem Büro zufällig einen Tunnel, der in den Kopf des titelgebenden Schauspielers führt.

Dieser spielt sich dabei selbst, wodurch bereits eine komplexe Metaebene aufgeworfen wird. Kriechen sie durch den Tunnel, sehen und erleben sie die Welt aus seiner Perspektive, was ihn aber nicht zu beeinflussen und was er auch nicht zu merken scheint. Er geht seinem Tagwerk nach wie eine Maschine und ob er selbst überhaupt über einen subjektiven Blick bzw. ein Bewusstsein verfügt, ist fraglich.

Dieses Szenario wird durch zwei Umstände verkompliziert.

Einerseits beginnen die Charaktere in Malkovichs Kopf schließlich doch damit, ihn wie eine Marionette zu lenken, wodurch das erörtere Paradoxon von Determinismus und Bewusstsein aufgeworfen wird: dieses erlebt nicht nur rein passiv, sondern wirkt sich aufs Geschehen aus. Selbst, wenn von einem streng deterministischen Universum ausgegangen wird, werden dessen Abläufe allein durch seine schiere Existenz beeinflusst, z.B. dadurch, dass darüber Texte wie dieser geschrieben werden.

Andererseits versucht Malkovich, sich gegen die Beherrschung zu wehren, was die Frage aufwirft, ob er ein zu den parasitären Eindringlingen parallel existierendes Bewusstsein besitzt. Schließlich kriecht er dabei selbst durch den Tunnel, woraufhin er sich in einer grotesken Situation wiederfindet: er sitzt in einem ihm scheinbar unbekannten Restaurant, alle anderen Anwesenden haben sein Gesicht und jeder Eintrag der Speisekarte ist lediglich das Wort Malkovich. Er selbst wird gewissermaßen mit seiner bewussten Wahrnehmung gleichgesetzt: er ist die Welt, die er subjektiv wahrnimmt und diese Welt spiegelt ihn wider (siehe Kapitel 6.5).

Das macht ihn nicht unbedingt zum Herrn über sein Schicksal. Vielmehr entsprechen seine Konflikte mit der Welt Konflikten dieser Welt mit sich selbst: das Ding, das sein Bewusstsein erzeugt, scheint verstörenderweise an einer dissoziativen Störung zu leiden.

Dennoch versinken die Protagonisten von Metatragödien nicht einfach (dauerhaft) in geistiger Umnachtung. Vielmehr akzeptieren sie schließlich, dass sie von bestimmten Kräften jenseits ihrer Kontrolle geleitet werden – und identifizieren sich mit diesen Kräften.

Sie sind das Bewusstsein von Personen, die von Geschichten gelenkt werden – und somit indirekt das Bewusstsein dieser Geschichten selbst. Das reine Erleben der Umstände – die erlebt werden und erleben. Die Selbsterkenntnis der Fiktion im ausgeliehenen Gehin des Rezipienten.

5.4 Leben im Leerraum

> I had half a mind to drown myself then; but an odd wish to see the whole adventure out, a queer, impersonal, spectacular interest in myself, restrained me.
>
> Edward Prendick in: The Island of Dr. Moreau[463]

> It was as if a different person put the key in the ignition and drove away from everything that was familiar. There was no going back now. There was no going forward, either. He was going in sideways, sort of, and as frightening as that was, there was the thrill of excitement, too. You couldn't feel dead this way, or as if you were just waiting for the next thing to happen to you.
>
> Jeff VanderMeer in: Southern Reach: Authority[464]

Zusammenfassend stellt sich also die Natur der Wirklichkeit als unergründlich dar. Was man sieht, ist bloß ein Spiegel der eigenen Art, es wahrnehrzunehmen. Diese ist jedoch nicht minder unergründlich. Die Protagonisten von Metatragödien verstehen weder sich selbst noch die Welt, in der sie leben. Alles, was sie verstehen, sind Geschichten. Geschichten und der Umstand, dass sie selbst und die Welt sowohl Produkt als auch Ursache und obendrein Bestandteil von einer Geschichte sind.

Ohne die Tatsachen zu verbiegen, bis sie ein kohärentes Narrativ ergeben, ist jeder Versuch, das eigene Ich oder die objektive Wirklichkeit jenseits davon zu begreifen, zum Scheitern verurteilt. Schlimmer noch: sich einem von beidem anzunähern, ist nicht nur ein zweckloses Unterfangen, sondern bedroht die Fundamente dessen, was man für real hält. Sowohl die tatsächliche Welt als auch die unbewussten Mechanismen, welche deren Wahrnehmung filtern, sind so komplex, dass die vehemente Auseinandersetzung mit ihnen zu Verwirrung, wenn nicht Wahnsinn führt.

Glücklicherweise muss man die Hintergründe dessen, was man erlebt, nicht bis ins Letzte verstehen, um den Erlebnissen einen Sinn beizumessen.

---

463 Vgl. THE ISLAND OF DR. MOREAU, S. 65
464 Vgl. SOUTHERN REACH: AUTHORITY, S. 313

Um zu entscheiden, ob er seine Freundin vor dem Tod rettet oder nicht, ist Donnie Darko nicht darauf angewiesen, eine philosophisch valide Begründung für sein Fühlen zu finden – obgleich die Entscheidung philosophische Tragweite besitzt. Intellekt und Bewusstsein sind nicht dasselbe. Und wenn bewusstes Erleben Bedeutung hat, dann ist bedeutsam, was subjektiv als bedeutsam erlebt wird.

Die Realität wird für einzelne Menschen nicht erst dadurch wichtig, dass sie sie methodisch interpretieren. Ein Eis schmeckt nicht erst lecker, wenn man versteht, warum man es als lecker empfindet und was es wirklich ist: eine chemische Substanz, die aus Atomen besteht, die aus subatomaren Teilchen bestehen, usw., usw....

Gleichwohl ist die Wirklichkeit, so wie man sie wahrnimmt, bereits die Interpretation der objektiven Realität durch die unbewussten Mechanismen, welche deren bewusste Wahrnehmung hervorbringen. Sie ist eine Abstraktion.[465]

Und Ansätzen wie der Theorie der Narrativen Identität zufolge läuft der Abstraktionsprozess nach erzählerischen Kriterien ab: der blinde Fleck des Bewusstseins ist wie ein Redakteur, der die unzähligen Informationen, die er von Sinnesorganen, Gedächtnis usw. bekommt, sichtet, ordnet, wertet und dann als Geschichte aufbereitet (im Sinne des Kinos als Metapher für Bewusstsein: der Redakteur ist gleichzeitig Regisseur).

Das Ausmaß seiner Kompetenz ist dabei fraglich. Gemäß einer evolutionären Betrachtungsweise verlässt er sich bei seiner Tätigkeit hauptsächlich auf ererbte Erfahrungswerte, die er zum Großteil unter archaischen Bedingungen gesammelt hat.

Süßspeisen wie Eis sind lecker, weil zuckerhaltige Nahrung in der prähistorischen Wildnis, in welcher sich der Mensch entwickelt hat, selten war: wenn man z.B. Obst in die Finger bekam, musste man zuschlagen. Das heißt jedoch nicht, dass ihr ungehemmter Konsum unter allen Umständen bzw. noch immer von Vorteil ist.[466]

Da Einstellungen, Annahmen und Erwartungen die Wahrnehmung der Wirklichkeit ebenfalls beeinflussen, ist dieser Redakteur jedoch gewissermaßen fähig, über sein genetisches Skript hinaus dazuzulernen.

---

465 Agnew/Brown 1989, S. 152-183
466 Vgl. Harari 2015, S. 58

Inwieweit genau Menschen dabei von angeborenen oder erst später anerzogenen Attributen gelenkt werden, ist Gegenstand umfassender wissenschaftlicher Debatten – im Zusammenhang metatragischer Erzählungen ist jedoch bloß relevant, dass Menschen die Wirklichkeit in Form von Geschichten interpretieren und dass sie sich dessen bewusst werden und partiell darauf Einfluss nehmen können.

Solche Narrative können zugleich absolut falsch und trotzdem funktional sein[467]. In heißen Gegenden unzureichend konserviertes Schweinefleisch zu verzehren, kann Krankheiten hervorrufen, unabhängig davon, ob dafür Mikroorganismen verantwortlich sind oder der Zorn Gottes infolge der Übertretung seiner Gebote.

Der Glaube daran, ein glückliches und langes Leben vor sich zu haben, wenn man es bloß schafft, die Gefahrensituation zu überleben, in der man gerade steckt, kann in einer solchen Situation ein hilfreicher Ansporn sein, unabhängig davon, ob das tatsächlich eintritt.

In Metatragödien reizen die Protagonisten meist beide Extreme des Spektrums aus: die völlige Ablehnung zweifelhafter Erzählungen – und somit die Konfrontation mit dem Chaos einer ungefiltert komplizierten Wirklichkeit – sowie die blinde Flucht in Fiktion bzw. Ideologie.

Parallel zwingen die Entdeckung des Autorencharakters sowie die Begegnung mit sich selbst sie zu der Erkenntnis, dass die für sie verständliche narrative Wirklichkeit aus dem Zusammenprallen dieser Extreme entsteht: des interpretierenden Bewusstseins und der zu interpretierenden faktischen Realität.

Das Prinzip lässt sich mit der habitablen Zone eines Sonnensystems vergleichen, also des Raumes, der weder so nah an der Sonne liegt, dass darin gelegene Planeten zu heiß sind, um potenziell Leben zu beherbergen, noch zu weit entfernt und somit zu kalt.

Gewissermaßen kann von einem habitablen Maß an Interpretation, Wahnsinn und Paranoia die Rede sein – oder umgekehrt von einem habitablen Maß Kontakt zur Wirklichkeit.

Dies lässt sich auch auf das zuvor erwähnte Gleichnis vom Juwelennetz des Indra beziehen (siehe das in Kapitel 5.1). Die eigentliche Realität sind in diesem Sinne nicht die spiegelnden Prismen, sondern der Leerraum dazwischen.

---

[467] Agnew/Brown 1989, s.162

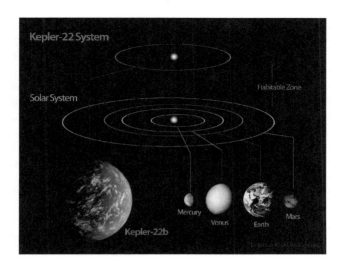

Abbildung 11: Habitable Zone zweier Sonnensysteme. Da die Sonne des Systems Kepler-22 etwas kleiner ist als diejenige des irdischen Sonnensystems, ist auch die habitable Zone kleiner. Der Planet Kepler-22b bietet hypothetisch die Voraussetzungen für Leben: ebenso wie die Erde und der Mars. Merkur und Venus sind jedoch nicht weit genug von dem Gestirn entfernt – während die nicht abgebildeten Planeten wie der Jupiter und Saturn widerum zu weit entfernt liegen. Als Metapher für das metatragische Realitätsverständnis entspricht die Sonne dem eigenen Bewusstsein und der äußere Weltraum der objektiven Wirklichkeit. Ersteres kann sich weder selbst wahrnehmen – von etwas zu nahem gespiegelt, blendet es sich bloß – und so wie die Planeten stets über eine abgewandte Schattenseite verfügen, kann nichts in der äußeren Welt in seiner Totalität begriffen werden.

Dieser ist mit Illusionen gefüllt: darüber, wer man zu sein glaubt, was real ist und was richtig oder falsch. Indem sich die Protagonisten schließlich mit ihrer Geschichte identifizieren, akzeptieren sie diese Illusionen als ihre Wirklichkeit. Anstatt nach Wahrheit und Bedeutung jenseits von Illusionen zu suchen, wird in ihnen danach gesucht, genau wie Žižek propagiert[468].

---

468 Vgl. Žižek in: THE PERVERT'S GUIDE TO CINEMA, Min: 00:04:30

Es geht darum, die Welt im richtigen Umfang und auf die richtige Art zu interpretieren. Zwischen der Außenwelt und dem eigenen Inneren findet eine Art Pingpong-Spiel statt, dessen Objekt (bzw. Subjekt...) sich schließlich auf ein Mittelmaß einpendelt.

Somit wird nicht bis zur Selbstvernichtung daran festgehalten, in eine Richtung vorzustoßen, auch wenn eine gefährliche Annäherung an beide Pole nötig ist. Darin unterscheiden sich Metatragödien von vielen Film Noirs und vor allem Dark Drama-Erzählungen, wo der Karren durchaus stur in den Abgrund gefahren wird. Metatragische Protagonisten probieren nicht bis zum bitteren Ende, ihr authentisches Selbst oder handfeste Wahrheiten zu finden. Stattdessen richten sie ihr Augenmerk darauf, bestimmte Dinge zu erleben oder dafür zu sorgen, dass andere das tun. Sie lassen, metaphorisch gesprochen, von beiden steilen Ufern ab und versuchen, frei zu schwimmen.

Zum Ziel wird die Regulation bewussten Empfindens und zur Grundlage dieses Ziels schlicht die Existenz des Bewusstseins selbst. Dieses behält meist den Charakter eines Mysteriums oder Wunders, was aber nicht entscheidend ist. Im Fokus steht die unmittelbare Tatsache subjektiven Empfindens, nicht, wie genau diese zustande kommt. Tatsächlich wird in einigen Metatragödien schließlich aufgeklärt, was die zuvor unerklärlichen Ereignisse zu bedeuten haben.

In THE TRUMAN SHOW, TOMORROWLAND oder THE WORLD'S END beispielsweise bleiben am Ende keine entscheidenden Sachfragen offen. Teils versuchen metatragische Erzählungen sich sogar daran, das scheinbare Mirakel des Bewusstseins zu entzaubern, indem mögliche Erklärungen für sein Zustandekommen angeboten werden. Darunter fallen EX MACHINA, PHILIP K. DICK'S ELECTRIC DREAMS (Staffel 1, Folge 4) und vor allem WESTWORLD (siehe Kapitel 7.3). Beides wirkt sich jedoch nicht auf den springenden Punkt aus: die Protagonisten haben sich bereits entschieden oder entscheiden sich dennoch, ihr Erleben zur Maxime ihres Handelns zu erheben.

Dies widerum muss durchaus nicht bedeuten, dass sie Glück anstreben: den Protagonisten von LOST HIGHWAY oder TRUDNO BYT BOGOM scheint es sogar eher darum zu gehen, sich selbst zu bestrafen oder aus masochistischen Motiven willentlich zu leiden. In BLACK SWAN geht die Tänzerin Nina Sayers vollständig in ihrer Rolle in dem Stück *Schwanensee* und der damit verbundenen Selbstbehauptung auf, ungeachtet ihres eigenen Wohlergehens und aller destruktiven Konsequenzen für andere (sie stirbt schließlich, weil sie trotz einer gefährlichen Verletzung auftritt und ihre Rolle tanzt).

Bewusstes Erleben vom Konzept des wahren Selbst zu trennen, bringt eine gewisse Werteverschiebung mit sich, die ihrerseits verschiedene Implikationen birgt. Darauf wird in späteren Kapiteln dieses Buches ausführlich eingegangen.

Zunächst ist relevant, dass die Protagonisten im Erleben ihres Lebens irgendeinen Sinn finden, so wie der Rezipient im Ansehen eines Films. Sofern dieser keine extrinsischen Hintergedanken verfolgt, wie etwa eine filmwissenschaftliche Analyse zu verfassen oder eine Filmkritik, tut er das ja offenkundig um der Sache selbst willen: weil es ihm Vergnügen bereitet oder ihn sonstwie emotional stimuliert. Und weshalb es das tut, ist weit weniger wichtig, als der schlichte Umstand, dass es das tut.

Indem metatragische Protagonisten sich mit ihrer Geschichte identifizieren, akzeptieren sie diese Sichtweise. Rückwirkend wird somit auch das Ansehen von Filmen als sinnvolle Tätigkeit dargestellt (und gleichsam den Konsum anderer narrativer Medien). Metatragödien handeln von Personen, die im Rezipieren der Realität Bedeutung finden, ungeachtet dessen, ob diese eine Illusion ist oder nicht. Und auch die Rezipienten von Metatragödien rezipieren in deren Gestalt Illusionen, die Bestandteil ihrer Realität sind.

Die speziellen Rezeptionspraktiken von Midnight-Movies (sieh Kapitel 4.4) können dabei als Extremform angesehen werden, im Grunde erfährt der Netflix-Zuschauer, der sich in seinem Wohnzimmer DARK ansieht, jedoch die gleiche Art Bestätigung. Ob man zuhause in die Fiktion eintaucht oder in der Fiktion zuhause ist, macht im Sinne einer metatragischen Argumentation kaum einen Unterschied.

Prinzipiell legitimiert eine entsprechende Perspektive das Auskosten jedweden Erlebnisses – und den Genuss fiktionaler Erzählungen im Allgemeinen. Dies umfasst auch Filme mit äußerst geringer narrativer Plausibilität. Es geht nicht um die Aussage der jeweiligen Erzählung, sondern bloß darum, zu erleben, wie sie abläuft. Komplexe Plotstrukturen können auf das Bewusstsein genauso stimulierend wirken wie Tanznummern, Humor und Explosionen. Im Grunde geht es um Attraktionen – im Sinne von attraktiven, also anziehenden, weil interessanten Erfahrungen.

Medial erzählte Ereignisse sind Ausprägungen fiktionaler Scheinrealitäten, die bereitstehen, um rezipiert zu werden – so vordergründig sie auch sein mögen.

Alles andere ist eine Frage des individuellen Geschmacks.

Metatragödien sagen aus, dass es nicht um die Aussage geht. Vergleichbar damit wäre der kulinarische Standpunkt, dass Essen sinnvoll ist, was Fast Food bis Gourmetküche umfasst.

Allerdings wird ein verfeinertes Erleben dabei nicht unbedingt gegenüber simpler Unterhaltung bevorzugt. Exemplarisch ist beispielsweise eine Aussage David Lynchs über die hinter seiner Metatragödie LOST HIGHWAY stehende Intention. So ginge es laut Lynch nicht darum, Plot und Aussage zu verstehen – was er durchaus für machbar hält. Der Film sei wie ein Rätsel, das nicht gelöst werden solle. Vielmehr sei von Bedeutung, das Geheimnis als solches zu fühlen.[469]

Genau wie der Konsum von narrativen Medien werden in metatragischen Erzählungen körperliche Empfindungen rehabilitiert. Bedeutung erwächst gemäß einer metatragischen Weltsicht aus bewusster Wahrnehmung, nicht aus dem Intellekt. Und diese umfasst auch Sinneseindrücke nicht-visueller bzw. -auditiver Natur.

Bis zum Moment der Selbstbegegnung nähert sich das Erleben von Rezipient und Protagonisten an. Beide kommen nicht umhin, das Geschehen zunehmend als Illusion zu betrachten und in der Folge eine gewisse reflektive Distanz dazu aufzubauen. Das Zusammenspiel von metafiktionalem Erzählen und Infragestellung der erzählten Realität schürt Zweifel an der Validität physischer Existenz. Den Rezipienten betrifft das nur indirekt: es ist nicht anzunehmen, dass jeder Zuschauer von FIGHT CLUB beginnt, das Vorhandensein seiner Mitmenschen anzuzweifeln, fraglich ist bloß das, was auf der Leinwand zu sehen ist. Für die Protagonisten aber gibt es keine andere Wirklichkeit und folglich verlieren sie auch den Bezug zu ihrer leiblichen Beteiligung daran. Ihre Perspektive wird auf das wahrnehmende Bewusstsein reduziert, was dem außerkörperlichen Erleben eines Filmzuschauers ähnelt.

In einigen Fällen werden die Protagonisten sogar offen damit konfrontiert, dass ihre Körper vom Autorencharakter geschaffen wurden: Neo in THE MATRIX ist ein Klon, Officer KD6-3.7 in BLADERUNNER 2049 ein Replikant, Logan in LOGAN eine Art Cyborg usw..

Schließlich überwinden die Protagonisten jedoch den Zustand reinen Zweifelns bzw. Verzweifelns, ersetzen Orientierungslosigkeit durch Spekulation und handeln entsprechend.

---

[469] Vgl. Blanchet 1997. http://cinetext.philo.at/magazine/circvit.html, zuletzt geprüft am 14.02.2020

Dies bedeutet in jedem Fall auch, körperlich in irgendeiner Form aktiv zu werden, wenigstens in visuellen Erzählmedien: andernfalls würde der Zuschauer, Comicleser oder Spieler nichts davon mitbekommen. Das Erleben der Ereignisse ist untrennbar damit verknüpft, wie diese interpretiert werden und als physisch Beteiligte haben die Protagonisten andere praktische Interpretations- bzw. Aktionmöglichkeiten als der Rezipient. Somit driftet auch ihr Erleben auseinander: Nina Sayers kann den Schwarzen Schwan tanzen, Donnie Darko Gretchen Ross küssen und der Protagonist von FIGHT CLUB sich mit Tylor Durdon prügeln – der Rezipient kann höchstens zustimmen, dass sie das in Folge des jeweils Vorangegangenen tun sollten.

Natürlich kann er seinerseits Maßnahmen ergreifen, die (vermutlich) sein eigenes Erleben beeinflussen – z.B. indem er mittendrin das Kino verlässt, den Ausknopf seiner Fernbedienung betätigt, beim Zuschauen einen Kopfstand macht oder Drogen nimmt – es ist jedoch unmöglich, unmittelbar das sinnliche Erleben der Protagonisten nachzuempfinden oder ihr Verhalten zu manipulieren. In vielen Metatragödien wird im Verlauf der Identifikation ihrer Protagonisten mit der Geschichte auch ganz konkret das Körperliche betont und befürwortet, wie etwa in DER ZAUBERBERG, DER STEPPENWOLF, FIGHT CLUB, THE WORLD'S END und A CURE FOR WELLNESS.

Hinzu kommt teils, dass die Protagonisten Informationen erlangen, welche dem Rezipienten vorenthalten werden. Dies macht ebenfalls unmöglich, ihre darauffolgenden Handlungen in Gänze nachzuvollziehen. Beispielsweise in DONNIE DARKO und LOST HIGHWAY bekommen sie vom jeweiligen Autorencharakter etwas ins Ohr geflüstert, das der Zuschauer nicht hören kann. Auch, was z.B. dem Protagonisten von 2001: A SPACE ODYSSEY widerfährt und zu welcher Perspektive er dadurch gelangt, kann bestenfalls erraten werden.

Im Wesentlichen übernehmen metatragische Protagonisten schließlich die Rolle des Autorencharakters und schreiben die Geschichte weiter, deren Teil sie sind. Gewissermaßen also werden sie selbst zu dieser Geschichte. Sie identifizieren sich damit und müssen daraufhin ihrerseits vom Rezipienten interpretiert werden. Dabei emanzipieren sie sich von ihrer Rolle als dessen Avatarfiguren, genau wie von der Vorherrschaft des Autorencharakters.

Interessanterweise gilt dies auch für metatragische Videospiele. Zwar kann der Spieler dort in bestimmtem Umfang steuern, was die Protagonisten physisch anstellen, er kontrolliert jedoch nicht ihre Gedanken. Und sobald sie sich mit ihrer Geschichte identifizieren, wird ihm auch diese Kontrolle oft entzogen. BIOSHOCK INFINITE z.B. endet mit einer langen Filmsequenz, in welcher der Protagonist in Kauf nimmt, dass ihn seine Tochter umbringt – woran der Spieler nicht das Geringste ändern kann. In ECHO hat die Protagonistin den Spieler manipuliert genau wie ihren Freund London (eine künstliche Intelligenz), der sie beobachtet und ihr über Funk erklärt, welchen Weg sie jeweils einschlagen soll. Parallel hat auch der Spieler sie durch die Level des Spiels gesteuert – ohne ihre insgeheimen Ziele und deren Umsetzung in der (ebenfalls feststehenden) finalen Filmszene beeinflussen zu können: er nimmt eher die Rolle Londons ein als ihre.

Ebenfalls von Interesse ist, dass die Titel von Metatragödien oft identisch mit dem Namen ihrer Protagonisten sind bzw. mit dem, wozu diese werden: EL TOPO, ZARDOZ, DONNIE DARKO, BLACK SWAN. Abhängig davon, inwiefern dessen Mitglieder seine Halluzinationen darstellen, kann der Protagonist von FIGHT CLUB als Verkörperung des Fight Clubs angesehen werden. Harry Haller arrangiert sich mit seinem Dasein als DER STEPPENWOLF u.s.w..

Gewissermaßen behauptet sich der Text (im poststrukturalistischen Sinne) als eigenständige Entität, wie auch von Lovecraft angestrebt: erzählte Realität wird zu erzählender Realität und erlebte zu erlebender. Die Geschichte interpretiert sich selbst und fängt dann damit an, sich eigenmächtig weiterzuschreiben.

Als Extrembeispiel kann hierbei THE HOLY MOUNTAIN angesehen werden. So trennt sich der Protagonist des Films auf dem Weg zur Spitze des heiligen Berges von seinen Begleitern und kehrt – mit einer Prostituierten und einem Schimpansen, die ihm von dort gefolgt sind – in die Welt der Erzählung zurück. Der Rest der Gruppe strebt weiter nach Erleuchtung, was jedoch nur im Auflösen der filmischen Wirklichkeit gipfelt (siehe Kapitel 4.4). Der Rezipient wird von den Erlebnissen des Protagonisten ausgeschlossen und ihm wird der Spiegel vorgehalten: er muss aus dem Gesehenen eigene Schlüsse ziehen, der Film teilt seine nicht mit ihm.

THE HOLY MOUNTAIN ist ein groteskes Spektakel. Allerdings entwickelt der Film als Metatragödie zugleich eine Philosophie, die im sich ereignenden Spektakel der Realität als solchem Bedeutung findet – und die Beteiligung daran legitimiert. Das Delirium der Interpretation kann zu einem Rauschzustand werden, der sinnstiftend wirkt oder zumindest keine Sinnfragen mehr aufkommen lässt. Eben dies ist der Zustand, den metatragische Protagonisten zu einem habitablen Grad erreichen – und den die Erzählung auch dem Rezipienten anbietet.

6 Die Welt als Metafiktion

6.1 Vom Schisma zum Schema

Wie im vorangegangenen Kapitel erörtert, bringt das Zusammenspiel der fünf metatragischen Motive eine spezifische Weltsicht zum Ausdruck. Deren Implikationen beschränken sich nicht auf die jeweils dargestellte Handlung, sondern betreffen verschiedene Aspekte menschlichen Lebens und Denkens. Besonders, da es den Protagonisten je möglich zu sein scheint, ihre Sinnkrisen nach der mit dieser Weltsicht einhergehenden Formel zu lösen, wird relevant, wie diese Implikationen aussehen. Welche philosophischen bzw. ideologischen Positionen in Metatrgödien zum Ausdruck kommen. Eben darauf soll in den folgenden Unterkapiteln eingegangen werden. Bezogen auf Platons in Kapitel 3.1 zitiertes Höhlengleichnis bedeutet eine solche Sichtweise z.B., die vor dem Feuer entlangetragenen Gegenstände als noch weniger eindeutig als ihre Schatten zu erkennen. Gewissermaßen handelt es sich dabei um Duchamp'sche Ready-mades, die sich ihrem Kontext entrissen als ambivalent entpuppen. Außerhalb der Höhle liegt keine Erleuchtung in Form irgendeiner Welt der Ideen, sondern die unverständliche Monstrosität des eigenen Unbewussten und eine labyrinthische Realität.

Bezogen auf Nietzsches spöttischen Kommentar, Christentum sei Platonismus fürs Volk, warten dort kein biblischer Gott, sondern eher die geistlosen, fremdartigen Aliengötter Lovecrafts[470].

Der Höhle zu entkommen, ist in letzter Konsequenz unmöglich, da ein zielgerichtetes Sich-Annähern an die objektive Wirklichkeit schließlich erfordert, diese bewusst zu fiktionalisieren, um sie – wenn auch begrenzt – überhaupt verstehen zu können. Gewissermaßen also gleicht die Höhle einer Kleinschen Flasche. Die Schatten der Wahrheit sind deren klarste zugängliche Form. Wahrhaft aus der Höhle auszubrechen, führt paradoxerweise in ihr Innerstes zurück. Und jeder steckt mit sich selbst in seiner eigenen Höhle – was nicht zwangsläufig heißt, allein zu sein. Dieses Weltbild ist auf groteske Weise optimistisch: daraus ergeben sich umfassende Chancen, Perspektiven und neue Probleme, die als solche Orientierung bieten. Es hat Auswirkungen auf Selbstverständnis, Ethik und Moral – und in gewisser Hinsicht sogar eine utopistische Dimension.

---

470 Vgl. Nietzsche 2010, S. 690

6.2 Demut als Größenwahn, Größenwahn als Demut

In Metatragödien geht es nicht darum, absolute Kontrolle über sich selbst und den Verlauf des eigenen Lebens zu übernehmen. Beides ist zu komplex respektive unverständlich. Wichtiger ist, wie die Situation interpretiert und wie damit umgegangen wird: es geht darum, die Geschichte anzunehmen, in die man letzlich per Geburt geworfen wurde, und das Beste daraus zu machen.

Oberflächlich betrachtet scheint die metatragische Utopie das Versprechen zu beinhalten, die eigene Persönlichkeit nach Belieben umformen und über sich hinauswachsen zu können. Zu werden, wer man sein will. Vielmehr jedoch besteht die Hoffnung darin, sein wollen zu können, wer man werden kann. Und zwar zum jeweiligen Zeitpunkt: es geht um die Identifikation mit den gegenwärtig gegebenen Möglichkeiten.

Eine ähnliche Perspektive findet sich in Dostojewskis Roman PRESTUPLENIJE I NAKASANIJE (deutscher Titel: SCHULD UND SÜHNE). Dessen Protagonist – der mittellose Student Raskolnikow – beschäftigt sich mit nihilistischen Überlegungen und ist dabei zunehmend von historischen Figuren wie Napoleon fasziniert. In ihnen sieht er höhere Gewaltmenschen, die sich vom Rest der Menschheit abheben, da sie in der Lage sind, ihre Lebensgeschichte kraft ihres Willens zu formen und sie der Welt aufzuzwingen, ungeachtet aller Opfer. Daraufhin quält ihn die Vorstellung, vielleicht selbst über das Potential zu verfügen, so jemand zu werden, und es nicht voll auszuschöpfen. Um dies zu tun, begeht er einen Raubmord und verschafft sich dadurch Geld, um seine Karriere zu beginnen. In der Folge allerdings zerbricht er an seiner Tat – sowohl an der Schuld selbst wie auch daran, dass er diese überhaupt empfindet. Er wird nicht, wer er sein will, da er nicht einmal seiner eigenen Psyche unbegrenzt Herr werden kann. Zugleich stellt er fest, dass die Folgen seiner Tat ihn daran hindern, sein, wie sich zeigt, effektiv vorhandenes Potenzial auszuschöpfen und als Gelehrter oder Schriftsteller Karriere zu machen.

Obwohl er sich schließlich mehr oder weniger freiwillig der Polizei stellt und zur Strafarbeit verurteilt wird, hält er an seinen finsteren Überzeugungen grundsätzlich fest – er gibt bloß die Hoffnung auf, selbst einer der ihm vorschwebenden Fortschrittsträger sein zu können, da er nicht über die nötige Geistesstärke verfügt. Letzten Endes gelangt er trotzdem zu einer neuen Perspektive: er beginnt, sich auf die unmittelbare Realität seines Alltags zu konzentrieren und die damit verbundenen Aufgaben anzunehmen: z.B. kümmert er sich um seine

Geliebte Sofja. Dies steht seinem Weltbild nicht direkt im Wege – es ist jedoch davon losgelöst bedeutsam. Ganz im Sinne von Metatragödien identifiziert er sich mit seiner Geschichte, auch wenn PRESTUPLENIJE I NAKASANIJE nicht über die restlichen vier metatragischen Motive verfügt (zumindest nicht in entsprechend ausgeprägtem Umfang).

Von Interesse ist in diesem Zusammenhang Nietzsches Konzept des Übermenschen. Auf den ersten Blick lässt dieses sich als Zustimmung zu Raskolnikows Vision deuten: der Welt den eigenen Willen aufzuzwingen wäre demnach die richtige Einstellung, es bräuchte eben bloß einen ausreichend starken Willen.

Beispielsweise Francis Fukuyama kritisiert Nietzsches Philosophie im Sinne einer solchen Lesart. Laut Fukuyama sind Menschen soziale Geschöpfe, die, wenn überhaupt, nur in einzelnen Fällen damit zurechtkommen, alle Werte umzuwerten und losgelöst von kollektiven Narrativen ihre eigenen Geschichten zu schreiben. Demnach bietet die Vorstellung des Übermenschen keine für die Mehrheit geeignete Perspektive und der Ausbruch aus gemeinsamen Erzählungen führt bloß zur massenhaften Flucht in neue Gruppenidentitäten wie den Nationalsozialismus, die in der Regel noch weitaus anti-individualistischer sind als die alten. Ohne ein Mindestmaß an gemeinsamer Kultur endet Zusammenleben in Chaos, aus dem sich aller Wahrscheinlichkeit nach eine brutale neue Ordnung erhebt.[471]

Fukuyamas Kritik ist schlüssig, sofern die Idee des Übermenschen mit Raskolnikwos Gewaltherrschern gleichgesetzt wird. Dies zu tun ist zwar recht vordergründig, steht aber durchaus nicht in direktem Wiederspruch zu Nietzsches Schriften. Gleichwohl sind auch andere Lesarten möglich.

Nietzsche lehnt das Konzept des wahren Selbst ab – und somit wird theoretisch möglich, aktiv zu beeinflussen, was man will und welche Geschichte man im eigenen Leben inszenieren möchte. Demnach wäre der Übermensch hauptsächlich jemand, dessen inneres Narrativ und die Umstände seines äußeren Lebens zueinander passen.

Im Falle napoleonischer Feldherren mag das reale Geschehen zu einem Heldenepos passen – doch prinzipiell sind auch völlig andere Narrative unter völlig anderen Umständen denkbar.

---

[471] Vgl. Fukuyama 2018, S. 76-77

Allemal lassen sich metatragische Erzählungen in diesem Sinne verstehen. So wie Zarathustra seine Rolle als Prophet des Übermenschen und Raskolnikow schlussendlich seine als verantwortungsbewusster Liebhaber akzeptiert, akzeptiert die Protagonistin von ANNIHILATION ihre Rolle als Teil der menschlichen Spezies und ihre Verbundenheit mit ihrem Ehegatten, der von UNBREAKBALE seine als Superheld und Nina Sayers die als Schwarzer Schwan.

Hierin besteht ein relevanter Unterschied zu Fukuyamas Nietzsche-Lesart, sowie auch zu vielen in der Folge Nietzsches entstandenen Ansätzen des späteren Existenzialismus. So impliziert beispielsweise Jean-Paul Sartres Aussage, die Existenz ginge der Essenz vorraus, dass der Mensch in der Lage wäre, seine Rolle in der Welt vollkommen frei zu wählen und zu werden, was zu werden er sich selbst entschließt[472].

In metatragischen Erzählungen jedoch scheinen Existenz und Essenz untrennbar verbunden zu sein. Das eine kann jeweils nur vom anderen abgeleitet werden und eine Seite zu beeinflussen, wirkt sich stets auch auf die andere aus. Gemäß einer metatragischen Sichtweise erleben Menschen ihr Leben ohnehin als Geschichte – nicht erst dann, wenn sie sich bewusst dafür entscheiden. Dies zu tun und ein habitables Maß an Fiktionalisierung zu wählen bedeutet, bei der Wahl der eigenen Rolle die effektiv gegebenen Möglichkeiten zu berücksichtigen – und den Umstand, dass man nicht völlig frei entscheidet, sondern von der bisherigen Handlung geprägt wird.

Dies zu akzeptieren lässt sich mit Nietzsches Ideal von *Amor Fati* vergleichen: dem bewussten Annehmen des eigenen Schicksals, inklusive dessen negativer Aspekte und seiner Determiniertheit durch die Vergangenheit[473]. So übernehmen metatragische Protagonisten zwar in gewissem Umfang die Rolle des Autorencharakters, doch dieser ist seinerseits kein frei entscheidender Gott, sondern ein fehlbarer und fremd beeinflusster Mensch – oder etwas, das man nicht begreift. IN THE MOUTH OF MADNESS beispielsweise ist der Autorencharakter sich explizit bewusst, dass er von den finsteren Gottheiten gelenkt wird, die er selbst sich ausgedacht hat: er hat eigene Autorencharaktere, die ihrerseits ihn schreiben.

---

472 Vgl. Sartre 1946.
   https://books.google.de/books?hl=de&lr=&id=2DE5DwAAQBAJ&oi=fnd&pg=PT3&dq=L%E2%80%99existentialisme+est+un+humanisme&ots=eS1_W7AOhB&sig=kFdYDEX-XRo4ZSTsI-bxXfEA-Iw#v=onepage&q&f=false, zuletzt geprüft am 14.02.2020, S. 3
473 Vgl. Nietzsche 2009, S. 187

Sich unter solchen Umständen mit der eigenen Geschichte zu identifizieren ist Ausdruck völliger Schicksalsergebenheit – und äußert sich exakt im Gegenteil.

Somit trifft Fukuyamas Kritik an Nietzsche vor allem auf bestimmte Lesarten von dessen Texten und spätere, davon geprägte Denkmodelle wie eben Sartres Existenzialismus zu.

Die Idee, das Leben zu einem individuellen Narrativ zu machen, bedroht nicht notwendigerweise jedwede Gesellschaftsform. Zwar ist eine Geschichte, die zu den einzigartigen Umständen des persönlichen Lebens passt, zwangsläufig selbst einzigartig – es hängt jedoch vom Maß an Fiktionalisierung ab, *wie* einzigartig sie ist. Die Umstände, die metatragische Protagonisten mit ihrer Geschichte akzeptieren, beinhalten auch die Existenz anderer Menschen und ihrer Interessen – die ebenfalls akzeptiert und in der eigenen Geschichte berücksichtigt werden müssen.

Das heißt nicht, dass metatragische Protagonisten stets freundlich mit ihren Mitmenschen verfahren und Auseinandersetzungen meiden – eher im Gegenteil, wie im folgenden Kapitel dargestellt wird. Mit ihnen überhaupt in irgendeiner Weise zu verfahren, bedeutet jedoch bereits, ihr Vorhandensein als Teil der eigenen Geschichte anzuerkennen.

Ein in diesem Zusammenhang repräsentatives Beispiel ist der Film THE ENDLESS. Dieser handelt von einer Art Sekte, die in einem Camp im kalifornischen Hinterland ein zurückgezogenes Leben führt. Wie sich herausstellt, sind sie in einer bizarren Game-Over-Restart-Konfiguration gefangen: in regelmäßigen Abständen werden alle Bewohner der Region von einer Art unsichtbarer außerirdischer Gottheit umgebracht, woraufhin der Zyklus mitsamt der auferstandenen Getöteten von vorn beginnt. Obwohl sie dort gefangen sind, haben die Sektenmitglieder sich ursprünglich freiwillig in das Gebiet begeben. In der Endlosigkeit der Schleife hoffen sie darauf, sich selbst verändern und zu den Menschen werden zu können, die sie sein wollen. Dabei eifert niemand Napoleon nach. Dennoch streben die Campbewohner an, ihre Fähigkeiten über das Maß hinaus zu steigern, das ihnen in einer gewöhnlichen Lebensspanne möglich wäre. So versuchen einige z.B., perfekte Künstler, Mode-Designer, Bierbrauer oder Showzauberer zu werden und sind zu diesem Zweck bereit, sich immer und immer wieder ermorden zu lassen.

Den Protagonisten des Films, zwei Brüdern, war es als Jugendlichen möglich, aus dem Gebiet zu fliehen, da sie etwas vom drohenden Verhängnis der Situation ahnten (was möglich war, da man erst mit dem

Abschluss eines Zyklus' für immer in dem Gebiet festgesetzt wird). In der banalen Alltagswelt der Großstadt, in der sie daraufhin ihr Leben führten, kamen sie jedoch nicht gut zurecht, u.a., weil sie sich an das scheinbar paradiesische Leben im Camp erinnerten. Schließlich kehren sie dorthin zurück, finden heraus, was tatsächlich vor sich geht und fliehen abermals. Im Verlauf ihrer Abenteuer machen sie jedoch eine Veränderung durch und überwinden ihre gegenseitigen Vorwürfe, die einem glücklichen Zusammenleben im Weg standen. Sie identifizieren sich mit ihrem Leben außerhalb der Zeitschleife und dessen vergleichsweise eingeschränkten Möglichkeiten. Das eigene Ich zu verändern ist möglich – aber nur in einem begrenzten Rahmen. Alles darüber hinaus führt zu einer endlosen Spirale der Selbstzerstörung.

Obwohl sie letztlich davon ablassen, sich selbst als Menschen komplett neu erschaffen zu wollen, wertet der Versuch dazu ihr Dasein auf. So übertragen sich die narrativen Qualitäten ihres übernatürlichen Horrortrips auf das realistischere Leben jenseits davon und ihre Existenz als verträgliche Mitglieder der Gesellschaft.

Im Grunde ist dieses Erlebnis, was sämtlichen metatragischen Protagonisten widerfährt: sie werden mit der bedrohlichen Fremdartigkeit der äußeren wie inneren Wirklichkeit konfrontiert und erkennen, dass Narrative ihnen helfen, damit umzugehen. Ob diese an sich besonders dramatisch sind oder nicht, ist zweitrangig: das Leben als Narrativ zu begreifen ist seinerseits ein dramatisches Narrativ, welches das Erstere aufwertet.

Im Fall von THE ENDLESS erkennen die beiden Brüder einander und sich selbst als Menschen an, deren Geschichte für sie selbst bedeutsam ist – besonders in Anbetracht ungenutzter Möglichkeiten, die sie nicht ausschöpfen. Und gerade darin ist eine Form von Selbstbehauptung zu sehen.

Ein habitables Maß an Fiktionalisierung zu wählen bedeutet, sich selbst einzuschränken. Mit der totalen Relativität wird auch deren implizite Erlaubnis missachtet, alles zu tun. Gewissermaßen wird das Gebot der Gebotlosigkeit gebrochen. Jenseits von Wahrheit und Selbstverwirklichung ist ein habitables Maß Größenwahn Ausdruck von Demut: Grenzen zu überschreiten bedeutet in einer undeutbaren Situation bloß, sich deren relativistische Prämissen zu beugen. Stattdessen an Grenzen festzuhalten und Demut zu zeigen ist absolut größenwahnsinnig. Der wahrhaft monströse Akt metatragischer Protagonisten ist das Aufrechterhalten der Menschlichkeit im kalten Licht des Wissens, dass diese eine Illusion ist – und man selbst ein Monster.

6.3 Die Bestie Protagonist: Gewalt und Tanzeinlagen

> "You tought me that innocence is chrysalis. A face designed to end. Only when we are free from it do we know ourselfs. You showed me that my survival, my joy, are all that matter. I indulge nothing else exists."
>
> Eleonor Lamb in: BIOSHOCK 2 (bösartiges freispielbares Ende)[474]

> "The horror! The horror!"
>
> (Colonel) Kurtz in: Heart of Darkness (Apocalypse Now)[475]

Sich mit der eigenen Geschichte zu identifizieren, obwohl man sich darüber im Klaren ist, dass diese einen eben dazu manipuliert, bedeutet auch, zu akzeptieren, dass man ein seelenloses Ungeheuer wie der Terminator ist. In einer Welt aus Halbwahrheiten bedeutet jedes Maß an Interpretation zugleich auch ein bestimmtes Maß an Willkür, Wahnsinn und Triebtäterschaft.

Wie Žižek ausführt, wird die Einheit von subjektivem Empfinden und blindem Automatismus in Filmen meist von mechanisch agierenden Ungeheuern verkörpert (siehe Kapitel 6.3). Eine solche Einheit anzustreben, bringt in der Tat beunruhigende Implikationen mit sich. Man selbst wird zu etwas Irrationalem und Fremdartigem, das man nicht versteht – und trotz allem verantwortlich für dessen Tun.

So ist auch das Moment der Selbstbegegnung oft eine verstörende Erfahrung für die Protagonisten. John Malkovichs Eintauchen in sich selbst mutet allemal bizarr an. In STAR WARS: EPISODE VIII - THE LAST JEDI begegnet Rey sich, als sie eine Höhle betritt, welche die dunkle Seite der Macht beherbergen soll, gewissermaßen also das ultimative Böse. Ihr Ziel besteht darin, die ihr unbekannte Identität ihrer Eltern zu ermitteln, sie findet jedoch nur Reflexionen ihrer selbst: warum sie ist, was bzw. wie sie ist, scheint unergründlicher Ausdruck des Fremden. Am Ende von ANNIHILATION kann die Protagonistin nicht einmal sicher sein, dass sie noch menschlich ist: vermutlich handelt es sich bei ihr um eine Kopie ihres früheren Ichs, die von dem merkwürdigen außerirdischen Ding erzeugt wurde, welches als Autorencharakter fungiert.

---

474 Vgl. BIOSHOCK 2
475 Vgl. APOCALYPSE NOW REDUX, R.: Francis Ford Coppola. USA 2002, Min.: 3:08:00

Der völligen Identifikation mit dem eigenen Erleben haftet ein obszönes Grauen an, da somit jegliche Moral relativiert wird. Handeln und Wollen in Einklang zu bringen, garantiert weder Altruismus noch Selbsterhalt.

Abgesehen von nicht-menschlichen Ungeheuern sieht Žižek kompromisslose Subjektivität vor allem in den monströs-perversen Vaterfiguren der Filme David Lynchs inkarniert, wie etwa Baron Harkonnen in dessen DUNE, Frank Booth in BLUE VELVET[476], Bobby Peru in WILD AT HEART[477] oder Dick Laurent in LOST HIGHWAY[478]. Selbst ERASERHEAD thematisert eine problembehaftete Vaterschaft (unter gewissen Umständen kann Henrys Baby in seiner Beobachterfunktion als Verkörperung des Henry ausgelieferten Zuschauers verstanden werden). Während gewöhnliche Vaterfiguren aus psychoanalytischer Sicht Autorität bzw., in entsprechenden Termini, Phallus repräsentieren, die bzw. den sie besitzen, sind diese amoralischen Überväter laut Žižek selbst effektiv Autorität und Phallus.

Sie verkörpern rohe, unreflektierte und über Angst, Moral und Zweifel vollkommen erhabene Lebensenergie – und genießen das, was sie genauso verstörend macht wie das Xenomorph oder den weißen Hai.[479]

Von Interesse ist hierbei der Charakter des Mynheer Peeperkorn aus DER ZAUBERBERG, der zwar nicht wie die paternalen Ungetüme Lynchs als Antagonist fungiert, ihnen ansonsten aber durchaus ähnelt. Dabei vertritt er ein groteskes Weltbild, gemäß dessen dem Menschen die Rolle von Gottes Phallus bei dessen Vereinigung mit der von ihm geschaffenen Welt zukommt – weshalb es religiöse Pflicht sei, sinnlich zu genießen.

Entsprechende Figuren scheinen kein Problem damit zu haben, willkürlich bzw. auf der Basis irrationalen Wissens zu agieren: z.B. kann der von Peeperkorn bewunderte Adler (siehe Kapitel 4.2) mit solchem Wissen im Sinne Dalís gleichgesetzt werden. Tatsächlich bleibt in der entsprechenden Szene fraglich, ob überhaupt ein Adler da ist, oder ob Peeperkorn sich bloß einbildet bzw. vorgibt, diesen erspäht zu haben.

---

476 BLUE VELVET. R.: David Lynch. USA 1986
477 WILD AT HEART. R.: David Lynch. USA 1990
478 Vgl. Žižek in: THE PERVERT'S GUIDE TO CINEMA, Min.: 02:04:00
479 Vgl. Ebd., Min.: 2:06:00

Entscheidend ist nicht faktische Wahrheit, sondern individuelle Begeisterung, das Narrativ, dass Peeperkorn selbst und alle Anwesenden mitreißt – und die Situation somit selbst zu einer narrativ aufgeladenen Szene werden lässt. Er verleiht seiner Begeisterung für den Raubvogel dabei in einer ausufernden Rede Ausdruck, die mit der Beteuerung von dessen Existenz beginnt, zu blumigen und offenkundig seiner Imagination entsprungenen Beschreibungen des Tieres übergeht und schließlich in einer Art archaischem Blutrausch kulminiert:

> „Ich lenke Ihre Aufmerksamkeit in die Höhe, in große Höhe, auf jenen schwarzen, kreisenden Punkt dort oben, unter dem außerordentlich blauen, ins Schwärzliche spielenden – Das ist ein Raubvogel, ein großer Raubvogel. Das ist, wenn mich nicht alles – Meine Herren und Sie, mein Kind, das ist ein Adler. Auf ihn lenke ich mit aller Entschiedenheit – Sehen Sie! Das ist kein Bussard und kein Geier – wären Sie so übersichtig, wie ich es mit zunehmendem – Ja, mein Kind, gewiß, mit zunehmendem. Mein Haar ist bleich, gewiß. So würden Sie so deutlich wie ich an der stumpfen Rundung der Schwingen – Ein Adler, meine Herrschaften. Ein Steinadler. Er kreist gerade über uns im Blauen, schwebt ohne Flügelschlag in großartiger Höhe zu unseren – und späht gewiss aus seinen mächtigen, weitsichtigen Augen unter den vortretenden Brauenknochen – Der Adler, meine Herrschaften, Jupiters Vogel, König seines Geschlechtes, der Leu der Lüfte! Er hat Federhosen und einen Schnabel von Eisen, nur vorne plötzlich eisern gekrümmt, und Fänge von ungeheurer Kraft, einwärtsgeschlagene Krallen, die vorderen von den langen rückwärtigen eisern umgriffen. Sehen Sie, so! […] Gevatter, was kreist und spähst du! […] Stoß nieder! Schlag ihn mit dem Eisenschnabel auf den Kopf und in die Augen, reiß ihm den Bauch auf, dem Wesen, das dir Gott – Perfekt! Erledigt! Deine Fänge müssen in Eingeweide verstrickt sein und dein Schnabel triefen vor Blut –"[480]

Žižek bringt solche Figuren, die lynchschen Väter – oder z.B. auch Darth Vader – mit dem von Freud hypothetisch beschriebenen Patriarchen der vorzeitlichen Horde in Verbindung, dem ursprünglichen und überpotenten Frühmenschen, der aufgrund seiner animalischen Lebensbejahung den Tod verweigert und seine Nachkommen unterdrückt[481].

---

480 Vgl. DER ZAUBERBERG, S. 617
481 Vgl. Žižek in: THE PERVERT'S GUIDE TO CINEMA, Min.: 2:03:30

Freud selbst setzt diesen wiederum mit Nietzsches Übermenschen gleich, den jener erst in der Zukunft vermutet[482].

Im Nicht-sterben-wollen solcher Charaktere ist eine Parallele zu spielerischen Game-Over-Restart-Konfigurationen zu sehen. Und auch metatragische Protagonisten verweigern ihre Auslöschung oder zumindest diejenige Ihres Ichs, dass sich als bloße Geschichte entpuppt. Um in einer chaotischen Wirklichkeit zu überdauern, identifizieren sie sich trotz des Zerfalls ihres Selbst mit dessen Geschichte – und in gewisser Weise bedeutet das, diese aktiv neu zu konstruieren. Sie überleben sich in bestimmter Hinsicht selbst – und zwar, indem sie die Funktion des Autorencharakters übernehmen. In Metatragödien, in denen dieser sich als fehlbar entpuppt, werden sie dadurch zu dem metaphorischen Phallus, den dieser lediglich besaß. Bleibt der Autorencharakter unverständlich, erheben sie sich auf seine Stufe.

Dies kann als weitere Übernahme videospielhafter Formen durch Filme verstanden werden (siehe Kapitel 4.5). So bieten viele Spiele das Motiv eines Schöpfers der Spielwelt, den der Avatar des Spielers schließlich aufspührt, indem er einen Weg hinter deren Kulissen sucht, um ihn dann umzubringen oder anderweitig an seine Stelle zu treten. Entsprechende Autorencharaktere in Videospielen sind beispielsweise GLaDOS in PORTAL[483], Andrew Ryan in BIOSHOCK oder Kirin Jindosh in DISHONORED 2[484]. Monforton bringt solche Szenarien mit dem von Barthes proklamierten Tod des Autors in Verbindung – den der Rezipient aktiv nachvollziehen bzw. in die Wege leiten muss, um seine eigene Spielweise bzw. Lesart der Erzählung zu legitimieren.[485]

In metatragischen Spielen – oder sonstigen Erzählungen – erkämpfen die Protagonisten, wie erwähnt, zugleich *ihre* eigene Lesart. Dabei werden sie in bestimmter Weise zu bestialischen Phalluskreaturen im Sinne Freuds – oder eben zu nietzschen Übermenschen mitsamt deren unmenschlicher Erhabenheit: und Playfulness. Das Leben wird für sie zu einer Art Spiel nach ihren Regeln, worauf in späteren Kapiteln näher eingegangen wird.

---

482 Vgl. Freud (1921). http://www.textlog.de/freud-psychoanalyse-masse-urhorde.html, zuletzt geprüft am 14.02.2020

483 PORTAL. PC u:a.. Entwickler: Valve Software. Publisher: Electronic Arts/Valve Software. 2007

484 DISHONORED 2. PC/PlayStation 4/Xbox One. Entwickler: Arkane Studios. Publisher: Bethesda Softworks. 2016

485 Monforton (2017). https://www.rockpapershotgun.com/2017/09/19/death-of-creators-dishonored-portal-bioshock/, zuletzt geprüft am 14.02.2020

In jedem Fall ist zu beachten, dass das Phallische in diesem Zusammenhang nicht mit herkömmlicher Männlichkeit gleichgesetzt werden kann. Viele Metatragödien haben weibliche Protagonisten, oft erfolgt sogar eine Abkehr von klassisch maskulinen Idealen. In BLADE RUNNER 2049 beispielsweise transformiert sich Officer KD6-3.7 in einen phallischen Autor, indem er sich partiell mit der Frau identifiziert, deren Erinnerungen ihm implantiert wurden. EX MACHINA behandelt weniger die Gefahren künstlicher Intelligenz, als vielmehr die emanzipatorische Identifikation von Frauen mit ihrer eigenen subjektiven Perspektive – sowie männliche Angst davor (wie auch Harari betont[486]). Es geht nicht um konventionell männliche Attribute, sondern um die Assoziation des Ichs mit dem eigenen Erleben. Und dieses wird von einer Geschichte geformt, die rational betrachtet nur eingeschränkt Sinn ergibt, was ebenfalls anerkannt werden muss.

Abbildung 12: Phallische Symbolik in ANNIHILATION. Während sie zur Autorin ihrer eigenen Geschichte wird, dringt die Protagonistin Lena in eine vaginal geformte Höhle hinter (bzw. unter) den Kulissen der Handlungswelt ein, wo gleich einer Eizelle der untote Autorencharakter residiert: in diesem Fall ein unverständliches außerirdisches Ding, welches sich fortlaufend selbst hervorbringt. Seine Körpersubstanz quillt aus der vorderen Öffnung, läuft über die Außenhaut und wird von der hinteren Öffnung verschluckt.

Metatragische Protagonisten arrangieren sich mit ihrer eigenen Irrationalität. Selbst, wenn sie schließlich beginnen, einer bestimmten Moral zu folgen, wird diese zum Ausdruck blinder Willkür.

---

486 Vgl. Harari 2018, S. 326

So führt die Identifikation mit der Geschichte oft durchaus zu Mitgefühl und Menschenliebe. Donnie Darko opfert sich, um seine Freundin zu retten, Zed weigert sich, an dem Massaker teilzunehmen, dass er ausgelöst hat und die Protagonistin von ARRIVAL rettet die Welt, um dann ein Kind hineinzusetzen.

Rückhaltlose Subjektivität aber gibt auch zunächst völlig harmlos erscheinenden Zielen, Werten und Verhaltensweisen eine dunkle Seite. Spekulativ in einer unverständlichen Wirklichkeit zu agieren, bedeutet auch, die Konsequenzen des eigenen Handelns nur bedingt abschätzen zu können. So wird beispielsweise explizit offengelassen, ob Donnies Opfer seinen Zweck erfüllt, das Massaker findet dennoch statt und das Kind wird trotz des sicheren Wissens seiner Mutter geboren, dass es früh an einer Erbkrankheit sterben wird. In gewisser Hinsicht müssen die Charaktere zu Zynikern werden: es ist nicht so, dass sie nicht wüssten, was sie tun. Sie tun es vielmehr, obwohl sie genau Bescheid wissen – zumindest darüber, dass sie eben nicht Bescheid wissen[487].

Die gegenseitige Hervorbringung von Wirklichkeit und Bewusstsein steht als abgründiges Mysterium hinter der Realität, die man erlebt – egal, wie diese aussieht. Jede Oberfläche birgt potenziell Untiefen. Und unter diesen Umständen kommen die Protagonisten nicht darum herum, auf Annahmen oder Willkür zrückzugreifen.

Das Prinzip geht dennoch weit über einfachen Zynismus hinaus. Es lässt sich eher mit dem von George Orwell in seinem Roman 1984[488] geprägten Begriff des *Doublethink* vergleichen. Darunter zu verstehen ist die Fähigkeit, einander logisch ausschließende Aussagen als gleichermaßen wahr anzuerkennen. In 1984 nutzt ein totalitäres Regime dieses Prinzip, um seine Macht zu festigen: da Wahrheit ohnehin relativ ist, sind die Bürger dazu angehalten, jeweils an diejenige Version davon zu glauben, die sich am Besten mit den vom Staat vorgeschriebenen Kollektivinteressen vereinen lässt.[489]

Gewissermaßen wird der Einsatz von Doublethink von metatragischen Protagonisten privatisiert. Zwar sind ihnen in der Regel engere Grenzen gesetzt als Orwells dystopischem Staat, da sie über weniger Macht verfügen: sie können ihre Interpretation der Wirklichkeit unter deren gegebenen Umständen nur begrenzt durchsetzen, ohne allzu große Widerstände und Konflikte hervorzurufen.

---

487 Vgl. Žižek in: The Pervert's Guide to Ideology, Min.: 26:00
488 1984. R.: Michael Radford. GBR 1984
489 Vgl. Schlobinski/Siebold 2011 S. 228-229

Allerdings bedeutet bereits das Akzeptieren und Interpretieren dieser Umstände paradoxerweise eine Abkehr von der Suche nach uneingeschränkter Wahrheit. Die subjektiv wahrgenommene – und in diesem Fall für wahr genommene – Wirklichkeit scheint zwar keinen Anspruch auf Absolutheit stellen zu können, ihren Alternativen aber auch nicht unterlegen zu sein.

Dies gilt in besonderem Maße, wenn es darum geht, moralische Entscheidungen zu fällen. Wenn die Interpretation der Ereignisse sich nicht nur darauf beläuft, was man tun könnte, sondern auf die konkrete Frage, was man tun soll.

Gewissermaßen wird dadurch Kants *Kategorischer Imperativ* invertiert: es geht nicht darum, so zu handeln, dass die Maxime des eigenen Willens jederzeit als Prinzip einer allgemeinen Gesetzgebung gelten könnte[490]. Wie allgemeine Gesetze aussehen sollten, ist unmöglich zu bestimmen, ohne dass man die allgemeine Realität versteht, auf welche diese anzuwenden wären. Vielmehr wird so gehandelt, als ob die subjektiv für umsetzbar und richtig befundenen Gesetze allgemeine Gesetze wären.

Im Grunde werden die Protagonisten von Metatragödien zum kategorischen Imperator ihrer eigenen Geschichte. Sie entscheiden selbst, welche Version der Wahrheit sie zur Grundlage ihres Handelns machen und wie sie handeln wollen – so wie etwa der Rezipient von PULP FICTION eher entscheidet als ermittelt, was sich im Koffer befindet.

Wie erwähnt, muss dies durchaus nicht bedeuten, amoralischem Egoismus zu fröhnen oder aufopernd Gutes zu tun. In ANNIHILATION etwa bemüht sich die Protagonistin schlicht, zu überleben und ihren Ehemann zu retten. Selbstredend ist auch die Bedeutung dessen – naiv formuliert: der Sinn des Lebens – streng relativistisch gesehen fraglich (was in dem Film ausdrücklich debattiert wird).

Sämtliche Metatragödien plädieren letztendlich dafür, auf Basis subjektiver Empfindungen zu handeln. Dies bewusst zu akzeptieren und zu vergegenwärtigen, führt dazu, die Realität zu narrativieren: *ich fühle dies, deswegen tue ich jenes* ist bereits eine Geschichte. Die einzelnen Werke unterscheiden sich jedoch massiv in Hinsicht auf das Ausmaß der Narrativierung und die Art der Geschichten, die erzählt bzw. propagiert werden. Am deutlichsten werden die Unterschiede anhand des jeweils dargestellten Einsatzes von Gewalt.

---

490 Vgl. Kant 2003, S. 41

Gemäß der metatragischen Logik wird diese proportional zu demjenigen Maß gerechtfertigt, in welchem man die Wirklichkeit fiktionalisiert. Gemäß einer konsequent solipsistischen Perspektive wäre alles, was man wahrnimmt, bloß ein Produkt der eigenen Vorstellungskraft – und reale Gewalt nichts anderes als Gewalt in Videospielen. Umgekehrt bleibt die Minimierung von Leid – und somit auch die Vermeidung von Gewalt – womöglich das einzige Ziel, das abseits von Ideologie und Narrativen wirkliche Validität behält, wie u.a. Harari darlegt[491]. Dabei hebt er die enge Verknüpfung einer solchen Perspektive mit buddhistischem Denken hervor. Er betont jedoch, dass dieses seinerseits zu einem Narrativ werden kann, welches sich in ausreichender Dosierung eignet, um Gewalt zu legitimieren[492]. Leid zu reduzieren, indem man eine innere Distanz zum Geschehen der Realität aufbaut, kann beispielsweise auch bedeuten, dass eigene Leid im Sinne der Reue zu mindern, welche die eigenen Taten hervorrufen.

Analog erörtert Žižek, dass entsprechende Strategien während des Zweiten Weltkriegs von den Achsenmächten eingesetzt wurden: sowohl von deutschen Nazionalsozialisten wie Heinrich Himmler als auch von japanischen Zen-Buddhisten, die ihre Philosophie einsetzten, um Soldaten zu indoktrinieren. Die Wirklichkeit distanziert als bloßes Spiel illusionärer Erscheinungen zu akzeptieren, so wie sie ist, kann auch dazu führen, Militarismus, Gehorsam und Gewalt als Wirklichkeit zu akzeptieren. Demnach wäre man z.B. nicht dafür verantwortlich, wenn das eigene Bajonett einen Feind aufspießt, da das Konzept von Verantwortlichkeit bloß Ausdruck von Eitelkeit und alles letztlich Teil vom großen Tanz des Universums ist, der sich nicht kontrollieren lässt.[493] In eben diesem Sinne behaupteten entsprechend nationalistische Denker wie Nissho Inoue, Ikki Kita und Tanaka Chigaku, kompromisslose Treue zum japanischen Kaiser sei ein Weg, die Bindung ans eigene Ich gemäß der Lehre Buddhas zu überwinden[494]. Sowohl Žižek als auch Harari beziehen sich dabei auf die Arbeit Daizen Victorias[495].

---

491 Vgl. Harari 2018, S.401-404
492 Vgl. Ebd. S. 400
493 Vgl. Žižek 2012. https://www.youtube.com/watch?v=kugiufHh800&t=37s, zuletzt geprüft am 14.02.2020, Min. 29:00
494 Vgl. Harari 2018, S. 400
495 Vgl. Victoria 1997

Alle drei kritisieren nicht den Buddhismus an sich, sondern beschreiben ihn als hochentwickelte Methode, um inneren Frieden zu erlangen – die fatalerweise auch dann funktioniert, wenn man für ein faschistisches Regime dessen Feinde umbringt.

Es ist deutlich hervorzuheben, dass keine der in diesem Buch behandelten Metatragödien einen dergestalt extremen Standpunkt einnimmt. Gleichwohl tendieren manche davon sehr viel stärker zum Gutheißen von Brutalität als andere. Beispielsweise die Serien ASH VS EVIL DEAD und PREACHER zeichnen sich durch die explizite Darstellung extremer Gewalt aus, an der die jeweiligen Protagonisten durchaus Spaß zu haben scheinen. Dies geschieht jeweils aus einer ironischen Distanz – doch eben diese stellt eine Form von Fiktionalisierung dar.

Ähnliches gilt für die Filme Quentin Tarantinos. Und Tarantino selbst betont, dass filmische Gewalt für ihn ein rein ästhetisches Phänomen darstellt, dass man genauso mögen kann oder auch nicht wie Tanzeinlagen[496]. Die Protagonisten seiner Filme – und sobald sie sich mit ihrer Geschichte identifiziert haben auch diejenigen von Metatragödien – scheinen mit dieser Gewalt meist kein Problem zu haben, da sie ihre Realität stark narrativ erleben.

Das bedeutet nicht, dass entsprechende Erzählungen Blutvergießen per se propagieren. Es wird eher zu einer Frage der Umstände und des jeweils passenden Maßes an Interpretation. Den Rezipienten stellt dies in erster Linie vor die Frage, welches Maß er selbst für angemessen befindet, bzw. wie er seinerseits die Welt sieht: welche Umstände vorherrschen, bzw. welches Genre.

Sofern man die Realität als Horrorstory betrachtet, ist es naheliegend, wenn nicht sogar zwingende Konsequenz, selbst zum Axtmörder zu werden wie die Protagonisten von ASH VS EVIL DEAD und IN THE MOUTH OF MADNESS. Diese Aussage setzt jedoch nicht voraus, dass die Realität tatsächlich eine Horrorstory ist. IN THE MOUTH OF MADNESS beispielsweise thematisiert eine schleichende Veränderung der Wirklichkeit, welche zu Anfang wenig feindselig erscheint und betontermaßen erst durch die – fiktionalen – Ereignisse der Handlung zum Schauerstück mutiert. In diesem Sinne kann der Film sogar als kritische Reflexion des Potenzials gewaltverherrlichender Erzählungen betrachtet werden.

Es finden sich auch Metatragödien, die weitgehend ohne physischen Konflikt und Tote auskommen oder in denen Gewalt zumindest nicht

---

496 Vgl. Körte in: Fischer/Körte/Seeßlen 1998 S. 50

zum Erfolg führt, wie THE TRUMAN SHOW, BEING JOHN MALKOVICH, STRANGER THAN FICTION, ARRIVAL, MÆND & HØNS, THE DISCOVERY, THE ENDLESS und der partiell metatragische Film RAUS. FIGHT CLUB zelebriert zwar die vitalisierende Wirkung von Gewalt, allerdings wird deren Ausmaß – ob tödlich oder nicht – schließlich zum entscheidenden Streitpunkt zwischen dem Protagonisten und seinem Alter Ego Tylor Durdon.

Dem gegenüber stehen Werke wie LOGAN und THE MATRIX, deren Protagonisten ihre Feinde gleich dutzendweise niedermetzeln und dabei durchaus erreichen, was sie jeweils anstreben. In SNOWPIERCER und THE CABIN IN THE WOODS nimmt das Maß an Interpretation extreme Züge an: die Protagonisten ernennen sich zu Richtern über die gesamte menschliche Zivilisation und fällen ihr Todesurteil.

Ein interessanter Kompromiss findet sich in A CURE FOR WELLNESS. Dessen Protagonist versucht immer wieder, seine Probleme aggressiv zu lösen und scheitert wiederholt. So beginnt er z.B. eine Kneipenschlägerei und wird brutal verdroschen. Erst im absurden, videospielartigen *Bosskampf* gegen den untoten Sanatoriumsleiter führt körperlicher Widerstand zum Ziel: ein hohes Maß an spekulativer Interpretation ist nur in einer hochgradig surrealen Situation angemessen. Auch wird der irre Arzt letztendlich nicht vom Protagonisten selbst besiegt, sondern von seiner eigenen Tochter, die er zuvor vergewaltigen wollte und der Kampf führt gleichzeitig zum Tod von Unschuldigen.

In einigen Fällen wird nicht Gewalt infolge der Fiktionalisierung des Geschehens legitimiert, sondern umgekehrt: beispielsweise der Protagonist von LOGAN versucht erfolglos, Kämpfen aus dem Weg zu gehen. Von Reue ob seiner früheren Gewalttaten geplagt, fristet er ein Dasein als Einsiedler – welches er schließlich aufgibt, um seine Tochter vor Söldnern zu beschützen, die es auf sie abgesehen haben. Das Mädchen verarbeitet ihre traumatischen Erlebnisse, indem sie diese zu Geschichten aus Comicbüchern in Bezug setzt. Und auch ihr Vater akzeptiert schließlich seine Rolle als comichafte Heldenfigur, die sie in ihn hineinprojiziert, um mit der Gewalt umgehen zu können, die sich in seiner Lage nicht vermeiden lässt.

Das Ausmaß von Brutalität und (deren) Narrativierung wird in jeder Metatragödie individuell verhandelt. Dabei muss sich Erstere nicht nur auf körperliche Auseinandersetzungen, Mord und Totschlag beziehen. Auch psychische Gewalt ist oft ein Thema, nicht selten gegen die eigene Person gerichtet, beispielsweise im Festhalten an defizitären Lebensweisen.

So führt der Protagonist von A CURE FOR WELLNESS zu Beginn ein Leben als Broker bei einem großen Finanzunternehmen in New York City, vernachlässigt sein Privatleben, demütigt andere und leidet darunter auch offenkundig selbst. Nach seinen Abenteuern im recht morbide anmutenden Europa scheint er schlussendlich lieber dort zu bleiben, um ein neues, ebenfalls eher morbides Leben zu beginnen. Körperliche Spiritualität im Sinne einer Konzentration auf das bewusste leibliche Befinden wird zum Gegenentwurf eines distanziert-pragmatischen Materialismus', auch wenn er deren Extremform – in Gestalt der vom Sanatoriumsleiter angebotenen Therapie durch Krankheit – ebenfalls ablehnt. Er kann gewissermaßen als ein moderner Hans Castorp verstanden werden, dem es gelingt, sich mit seiner Geschichte zu identifizieren, indem er ein neues Narrativ für sein Leben erschließt und innerhalb dessen dann ein habitables Maß auslotet.

Auch hierbei ist Žižeks Auseinandersetzung mit buddhistischem Denken von Interesse. So diagnostiziert er eine gesellschaftliche Entwicklung, welche er als *westlichen Buddhismus* bezeichnet. Demnach ist die zunehmend vorherrschende Ideologie der gegenwärtigen westlichen Welt darin zu sehen, eine ironische Distanz zum eigenen Handeln und Empfinden zu entwickeln. Das von der Öffentlichkeit implizit propagierte Ideal besteht nicht länger darin, sich für irgendeine große Sache wie den Ruhm der Nation oder die Weltrevolution zu opfern. Auch das liberal-humanistische Ziel authentischer Selbstverwirklichung schwindet, laut Žižek, zunehmend von der Agenda. Vielmehr wird angepriesen, sich auszuprobieren, zu experimentieren und nicht zu sehr an einer bestimmten Identität zu hängen – was als pervertierte, stark vereinfachte Form buddhistischer Spiritualität verstanden werden kann.[497]

Besonders exemplarisch sind seiner Meinung nach westlich eingefärbte Kurse in asiatischer Meditation, die meist eine Abkehr vom Streben nach sinnentlehrter Leistungssteigerung propagieren, den Teilnehmern zugleich aber versprechen, durch das Erlangen inneren Friedens produktiver zu werden.

Für den Erfolg dieser Ideologie macht er im Wesentlichen zwei Faktoren verantwortlich. Einerseits bringt ein global vernetzter Kapitalismus, in dem alles, was auf der Welt geschieht, direkt vernetzt ist, mit sich, in einer äußerst instabilen Welt zu leben.

---

497 Vgl. Žižek 2012. https://www.youtube.com/watch?v=kugiufHh800&t=37s, zuletzt geprüft am 14.02.2020, Min: 35:00

Deren Komplexität samt der damit eihergehenden unwägbaren Risiken auszuhalten, bedingt den Aufbau innerer Distanz.[498] Andererseits zeichnen sich verstärkt Möglichkeiten ab, menschliches Denken, Fühlen und Wollen technisch zu manipulieren, etwa durch den Fortschritt biochemischer Forschung oder die Entschlüsselung kognitiver Prozesse durch Algorythmen. Und eine buddhistische Sichtweise ist damit weitaus besser vereinbar, als eine humanistische oder z.B. christliche (siehe Kapitel 8).[499]

So wie die Zenmeister des japanischen Kaiserreichs die distanzierte Partizipation am Zweiten Weltkrieg anpriesen, preist dieser westliche Buddhismus vorwiegend das Festhalten an einem neoliberalen Arbeits- und Konsum-Ethos an.

Ein weiteres repräsentatives Beispiel sieht Žižek im popkulturellen Erfolg des Songs GANGNAM STYLE[500] des südkoreanischen Rappers *Psy*. Dessen Text parodiert den oberflächlichen Livestyle der südkoreanischen Elite. Gleichzeitig wird dieser jedoch – wenn auch ironisch – zelebriert, indem beispielsweise der im zugehörigen Musikvideo aufgeführte Tanz nachgetanzt wird, der seinerseits das als Statussymbol zur Schau gestellte Reiten eines Pferdes immitiert.[501] Die Ironie steigert die Identifikation mit dem Parodierten, so wie die Selbstdekonstruktion metafiktionaler Erzählungen deren Inhalt unterstreicht (siehe Kapitel 5.1).

Als Alternative zu diesem zynischen Pseudo-Buddhismus plädiert Žižek für eine rückhaltlose Identifikation mit dem Geschehen der Realität – für Involvierung anstelle von Distanz. Dabei hebt er hervor, dass auch dies eine Form von Buddhismus darstellen (und somit mit der Dekonstruktion des freien Willens und dem Leben in einer chaotischen Welt vereinbar sein) kann. Er nimmt in diesem Kontext auf bestimmte buddhistische Traditionen Bezug, laut denen die Überwindung des Egos eher dadurch zu erreichen ist, dass man völlig im eigenen Tun aufgeht, anstatt sich emotional davon zu lösen.[502]

---

498 Ebd., Min: 1:06:00
499 Ebd., Min: 1:31:00
500 „GANGNAM STYLE" by Yoo Gun-hyung, Psy. 2012
501 Vgl. Žižek 2016, S. 18-19
502 Vgl. Žižek 2012. https://www.youtube.com/watch?v=kugiufHh800&t=37s, zuletzt geprüft am 14.02.2020, Min: 1:36:00

Im Grunde ist genau das auch, was metatragische Protagonisten tun. Sie erkennen ihre Geschichte als Fiktion und kommen damit zurecht, indem sie sich mit der Illusion als solcher identifizieren, anstatt sie abzulehnen. Somit mutet beispielsweise A CURE FOR WELLNESS nahezu wie eine filmische Adaption von Žižeks Gedankengang an. Der Protagonist überwindet sein Dasein als Raubkapitalist, indem er spöttische Ironie durch aufrichtigen Zynismus im Sinne von Doublethink ersetzt.

Selbiges gilt für STAR WARS: EPISODE VIII - THE LAST JEDI. So unterstellt Žižek der zweiten STAR WARS Trilogie (STAR WARS: EPISODE I – THE PHANTOM MENACE[503], STAR WARS: EPISODE II – ATTACK OF THE CLONES[504] und STAR WARS: EPISODE III – REVENGE OF THE SITH, in denen die Vorgeschichte zu den drei ursprünglichen Filmen erzählt wird), eben den von ihm kritisierten westlichen Buddhismus zu vermitteln.

Während die drei Originalfilme (STAR WARS und die beiden unmittelbaren Fortsetzungen, nachträglich umbenannt in: STAR WARS: EPISODE IV - A NEW HOPE, STAR WARS: EPISODE V - THE EMPIRE STRIKES BACK[505] und STAR WARS: EPISODE VI - RETURN OF THE JEDI[506]) konventionelle christliche bzw. modernistische oder humanistische Werte anpreisen – den Kampf für Freiheit und Gerechtigkeit, das Folgen einer inneren Berufung, die Wiederherstellung einer verlorenen Ordnung, etc. – thematisiert diese zweite Trilogie die destruktiven Folgen von Anakin Skywalkers Mangel an Distanz zu sich selbst. Er wird zu Darth Vader, da er sich zu sehr mit seinem Empfinden identifiziert, an seiner Liebe zu der Weltraumprinzessin Padmé Amidala festhält und nicht bereit ist, hinzunehmen, dass sie stirbt. Hätte er einfach den unvermeidlichen Lauf des Schicksals akzeptiert, wäre im Endeffekt weit weniger Leid zustandegekommen als infolge des törichten Versuchs, die Dinge zu verändern: effektiv stirbt sie, gerade weil er dies zu unterbinden sucht.[507]

---

503 STAR WARS: EPISODE I - THE PHANTOM MENACE. R.: George Lucas. USA 1999
504 STAR WARS: EPISODE II - ATTACK OF THE CLONES. R.: George Lucas. USA 2002
505 STAR WARS: EPISODE V - THE EMPIRE STRIKES BACK. R.: Irvin Kershner. USA 1980
506 STAR WARS: EPISODE VI - RETURN OF THE JEDI. R.: Richard Marquand. USA 1983
507 Vgl. Žižek 2012. https://www.youtube.com/watch?v=kugiufHh800&t=37s, zuletzt geprüft am 14.02.2020, Min: 1:37:00

Die dritte Trilogie (STAR WARS: EPISODE VII - THE FORCE AWAKENS[508], STAR WARS: EPISODE VIII - THE LAST JEDI und STAR WARS: EPISODE IX - THE RISE OF SKYWALKER[509]), welche nach Übernahme der Marke duch die Walt Disney Company entstanden ist, kann in ihrer Gesamtheit als Rückkehr zur konservativen Perspektive der ursprünglichen Reihe betrachtet werden. Interessanterweise jedoch stellt THE LAST JEDI eine Art rebellischen Ausreißer dar, neigt vielmehr zu einem Kompromiss im Sinne Žižeks – und erfüllt gleichsam die Kriterien einer Metatragödie.

Anders als der unmittelbar vorrangehende und folgende Teil ist er nicht unter der Regie von Jeffrey Jacob Abrams entstanden, sondern unter derjenigen von Rian Jonson. Zwar werden viele in dem Film formulierte Ansätze für dessen Fortsetzung in der von Abrams tatsächlich gedrehten Fortssetzung ignoriert oder sogar regelrecht wiederrufen – in THE RISE OF SKYWALKER verliert einer der Charaktere repräsentativ sein Gedächtnis und erlangt es schließlich wieder, ohne sich jedoch an die in THE LAST JEDI erzählten Ereignisse erinnern zu können – gewissermaßen trägt der achte Film jedoch eine verborgene alternative Zukunft in sich, die auf der Leinwand nicht zu ihrer Entfaltung gelangt.

So werden die von der Jedi-Philosophie verkörperten Werte der Moderne aus den ursprünglichen Filmen in THE LAST JEDI rehabilitiert, obwohl den Protagonisten ihre destruktiven Konsequenzen bekannt sind. Anstatt die Bedeutung ihrer Taten zu relativieren, relativieren sie deren Relativität durch Doublethink. Dabei zeichnet ihre Charakterentwicklung eher die Reihenfolge nach, in der die STAR WARS-Filme erschienen sind, als deren innere Chronologie: der unreflektierte Glaube an ihre Sache wird durch Zweifel und Distanz ersetzt, worauf dann die bewusste Entscheidung für ein Narrativ folgt. Im Sinne der Assoziation von metatragischen Protagonisten mit Nietzsches Übermenschen und Freuds Ur-Vater heißt THE LAST JEDI es in gewissen Grenzen gut, zu Darth Vader zu werden – und mit der Macht auch deren dunkle Seite zu begrüßen. Der Lauf des Schicksals wird als solcher angenommen – einschließlich der Tatsache, dass man selbst dessen monströser Autor ist.

---

508 STAR WARS: EPISODE VII - THE FORCE AWAKENS. R.: Jeffrey Jacob Abrams. USA 2015
509 STAR WARS: EPISODE IX - THE RISE OF SKYWALKER. R.: Jeffrey Jacob Abrams. USA 2019

6.4 Meta-Schicksal: Alles ist verflochten

"We all make choices, but in the end, our choices make us."

Andrew Ryan in: BIOSHOCK[510]

Menschen verarbeiten ihre Erlebnisse – bewusst oder unbewusst – in Form von Geschichten. Geschichten widerum beeinflussen, wie Menschen auf ihre Erlebnisse reagieren. Dadurch kommen neue Erlebnisse zustande, die von den konstruierten Geschichten beeinflusst sind – und rückwirkend in diese eingebaut werden.

Metatragödien widmen sich diesem Huhn-oder-Ei-Paradoxon und gewinnen ihm etwas Positives ab. Obwohl eine Wirklichkeit jenseits menschlicher Wahrnehmung zu existieren scheint und die Realität von sich aus keine Geschichte ist, tendieren Menschen gemäß dieser Sichtweise dazu, ihrem Leben einen narrativen Verlauf zu geben. Und indem sie dies vergegenwärtigen, eröffnet sich metatragischen Protagonisten das Potenzial, gezielt darauf Einfluss zu nehmen. Die Realität stellt sich somit als ein Geflecht aus Möglichkeiten und Hürden dar, anstatt als unlösbares Rätsel, welches es zu lösen gilt. Die Geschehnisse erlangen neue Bedeutung, da sie als Produkt des menschlichen Bewusstseins erscheinen – und dieses gleichzeitig stimulieren, indem sie ein Narrativ ergeben.

Ein hochinteressantes Beispiel ist in diesem Zusammenhang der Roman METPO 2033 (deutscher Titel: METRO 2033)[511] des russischen Schriftstellers Dmitry Glukhovsky. Die Handlung ist in einem düsteren Science-Fiction- bzw. Fantasy-Setting angesiedelt, in dem oft unklar bleibt, ob die geschilderten Ereignisse sich rational erklären lassen, der Einbildung des Protagonisten entspringen oder übernatürliche Faktoren repräsentieren. Allermal in Teilen kann der Roman dabei als Metatragödie eingestuft werden: der Protagonist durchlebt im Lauf der Handlung eine weitreichende Sinnkrise, da ihm sein Leben wie eine willkürliche Abfolge von Leid und Grauen vorkommt. Die Begegnung mit einem seltsamen Intellektuellen bringt ihn allerdings dazu, darin schlussendlich einen Sinn zu finden, indem er es willentlich als Narrativ mit rotem Faden interpretiert.

---

510 Vgl. BioShock
511 METPO 2033. Autor: Dmitri Alexejewitsch Gluchowski. 2007

Exemplarisch, auch für das Wirklichkeitsverständnis von metatragischen Erzählungen im Generellen, ist dabei die Ansprache des namenlosen Intellektuellen:

„Ich werde dir jetzt eine kleine Theorie schildern. Danach kannst du selbst beurteilen, ob sie zu deinem Leben passt oder nicht. Natürlich glaube auch ich, dass das Leben eitel und sinnlos ist und dass es kein Schicksal gibt, zumindest kein bestimmtes, offenkundiges, das man schon von Geburt an kennt. Nein, das nicht. Aber wenn du eine gewisse Zeit gelebt hast – wie soll ich sagen? – kann es vorkommen, dass dir etwas passiert, was dich dazu bringt, bestimmte Dinge zu tun und Entscheidungen zu treffen. Wobei du immer die Wahl hast, das eine zu tun oder aber etwas anderes. Wenn du jedoch die richtige Entscheidung triffst, so sind die Dinge, die dir im Weiteren passieren, nicht mehr rein zufällig, sondern bedingt durch die Wahl, die du zuvor getroffen hast. Ich will damit nicht sagen, dass dein weiteres Schicksal damit vorbestimmt ist. Aber angenommen, du stehst erneut am Scheideweg, so wird dir diese Entscheidung nicht mehr ganz so zufällig vorkommen. Natürlich nur, wenn du deine Wahl bewusst triffst. Dann ist ein Leben schon bald keine Ansammlung von Zufällen mehr, sondern hat tatsächlich eine gewisse Handlung, in der alles logisch miteinander verknüpft ist, wenn es auch nicht immer unmittelbare Verbindungen sind. Das ist dann dein Schicksal. Und wenn du deinen Weg lange genug verfolgst, wird dein Leben so sehr einer Handlung gleichen, dass auf einmal Dinge mit dir passieren, die sich mit nackter Vernunft oder deiner Theorie der zufälligen Verkettung nicht mehr erklären lassen. Dafür passen sie aber ausgezeichnet zur Logik der Handlungsstränge, nach denen sich dein Leben jetzt richtet. Ich denke, das Schicksal kommt nicht von allein zu dir, du musst schon selbst dorthin gehen. Aber wenn sich die Ereignisse in deinem Leben einmal zu einer Handlung verdichten, so kann dich das sehr weit bringen ... Das Interessante dabei ist, dass man selbst mitunter gar nicht merkt, wenn es einem passiert. Oder man hat eine ganz falsche Vorstellung davon, weil man versucht, die Ereignisse nach dem eigenen Weltbild zu ordnen. Das Schicksal hat jedoch seine eigene Logik[512]"

In diesem Sinne schlagen Metatragödien eine Brücke zwischen nüchtern rationalem Denken und dem tröstlichen Glauben an Schicksal bzw. einen dem Leben zugrundeliegenden Plot. Die resultierende Handlung kann sowohl an den eigenen Entscheidungen festgemacht werden wie auch an individuellen Entscheidungen im Allgemeinen.

---

512 Vgl. METRO 2033, S. 414-415 (deutsche Ausgabe im Heyne Verlag)

So thematisiert beispielsweise der partiell metatragische Film CLOUD ATLAS die Verflochtenheit menschlicher Leben über große zeitliche und räumliche Distanzen hinweg. Dadurch erscheinen persönliche Entscheidungen als Ausdruck bzw. Fortführung von andauernden Konflikten zwischen überpersönlichen Kräften wie Liebe, Angst und Zynismus. Diese sind in keiner Form übernatürlich, sondern schlicht das Produkt menschlichen Handelns – zugleich aber auch dessen Ursache. Beispielsweise stellt ein Handlungsstrang das Leben eines Anwalts dar, der sich im Jahr 1849 der Bewegung zur Abschaffung der Sklaverei anschließt. Sein Tagebuch inspiriert knapp 80 Jahre später einen Komponisten zum Verfassen des Wolkenatlas', des titelgebenden Musikstücks, welches widerum eine in den 1970er Jahren lebende Journalistin zum Aufdecken einer Verschwörung ermuntert usw.. Umgekehrt erscheinen auch die ihnen jeweils entgegenstehenden Kräfte als Ausdruck zusammenhängender Tendenzen im Fluss menschlicher Realitäten.

Die Protagonisten der einzelnen Handlungsstränge entschließen sich in unterschiedlichem Maß dazu, sich aktiv mit ihrer Rolle in diesem zu identifizieren: einzelne Menschen sind Akteure in der Weltgeschichte und von dieser beeinflusst, ohne, dass ihre Entscheidungen dadurch vorweggenommen würden.

Besonders der chronologisch letzte Handlungsstrang, welcher in einer postapokalyptischen Zukunftsvision angesiedelt ist, weist in deutlich ausgeprägter Form die metatragischen Motive auf. Dabei steht dessen Protagonisten das Manifest der Protagonistin aus dem vorangegangenen Handlungsstrang zur Verfügung, wodurch er sein Leben in einem recht ausformulierten Sinn als metatragisch begreift:

> "To be is to be perceived. And so to know thyself is only possible through the eyes of the other. The nature of our immortal lives is in the consequences of our words and deeds that go on apportioning themselves throughout all time. [...] Our lives are not our own. From womb to tomb, we are bound to others – past and present. And by each crime and every kindness, we birth our future.[513]"

Diese Betrachtungsweise weist markante Parallelen zu Carl Gustav Jungs Archetypenlehre und z.B. auch dem an diese anknüpfenden Denken Petersons auf. So betont jener u.a., dass die Evolution des Menschen nicht bloß die Anpassung an willkürlich zustandegekommene

---

513 Vgl. CLOUD ATLAS, Min.: 2:19.00

Umweltfaktoren darstellt, sondern auch von der bewussten Partnerwahl früherer Generationen beeinflusst wurde. Da diese vermutlich nicht allein auf rationalen Überlegungen und von Notwendigkeiten diktierten Überlebensstrategien basiert, sondern auch auf in diesem Sinne irrationalem Empfinden und persönlichem Geschmack, lassen sich die Ergebnisse zum Teil als eine Form von *intelligent design* beschreiben – ohne, dass ein göttlicher Schöpfer oder dergleichen vermutet wird.[514]

In diesem Sinne lässt sogar gerade eine kausal-deterministische Perspektive subjektiv getroffene Entscheidungen bedeutsam erscheinen, da die Vorgänge, welche das Ergebnis der Entscheidung beeinflussen, ihrerseits vom Faktor des Bewusstseins beeinflusst werden und auch im Vorfeld schon beeinflusst wurden. Der Mensch ist keine Marionette fremder Kräfte, sondern untrennbar mit diesen verlochten. In bestimmter Hinsicht erscheint sein Bewusstsein sogar als das Bewusstsein eben dieser Kräfte.

Wie an der Gegenüberstellung von METPO 2033 und CLOUD ATLAS deutlich wird, ist das metatragische Schicksals-Konzept in seinen Implikationen ambivalent: einerseits beschreibt dieses, wie zufällige Ereignisse in der individuellen Wahrnehmung zu einem Narrativ verknüpft werden, andererseits lässt sich auf Basis dessen schlussfolgern, dass die Ereignisse selbst gar nicht zufällig sind. Die meisten metatragischen Erzählungen tendieren jeweils dazu, den Schwerpunkt auf einen dieser Aspekte zu legen. So fokussieren sich etwa THE MATRIX, LOGAN und STAR WARS: EPISODE VIII - THE LAST JEDI wie CLOUD ATLAS auf Letzteres, wohingegen METPO 2033, ANNIHILATION, DONNIE DARKO und HIGH-RISE zu Ersterem tendieren.

In bestimmter Hinsicht lassen sich Metatragödien grob in die Kategorien eher konservativ und eher liberal einteilen – abhängig davon, ob sich die Protagonisten mit althergebrachten Geschichten identifizieren oder diese in einem kreativen Akt selbst konstruieren. Ob sie Bedeutung darin finden, einvernehmlich von der Vergangenheit beeinflusst zu werden oder sich selbst zu beeinflussen.

Der Übergang verläuft fließend und eine definitive Einordnung ist kaum möglich. In einigen Fällen wird gerade die Ambivalenz der Sache auf die Spitze getrieben. Beispielsweise DIRK GENTLY'S HOLISTIC DETECTIVE AGENCY setzt sich umfassend mit der paradoxen Identität von Zufall und narrativer Stringenz auseinander.

---

514 Vgl. Peterson 2017. https://www.youtube.com/watch?v=X6pbJTqv2hw, zuletzt geprüft am 14.02.2020, Min.: 1:40:00

Die Serie basiert auf dem Konzept der Holistik, der inneren Verflochtenheit aller Dinge. Dessen Inszenierung schwankt zwischen derjenigen als bloßer Lebensphilosophie und offener Fantasy. So versteht sich eine der Protagonistinnen als holistische Mörderin: sie bringt willkürlich Leute um, denen sie gerade über den Weg läuft, was sich im Nachhinein stets als die richtige Entscheidung herausstellt – zumindest in den Fällen, in denen das überhaupt nachgeprüft wird. Ihre völlig planlos ausgewählten Opfer entpuppen sich jeweils als Gangster, Serienmörder oder sonstige Bösewichte und einige Fälle, in denen sie davon absieht, ihrem Instinkt zu folgen und jemanden zu liquidieren, haben destruktive Konsequenzen. Ob sie dabei allerdings über eine Art magische Wahrnehmungs- bzw. Vorhersehungsgabe verfügt oder z.B. den Willen eines planenden Schicksals ausführt, bleibt offen.

Parallel löst der Protagonist Dirk Gentley Kriminalfälle, indem er sich im Umfeld der Tat aufhällt, willkürlich irgendetwas tut und sich dann auf die Folgen einlässt. Obwohl auch dies in der Regel nur aufgrund unwahrscheinlicher Zufälle funktioniert, ist der Prozess nicht zwangsläufig phantastisch: so basiert die eigentliche Ermittlungsarbeit auf der aufmerksamen Auswertung von Hinweisen, die sich aus der Beobachtung von Ereignissen wie dem Täterverhalten ergeben – welche dadurch nicht komplett an Wert verlieren, dass sie gezielt herbeigeführt werden. Gewissermaßen wird schlicht das Prinzip der Heisenbergschen Unschärferelation invertiert: dadurch, dass der Beobachter das zu Beobachtende verändert, gibt es etwas zu beobachten. Das zukünftig Vergangene wird retrospektiv zwar unveränderlich sein aber zu irgendetwas geführt haben, so wie auch die Gegenwart das Resultat von Entscheidungen ist, deren Konsequenzen vormals nicht abzusehen waren. Und da durch das richtige (und notfalls sehr hohe) Maß an Interpretation rückwirkend alles in Form eines kohärenten Plots aufgefasst werden kann, ist es nicht verkehrt, von vornherein darauf zu vertrauen. Was auch immer man tut – sofern man nur offen genug für die Folgen ist, lässt sich dem Ergebnis immer erzählerische Qualität beimessen.

Selbstredend ist dies eine sehr gefährliche Sichtweise, die sich nur begrenzt praktisch anwenden lässt: die in DIRK GENTLY'S HOLISTIC DETECTIVE AGENCY dargestellte Realität ist so surreal, dass sie ein extrem hohes Maß an Interpretation zulässt.

Unabhängig davon, ob das implizite Schicksalskonzept der jeweilige Metatragödie primär konservativ, liberal oder ambivalent ist, bringt es ein bestimmtes Verständnis von Realität als solcher mit sich.

6.5 Meta-Metaphysik: Die Welt als Wahnwitz und Potenzial

"I don't want to be a product of my environment. I want my environment to be a product of me."

Frank Costello in: THE DEPARTED[515]

Das Dasein narrativ zu betrachten, bedeutet auch, es selektiv zu betrachten. Zu interpretieren bedeutet, über die schlichte Faktenlage hinauszugehen. Und wenn die Protagonisten metatragischer Erzählungen sich mit ihrer Wirklichkeit identifizieren, obwohl sie handfeste Gründe haben, an dieser zu zweifeln, dann kommen sie nicht umhin, vom Streben nach absoluter Wahrheit abzulassen.

Nichtsdetotrotz scheint dies meist durchaus mit dem Gebrauch wissenschaftlicher oder philosophischer Methodik vereinbar zu sein. So werden in FIGHT CLUB ausufernd Chemikalien hergestellt, Donnie Darko beschäftigt sich mit dem (fiktiven) Buch *The Philosophy of Timetravel* und der Protagonist von THE DISCOVERY stellt komplexe Experimente mit Leichen an. In PROMETHEUS wird Forscherdrang als solcher zur Geschichte, an welche sie die Protagonistin klammert, um im Leben einen Sinn zu finden. TOMORROWLAND propagiert Aufklärung und optimistisches Fortschrittsstreben im Angesicht der Erkenntnis, dass sich dessen Folgen unmöglich zur Gänze abschätzen lassen. Dergleichen erweist sich dabei nie als Ausweg aus den Illusionen, sondern vielmehr als Hilfsmittel, um effektiv in ihnen zu agieren und bestimmte Ziele zu erreichen. Als Stilmittel beim Schreiben der eigenen und Weltgeschichte.

Wie im vorangegangenen Kapitel dargestellt, legen Metatragödien den Fokus bei der Betrachtung der Realität auf Hindernisse und vor allem Möglichkeiten. Und gewissermaßen werden diese zur eigentlichen Realität.

So erscheinen unabänderliche Tatsachen wie Naturgesetze letztlich als erzählerische Paradigmen. Die Protagonisten der Geschichten können logischerweise nicht beschließen, beim weiteren Verlauf ihrer Handlung die Schwerkraft zu missachten. Ob z.B. etwas existiert, wenn niemand da ist, um es wahrzunehmen, ist irrelevant: bedeutsam ist, sich so zu verhalten, als ob es da wäre. Somit ist der in manchen Metatragödien erfolgende pragmatische Einsatz wissenschaftlicher Methodik als

---

515 THE DEPARTED. R.: Martin Scorsese. HKG/USA 2006, Min.: 01:00

ein Beachten – oder, z.B. in Science-Fiction, potenziell auch Brechen – dieser Paradigmen zu verstehen.

Der Philosoph Steven Hicks formuliert die Kernfragen, die philosophische Systeme zu beantworten haben, im Zusammenhang einer Stellungnahme gegen postmodernes Denken, wie folgt: "What is real, how can you know and so what?[516]"

In Metatragödien ist tendenziell unmöglich, die ersten beiden Fragen zu beantworten – und insofern können sie durchaus als postmodern beschrieben werden. Nichtsdestotrotz kommen Protagonisten wie auch Rezipient nicht umhin, sich mit der dritten Frage zu beschäftigen und die Antwort darauf bringt indirekt auch Antworten auf die ersten beiden mit sich. Dies bedeutet nicht, eine persöhnliche Wahrheit frei zu erfinden, sondern eher den Entschluss für bestimmte Interpretations- bzw. Handlungsoptionen.

Hierin grenzen sich Metatrgödien davon ab, postfaktisch zu sein: es mag keine klar begrenzte Wahrheit geben, aber es gibt auch keine unbegrenzten Freiräume bei der Auswahl dessen, was möglich ist. Allemal die Konsequenzen dieser Auswahl liegen partiell jenseits des eigenen Einflusses. In diesem Sinne z.B. den Klimawandel zu leugnen mag eine Weile lang funktionieren, die Existenz eines heranrasenden Güterzugs zu bestreiten, wenn man auf den Gleisen vor ihm sitzt, macht die Begrenzeung jedoch sehr viel schneller deutlich. Gleichwohl ist ein gewisser Spielraum vorhanden.

Wenn der Protagonist von FIGHT CLUB sich entscheidet, eine Beziehung mit Marla Singer zu beginnen, entscheidet er sich auch dafür, dass sie real ist – oder wenigstens real genug. Eine Geschichte darüber, wer man in der Welt ist, umfasst auch eine Teilgeschichte darüber, in welcher Welt man sich befindet – bzw. in welcher Welt die Erzählung angesiedelt ist, die man gerade konsumiert. Wenn der Rezipient von DONNIE DARKO entschließt, dass Frank ein Außerirdischer ist, schließt er damit aus, dass Donnie ihn sich einfach nur einbildet.

Besonders offensichtlich tritt dieses Realitätsverständnis in der metatragischen Superheldenreihe des Regisseurs M. Night Shyamalan zutage, bestehend aus UNBREAKABLE, SPLIT und GLASS. Deren Protagonisten stecken jeweils in einer tiefschürfenden psychischen Krise, die eng mit dem Verdacht verbunden ist, ungenutztes Potenzial zu verschwenden. An diesem jedoch zweifeln sie ebenfalls, da es dezent

---

516 Hicks (1998). https://www.youtube.com/watch?v=ZhK6XOT3uAA&t=96s, zuletzt geprüft am 14.02.2020, Min.: 11:00

unrealistische bzw. übernatürliche Züge annimmt. Schließlich finden sie eine für sich passende Perspektive, indem sie ausprobieren, was tatsächlich möglich ist – anstatt in der fraglichen Gewissheit dessen zu verharren, was im Endeffekt real sein mag. Welches maximale Ausmaß ihre Fähigkeiten besitzen ist irrelevant in Hinsicht darauf, dass sie bestimmte Aufgaben damit in Angriff nehmen können.

Realität wird also letztlich gleichgesetzt mit Potenzial. In Hinsicht darauf, was man tun – und etwas weiter gedacht, was man erleben kann. Da dies von den eigenen Erwartungen geprägt wird, die wiederum von der Geschichte der eigenen Narrativen Identität geprägt werden, wird die Welt zum Spiegel für das eigene Ich. Und das Verhältnis zu anderen Menschen bzw. der äußeren Wirklichkeit im Ganzen entspricht dem Verhältnis zu sich selbst. Diesem Gedanken folgend mag es z.B. unmöglich sein, andere unverfälscht wahrzunehmen, doch es ist möglich, Empathie, Hass oder sonst etwas für die Vorstellung zu empfinden, dieman von ihnen hat – also den Teil von sich selbst, den man in sie hineinprojiziert.

Der Protagonist von FIGHT CLUB kämpft gegen das System und verprügelt sich selbst. Derjenige in SNOWPIERCER verachtet die Gesellschaft, stürzt sie und vernichtet sich konsequenterweise gleich mit. Der Steppenwolf Harry Haller arrangiert sich mit seiner eigenen Natur und auch damit, wie die Welt ist: so überwindet er u.a. seine Verachtung für Jazzmusik, lebensfrohe Menschen und Genuss – wobei er nach wie vor gegen Teile des Systems wie die in der Weimarer Republik heraufdämmernde Kriegsbegeisterung Stellung bezieht und partiell auch an seinem zwiespältigen Selbstbild festhält.

Im Zusammenhang metatragischer Filme ist von Interesse, dass das Medium des Films nach Žižek grundsätzlich ein bestimmtes metaphysisches Weltbild vermittelt, wonach das Wahrgenommene zum Spiegel des Wahrnehmenden wird. Er vergleicht diesen Ansatz mit gnostischen Glaubensvorstellungen aus dem frühen Mittelalter, gemäß denen die Welt von einem idiotischen Gott als etwas Unvollständiges erschaffen wurde. Sie ergibt für sich genommen keinen Sinn und muss erst interpretiert werden. Auf die gleiche Weise ist auch eine filmisch erzählte Geschichte zwangsläufig unvollständig: der Rezipient muss anhand des Dargestellten erschließen, was vor und nach der Geschichte und während jedes Schnitts geschieht. Darüber hinaus werden die schnell hintereinander gezeigten Bilder des Films nur durch seine subjektive Wahrnehmung zu durchgängigen Abläufen und die zweidimensionale

Bildwelt zu einem dreidimensionalen Universum.[517] So etablieren Filme nicht nur den Raum, in dem sich etwas ereignet, sondern auch den Raum, der sich ereignet[518]. Die Besonderheit von Metatragödien besteht darin, dass sie dies zusätzlich betonen – und dass auch die gezeigten Protagonisten sich dessen bewusst werden.

Sehr interessant ist in diesem Zusammenhang Andrej Tarkowskijs Science-Fiction-Film STALKER. Dessen titelgebender Protagonist schmuggelt Reisende in eine abgeschottete Zone, die durch einen rätselhaften, vermutlich außerirdischen Einfluss kontaminiert und verändert wurde.

Diese Veränderung ist in keiner Form näher definiert. Abgesehen davon, dass verlassene Gebäude beginnen, in sich zusammenzufallen, scheint alles wie zuvor. Da sie jedoch umzäunt und als fremdartig deklariert wurde, ist die Zone mythisch aufgeladen, vergleichbar mit Duchamps Ready-mades. Für Žižek macht genau dieser Zerfall der fest konzipierten materiellen Realität die Zone zu einem bedeutsamen Ort und lässt spirituelle Tiefe entstehen. Indem die Eindeutigkeit der Dinge abhandenkommt, werden sie zugleich interpretierbar. Es entsteht eine Art Projektionsfläche für das eigene unverständliche Innere, für Träume, Ängste, nicht formulierbare Wünsche etc. – sowohl für die Charaktere wie auch den Rezipienten. Die Realität innerhalb der Zone ist vergleichbar mit dem Weiß einer Kinoleinwand, auf der etwas ihr Entgegenstrahlendes sichtbar gemacht wird.[519]

Tarkowskij selbst betont, dass ihm jedwede Form von künstlerischem Symbolismus zuwider ist. Der Sinn eines Kunstwerks bestehe vielmehr darin, ein Stück Realität zu schaffen, die als solche erfahrbar ist und somit Wirklichkeit an sich erfahrbar zu machen.[520] Und sofern das Erleben von Wirklichkeit das eigene Ich zum Ausdruck bringt, fungiert jedes Stück erfahrbarer Wirklichkeit zugleich als Spiegel.

Auf den ersten Blick scheint demnach paradox, dass die innerhalb der Zone spielenden Szenen in STALKER farbig und die in der Außenwelt angesiedelten schwazweiß sind. Dass also hinsichtlich der Zone weniger Raum für freie Assoziation bzw. bewusste Interpretation gelassen wird. Dem Zuschauer wird die Freiheit genommen, sich selbst auszumalen, welche Farben die Dinge haben könnten. Es geht jedoch

---

517 Vgl. Žižek in: THE PERVERT'S GUIDE TO CINEMA, Min.: 1:41:00
518 Vgl. Seel 2013, S. 21
519 Vgl. Žižek in: THE PERVERT'S GUIDE TO CINEMA, Min.: 1:19:40
520 Vgl. Tarkowskij 1988, S. 126-128

vielmehr um die intuitive Interpretation unmittelbarer Eindrücke als um aktive Überlegungen. Auf zusätzlichen Input – wie Farben – können zusätzliche Aspekte des eigenen Ichs projiziert werden, in Form dessen, wie man die Farben wahrnimmt. Erleben ist bereits eine Form von Interpretation.

Und gerade diese automatisch genutzen Erlebnispotenziale wirken, allemal für die Protagonisten, befreiend. So beklagt einer der Reisenden – ein Schriftsteller – zu Beginn, in seinem Tun von unabänderlichen Naturgesetzen eingeschränkt zu werden, scheint diese Einstellung jedoch innerhalb der Zone zu überwinden. Für alle Charaktere des Films scheint diese ein bedeutsamer Ort zu sein. So sehen sie, wenn sie beten oder in sich gehen, nicht nach oben, sondern nach unten, berühren ihre Umgebung oder legen sich sogar hin.[521]

Sie finden Bedeutung in einer unverständlichen Wirklichkeit, da diese sie selbst reflektiert. Allerdings schrecken sie davor zurück, eine noch weiter gehende Form der Selbstbegegnung zuzulassen: sie weigern sich, einen mysteriösen Raum im Zentrum der Zone zu betreten, wo angeblich ihr innerster Wunsch in Erfüllung ginge. Aus eben diesem Grund ist STALKER keine Metatragödie im engeren Sinn, sondern eher so etwas wie eine Meta-Metatragödie. Sich selbst zu begegnen bleibt eine abstrakte bzw. spirituelle Option und die Möglichkeit, bewusst zu erkennen, inwiefern dieses Selbst ein künstliches Konstrukt ist, wird verweigert. Zwar identifizieren sich die Protagonisten insofern mit ihrer Geschichte, als dass sie in ihre Leben außerhalb der Zone zurückkehren und auf die magische Alternative verzichten, sie schrecken jedoch vor der Erkenntnis ihres effektiven Potenzials zurück – und vor der Aufgabe, sich eben damit zu arrangieren.

Einer der Hauptgründe für ihre Weigerung ist, dass sie kurz vor Betreten des mysteriösen Raumes erfahren, dass sich ein vorangegangener Besucher dieses Raums umgebracht hat, da der ihm erfüllte aufrichtigste Wunsch nicht in der Wiederbelebung seines von ihm ermordeten Bruders bestand, wie er gehofft hatte, sondern bloß darin, dass er reich wurde. Im Grunde verkörpert der Charakter des Stalkers eine metatragische Philosophie, indem er Menschen die Möglichkeit zur Selbstbegegnung bietet – er wird jedoch immer wieder enttäuscht, da seine Klienten im Endeffekt nicht Willens genug dazu sind.

Somit besteht in STALKER ein Konflikt zwischen filmischer Form – als Ausdruck einer selbstreflexiven Metaphysik – und Narration,

---

521 Vgl. Žižek in: THE PERVERT'S GUIDE TO CINEMA, Min.: 2:20:00

obwohl der Film diesen in Ansätzen zeitweilig überwindet. Letztendlich wird die entstandene Spannung jedoch durch die Ausflucht in religiösen Obskurantismus gelöst, wie Žižek ausführt.[522]

Dabei geht er jedoch nicht darauf ein, dass in der Geschichte eine Alternative geboten wird: der Stalker hat eine Tochter, die offenbar durch die Kontamination ihres Vaters mutiert ist, anscheinend nicht sprechen kann und so etwas wie telekinetische Fähigkeiten besitzt. Sie lebt und bleibt im Film auch außerhalb der Zone, wenn sie zu sehen ist, ist das Bild jedoch (mit einer Ausnahme) farbig. Dies ist insofern relevant, als dass die Identifikation mit der eigenen Geschichte als etwas dargestellt wird, das mit herkömmlichen Selbst- und Menschenbildern nicht vereinbar zu sein scheint. Diejenige, in der sich offenbar die von der Zone gebotene Chance verkörpert, unterscheidet sich drastisch von anderen und gehört einer neuen Generation an. Essentiell ist hierbei, worin sie sich unterscheidet.

Stalkers Tochter ist eine Art neuer Mensch, der Geschichten nicht aussprechen oder erzählen, sondern nur selbst erleben kann. Dieses Motiv hat große Ähnlichkeit zu Nietzsches Übermenschen, worauf besonders in Kapitel 8.2 noch eingegangen wird.

Von Relevanz ist darüber hinaus, dass das Konzept der kontaminierten Zone, in welcher die Gesetzmäßigkeiten der Realität verändert wurden, nicht bloß in STALKER vorkommt, sondern in verschiedenen Werken, die jeweils aufeinander Bezug nehmen. Der Film basiert direkt auf dem Roman ПИКНИК НА ОБОЧИНЕ, PIKNIK NA OBOTSCHINJE (deutscher Titel: PICKNICK AM WEGESRAND)[523] der beiden Schriftsteller Arkadi und Boris Strugazki (welche auch die Romanvorlage für TRUDNO BYT BOGOM verfasst haben). Dieser liegt auch dem metatragischen Spiel S.T.A.L.K.E.R.: SHADOW OF CHERNOBYL zugrunde und Motive der Erzählung, wie die Berufsgruppe des Stalkers, wurde in METRO 2033 adaptiert.

Starke Parallelen finden sich zudem in dem Film MONSTERS[524] sowie Lovecrafts sehr viel älterer Erzählung THE COLOUR OUT OF SPACE[525] bzw. deren Verfilmung DIE FARBE von 2010. Als neuere Iterationen können THE ENDLESS und vor allem ANNIHILATION eingestuft werden.

---

522 Vgl. Ebd., Min.: 2:18:20
523 ПИКНИК НА ОБОЧИНЕ, PIKNIK NA OBOTSCHINJE. Autor: Arkadi Strugazki/Boris Strugatzki. 1971
524 MONSTERS. R.: Gareth Edwards. GBR 2010
525 THE COLOUR OUT OF SPACE. Autor: Howard Phillips Lovecraft. 1927

Besonders differenziert kommt das metatragische Realitätsverständnis in Letzterem zum Audruck.

Das Szenario des Films ist mit dem von STALKER fast identisch: um den Absturzort eines unbekannten Dings aus dem Weltall herum ist ein kontaminiertes, sich kontinuierlich ausbreitendes Areal entstanden. Alles darin ist ständiger Veränderung unterworfen, was jedoch, anders als in STALKER, sehr greifbar ausfällt: Menschen, Tiere und Gegenstände mutieren fortlaufend und verschmelzen miteinander. Bäume wachsen in humanoider Form, Personen werden ganz oder teilweise zu anderen Personen etc.. Den Rand des Gebiets markiert ein prismatisch schimmernder Schleier, den zu durchschreiten einem Durchschreiten der Vierten Wand gleichkommt – hinein in einen ambivalenten Zwischenraum (ähnlich wie in ZARDOZ; siehe Kapitel 4.4).

Eine Gruppe Charaktere betritt diese Zone, um das ominöse Ding in ihrem Zentrum zu erforschen oder zu zerstören.

Während die Gruppe in STALKER aus drei wiederrechtlich eindringenden Männern besteht, handelt es sich bei ANNIHILATION um ein rein weibliches Team, das im Auftrag der US-Regierung agiert. Vor allem aber wird die Selbstbegegnung weiter vorangetrieben: so verschmilzt eine der Beteiligten aus freien Stücken mit der Zone und verwandelt sich in eine Pflanze. Der Protagonistin Lena sowie der Teamleiterin Dr. Ventress – dem fehlbaren Autorencharakter – gelingt es, voneinander getrennt den Raum im Zentrum der Zone – einen Leuchtturm – zu erreichen, wo sich das Ding befinden soll. Die scheinbar umnachtete Dr. Ventress hält, als Lena sie dort wiedertrifft, einen im metatragischen Kontext höchst aufschlussreichen Monolog:

> "We spoke. What was it we said? That I needed to know what was inside the Lighthouse. That Moment's passed. It's inside me now. [...] It's not like us. It's unlike us. I don't know what it wants. Or if it wants. But it will grow... until it encompasses everything. Our bodies and our minds will be fragmented into their smallest parts until not one part remains. Annihilation.[526]"

Anschließend löst sich ihr Körper in wirbelnde Partikel auf, um sich in Gestalt des fremdartigen Dings neu zusammenzusetzen, das seine sich ständig verformende eigene Körpermasse fortwährend neu hervorzubringen und gleichzeitig zu verschlingen scheint.

---

526 Vgl. Dr. Ventress in: ANNIHILATION Min: 1:31:00

Als Lena es betrachtet, löst sich ein Tropfen Blut aus ihrem Augenwinkel, wird von dem Ding angesaugt und verschluckt, das sich daraufhin in eine exakte Kopie von ihr verwandelt und ihr Verhalten immitiert. Lena zündet diese Kopie an, woraufhin jene mitsamt der kompletten Zone in Flammen aufgeht. Worum es sich bei dem Ding tatsächlich gehandelt hat, bleibt unbekannt. Allerdings werden Lena und ihr zuvor aus der Zone entkommener Ehemann zu deren lebender Verkörperung. Beide wissen nicht sicher, ob sie tatsächlich die Person sind, zu der ihre jeweilige Identität ursprünglich gehörte und auch diese verändert sich fortlaufend: in der finalen Einstellung des Films ändern sich unentwegt ihrer beider Augenfarben. Gewissermaßen sind sie bei der Suche nach Antworten selbst zur Frage geworden.

ANNIHILATION kann als Analogie für postmodernen Realitäts- bzw. Identitätsverlust verstanden werden. Mensch und Welt lösen sich auf und können, wenn überhaupt, nicht mehr in Form fester Kategorien existieren. Über den stetigen Wandel des Wirklichen hinaus existiert keine Wahrheit oder Begründung und dieser Wandel ist eine Folge der menschlichen Wahrnehmung bzw. Interpretation. Dass Blutstropfen, aus dem Lenas Ebenbild erwächst, ist als klares Symbol dafür zu verstehen: das Auge als Repräsentation der subjektiven Wahrnehmung, die das Wahrgenommene verändert und dadurch erst fassbar macht.

Von Interesse ist dabei auch, dass der Raum unter dem Leuchtturm eine höhlenhafte, deutlich vaginale Form besitzt. Um die Realität hinter den Illusionen zu erreichen und zu erkennen, muss darin eingetrungen werden und die Erkenntnis befruchtet die erkannte Wirklichkeit, um eine Spiegelung des eigenen Ichs zu zeugen. Erkenntnis ist ein schöpferischer Prozess. Lena wird wie die Vaterfiguren Lynchs, Mynheer Peeperkorn und Darth Vader zu einer Art symbolischem Phallus, der die Wirklichkeit, bzw. das außerirdische Ding als symbolische Eizelle, durch Wahrnehmung befruchtet und neu hervorbringt – was auch sie selbst verändert oder neu erschaft.

Das wahre bzw. einzige Selbst ist dessen subjektive Wahrnehmung. Und diese kann gemäß einer metatragischen Perspektive nur fortbestehen, indem sie regelmäßig aktualisiert oder im Angesicht der totalen Fremdartigkeit des Wirklichen bewusst bestätigt wird. Z.B. durch die Konfrontation mit dem Undeutbaren in Gestalt einer außeridirsch kontaminierten Zone – oder durch die Rezeption von Metatragödien. In einer postmodernen Welt im Fluss ist fortwährende Selbsterneuerung eine sich selbst bedingende lebenserhaltende Maßnahme. Und metatragische Geschichten verkaufen sich selbst als unterstützende Medizin.

6.6 Jenseits von Selbstverwirklichung: Dialektische Selbstgestaltung

„Wer fertig ist, dem ist nichts recht zu machen; ein Werdender wird immer dankbar sein."

Lustige Person in: FAUST. DER TRAGÖDIE ERSTER TEIL[527]

Nein, bei allen Teufeln, es gab keine Macht in der Welt, die von mir verlangen konnte, nochmals eine Selbstbegegnung mit ihren Todesschauern und nochmals eine Neugestaltung, eine neue Inkarnation durchzumachen, deren Ziel und Ende ja nicht Friede und Ruhe war, sondern nur immer neue Selbstvernichtung, immer neue Selbstgestaltung!

Der Steppenwolf in: DER STEPPENWOLF[528]

Die Identifikation mit der eigenen Geschichte macht erforderlich, die Realität, in der man lebt, zu interpretieren. Bereits der Akt der Interpretation verändert sie jedoch, weshalb die Geschichte ihren Bezug zur Wirklichkeit (und deren effektiven Möglichkeiten) verliert, wenn sie nicht iterativ weiterentwickelt wird.

Hinzu kommt, dass metatragische Protagonisten sich mit Geschichten identifizieren, die ihrerseits metatragisch sind. In bestimmter Hinsicht inszenieren sie innerhalb von Metatragödien ihre eigenen Metatragödien. Als dahingehendes Extrembeispiel ist Dr. Ford in WESTWORLD zu verstehen (siehe Kapitel 7.3.3). Das Schreiben der eigenen Geschichte ist kein einmalig abschließbares Unterfangen, besonders, wenn man weder sich selbst noch die Welt gänzlich durchschaut. Wie Wachholz im Zusammenhang seines Dark Drama Konzepts ausführt, ist postmoderne Selbstheit kein Zustand, sondern ein Prozess[529]. Subjektives Erleben ist nicht nur Handlungsgrundlage, sondern auch Ziel. Es ist gewissermaßen dialektisch.

In jeder Metatragödie beginnt am Ende der Geschichte oder noch währenddessen ein neuer Konflikt. Es gibt nur wenige Ausnahmen, in denen dieser dann auch direkt wieder endet – und zwar mit dem Tod der Protagonisten.

---

527 Vgl. FAUST, S. 16
528 Vgl. Der Steppenwolf, S. 77
529 Vgl. Wachholz 2014, S. 39-40

Von Interesse ist hierbei der metatragische Comicroman V FOR VENDETTA[530]. Im Zentrum der Handlung steht der Sturz eines faschistoiden Regimes durch einen maskierten Revolutionsführer. Mithilfe der Protagonistin, die im Lauf der Ereignisse zu seiner Geliebten avanciert, erreicht er schlussendlich sein Ziel, stirbt dabei aber selbst. In der Folge setzt sie seine Maske auf und beschließt, an sein Werk anzuknüpfen – um im entstandenen Machtvakuum eine anarchistische Gesellschaft zu errichten. Zwar endet die filmische Adaption der Wachowski-Geschwister ebenfalls mit der erfolgreichen Revolution und sämtliche Revolutionäre tragen dabei die Maske ihres toten Vorbildes – was auf die Revolte folgen soll, scheint jedoch auf der Hand zu liegen und wird nicht näher thematisiert. Alle setzen zufrieden die Masken ab, genießen ihren Triumph und bestaunen ein Feuerwerk. Die Protagonistin selbst teilt in einem Voice-Over-Kommentar mit, dass sie die Revolution für eine großartige Sache hält, aber auch traurig ist, weil ja schließlich ihr Geliebter verstorben ist. Eine explizite Identifikation mit der eigenen Geschichte wie im Comic erfolgt nicht – weshalb der Film nicht als vollwertige Metatragödie einzustufen ist.

Der wesentliche Unterschied besteht im Aufbehalten der Maske und dies ist im Zusammenhang dialektischer Selbstheit höchst aufschlussreich. Denn der untote Autorencharakter und die Selbstbegegnung der Protagonisten suggerieren, dass deren Empfinden von Ersterem manipuliert wurde. Außer Stande, die Ursachen des eigenen Empfindens gänzlich nachzuvollziehen, können sie unmöglich ausschließen, dass die Manipulation noch immer nachwirkt. Herauszufinden, welcher Anteil ihres Ichs authentisch ist, erweist sich als nicht machbar. Und wenn sie selbst zum Autor werden, die Realität interpretieren und sich mit ihrer Geschichte identifizieren, können sie sich dabei nicht sicher sein, nicht wenigstens unbewusst von anderen Geschichten beeinflusst zu werden.

Gerade dies wirkt in gewisser Hinsicht befreiend: nach Authentizität zu streben ist vergeblich und man muss auch nicht der Forderung gerecht werden, sich an nichts außer der Stimme des eigenen wahren Selbst zu orientieren. Stattdessen wird legitimiert, ein Leben nach dem Vorbild von Geschichten zu führen, die dem eigenen Geschmack entsprechen – warum auch immer sie das tun. Man muss nicht nach einer universellen Berufung suchen, sondern kann sich auf die greifbare Wirklichkeit konzentrieren, die unmittelbar vor einem liegt – und bei

---

530 V FOR VENDETTA. Autor: Alan Moore. 1988

deren Interpretation Haltegriffe in Form von Erzählungen zu verwenden, die zu den jeweiligen Umständen passen. Es mögen nur Geschichten sein, doch sie helfen dabei, die eigene Geschichte zu schreiben.

Gewissermaßen erfolgt keine Selbstverwirklichung, aber etwas kann im Selbst verwirklicht werden. Etwa in BLACK SWAN wird Nina nicht zur Verkörperung ihrer eigenen Persönlichkeit, sondern zu der des Schwarzen Schwans als fremder narrativer Figur. Das Ziel besteht in Intensität, nicht Authentizität.

Das von metatragischen Protagonisten wiederkehrend personifizierte Ideal könnte somit als eine Art narrativer Imperativ beschrieben werden: Entscheidungen werden von ihnen so getroffen, dass es dabei hilft, zu einem erzählenswerten Charakter in einer prinzipiell erzählenswerten Geschichte zu werden.

Da nicht per se spezifiert wird, was Geschichten erzählenswert macht, sind Metatragödien in diesem Punkt äußerst anschlussfähig. Über die ihnen gemeinsamen fünf Kernmotive hinaus sind die in diesem Buch untersuchten Werke sehr verschieden und vermitteln ein breites Spektrum unterschiedlicher Weltbilder und Ideale. Die gleichen Grundgedanken lassen sich verwenden, um fast beliebig Narrative, Ideologien und Ansichten zu rechtfertigen: im Wesentlichen bieten Metatragödien Argumente dafür, überhaupt den Versuch zu unternehmen, die Realität zu interpretieren, obwohl dies aller Wahrscheinlichkeit nach nicht abschließend möglich ist. Geschichten, die zum eigenen Dasein passen, können dabei hilfreich sein. Darüber hinaus sind sie völlig austauschbar.

Es sind lediglich Vehikel für eine Meta-Bedeutung. Wichtig ist nicht, womit, sondern dass die Realität gedeutet wird. Ähnlich wie der Film Noir ist das Schema von Metatragödien somit – innerhalb gewisser Grenzen – ebenso mit rechten wie linken wie sonstigen politischen Standpunkten vereinbar.

Dies aber trifft innerhalb sehr weit gefasster Grenzen auch auf den humanistischen Glauben an ein wahres Selbst zu: so berufen sich sowohl der liberale Humanismus als auch der Sozialismus und einige Ansätze von evolutionärem Humanismus wie der Nationalsozialismus auf die Bedeutsamkeit menschlicher Entscheidungen und Gefühle. Dies wird jedoch extrem verschieden ausgelegt, angefangen bei der Frage, welche Menschen fühlen und entscheiden sollen.[531]

---

531 Vgl. Harari 2017, S, 337-344

Die in Metatragödien zum Ausdruck kommende Perspektive kann als eine Art reduzierter Humanismus verstanden werden: Menschen sind nicht in der Lage, frei oder richtig zu entscheiden, da ihr Erleben beeinflusst werden kann. Sie fühlen und entscheiden jedoch zwangsläufig, womit angesichts der Alternative in Form von Willkür, Selbstzerstörung oder fremder Instrumentalisierung irgendwie umgegangen werden muss.

Ein besonders selbstreflexiver Fall ist DONNIE DARKO. So befindet sich Donnie in psychischer Behandlung, da er an Halluzinationen zu leiden scheint. Weil seine Therapeutin schließlich an ihrer Diagnose zweifelt und nicht länger sicher ist, ihm mit ihren Mitteln helfen zu können, empfiehlt sie ihm, zur Orientierung über Gott nachzudenken – was ihrer Meinung nach in keinem Wiederspruch dazu steht, Agnostiker zu sein, wie er es ist. Sowohl Psychoanalyse als auch Religion fungieren letztlich als Erzählungen, die Donnie helfen sollen, sein Leben zu regeln – oder das je nach Deutung des Rezipienten auch tun.

Ob Geschichten bei der Interpretation des eigenen Lebens hilfreich sind oder nicht, hängt nur indirekt damit zu sammen, wie wahr sie per se sind. Der Glaube an Gott kann motivierend wirken, unabhängig davon, ob jener existiert. Ohne fremde Hilfe zurechtkommen zu wollen kann ein erstrebenswertes Ziel sein – oder schädlich, wenn man z.B. gerade in einer Grube voll Treibsand versinkt und vom Ufer aus ein Seil zugeworfen bekommt.

Žižek vertritt den Standpunkt, dass Ideologien ihre Anhänger grundsätzlich nicht aufgrund ihrer erklärten Ziele gewinnen, sondern indem sie durch indirekte Versprechungen bestechen. Demnach liegt beispielsweise der Reiz einer kriegerischen Ideologie nicht primär darin, was auf kriegerischem Weg erreicht werden soll, sondern in dem Angebot, Gewalt ausüben zu können, Teil einer militärischen Gemeinschaft zu sein, überhaupt ein klares Ziel vor Augen zu haben usw.. Selbst vordergründig antihedonistische Ideologien wie der Katholizismus sind demnach attraktiv, da sie ein verdichtetes Vergnügen in kleinen Dosen verheißen.[532]

In diesem Sinne lassen Geschichten sich abstrakt mit Drogen vergleichen. Beide beeinflussen die Wahrnehmung der Wirklichkeit und stimulieren das Empfinden. Das Maß an Interpretation entspricht demnach dem Unterschied zwischen einem geselligen Abend mit ein

---

532 Vgl. Žižek in: The Pervert's Guide to Ideology, Min.: 56:00

paar Bier oder einer Tasse Kaffee am Morgen – und dem Konsum lebensgefährlicher Mengen Stoff.

Radikale postmoderne Dekonstruktion von Narration an sich wäre vergleichbar mit dem kompromisslosen Bestreben, keinerlei Fremdstoffe mehr zu sich zu nehmen. Metamodernes Denken dagegen bestünde eher in der kritischen Überlegung, welche Substanzen man in welcher Dosis konsumieren kann und soll – und sei es nur, um nicht zu verdursten. In Metatragödien finden die Protagonisten darauf individuelle Antworten.

Repräsentativ ist, dass einige postmoderne Philosophen wie z.B. Lyotard so weit gehen, den Glauben an die Validität wissenschaftlicher Erkenntnis als Ideologie zu verstehen und teils darum auch abzulehnen.[533] Aus metamoderner Sicht jedoch würde sie dadurch sogar in ihrer Bedeutung aufgewertet: als eine Geschichte, die sich besinders gut dafür eignet, die (eigene) Realität zu deuten. Und parallel gehen auch zahlreiche metatragische Protagonisten wissenschaftlich vor, wie im vorangegangenen Kapitel dargestellt.

Viele Denker der Postmoderne setzen sich damit auseinander, was losgelöst von Narrativen Bedeutung hat. So plädiert beispielsweise Foucault dafür, das eigene Leben zu einer Art Kunstwerk zu machen, indem das Subjekt sich selbst in ständiger Arbeit neu erschafft[534]. Hierin besteht zunächst starke Ähnlichkeit zur metatragischen Identifikation mit der eigenen Geschichte. Allerdings bleibt die Frage, nach welchen Kriterien sich das Subjekt erschaffen soll. Foucaults Ansatz besteht darin, Authentizität in den eigenen körperlichen Lüsten und Begierden und ihrer praktisch-ethischen Reflexion zu finden, um sich so einer Prägung durch gesellschaftliche Machtprozesse zu erwehren[535].

Die Echtheit der eigenen Begierden kann jedoch nicht zwangsläufig als gegeben betrachtet werden. Žižek etwa vertritt die Ansicht, dass auch das eigene Verlangen von fremden Einflüssen wie filmischer Fiktion geformt oder überhaupt erst erweckt wird. Selbst unmittelbares sinnliches oder sexuelles Empfinden ist demnach untrennbar mit der subjektiven Narrativierung des Geschehens durch die Beteiligten verbunden.[536] In Metatragödien wird ein ähnlicher Standpunkt vertreten.

---

533 Vgl. Kubsch 2004, S. 5
534 Vgl. Bruder 1995, S. 8
535 Vgl. Markus 2009, S. 4
536 Vgl. Žižek in: The Pervert's Guide to Cinema, Min.: 46:50+

Besonders im Fall solcher Protagonisten, die auch körperlich vom Autorencharakter geschaffen wurden – als Replikanten, Klone oder Cyborgs – bietet Foucaults Konzept keine wirkliche Lösung.

Hierbei ist abermals zu betonen, dass metamodernes Denken sich in dem Punkt unterschieded, weshalb und in welchem Umfang Geschichten gegenüber purer Dekonstruktion bevorzugt werden. So plädiert Žižek zwar dafür, kritisch darüber nachzudenken und Verantwortung dafür zu übernehmen, was man möchte und inwiefern man dabei von Erzählungen beeinflusst wird – bzw. beeinflusst werden möchte. Er bezweifelt aber zugleich umfassend, dass es möglich ist, mit Geschichten (oder ohne) zu endgültig verlässlichen Wahrheiten zu gelangen. Peterson dagegen sieht Narrative als geeignetes Mittel zur Wahrheitsfindung, wobei er ihren Wert daran festmacht, ob und wie lange sie sich im Verlauf der Historie als Orientierungsmittel bewährt haben. Dieser Aspekt macht einen der prägenden Unterschiede zwischen den beiden Ansätzen aus.[537]

Abschließend soll in diesem Kapitel ein besonders prominentes Beispiel von Ideologie in Metatragödien betrachtet werden: der amerikanische Traum.

Bei der überwiegenden Mehrheit der hier als vollwertige Metatragödien eingestuften Erzählungen, die nach 1990 erschienen sind, handelt es sich um US-amerikanische Serien und Hollywoodfilme oder sie wurden zumindest teilweise in den USA produziert. Davon ausgenommen sind lediglich HIGH-RISE, SNOWPIERCER, TRUDNO BYT BOGOM, EX MACHINA, MÆND & HØNS, SAUNA, TATORT: IM SCHMERZ GEBOREN sowie die Serien VIKINGS, BLACK MIRROR und DARK. Die metatragischen Videospiele hingegen stammen abgesehen von den Titeln der PREY- und BIOSHOCK-Reihe (beide aus den USA) und DEATH STRANDING (Japan) allesamt aus Europa.

Besonders im Zusammenhang des Film Noir und seines prägenden Einflusses auf die Entwicklung späterer Metatragödien können viele davon u.a. als Auseinandersetzung mit dem amerikanischen Traum verstanden werden. Oft wird dieser Traum dabei symbolisch durch einzelne Amerikaner rehabilitiert, obwohl zugleich dargestellt wird, wie er im Großen scheitert: jeder scheint für das Streben nach Glück selbst verantwortlich zu sein.

---

537 Žižek/Peterson 2019. https://www.youtube.com/watch?v=lsWndfzuOc4, zuletzt geprüft am 14.02.2020, Min: 2.28.00

STAR WARS: EPISODE VIII - THE LAST JEDI z.B. propagiert die Revolution gegen das System, doch es ist eher eine Konterrevolution gegen die nihilistischen Kahlschlagbestrebungen von Reys zeitweiligem Verbündeten Kylo Ren. DONNIE DARKO thematisiert das engstirnige Dasein in amerikanischen Vorstädten, allerdings scheint es Donnie und seiner geistig recht aufgeschlossenen Familie möglich zu sein, in einer solchen Vorstadt ein zufriedenstellendes Leben zu führen. In ANNIHILATION gelingt es Lena, als einziger Teilnehmerin der Expetion zu überleben – was nicht zuletzt an ihrem Pragmatismus und der militärischen Ausbildung liegt, die sie in der US Army durchlaufen hat (und die sie in der Romanvorlage des Films übrigens nicht besitzt).

Die untergehende Ordnung erlebt eine neue Inkarnation. Analog bezeichnet Bürger beispielsweise die von Batman in BATMAN BEGINS getroffene Aussage: "It's not who I am underneath, but what I do that defines me.[538]" als Personifizierung der militärischen Tatideologide des US-Pragmatismus[539]. BATMAN BEGINS ist keine vollwertige Metatragödie, allerdings entspricht das entsprechende Motto durchaus einer Identifikation mit der eigenen Geschichte im metatragischen Sinn.

Selbstredend ist Pragmatismus nicht zwangsläufig mit dem amerikanischen Traum oder dieser mit militärischen Interventionen gleichzusetzen. Auch Konzepte wie der freie Markt, individuelle Freiheit oder demokratische Mitbestimmung können als Ideale desselben verstanden werden – und werden in entsprechenden Metatragödien ebenso bloß aufgrund ihres Potenzials als sinnstiftende Geschichten gerechtfertigt.

Es ist zu beachten, dass sich nicht in allen aus den USA stammenden Metatragödien eine entsprechend konkrete Bezugnahme auf den amerikanischen Traum ausmachen lässt. IN THE MOUTH OF MADNESS, THE ENDLESS und BLACK SWAN z.B. beschäftigen sich vornehmlich mit existenziellen Grundfragen oder anderweitigen Thematiken. Auch ist eine Auseinandersetzung mit dem Selbstverständnis der USA nicht gleichbedeutend damit, dass dieses den Protagonisten der jeweiligen Erzählung bei der Identifikation mit ihrer Geschichte dienlich ist.

Eine besonders differenzierte Beschäftigung mit Amerika als ideologischem Konstrukt erfolgt in den beiden Serien AMERICAN GODS und WESTWORLD, die in einem späteren Kapitel eingehend analysiert werden (siehe Kapitel 7.2 sowie 7.3).

---

538 Vgl. Wayne/Batman in: BATMAN BEGINS.
539 Vgl. Bürger 2007, S. 74

Ein weiteres äußerst markantes Beispiel ist der Film WATCHMEN – der, wie in diesem Zusammenhang anzumerken ist, auf einer britischen Literaturvorlage basiert (wie V FOR VENDETTA geschrieben von Alan Moore). Die in die Erzählung eingebettete Reflexion über den amerikanischen Traum ist äußerst kritisch und komplex.

Herausstechend metatragisch ist dabei der Charakter des *Comedian*: so inszeniert dieser sich selbst als eine Art Verkörperung des amerikanischen Patriotismus, führt zugleich ein von Zynismus und Gewalt geprägtes Leben und genießt seine Rolle gerade in ihrer Ambivalenz. Zwar zerbricht er im Alter an seinen früheren Taten, doch zuvor kostet er den Traum gerade darum aus, weil es für ihn ein Alptraum ist. Als einer der anderen Protagonisten ihn – während er gerade demonstrierende Studenten erschießt – fragt, was aus dem amerikanischen Traum geworden sei, gibt er zur Antwort: "What happened to the american dream? It came true! You're looking at.[540]"

---

540 Vgl. Edward Morgan Blake/The Comedian in: WATCHMEN, Min.: 45.00

6.7 Protagonisten sind Individuen

"You tought me that evil is just a word: under the skin it's simple pain. [...] Mother believed this world was inredeemable ... but she was wrong. Father, we are utopia. You and I."

Eleonor Lamb in: BIOSHOCK 2 (gutartiges freispielbares Ende)[541]

Sich mit der eigenen Geschichte zu identifizieren, ist kein Pfad zur Erkentniss, sondern zur Intensivierung des eigenen Erlebens durch Narrativierung. Von großem Interesse ist dabei die postmoderne Sicht, wonach auch die Strukturierung menschlichen Zusammenlebens hauptsächlich durch kollektive Narrative erfolgt. Was zahlreiche Einzelwesen motiviert, Stämme, Firmen oder Staaten zu gründen und sich in gemeinsamen Aktivitäten zu ergehen – von Tupperpartys bis zu Kreuzzügen – sind Geschichten, an die alle Beteiligten gleichermaßen glauben.

Harari macht die Fähigkeit, sich mithilfe intersubjektiver Mythen zu organisieren, ohne einander persönlich zu kennen, sogar für den Erfolg des Homo Sapiens Sapiens gegenüber anderen Spezies verantwortlich, einschließlich anderer Menschenarten wie z.B. dem Neandertaler. Anstatt persönlich bekannt zu sein und einander erfahrungsbasiert vertrauen zu müssen, um organisiert ein komplexes Vorgehen in Angriff zu nehmen, reicht es aus, denselben Gott zu verehren, sich als Angestellte derselben Firma zu verstehen oder einem bestimmten Anführer zu folgen – der als solcher ebenfalls zu einem Mythos wird (siehe Kapitel 3.2).[542]

In vielen Metatragödien kommt eine vergleichbare Sichtweise zum Ausdruck. Exemplarisch sind beispielsweise THE HUNGER GAMES und die drei Fortsetzungen des Films. Auf den ersten Blick handelt es sich dabei um eine Coming-of-Age-Geschichte mit einer Brise Melodrama, kreativen Frisuren und einer vordergründigen Es-lebe-der-Kampf-für-die-Freiheit-Botschaft. Das Schicksal der gesamten Mentschheit hängt von den Launen und dem Beziehungsstatus einer Teenagerin mit Posttraumatischer Belastungsstörung ab und weil sie trotz allem tapfer ist, wird am Ende ein böser Diktator gestürzt.

---

541 Vgl. BioShock 2
542 Vgl. Harari 2015, S. 32-48

Unter der Oberfläche jedoch ist die Filmreihe (ebenso wie die Romanvorlage[543]) weitaus abgründiger. Sofern die Filme in ihrer Gesamtheit betrachtet werden, können sie sogar als vollwertige Metatragödie eingestuft werden.

Die Handlung ist in einer futuristischen Gesellschaft angesiedelt, deren Fundament in einer Fernsehshow besteht: Jugendliche aus Kolonien, die von einer gemeinsamen Hauptstadt unterdrückt werden, müssen einander in einer Art modernem Gladiatorenkampf umbringen, bis es nur noch einen Überlebenden gibt. Dieses Prozedere dient einerseits der Einschüchterung der Bevölkerung, andererseits aber auch der Produktion von Heldenfiguren: die Gewinner der Show fungieren anschließend als Repräsentanten des Systems.

Wie Sloterdijk – in Bezug auf das römische Kollosseum und dessen fortgesetzte Tradition in Form moderner sportlicher Großveranstaltungen – formuliert, besteht der Sinn der Arena darin, menschliche Schicksale in realer Zeit künstlich zu produzieren.[544]

Anders ausgedrückt: es geht darum, Narrative zu schaffen.

Dies ist auch in THE HUNGER GAMES der Fall, wobei die hergestellten Heldenmythen das einzige sind, das die Gesellschaftsstruktur aufrechterhält. Dabei werden sie von den verschiedenen Bevölkerungsgruppen unterschiedlich rezipiert. Die Bewohner der Hauptstadt konsumieren sie primär zu Unterhaltungszwecken, während die der Kolonien sich mit ihnen identifizieren: zwar ist die Fernsehshow ein Repressionswerkzeug, zugleich stellt sie jedoch den Mythos bereit, für die eigenen Interessen kämpfen und zum Helden der Gemeinschaft werden zu können. Die Arena dient sowohl dazu, fortlaufend die (militärische) Überlegenheit der Hauptstadt zu demonstrieren, fungiert jedoch auch als Ventil für das damit einhergehende Ressentiment.

Es geht um Hoffnung – in der richtigen Dosierung.

Dieser Zustand wird im Verlauf der Handlung invertiert. Nachdem die sozialgeschädigte Protagonistin sich innerhalb der Arena selbstzerstörerisch und aufmüpfig gezeigt hat, bricht ein Brügerkrieg aus – in dem sich die Narrative der Fernsehshow fortsetzen. So werden deren überlebende Sieger von beiden Konfliktparteien als Symbolfiguren instrumentalisiert und ein komplexer Propagandaapparat setzt die Berichterstattung fort.

---

543 THE HUNGER GAMES. Autor: Suzanne Collins. 2008 / CATCHING FIRE. Autor: Suzanne Collins. 2009 / MOCKINGJAY. Autor: Suzanne Collins. 2010
544 Vgl. Sloterdijk 2016

Gleichzeitig werden Elemente der Show zu Kriegstaktiken: beispielsweise kommen Fallen und mörderische Attraktionen, die für die Showarenen entwickelt wurden, im bewaffneten Häuserkampf zum Einsatz, während in der Show zuvor Waffen aus dem vorangegangenen Krieg, in dessen Folge das System entstanden ist, zur Unterhaltung genutzt wurden. Gewissermaßen schwappt die im Fernsehen entwickelte Erzählung in die Realität über und zwingt dieser ihre Gesetze auf.

Schlussendlich wird die Hauptstadt besiegt und eine vordergründig demokratische Regierung gewählt – was seinerseits wie ein neuer Sieg der Protagonistin in der Arena der Wirklichkeit zelebriert wird. Selbstredend trieft die Geschichte nur so vor Pathos – in gewisser Hinsicht handelt es sich jedoch bei allen Beteiligten Figuren um Zyniker, die dieses Pathos in vollem Bewusstsein dessen inszenieren und für ihre jeweiligen Zwecke nutzen.

Zunächst wirkt der dargestellte Bürgerkrieg wie ein Klassenkampf zwischen ausgebeuteten Unterdrückten und dekadenten Unterdrückern. Das trifft auch durchaus zu und dient zumindest den gegen das System aufbegehrenden Rebellen als Rechtfertigung. Der Konflikt wird jedoch von allen Seiten so massiv medial aufbereitet, dass die tatsächlichen Hintergründe im Endeffekt kaum noch von Bedeutung sind. Im Grunde erschafft die Maschinerie der Berichterstattung einen Narrationsstrudel, der an völlig außer Kontrolle geratene Soziale Medien erinnert.

Gewissermaßen sind alle Kriegsteilnehmer sowohl Rezipienten als auch Darsteller einer kollektiven Fiktion und sich dessen auch mehr oder weniger bewusst.

THE HUNGER GAMES ist damit so etwas wie 1984 für das Internet-Zeitalter. In Orwells Roman sehen die Menschen fern und werden dabei beobachtet, da die Fernseher zugleich als Kameras fungieren. In THE HUNGER GAMES ist dies auch seitens der Zuschauer gewollt: die beidseitige Beobachtung ist ihrerseits beidseitig.

Das Perfide an dem Szenario ist seine Unentrinnbarkeit: der Versuch, aus dem Karussel medial verzerrter Narrative auszubrechen, mutiert unweigerlich zu einem neuen Narrativ. Produktion und Konsum menschlicher Schicksale sind nicht der geheime Plan hinter den Kulissen einer undurchschaubaren Maschinerie, sondern die offen vorherrschende Ideologie: gestritten wird bloß um die Art der Geschichten, die erzählt werden. THE HUNGER GAMES entwirft damit so etwas wie einen (recht dystopischen) metatragischen Gesellschaftsentwurf, worauf in Kapitel 8.2 noch näher eingegangen wird.

Die Protagonistin und die anderen Sieger begegnen sich immer wieder selbst, in Form ihrer fiktionalisierten Erlebnisse in Propagandaspots und der Verehrung durch ihre Mitmenschen – und identifizieren sich schließlich mit ausgesuchten Narrativen, um eben dagegen aufzubegehren. So flüchtet sich die Protagonistin in ihre Liebesaffäre zu einem der anderen Überlebenden, die sie von Anbeginn an für die Medien vorgetäuscht und er dank Folter und Gehirnwäsche vergessen hat. Eine stark fiktionalisierte Version der Realität wird in dieser verwirklicht, um aus einer anderen auszubrechen.

Das energetisierende, identitätsstiftende und Orientierung bietende Potenzial von Mythen wird für den Einzelnen erschlossen, indem dessen Biographie zum Narrativ erhoben und selektiv betrachtet wird. Dieser Gedanke liegt Metatragödien grundsätzlich zugrunde – und mit sich bringt er eine Auflösung der Grenzen zwischen individuellen Geschichten und kollektiven Erzählungen.

Einerseits werden Beziehungen zwischen Einzelpersonen, wie Romanzen, Freund- und Feindschaften, in Form von Starkult zu gesellschaftlichen Metanarrativen. Andererseits werden Letztere zu Lebensentwürfen für einzelne Menschen.

So erfolgt in THE HUNGER GAMES schließlich eine Wiedervereinigung mit der eigenen Lebensgeschichte, nachdem diese externalisiert und zum Propagandamythos erhoben wurde – paradoxerweise, um der Hauptrolle in diesem zu entkommen. Die eigene Geschichte wird der Vereinnahmung durch kollektive Fiktionen entgegengestellt, was auch bedeuten kann, eben diese zu verkörpern.

Dies gilt nur nur für THE HUNGER GAMES. In vielen Metatragödien wird das Scheitern von mehr oder weniger utopistischen Gesellschaftssystemen thematisiert. Zugleich adaptieren die Protagonisten allerdings deren jeweilige Kernansätze und inszenieren sie in ihrer eigenen Lebensgeschichte. In ZARDOZ wird die erstarrte humanistische Gesellschaft der Unsterblichen von Zed vernichtet, doch er nimmt ihr Wissen in sich auf und wird zur lebenden, dynamischen Verkörperung ihres Ideals. In STAR WARS: EPISODE VIII - THE LAST JEDI identifiziert Rey sich mit der STAR WARS- bzw. Jedi-Ideologie, da sie nebst dieser letzlich auch die Alternative ablehnt: das kompromisslose Ausrotten der Jedi und der Sith, ihrer finsteren Gegenstücke, aufgrund der gemeinsamen Kollektivschuld. Gewissermaßen wandelt sie eine fragwürdige moderne Weltsicht ab und verschafft ihr eine neue Rechtfertigung, um dem perspektivlos erscheinenden Ansatz reiner postmoderner Dekonstruktion zu begegnen. Sogar in DER ZAUBERBERG avanciert

Hans Castorp zu einer Art Personifzierung des Sanatoriums, der dortigen Lebensweise und der philosophischen Diskurse seiner Bewohner – wobei es ihm allerdings misslingt, die sich daraus ergebende Identität langfristig zu praktizieren.

In vielen Fällen existiert die scheiternde Utopie, bzw. Dystopie, dabei nur in einem begrenzten, oft hermetisch isolierten Territorium, wie eben den Kolonien und Arenen in THE HUNGER GAMES, dem Zauberberg und der Enklave von Zardoz' Unsterblichen, dem Hochhaus in HIGH-RISE, der Matrix oder dem Zug in SNOWPIERCER sowie Colonel Kurtz' spirituellem Schreckensregime in APOCALYPSE NOW. Auch die kontaminierten Zonen in STALKER, ANNIHILATION, THE COLOUR OUT OF SPACE und den analogen Erzählungen (siehe Kapitel 6.5) lässt sich in diesem Sinne deuten. Im Einzelfall kann dies womöglich auch als konkretes Plädoyer gegen isolationistische Politik verstanden werden. Im Wesentlichen kommt darin jedoch das metatragische Kernmotiv zum Ausdruck, dass statische Wahrheiten an einer instabilen Wirklichkeit scheitern – vor der auf ihnen aufgebaute Systeme sich daher notgedrungen abschotten müssen.

Auf gesellschaftlicher Ebene scheint Utopismus zur Katastrophe zu führen. Im Gesamtbild lassen sich weder Sinn noch Hoffnung finden. Stattdessen wird den Leben einzelner Menschen Bedeutung beigemessen – und dem jeweiligen Narrativ als Teil davon.

Was im Großen spektakulär fehlschlägt, gelingt im Kleinen. Beispielsweise DONNIE DARKO lässt sich dahingehend interpretieren: die vom amerikanischen Traum geprägten Ideale der Vorstadtidylle schließen Andersdenkende aus und scheitern aufgrund der Beschränktheit und Intoleranz ihrer Verfechter an den einbrechenden Vorgängen. Auf der Ebene von Donnies Familie bzw. seiner Freundin allerdings scheint ein erfülltes Vorstadtleben durchaus möglich und zugleich auch mit abweichenden Vorstellungen vereinbar zu sein.

Thematisiert wird individuelles menschliches Dasein im Kontext gewaltiger Spektakel. Es wird nie dauerhaft die Welt gerettet (außer vielleicht in ARRIVAL) und die Protagonisten erleben keine Initiation als wichtiges Mitglied der Gesellschaft, werden nicht zu Königen, Präsidenten oder erreichen einen endgültigen Glückszustand. Selbst in MATRIX REVOLUTIONS wird durch das Opfer des Protagonisten lediglich ein vorläufiger und zeitlich begrenzter Frieden ausgehandelt. Es scheint auf einzelne Menschen anzukommen, nicht auf die Welt als abstraktes Ganzes – was sich sowohl in Resignation wie auch persönlichem Aktivismus äußern kann: oder in beidem zugleich.

FIGHT CLUB endet mit dem markanten Bild detonierender Finanzgebäude, die der Protagonist Hand in Hand mit seiner neuen Lebensgefährtin beobachtet: Im Herzen der Katastrophe wird persönliches Glück gefunden. In SNOWPIERCER überleben ein junges Mädchen und ein kleiner Junge nur, weil der Protagonist den ewig im Kreis fahrenden Zug entgleisen lässt, in dem die letzten Menschen in ständigem Bürgerkrieg vor sich hin vegetieren – womit er zum Vollender des selbstzerstörerischen Systems avanciert. Ganz ähnlich opfert der Protagonist von SAUNA seine Treue zur schwedischen Nation und gleichzeitig sich selbst, um das Leben eines Kindes zu retten.

Noch fatalistischer sind THE CABIN IN THE WOODS und THE WORLD'S END, obwohl dies in beiden Filmen durch ein komödiantisches Element abgemildert wird. In Ersterem weigern sich die Protagonisten, als Menschenopfer an einem obskuren Ritual teilzunehmen, weshalb finstere, an die Erzählungen Lovecrafts erinnernde Gottheiten aus ihrem Schlaf erwachen und die Welt mitsamt der Protagonisten verschlingen. Das Opfer von einem für alle wird nicht länger gegenüber dem aller für einen bevorzugt.

In THE WORLD'S END entdecken ein paar Briten während einer wüsten Kneipentour, dass die Menschheit längst von mechanoiden Außerirdischen unterwandert wurde, die auf eine scheinbar perfekte, rational optimierte und digitalisierte Gesellschaft hinarbeiten. Schlussendlich gelingt es ihnen, diesen Plan zu durchkreuzen, was zum Zusammenbruch der Weltordnung führt und ein barbarisches Zeitalter hereinbrechen lässt. Dem freigeistigen Protagonisten des Films, der im überreglementierten Leben als Erwachsener nicht zurechtgekommen ist, wird somit allerdings möglich, das Leben zu verwirklichen, welches er sich als rebellischer Jugendlicher erträumt hat: im Chaos findet er sein persöhnliches Paradies.

In dieser Fokussierung auf konkrete Einzelschicksale liegt das bestechende Element der metatragischen Utopie, besonders in einer kaum mehr überschaubaren globalisierten Welt. Identität erwächst nicht aus der Macht des Einzelnen, das große Ganzen zu verändern, sondern der eigenen Historie, von der das große Ganze seinerseits nur ein Teil ist. Als Narrativ ist diese aus sich selbst heraus bedeutsam und wäre es auch noch, wenn man der letzte Mensch auf Erden wäre.

Repräsentativ für diesen Aspekt ist PROMETHEUS: Dessen Protagonistin, die Archäologin Dr. Elizabeth Shaw, widmet ihr Leben der Suche nach den Ursprüngen der Menschheit, was in diesem Fall zu einer Expedition auf einen fremden Planeten führt.

Das Unternehmen erweist sich als Irrweg und schlägt katastrophal fehl. Alle Expeditionsteilnehmer sterben, nur sie selbst überlebt. Dennoch entscheidet sich schlussendlich dagegen, ihre Suche aufzugeben und zur Erde zurückzukehren, sondern setzt sie fort, folgt neuen Hinweisen und bricht ins Unbekannte auf – mit recht geringen Chancen, je zurückzukehren. Ihre Forschungsarbeit mag keinen Mehrwert für die Menschheit haben, ist aber für einen konkreten Menschen von Bedeutung: sie selbst.

Diese Denkweise ist nicht zwangsläufig egoistisch. Wie bereits erwähnt, opfern Donnie Darko, Neo, Logan, Officer KD6-3.7 in BLADE RUNNER 2049 oder die Protagonisten von SNOWPIERCER und SAUNA sogar ihr eigenes Leben zugunsten anderer. Es geht weniger um eine Verschiebung der Bewertungskriterien, als vielmehr um die Eingrenzung dessen, was bewertet wird. Narrative werden auf ihren Nutzen im Spezifischen hin hinterfragt und nicht daran bemessen, was sie im Abstrakten versprechen. Nicht der Mensch im Sinne der unpersönlichen Allgemeinheit – Žižek spricht in Anlehnung an Lacan vom *Großen Anderen*[545] – ist das Bewertungskriterium, sondern man selbst und/oder Menschen, die man kennt. Diese Betrachtungsweisen ist nicht nur für sämtliche Metatragödien und das Denken Slavoj Žižeks repräsentativ, sondern für sämtliche metamodernen Gedankengänge. Besonders konkret findet sich dieser Punkt bei Harari.

Dieser bringt ihn auf eine Formel, die er als *Realitätstest* bezeichnet:

> Wenn Sie mit irgendeiner großen Erzählung konfrontiert sind und wissen wollen, ob sie real oder erfunden ist, lässt sich das mithilfe einer Schlüsselfrage herausfinden: Kann der Held der Geschichte leiden? […] Kann eine Nation wirklich leiden? […] Besonders vorsichtig sollte man bei den folgenden vier Wörtern sein: Opfer, Ewigkeit, Reinheit, Erlösung.[546]

Auch in Metatragödien wird das Spezifische stets am subjektiven Wahrnehmen und Erleben einzelner Menschen festgemacht (aber nicht zwangsläufig nur an deren Leiden: auf die weiterführenden Implikationen dieses Unterschieds wird in Kapitel 8 eingegangen). Ein in diesem Punkt sehr explizites Beispiel ist THE MATRIX RELOADED.

Dessen Protagonist Neo ist ein Klon, dem altruistische Charakterzüge angezüchtet wurden.

---

545 Vgl. Žižek in: The Pervert's Guide to Ideology, Min.: 1:32:00
546 Vgl. Harari 2018, S. 401-404

Sie sollen ihn veranlassen, die Menschheit zu retten – obwohl das bedeutet, das bestehende repressive System aufrechtzuerhalten, welches dem Leben Einzelner keinen Wert beimisst. Dieses Szenario wird in einem Zyklus wieder und wieder durchlaufen. Dass Neos Altruismus sich in Gestalt seiner Geliebten auf ein konkretes Objekt richtet, wird zum Problem, wie der Architekt der Matrix – der untote Autorencharakter – in seiner Rede darstellt:

> "It is interesting reading your reactions. Your five predecessors were, by design, based on a similar predication. A contingent affirmation that was meant to create a profound attachment to the rest of your species, facilitating the function of the One. While the others experience this in a very general way, your experience is far more specific, vis-á-vis love.[547]"

Anschließend stellt er Neo vor die Wahl, entweder sie oder seine Spezies zu retten, wobei dieser sich für Ersteres (bzw. gar nicht) entscheidet und das System ins Chaos stürzt. Dennoch bleibt er dabei in seiner von diesem vorgeschriebenen Rolle als Held, er verlagert die Geschichte des Auserwählten lediglich vom Makrokosmos auf die private Ebene: und hat damit letztlich Erfolg.

Besonders interessant sind hierbei diejenigen metatragischen Videospiele, welche den Spieler selbst in die Situation bringen, Kollektive und deren Erzählungen gegen das Schicksal einzelner Menschen abwägen zu müssen. So stellt z.B. LIFE IS STRANGE den Spieler am Ende der Erzählung vor die Wahl, entweder die Protagonistin und deren beste Freundin (die zuvor ausgiebig gelitten haben) sterben zu lassen oder einzuwilligen, dass stattdessen die gesamte Stadt, in der die Geschichte spielt, mit sämtlichen anderen Charakteren von einem Tornado verschlungen wird. Einzelne Menschen, zumindest potenziell, gegenüber abstrakten Gruppen wie der Menschheit zu bevorzugen, bedeutet auch, zu einem gewissen Maß die Metanarrative anzunehmen, die einzelne Menschen als existente Einheiten konstituieren. In Metatragödien wird angenommen, intersubjektive Mythen zielgerichtet zähmen und für die individuelle Realität nutzbar machen zu können. Somit wird jedoch auch das Individuum abstrahiert: gewissermaßen wird die Mikroebene zu einem eigenen Makrokosmos.

Indem Narrative, die eigentlich von menschlichen Kollektiven handeln, auf einzelne Menschen bezogen werden, erscheinen diese ihrerseits als Kollektive.

---

547 Vgl. THE MATRIX RELOADED, Min.: 1:51:00

6.8 Der dissoziative Leviathan

> "You are a worm though time. [...] You've always been the new you. You want this to be true. [...] We build you till nothing remains. [...] Under the conceptual reality behind this reality you must want these waves to drag you away. After the song, time for applause. This cliché is death out of time, breaking the first the second the third the fourth wall, fifth wall, floor; no floor: you fall! [...] You have always been here, the only child. A copy of a copy of a copy. [...] The picture is you holding the picture. When you hear this you will know you're in new you."
>
> Litanei des „Zischens" in: CONTROL[548]

Dass Fiktionen nicht nur dabei helfen können, Gesellschaften zu strukturieren, sondern auch das eigene Empfinden, scheint in Metatragödien oft daran zu liegen, dass auch die eigene Psyche einer Art Gesellschaft gleicht – was besonders im Moment der Selbstbegegnung zum Ausdruck kommt.

Abermals sind die Betrachtungen Nietzsches von Interesse. Ein Kerngedanke dieser Betrachtungen besteht in der Annahme, dass der Mensch über kein wahres Selbst verfügt, sondern bloß über ein Kollektiv widerstreitender Triebe, Ziele und Affekte.

Er ist, so Nietzsche, kein Individuum, sondern ein Dividuum[549].

Das all diese Teilpersönlichkeiten verschiedene Interessen verfolgen, führt zu Problemen für ihre Gesamtheit, da sie in einem gemeinsamen Körper gefangen sind. Die Lösung dessen sieht Nietzsche im Formen einer einheitlichen Persönlichkeit durch schiere Willenskraft und Selbstüberwindung. Wenn sich keine Kompromisse finden lassen, die jeden zufrieden stellen, empfiehlt er, eine absolutistische Diktatur zu etablieren. Dies lässt sich mit dem Konzept der holographischen Psyche im Dark Drama vergleichen. Ein Splitter der eigenen Persönlichkeit wird als Repräsentation ihrer Gesamtheit erkannt (bzw. ernannt) und fungiert als deren organisierendes Leitbild: er wird gewissermaßen zum Diktator. Effektiv spricht Nietzsche sich in einigen seiner Werke, etwa *Jenseits von Gut und Böse*[550], auch über die internen Belange einzelner Menschen hinaus für strenge Ordnung, Klassentrennung und Aristo-

---

548 Vgl. CONTROL
549 Vgl. beispielsweise Nietzsche 2010, S. 72-73
550 *Jenseits von Gut und Böse*. Autor: Friedrich Nietzsche. 1886

kratie aus, kritisiert Demokratie und fordert eine Art gesamteuropäischen Staat mit Kastengesellschaft nach indischem Vorbild.[551]

Somit kann sein Ideal der Selbstüberwindung als Umsetzung der ihm vorschwebenden Politik im Persönlichen verstanden werden, bzw. in der Verschmelzung von Persöhnlichem und Politik: auch die ihm vorschwebende Gesellschaftsordnung rechtfertigt sich seiner Meinung nach durch ihre Effekte auf die individuelle Psyche.

Die gleiche Logik findet sich in Metatragödien – allerdings nicht unbedingt in Verbindung mit der spezifischen Utopievorstellung Nietzsches. Während dieser den ohne absolute Wahrheiten, Gott oder ein humanistisches Selbst auskommenden Menschen – den von ihm propagierten Übermenschen – vor allem mit stoischer Härte, dem Streben nach Macht und heroischer Charakterstärke assoziiert, greifen metatragödien Protagonisten oft auf Ideale zurück, die sich von anderen Narrativen ableiten. Es geht, wie in Kapitel 4.1 angerissen, nicht unbedingt darum, das Leben zum Heldenmythos zu machen, sondern zunächst einmal um die Idee, es überhaupt als Geschichte zu begreifen – eher als Metamensch denn Übermensch.

Gleichwohl kann die Entwicklung metatragischer Protagonisten dahingehend beschrieben werden, dass das Kollektiv der eigenen Teilpersönlichkeiten durch eine gemeinsame Erzählung verbunden und geordnet wird. Die eigene Lebensgeschichte wird dabei zur Historie von deren Gemeinschaft, wobei Teilpersönlichkeiten neu geboren, in ihrer Rolle verändert oder getötet werden können – und einen andauernden Glückszustand zu erreichen, würde das Ende der Geschichte bedeuten. Z.B., dass der Protagonist von FIGHT CLUB seinen halluzinierten Doppelgänger Tylor Durdon erschießt, kann als interne politische Hinrichtung eines für die Gemeinschaft gefählichen Gesellschaftsmitgliedes verstanden werden. Und dass am Ende des Films eine ungewisse Zukunft steht, ist exemplarisch dafür, dass ein konfliktfreies Utopia auch auf persönlicher Ebene nicht umsetzbar zu sein scheint.

Nicht alle Metatragödien messen dem Konzept der zersplitterten Psyche so viel Gewicht bei – dies ist eher beim Dark Drama der Fall. In der Regel beschränkt sich seine Adaption auf das Moment der Selbstbegegnung, in welchen die Spaltung des eigenen Ichs in mindestens zwei Teile deutlich wird. Da diese jedoch jeweils für sich genommen Teil diverser Geschichten und Zusammenhänge sein können, geht

---

551 Vgl. Nietzsche 2010, S. 846 ff. (das gesamte achte Hauptstück von *Jenseits von Gut und Böse*)

bereits damit implizit der Umstand einher, aus ungleich mehr Facetten zu bestehen. Entscheidend ist, dass Metatragödien den Gedanken der Ich-Zersplitterung, anders als viele Dark Drama-Erzählungen, als Ausgangspunkt dafür nehmen, in deren Chaos ordnende Geschichten zu inszenieren und dieses Unterfangen in den Fokus rücken.

So bezeichnet etwa Hans Castorp in DER ZAUBERBERG sein Sinnieren über sich, die Welt und die verschiedenen Denkansätze, mit denen er konfrontiert wird, sich selbst gegenüber als *Regierungsgeschäfte*. Dies entspricht zwar der metatragischen Perspektive, Weltanschauungen als Hilfsmittel bei der Regulation des eigenen Empfindens zu begreifen, dessen Spaltung im multiple Identitätssplitter wird hierbei jedoch nicht so explizit herausgestellt. Im Folgenden wird auf einige Metatragödien eingegangen eingegangen, in denen dieses Thema dagegen besonders ausführlich behandelt wird.

Darunter fällt, neben FIGHT CLUB, DER STEPPENWOLF. So wird dem Protagonisten eine Art Jahrmarktsheft zugespielt, in welchem er neben einer Beschreibung seiner eigenen Seelenlage und Lebensgeschichte u.a. folgende Zeilen vorfindet:

> Und in unsrer modernen Welt gibt es Dichtungen, in denen hinter dem Schleier des Personen- und Charakterspiels, dem Autor wohl kaum ganz bewußt, eine Seelenvielfalt darzustellen versucht wird. Wer dies erkennen will, der muß sich entschließen, einmal die Figuren einer solchen Dichtung nicht als Einzelwesen anzusehen, sondern als Teile, als Seiten, als verschiedene Aspekte einer höheren Einheit (meinetwegen der Dichterseele). Wer etwa den Faust auf diese Art betrachtet, für den wird aus Faust, aus Mephisto, Wagner und allen andern eine Einheit, eine Überperson, und erst in dieser höhern Einheit, nicht in den Einzelfiguren, ist etwas vom wahren Wesen der Seele angedeutet. Wenn Faust den unter Schuhllehrern berühmten, vom Philister mit Schauer bewunderten Spruch sagt: «Zwei Seelen wohnen, ach, in meiner Brust!» dann vergisst er den Mephisto und eine ganze Menge andrer Seelen, die er ebenfalls in seiner Brust hat. Auch unser Steppenwolf glaubt ja, zwei Seelen (Wolf und Mensch) in seiner Brust zu tragen und findet seine Brust dadurch schon arg beengt. Die Brust, der Leib, ist eben immer eines, der darin wohnenden Seelen aber sind nicht zwei, oder fünf, sondern unzählige; der Mensch ist eine aus hundert Schalen bestehende Zwiebel, ein aus vielen Fäden bestehendes Gewebe.[552]

---

552 Vgl. DER STEPPENWOLF, S. 67

In der Folge wird Harry Haller umfassend von dieser Vorstellung gequält. Schlussendlich schafft er es jedoch, der Sache – in Gestalt der sogenannten *Schachfiguren-Analogie* – etwas Nützliches abzugewinnen: er begreift die widerstreitenden Aspekte seiner Persönlichkeit metaphorisch als Figuren eines Schachspiels, aus deren wechselnder Konstellation sich fortwährend ein neues Selbst zusammensetzt. Diese Erkenntnis widerum erlaubt, auf die Zusammensetzung Einfluss zu nehmen und dadurch jeweils ein Selbst zu erschaffen, das zur aktuellen Situation passt.[553] Sich mit der eigenen Geschichte zu identifizieren und diese gegebenenfalls zu aktualisieren.

Darin besteht starke Ähnlichkeit zu dem von Carl Gustav geprägten Konzept der *Individuation*, welches in Der STEPPENWOLF auch mehrfach referenziert wird. Darunter zu verstehen ist, dass eine einheitliche Persönlichkeit sich beim Menschen erst im Laufe seines Lebens aus den sich im Konflikt miteinander befindenden Elementen der eigenen Psyche zusammensetzt oder aktiv entwickelt werden muss.

Als geeignetes Hilfsmittmel betrachtet Jung dabei Mythen und Religionen, da diese seiner Einschätzung nach gesammeltes Wissen über das Ringen des Menschen mit seiner Psyche enthalten – und darüber, wie er dabei Erfolg haben kann.

Jacoby betont, dass Jungs Individuationskonzept, je nach Lesart, die Gefahr mit sich bringt, vermeintliche Wahrheiten über sich selbst in fiktionalen Geschichten zu suchen. So lässt sich nicht klar unterscheiden, inwieweit deren Motive bereits vorhandene Teile der Psyche ansprechen bzw. repräsentieren und welche Affekte erst von den Geschichten eingepflanzt werden.[554]

Dies entspricht dem in Kapitel 6.6 erwähnten Streitpunkt zwischen Žižek und Peterson. Wie erwähnt, plädieren Metatragödien dafür, das Problem zu umgehen, indem Geschichten nicht anhand dessen ausgewählt werden, ob sie sich als Mittel zur Selbsterkenntnis eignen oder nicht, sondern ob sie zu den Umständen des Lebens passen, zur eigenen Biographie. In diesem Sinne ist Harry Hallers Schachfiguren-Analogie exemplarisch für die Meta-Individuation, die in Metatragödien erfolgt.

Die Welt erscheint als wirres Kaleidoskop aus Teilgeschichten, Orten und Persönlichkeiten, dass sich nur im Speziellen begreifen lässt – niemals in seiner abstrakten Gesamtheit.

---

553 Vgl. Barbara/Munzert 1999, S. 5
554 Vgl. Jacoby 2017, S. 70-72

Wie erwähnt, werden zur eigentlichen Realität somit die Möglichkeiten, zu beeinflussen, was man selbst und andere Menschen erleben. Da die eigene Persönlichkeit ebenfalls als wirres Kaleidoskop aus Teipersönlichkeiten erscheint, erwächst die eigene Geschichte aus der Schnittmenge zwischen beidem. Der Entscheidung für oder gegen äußere Handlungsoptionen, die mit inneren Wünschen, Trieben und Ideen zusammenfallen. Was auch immer man tut, wird Teil der eigenen Geschichte – und somit auch zu einem politischen Akt des inneren Kollektivs, welches sich dadurch strukturiert.

Sowohl in der STEPPENWOLF als auch in FIGHT CLUB wird im Knäuel der Teilidentitäten eher kreative Anarchie umgesetzt als Nietzsches strenge Kastenordnung. Die Persönlichkeitssplitter prügeln sich, gehen tanzen oder miteinander ins Bett anstatt untereinander feste Hierarchie zu etablieren.

Während maskuline Härte und die Loslösung vom bisherigen Dasein (als Konsument) in FIGHT CLUB dabei durchaus eine Rolle spielen, erfolgt die Narrativierung des eigenen Erlebens in DER STEPPENWOLF vor allem durch Humor – der explizit als Alternative oder, wenn überhaupt, Voraussetzung zu übermenschlichem Heldentum dargestellt wird.

Dem gegenüber steht beispielsweise der Film SPLIT. Dessen Protagonist Kevin Wendell Crumb leidet unter einer extremen dissoziativen Störung, die sich in einer Vielzahl unterschiedlicher Teilidentitäten niederschlägt, von denen jeweils nur eine gleichzeitig den Körper kontrollieren kann. Diese Identitäten intrigieren untereinander, kämpfen um die Macht und bilden Fraktionen, wovon eine bestrebt ist, einer monströsen Super-Identität zur Macht zu verhelfen, die lediglich als *Die Bestie* bezeichnet wird. Schließlich gelingt dies auch und Kevin wird zu einem Serienmörder, der seine Agenda jenseits jedweder Moral vorantreibt und zu Nietzsches Übermensch im engeren Sinn durchaus Ähnlichkeit besitzt. Dabei scheint die Bestie ihn sogar körperlich zu verändern und über das menschenmögliche hinaus stärker zu machen. Allerdings werden zwischendurch auch andere Optionen präsentiert: so existieren einige Identitäten, die zwar weniger willensstark, hart und heroisch aber doch im Stande sind, Kevin erfolgreich durchs Leben zu führen und dies auch zeitweilig unter Beweis stellen (eine davon übt bezeichnenderweise einen Beruf als Filmwissenschaftler aus, eine andere ist Mode-Designer). Dass letztlich die Bestie siegt, erscheint dabei keinesfalls als beste Lösung, sondern ist eher der Beginn eines neuen Konflikts, der im Folgefilm GLASS auch ausgetragen wird.

Während die innere Gesellschaft in SPLIT klar von der äußeren zu trennen ist, führt die Identitätsspaltung in FIGHT CLUB und DER STEPPENWOLF zur Halluzination körperlich vorhandener Personen, die eigenständig mit der äußeren Welt zu interagieren scheinen (und z.B. versuchen, eine neue Gesellschaftsordnung aufzubauen). Letztendlich macht die metatragische Weltsicht jedoch generell unmöglich, klar zwischen dem eigenen Ich und der externen Welt zu unterscheiden. Grundlage aller Entscheidungen ist das eigene Empfinden – auch, wenn im Sinne anderer Menschen entschieden wird. Gewissermaßen entspricht die Empathie, welche man diesen entgegenbringt, einem Teil der eigenen Identität, den man in sie hineinprojiziert.

Das Treffen von Entscheidungen bedeutet, die eigene Persönlichkeit zu verwalten. Umgekehrt bedeutet die damit einhergehende Manipulation des eigenen Wahrnehmens und Empfindens, die äußere Welt zu gestalten. Ob man verändert, was man wahrnimmt oder wie man es wahrnimmt, ist aus metatragischer Sicht letztlich gleichbedeutend. Entscheidend ist das Ziel, das Wahrgenommene zu gestalten.

In dieser Hinsicht besteht eine Parallele zum Denken des Künstlers Joseph Beuys. So kann dessen Leitsatz *Jeder ist ein Künstler* dahingehend verstanden werden, dass ein Mensch mit seiner eigenen Biographie identisch ist und diese formen kann. Dasjenige, was sich außerhalb von ihr befindet, in sie einzugliedern, versteht Beuys als Form der Spiritualität.[555]

Dabei bezeichnet er die Philosophie Nietzsches als entscheidenden literarischen Einfluss auf seine Arbeit – widerspricht ihm jedoch in einigen Punkten entschieden, besonders hinsichtlich seiner politischen Ideen[556]. Voigt sieht die vorhandene Gemeinsamkeit beider Denker in der Vorstellung der aus sich selbst heraus sinnstiftenden, kreativen Selbstgestaltung des Menschen als eine Art *autopoietisches* Subjekt (der Begriff autopoietisch entstammt dem Altgriechischen und bedeutet in etwa so viel wie: sich selbst erschaffend)[557]. Bei vielen metatragischen Protagonisten könnte dabei ebenso von einem *autopolitischen* Subjekt die Rede sein.

---

555 Tisdall in: Rainbird 2006, S. 105
556 Vgl. Burgemann 2017, S. 58
557 Haardt/Conrad (2006). http://www.schirmer-mosel.com/deutsch/pdf/PM_Beuys_Nietzsche.pdf, zuletzt geprüft am 14.02.2020

Beuys betrachtet den Menschen dabei als Mitgestalter eines *sozialen Organismus* bzw. einer *sozialen Plastik*: der menschlichen Gesellschaft als Gesamtkunstwerk, von der jeder selbst ein Teil ist[558].

Analog findet sich auch in vielen Metatragödien der Ansatz, menschliche Kollektive als – teils recht monströse – Organismen zu betrachten. Sie befinden sich oft im Zustand des Chaos, genauso wie die Psyche des Protagonisten. Ein besonders konkretes Beispiel ist neben Filmen wie SNOWPIERCER und HIGH-RISE das Spiel BIOSHOCK. Dieses spielt in einer Stadt, deren Einwohner sich in diverse Kasten unterteilen und sich, aufgrund genetischer und chirurgischer Eingriffe, auch körperlich voneinander unterscheiden. Jede Kaste erfüllt dabei bestimmte Funktionen im Ökosystem der Stadt: einigen kommt eine wertschöpfende Rolle bei, andere beschützen sie oder halten die Ordnung aufrecht wie weiße Blutkörperchen.

Darüber hinaus erfüllen die verschiedenen Gebäude und Viertel der Stadt verschiedene Funktionen, so wie die Organe eines Körpers: beispielsweise fungiert eine Parkanlage zugleich als eine Art Lunge, welche die gesamte Stadt (die auf dem Meeresgrund liegt) mit Sauerstoff versorgt. Diese Gesellschaft befindet sich zu Beginn des Spiels in einem chaotischen Bürgerkriegszustand und ihre Mitglieder werden von verschiedenen, miteinander konkurrierenden Autorencharakteren beeinflusst – genau wie der Protagonist des Spiels. Und parallel zu dessen Individuationsprozess (durch eine Reihe von Entscheidungen, die der Spieler für ihn trifft) wird auch in der Gesellschaft eine neue Ordnung etabliert.

Körper, Geist und Bewusstsein erscheinen in Metatragödien als Aspekte eines untrennbaren Ganzen – der eigenen Historie. Und somit birgt das Ordnen des inneren oder äußeren Chaos stets auch einen zeitlichen Aspekt. Menschen und Gesellschaften sind nicht nur in Hinsicht auf wiederstreitende Interessen gespalten, sondern auch dahingehend, dass ihr Zustand zu verschiedenen Zeitpunkten nicht identisch ist. Gewissermaßen handelt es sich um verschiedene Menschen und Gesellschaften, wobei die Trennung durch Zeit im Grunde gleichwertig ist mit einer Trennung durch Raum.

Beispielsweise der Film ANNIHILATION erzählt in all seinen Szenen die Geschichte der Biologin Lena. Es ist jedoch fraglich, ob es sich dabei stets um dieselbe Person handelt, oder bloß um die gleiche: im Sinne einer körperlichen und geistigen Kopie der ursprünglichen Lena,

---

558 Vgl. Beuys 1978, S. 5

die sich für jene hält. In FIGHT CLUB und SPLIT besteht zwar Kontingenz in körperlicher Hinsicht – allerdings werden die Körper der Protagonisten zu verschiedenen Zeitpunkten von verschiedenen Persönlichkeiten kontrolliert.

Und letztlich können auch die zu verschiedenen Zeitpunkten existenten Iterationen eines Menschen, der schlicht eine Entwicklung durchmacht, als unterschiedliche Personen betrachtet werden, die separat in einer raumzeitlichen Realität vorhanden sind. Was sie eint, ist auch in diesem Fall nicht ein verbindendes wahres Selbst, sondern die gemeinsame Geschichte, mit der sie sich identifizieren.

Dies zu tun und auf ihren Verlauf Einfluss zu nehmen, ist ein Gestaltungsprozess im Sinne von Beuys: das Leben wird zu einer Art vierdimensionalem Gemälde, auch wenn es nur von der begrenzten Perspektive des jeweiligen Augenblicks aus betrachtet werden kann. Vor allem in Metatragödien wie DONNIE DARKO, WATCHMEN und ARRIVAL, deren Protagonisten durch die Zeit reisen oder in die Zukunft sehen können, bedingt die Identifikation mit der eigenen Geschichte, diese in ihrer Gesamtheit anzunehmen: im Sinne von Nietzsches Amor Fati.

Vergangenheit und Zukunft sind gemäß einer solchen Sichtweise genauso real wie die Gegenwart. Wie bei einem Kinofilm ist die komplette Bildfolge bereits aufgezeichnet, während man ihn ansieht, war es schon vor Beginn der Vorstellung und wird es danach bleiben. Aus einer solchen Perspektive heraus Entscheidungen zu treffen ist paradox: wie auch gemäß Nietzsches Idee von der ewigen Wiederkunft des Gleichen müssen Entscheidungen so getroffen werden, als würde man sie selbst im Falle endloser Wiederholung immer wieder genauso treffen.

Damit geht die Forderung einher, im Moment des Entscheidens mit der Entscheidung zufrieden zu sein. Und wenn die Folgen nicht zur Gänze abzuschätzen sind (oder sich nicht nach Belieben lenken lassen, obwohl man praktischerweise in die Zukunft sehen kann), bedingt dies, sich mit einem gewissen Maß an Willkür – oder eben Fiktionalität – zu arrangieren. Im Austausch stellt sich der fluide Fluss der Zeit als stehendes Jetzt dar.

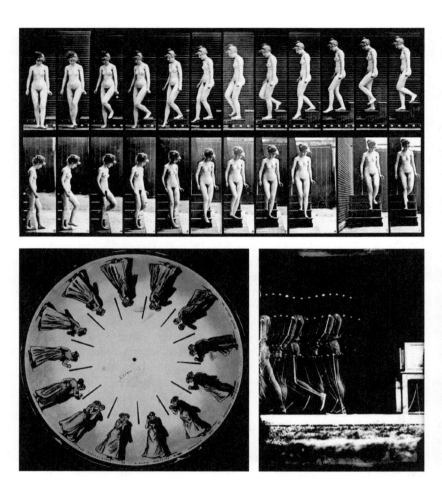

Abbildung 13: Annäherungen an ein nicht-lineares Zeitverständnis im späten 19. Jahrhundert. Die oben zu sehende Bildserie *Woman Walking Downstairs* von Eadweard Muybridge nutzt die zweidimensionale Bildwirklichkeit zur Repräsentation einer vierdimensionalen zeitlichen Realität: die einzelnen, nebeneinander gezeigten Iterationen der Frau auf den verschiedenen Treppenstufen scheinen parallel zu existieren. Die ebenfalls von Muybridge geschaffene Phenakistiskop-Scheibe (links unten) greift das Prinzip auf. Wird die Scheibe ausreichend schnell gedreht, scheinen die 13 Paare in Bewegung zu geraten und an ihrer jeweiligen Position zu tanzen: das Verstreichen von Zeit existiert metaphorisch nur in der sub-

jektiven Vorstellung. Rechts unten zu sehen ist Étienne-Jules Mareys Chronofotografie *Man walking*. Aufgrund der langen Belichtungszeit des Films hat sich der gehende Mann an mehreren Bildstellen eingebrannt. Anders als bei Muybridges Bildserie verschwimmen die einzelnen Iterationen und sind nicht länger klar voneinander unterscheidbar. Er scheint sich in eine geisterhafte Prozession verwandelt zu haben, wie in dem diesem Kapitel vorangestellten Zitat aus dem Videospiel CONTROL ("You are a worm though time."). Eine malerische Adaption dieses Prinzips findet sich bei Marcel Duchamp, beispielsweise in dessen Gemälden *Nude Descending a Staircase* und *Sad Young Man on a Train*.

Selbstredend kann dies eine sehr niederschmetternde Perspektive sein: beispielsweise tötet der Mörder in der Serie M – EINE STADT SUCHT EINEN MÖRDER Kinder, um sie vor dem Erwachsenendasein zu bewahren und ihre ewige Existenz auf eine ewige glückliche Kindheit zu beschränken. Exemplarisch dafür ist seine finale Ansprache im gegen ihn geführten Prozess, die überdies vor Bezügen zum Werk Nietzsches nur so strotzt:

„Ihr werdet nie erfahren, wer ich bin. Es gibt mich gar nicht. Ich bin ein wandelnder Geist. Eine Gattung? Ein neuer Mensch. Ich kann deine Gedanken sehen. Ich kann durch Wände gehen. Ich kann jede Gestalt annehmen. Werde immer wiederkehren. Ach, ich bin so viele, dass ihr sie nicht zählen könnt. Wir sind unter euch, unerkannt. Weil ihr nur mit den Augen seht, ihr Armseeligen ahnt nichts von dem Werk, von den Kämpfen, die stattfinden, werdet nie erfahren vom unsichtbaren Reich, dass die Dinge lenkt. Schlafwandler seid ihr, Ausgestorbene. Die letzten Menschen am Ende ihres Weges. Ihr könnt uns nicht aufhalten. Ich bin hier, um zu rekrutieren. Die Gekränkten. Ihr seid die wahren Söldner. Ich verspreche euch eine neue Existenz, nein, tausende Existenzen! Wir holen die Kinder auf unsere Seite, für sie ist es nicht zu spät! Ihr redet von Mord. Ihr glaubt an den Tod. Wir wissen, dass es ihn nicht gibt. Ihr glaubt an Schuld. Ihr habt doch keine Ahnung. Von Kunst. Ja! Ich kann! Ja, ich muss! Ich kann, ich muss, ich will![559]"

In vielen Metatragödien wird einer solchen Sichtweise jedoch etwas Positives abgewonnen: wenn der Tod lediglich das Ende der eigenen Geschichte darstellt, die als solche zeitlos existiert, dann ist er

---

559 Vgl. M – EINE STADT SUCHT EINEN MÖRDER, Staffel 1, Folge 6, Min.: 48:00

irrelevant, solange man mit dem Verlauf der Geschichte zufrieden ist. Entscheidend ist das *Wie* des Lebens bzw. Erlebens.

In DER STEPPENWOLF wird dieser Gedanke an mehreren Stellen ausformuliert: Unsterblichkeit besteht nicht darin, die eigene Existenz über eine unbegrenzte Zeitspanne auszudehnen. Stattdessen wird sie als ein Zustand begriffen, in dem man sich temporär befinden kann. Dies ist der Fall, solange man es fertigbringt, sich effektiv mit der eigenen Geschichte zu identifizieren. Solange man so lebt und gelebt hat, wie man es sich retrospektiv wünschen wird.

Obwohl dieser Gedanke nur in wenigen Metatragödien derartig direkt behandelt wird, ist er die implizite Konsequenz aus dem Zusammenspiel der je vorhandenen fünf Motive. Er ist dabei nicht als Versprechen zu verstehen, sondern als Idealvorstellung, die sich von den entsprechenden Prämissen ableitet.

So wird der Zustand der völligen Identifikation mit der Geschichte auch in DER STEPPENWOLF bestenfalls sporadisch erreicht. Man ist in demnach nicht ganz oder gar nicht unsterblich – die Frage ist, *wie unsterblich* man im jeweiligen Augenblick ist. Oder, im Sinne des bei Nietzsche zu findenden Ideals von Playfulness (siehe Kapitel 4.1): wie spielerisch.

Denn eine Kosequenz dieser Vorstellung besteht darin, niemals Gewissheit zu erlangen. Auf den Tod würde nicht die Bestätigung folgen, dass Zeit tatsächlich nur in der subjektiven Wahrnehmung existiert. Vielmehr kann bloß *in* der Zeit daran geglaubt werden: bzw. so getan *als ob*.

Auf die Implikationen davon, einen solchen Zustand anzustreben, wird im Schlusskapitel dieses Buches eingegangen. Zunächst jedoch wird das bisher erarbeitete Konzept des metatragischen Erzählens an drei besonders repräsentativen Beispielen nachgewiesen.

7 Metatragik in ausgesuchten Serien

Bei diesem Kapitel handelt es sich um ein Intermezzo: bevor abschließend auf die utopische Ebene metatragischer Erzählungen eingegangen wird, erfolgt eine detaillierte Untersuchung der metatragischen Motive und ihrer im Vorfeld dargestellten Implikationen anhand von drei konkreten Beispielen. Bei einer schnellen Lektüre kann sich empfehlen, diese Untersuchung zu überspringen oder sie nur glossarisch zu verwenden.

Gegenstand der Analyse sind die TV-Serien DARK, AMERICAN GODS und WESTWORLD. Wie in Kapitel 1 erwähnt, ist DARK in Deutschland ausschließlich bei Netflix, AMERICAN GODS bei Amazon Prime und WESTWORLD, als Produktion des US-amerikanischen Senders HBO bei Sky zum Ansehen verfügbar. Es wird jeweils lediglich die erste Staffel berücksichtigt, die in allen drei Fällen als in sich abgeschlossene Erzählung mit mehr oder weniger offenem Ende und für sich stehenden Andeutungen betrachtet werden kann – wenngleich die Serien jeweils in Form einer zweiten Staffel fortgesetzt worden sind.

Alle drei verfügen über eine hohe Altersfreigabe: in den USA jeweils TV-MA (ungeeignet für Untersiebzehnjährige), in Deutschland FSK 16[560]. Dies ist insofern relevant, als dass jeweils eine gewisse Vorerfahrung mit narrativen Medien seitens der Rezipienten vorausgesetzt werden kann. Somit ist davon auszugehen, dass die je vorhandenen intertextuellen Bezüge vom Publikum zumindest teilweise als solche verstanden werden, weshalb sie als essentielle Eigenschaft der Serien angesehen werden können.

Aufbauend auf der Untersuchung der fünf Motive wird in allen drei Fällen grundlegend untersucht, welche politischen bzw. ideologischen und utopistischen Ansätze sich in den Serien finden – vorbereitend auf das Schlusskapitel dieses Buches. Komplementär können diese drei fraglichen seriellen Metatragödien jeweils als New Weird und Dark Drama eingestuft werden, was an dieser Stelle jedoch nicht weiter vertieft werden soll.

---

560 Vgl. imdb.com. Dark (2017–) Parents Guide. https://www.imdb.com/title/tt5753856/parentalguide?ref_=tt_stry_pg#certification / imdb.com. American Gods (2017–) Parents Guide. https://www.imdb.com/title/tt1898069/parentalguide?ref_=tt_stry_pg#certification / imdb.com. Westworld (2016–) Parents Guide. https://www.imdb.com/title/tt0475784/parentalguide?ref_=tt_stry_pg, zuletzt geprüft am 14.02.2020

7.1 Dark

> „Kein Delorian. Kein Zischen und Dampfen. Die erste Zeitmaschine ist ein Bunker mit vier Wänden. Allerdings funktioniert sie noch nicht ganz."
>
> Jonas (als Besucher aus der Zukunft) in: DARK[561]

DARK ist die erste eigenproduzierte Serie des Streamingdienstes Netflix, die in Deutschland entwickelt und gedreht wurde. Veröffentlicht wurde sie 2017 – auf Deutsch sowie in englischsprachiger Synchronfassung.[562] Drehbuchautorin Jantje Friese und Regisseur Baran bo Odar hatten 2010 bereits gemeinsam den Krimi DAS LETZTE SCHWEIGEN[563] und 2014 den Hacker-Film WHO AM I – KEIN SYSTEM IST SICHER[564] umgesetzt.

Die Serie kann dem Mystery- bzw. Science-Fiction-Genre zugeordnet werden, wobei die unterschiedlichen Handlungsstränge sich darüber hinaus jeweils als Neo Noir, Familiendrama oder Coming-of-Age-Geschichte einstufen lassen.

Besonders in den späteren Episoden der ersten Staffel erreicht die Erzählung streckenweise einen Komplexitätsgrad, der sich mit Mindgame-Filmen vergleichen lässt.

DARK erhielt mehrheitlich positive Kritiken (beispielsweise eine Wertung von 88% auf Rotten Tomatoes[565]), wurde jedoch besonders von der deutschen Presse teils recht negativ aufgenommen.

So formuliert beispielsweise Ströbele für *ZEIT ONLINE*:

> Die erste deutsche Netflix-Produktion, "Dark", versucht mit aller Kraft, deutsche Düsternis international berühmt zu machen. Warum aber fürchtet man sich einfach nicht?[566]

Analog fragt Steinkuhl in einer Rezension des Onlinebranchendienstes *MEEDIA*:

---

561 Vgl. DARK, Staffel 1, Folge 6, Min.: 10:00
562 Vgl. Perry 2017. https://www.comingsoon.net/tv/trailers/892807-dark-teaser-trailer-offers-first-look-at-cryptic-new-netflix-series, zuletzt geprüft am 14.02.2020
563 DAS LETZTE SCHWEIGEN. R.: Baran bo Odar. GER 2010
564 WHO AM I – KEIN SYSTEM IST SICHER. R.: Baran bo Odar. GER 2014
565 Vgl. rottentomatoes.com. https://www.rottentomatoes.com/tv/dark/s01, zuletzt geprüft am 14.02.2020
566 Vgl. Ströbele 2017. https://www.zeit.de/kultur/film/2017-11/dark-netflix-baran-bo-odar-jantje-friese, zuletzt geprüft am 14.02.2020

„Muss fiktionale Unterhaltung aus Deutschland denn immer so grässlich sein?[567]"

Bereits im Vorfeld der Veröffentlichung wurden aufgrund einiger dahingehender Parallelen immer wieder Vergleiche zu der amerikanischen Netflix-Serie STRANGER THINGS[568] hergestellt, wobei DARK, wie Rodenwald hervorhebt, weniger auf Humor und Nostalgie setzt, sondern primär auf existenzielles Grauen[569]. Auch betonen Odar und Friese, die Drehbücher zu DARK seien bereits vor dem Start von STRANGER THINGS fertiggestellt worden. Als Vorbilder benennen sie eher Filme des *Nordic Noir* (Neo Noir-Produktionen aus Skandinavien mit häufig weiblicher Protagonistin, wie beispielsweise MÄN SOM HATAR KVINNOR[570] – deutscher Titel: VERBLENDUNG oder der Serie BRON/BROEN[571] – deutscher Titel: DIE BRÜCKE – TRANSIT IN DEN TOD)[572]. Allemal visuell hat DARK in jedem Fall mehr mit populären Werken des Nordic Noir gemein als mit STRANGER THINGS. Gleichwohl kritisiert etwa Scheer für die *Frankfurter Allgemeine Zeitung*:

> Das alles ist nicht logisch, es setzt auch auf ziemlich billige Tricks, aber es ist mit großem Können effektvoll arrangiert und auf Hochglanz poliert. Eine solche Serie aus Deutschland hat es tatsächlich noch nicht gegeben. Als Ausflug in ein Land der Finsternis wird es vermutlich international Zuschauer finden. Nur besonders originell wirkt „Dark" nach „Stranger Things" nicht mehr.[573]

Der Vergleich der Serie mit STRANGER THINGS soll an dieser Stelle nicht vertieft werden, ebensowenig wie die Frage, inwiefern sie für die spezifisch deutsche Unterhaltungsindustrie repräsentativ ist. Von Interesse ist vielmehr, dass DARK sämtliche Kriterien einer Metatragödie

---

567 Vgl. Steinkuhl 2017. https://meedia.de/2017/12/01/nur-10-minuten-lang-welt klasse-warum-die-deutsche-netflix-produktion-dark-an-stranger-things-nicht-heranreicht/, zuletzt geprüft am 14.02.2020
568 STRANGER THINGS [Frensehserie]. Creators: Matt Duffer/Ross Duffer. USA seit 2016
569 Vgl. Rodenwald 2017. https://www.kino-zeit.de/film-kritiken-trailer/dark-2017, zuletzt geprüft am 11.07.2019
570 MÄN SOM HATAR KVINNOR. R.: Niels Arden Oplev. SWE u.a. 2009
571 Bron/Broen [Fernsehserie]. Creators: Måns Mårlind/Hans Rosenfeldt/Björn Stein. SWE/DNK/GER 2011-2018
572 Vgl. Scheer 2017. https://www.faz.net/aktuell/feuilleton/medien/die-erste-deut sche-serie-von-netflix-dark-15318487.html, zuletzt geprüft am 14.02.2020
573 Ebd.

aufweist, sich umfassend mit den in den vorangegangenen Kapiteln dargestellten Themen auseinandersetzt und im hiesigen Zusammenhang ein äußerst interessantes Untersuchungsobjekt abgibt.

Die gesamte Handlung ist in der fiktiven Kleinstadt Winden angesiedelt. Diese liegt irgendwo in Deutschland, allerdings nicht im Gebiet der früheren DDR, wie an den in den 1950er und 1980er Jahren angesiedelten Handlungsabschnitten ersichtlich wird. In den Wäldern, welche Winden umgeben, befindet sich eine Höhle, deren Gänge scheinbar als eine Art übernatürliches Zeitportal fungieren.

So ist es möglich, sie zu einem bestimmten Zeitpunkt zu betreten und zu einem anderen wieder zu verlassen – wobei jeweils exakt drei Zeitpunkte miteinander verbunden sind und erreicht werden können, indem man sich auf bestimmten Wegen durch das Höhlensystem bewegt. Während der ersten Staffel sind dies die Jahre 1953, 1986 und 2019. Das genaue Prinzip wird im Folgenden noch näher erläutert – grundlegend ist zu erwähnen, dass sämtliche Ereignisse in einem paradoxen Kontinuum verbunden sind, wodurch die drei Zeitebenen der Handlung nicht nur aufeinander folgen, sondern sich in direkter Wechselwirkung gegenseitig beeinflussen.

In diesem Szenario agieren verschiedene Protagonisten. Die Handlungsstränge aller hier vorgestellten beginnen dabei im Jahr 2019, nachdem ein ortsansässiger Jugendlicher namens Erik Obendorf verschwunden ist und von der Polizei gesucht wird.

So verirrt sich der elfjährige Mikkel Nielsen in die Höhle, entdeckt schließlich einen Ausweg und muss überrascht feststellen, dass er sich im Jahr 1986 befindet. Da niemand ihm seine Geschichte glaubt und er den Weg zurück nicht findet, gibt er den Versuch, heimzukehren, auf und beginnt ein neues Leben, um sich schlussendlich 2019 umzubringen, bevor sein jüngeres Selbst in die Höhle gerät.

Mikkels Vater Ulrich Nielsen ist Polizist und sucht sowohl nach Erik als auch nach seinem Sohn und mehreren weiteren Kindern, die in der Folge ebenfalls verschwinden. Dabei entdeckt er Hinweise auf das Vorhandensein des Zeitportals sowie eines anscheinend zeitreisenden Kindermöders: so ist schon Ulrichs Bruder Mads in den 1980er Jahren spurlos verschunden. Er verdächtigt einen greisen Stadtbwohner nahmens Helge Doppler und es gelingt ihm schließlich, durch die Höhle ins Jahr 1953 zu reisen, wo er versucht, diesen als Kind zu töten. Es gelingt ihm jedoch bloß, Helge eine entstellende Narbe beizufügen, wodurch scheinbar erst ausgelöst wird, dass er später zum Kindermörder wird.

Ulrich wird seinerseits von der Polizei gefasst, ehe er aus dem Jahr 1953 ins Jahr 2019 zurückkehren kann, und bleibt in der Vergangenheit gefangen.

Parallel wird erzählt, wir Helge infolge seiner Verletzung als Kind unter den Einfluss eines mysteriösen Mannes namens Noah gerät, welcher vorgibt, ein Pfarrer zu sein, sich letztendlich jedoch als Attheist entpuppt. Dieser manipuliert ihn dahingehend, dass Helge ihm hilft, Kinder zu entführen (darunter Erik und Mads) – welche er für tödliche Experimente benötigt, durch die er eine Zeitmaschine zu entwickeln hofft. Anscheinend liefert er sich dabei eine Art Wettrüsten mit einer Figur namens Claudia Tiedemann. Diese wird 1986 zur Leiterin eines örtlichen Atomkraftwerks ernant (im Folgenden wird von der umgangssprachlichen Abkürzung AKW gebrauch gemacht), ehe sie auf die übernatürlichen Vorgänge aufmerksam wird und im Anschluss mithilfe einiger weiterer Nebencharaktere ihrerseits daran arbeitet, die Zeitreisetechnologie zu beherrschen – was jedoch nur andeutungsweise dargestellt wird.

Abschließend, und im Kontext von DARK als Metatragödie am relevantesten, wird die Geschichte des Jugendlichen Jonas Kahnwald erzählt. Dieser verbringt 2019 einige Monate in der Psychiatrie, nachdem sein Vater Michael Kahnwald Selbstmord begangen hat. Bei diesem handelt es sich in Wahrheit um Mikkel Nielsen, wie Jonas bei seinen anschließenden Recherchen herausfindet (Ulrich ist also Jonas' Großvater).

Auch er entdeckt das Zeitportal und begibt sich ins Jahr 1986, um den Lauf der Ereignisse zu verändern und Mikkel zu seinem Vater Ulrich ins Jahr 2019 zurückzubringen. Da Jonas somit jedoch seine eigene Geburt ungeschehen machen würde, entscheidet er sich dagegen und kehrt ins Jahr 2019 zurück. Diesen Entschluss bereut er zunehmend, um letztlich einen zweiten Versuch zur Rettung von Mikkel zu unternehmen. Dabei wird er jedoch von Helge und Noah entführt, die ihn als Testperson für ihre Experimente verwenden möchten.

Ein ominöser bärtiger Fremder, der Jonas zuvor bereits mehrfach geholfen hatte, taucht auf und gibt sich als Jonas' ebenfalls zeitreisendes älteres Selbst aus der Zukunft zu erkennen. Er weigert sich aber, den jungen Jonas aus dem Bunker zu befreien, in dem dieser von Noah gefangen gehalten wird.

Anschließend versiegelt er mithilfe einer eigenen Zeitmaschine das Zeitportal in den Höhlen – wodurch dieses paradoxerweise überhaupt erst rückwirkend geöffnet wird.

Ein während der ersten Staffel nicht abschließend erklärter Nebeneffekt sorgt dafür, dass sich im Gefängnis des jungen Jonas ein zusätzlicher Riss in der Zeit öffnet, durch welchen er in das Jahr 2052 reist. Dort sieht er sich mit apokalyptischen Zuständen konfrontiert und wird vor den Ruinen des detonierten AKWs von einer Bande Überlebender gefangen genommen, womit die erste Staffel endet.

Hinzu kommt eine Vielzahl verflochtener Nebenhandlungen. So nutzen die Betreiber des AKWs die Höhlen, um dort illegal radioaktiven Abfall zu entsorgen, ein paar Jugendliche versuchen sich als Drogendealer und Jonas führt eine Beziehung zu Mikkels Schwester Martha Nielsen, die er zu beenden sucht, nachdem er feststellt, dass sie seine Tante ist. Diese sind jedoch im Zusammenhang der metatragischen Inhalte nicht weiterführend relevant und sollen an dieser Stelle nicht näher besprochen werden.

7.1.1 Infragestellung der Realität

Zunächst wird die Realität der Einwohner von Winden offenkundig durch die Existenz des Zeitportals infrage gestellt – und dies sehr nachhaltig. In die Vergangenheit und wieder zurück reisen zu können ist eine irritierende Erfahrung für die Menschen des Jahres 2019 und untergräbt deren vertrautes Wirklichkeitsverständnis. Auch Charaktere, welche selbst nicht von dieser Möglichkeit Gebrauch machen oder auch nur von der Möglichkeit erfahren, werden mit den Auswirkungen der Reisen konfrontiert.

Dies gilt sowohl für die Stadtbewohner des Jahres 2019, als auch für die der beiden früheren Jahre – obwohl abgesehen von Helge und Noah, die ihre Experimente im Jahr 1986 durchführen und in die anderen beiden Jahre reisen, um dort Kinder zu entführen oder deren Leichen zu entsorgen, niemand aus diesen Epochen das Zeitportal durchschreitet.

So dringen die Iterationen der Stadt Winden zu den fraglichen beiden Zeitpunkten wie fremde Welten in die jeweils anderen ein. Zunächst beschränkt sich dies auf Dinge aus den 1980ern, welche im 21. Jahrhundert auftauchen. So wird dort kurz nach Mikkels Verschwinden eine Kinderleiche entdeckt (bei der es sich, wie Ulrich später herausfindet, um seinen vor 33 Jahren verschwundenen Bruder handelt), welche Kleidung aus jener Zeit trägt und entsprechende Utensilien wie z.B. einen kasettenbasierten Walkman bei sich hat. Ergänzend nutzen Noah und seine Schergen Schokoriegel der Marke *Raider*, die 1991 in *Twix* umbenannt wurde, um ihre Opfer anzulocken und deren Plastikverpackungen werden wiederkehrend an den Orten gefunden, an denen die Kinder verschwunden sind. Bereits dadurch werden die Beteiligten gezwungen, sich mit der Frage auseinanderzusetzen, inwiefern die Vergangenheit sich auf ihre Gegenwart auswirkt – und diese determiniert.

Noch drastischer fällt das Erlebnis für die Charaktere der beiden früheren Jahre aus, die mit Erzeugnissen der Zukunft in Berührung kommen. Beispielsweise begegnet Jonas während seiner Reise ins Jahr 1986 einem in dieser Zeit tätigem Polizisten, der sich über dessen für ihn futuristischen Ohrstecker-Kopfhörer wundert[574].

Ein Extrembeispiel besteht im Fund der Leichen von Kindern aus dem Jahr 2019 im Jahr 1953. Irritiert stellen die Polizisten fest, dass deren Kleidung laut den Etiketten in China hergestellt wurden und mutmaßen, es könne sich womöglich um Chinesen handeln.

Auch verfügt eine der Leichen, der tote Erik Obendorf, über eine Tätowierung in Gestalt eines – an die Cartoonserie MY LITTLE PONY[575] erinnernden – Einhorns, welchem ein Regenbogen aus dem Anus schießt und das zugleich einen solchen erbricht.[576] Der Spieß wird somit umgedreht (sowohl für den währenddessen im Jahr 1953 verweilenden Ulrich als auch für den Rezipienten): das 21. Jahrhundert wird als nicht minder grotesk und von absurdem Zeitgeist bessen dargestellt als z.B. die 1980er Jahre aus Sicht der Menschen von 2019.

Sofern die Charaktere darüber hinaus explizit von der Möglichkeit erfahren, durch die Zeit zu reisen, werden sie mit einer zumindest sehr unkonventionellen Betrachtungsweise der Wirklichkeit konfrontiert. Der Lauf der Dinge scheint unveränderlich und fremdbestimmt zu sein, das Universum deterministisch. Obwohl es in den Bereich des Durchführbaren rückt, sich in die Vergangenheit zu begeben, bleibt unmöglich, diese zu verändern, da alles, was man dort tut bzw. tun wird, unweigerlich zu der jeweiligen Zukunft führt, die man schon kennt.

Besonders repräsentativ ist dabei das Schicksal des Charakters Helge. Im Jahr 1986 wird er in einen Autounfall verwickelt, worauf er unter geistiger Verwirrung leidet und offenbar nicht länger an Noahs Experimenten teilnimmt. Als 2019 erneut Kinder verschwinden erinnert er sich, dass sein früheres Selbst dafür verantwortlich ist und beschließt, den Lauf der Dinge zu ändern.

---

574 Vgl. DARK, Staffel 1, Folge 7, Min.: 15:00
575 MY LITTLE PONY [Fernsehserie]. Creator: Jay Bacal. USA 1986
576 Vgl. DARK, Staffel 1, Folge 8, Min.: 10:00

Dazu reist er zurück ins Jahr 1986, stielt ein Auto und rammt damit den Wagen, den der junge Helge fährt. Er kommt jedoch zu spät in der Vergangenheit an, um die im bereits von diesem verübten Taten ungeschehen zu machen und löst lediglich den Unfall aus, der als seine eigene Ursache dazu führt, dass er ihn auslöst.

Während Helge im Zustand der Umnachtung handelt, sind andere Personen sich völlig bewusst, was sie tun. Teils hält sie dabei jedoch lediglich das scheinbare Wissen, die Vergangenheit nicht ändern zu können, davon ab, dies zu probieren. So verzichtet Jonas darauf, Mikkel nach 2019 zurückzubringen, da das seine Geburt revidieren würde – und es bleibt irrelevant, ob er es überhaupt tun könnte.

Später unterlässt sein älteres Selbst es, ihn aus dem Bunker zu retten, wobei das gleiche Prinzip gilt. Somit ist der deterministische Lauf der Dinge sowohl eine scheinbare Tatsache als auch eine Idee bzw. Geschichte, welche als solche ebenfalls die Realität beeinflusst.

Die Bewohner Windens sind nicht nur in der verworrenen Kausalität der Zeitschleife gefangen, sondern auch und vor allem in ihrem eigenen Verständnis davon. Diese Gleichsetzung physikalischer Phänomene und narrativer menschlicher Fiktionen ist im höchten Grade metatragisch.

Reisen in die Vergangenheit erlauben nur insofern, die bereits erlebte Zukunft zu beeinflussen, als dass während ihrer neues Wissen über Zusammenhänge gesammelt werden kann – auf Basis dessen sich in der subjektiv noch nicht erlebten Zukunft womöglich neue Handlungsoptionen abzeichnen.

Dies entspricht der auch in anderen Metatragödien vorherrschenden Tendenz, die Realität nicht als festes Gefüge zu betrachten, sondern als Labyrinth aus Möglichkeiten (siehe Kapitel 6.4 und 6.5).

Die Wirklichkeit ist nur in Form von Geschichten fassbar – und diese bilden stets nur einen Tail davon ab. In diesem Sinne zitiert beispielsweise der im Jahr 1986 abdankende Leiter des AKWs von Winden Isaac Newton: „Was wir wissen ist ein Tropfen. Was wir nicht wissen ein Ozean[577]."

Eine ähnliche Sichtweise bringt Mikkel, alias Michael, in einem versteckten Abschiedsbrief an seinen Sohn Jonas zum Ausdruck:

---

[577] Vgl. Ebd., Folge 3, Min.: 27:00

> „Die Wahrheit ist ein seltsames Ding. Man kann versuchen, sie zu unterdrücken, aber sie findet immer ihren Weg zurück an die Oberfläche. Wir machen eine Lüge zu unserer Wahrheit, um zu überleben. Versuchen, zu vergessen. Bis es nicht mehr geht. Wir kennen nicht einmal die Hälfte der Mysterien dieser Welt. Wir sind Wanderer in der Dunkelheit. Dies ist meine Wahrheit.[578]"

Die unbegreifliche raumzeitliche Realität jenseits subjektiver Erzählungen erscheint laut dieser Aussage – wie in der Serie im Generellen – als unberechenbare, aus sich selbst heraus aktive Entität, wie ein Ozean mit eigenen Gezeiten, Untiefen und Stürmen. Dies spiegelt sich auch darin, dass die Stadt Winden isoliert inmitten eines ebenso gleichförmigen wie undurchschaubaren Waldes liegt, wie eine Insel oder ein Schiff auf hoher See. Gewissermaßen schwebt sie als Ganzes losgelöst im Unbekannten – und auch ihr eigener Kern, das AKW-Gelände, ist ein unzugängliches Sperrgebiet, in welchem unbekannte Dinge vor sich gehen. Damit erfüllt es eine ähnliche Funktion wie der in vielen anderen Metatragödien präsente Leuchtturm (siehe Kapitel 2). Zum Symbol dieser fremdartigen Wirklichkeit und ihres Eigenlebens wird in DARK das Konzept der Zeit als solcher.

So äußert H. G. Tannhaus, eine Figur, auf die im Zusammenhang fehlbarer Autorencharaktere noch eingegangen werden soll:

> „Stellen Sie sich vor, Sie würden in die Vergangenheit reisen und dort auf ihren Vater treffen, noch ehe er Sie gezeugt hat. Würden Sie mit dieser Begegnung bereits etwas verändern? Und ist überhaupt irgendwas veränderbar oder ist die Zeit ein Biest, das auf ewig besteht und nicht bezwungen werden kann?[579]"

So wird die Zeit immer wieder mit gewaltigen Phänomenen des Weltraums jenseits der Erde und somit auch jenseits der den Charakteren geläufigen Welt in Bezug gesetzt: wie etwa mit der Eigenbewegung des Sonnensystems, Urknall und finalem Kollaps des Universums sowie dem monströsen Bild schwarzer Löcher. Beispielsweise sind durch die Höhle laut Tannhaus je drei Zeitpunkte miteinander verbunden, die exakt 33 Jahre auseinanderliegen, da sich alle 33 Jahre der Lauf des Mondes mit demjenigen der Sonne synchronisiert (dies wird bezeichnet als *lunarsolarer Zyklus*)[580].

---

578 Vgl. Ebd., Folge 5, Min.: 39:00
579 Vgl. Ebd., Folge 8, Min.: 18:00
580 Vgl. Ebd., Folge 5, Min.: 21:00

Der Bezug zum Kosmischen nimmt in DARK zumindest vordergründig keine optimistischen Züge an. Die unermessliche Größe des Universums wirkt weniger einladend, sondern vielmehr einschüchternd – da sie die Rolle der im Vergleich dazu winzigen Einzelmenschen und die Bedeutung ihrer Leben nachhaltig infrage stellt. Darin besteht eine deutliche Ähnlichkeit zu Lovecrafts kosmizistischer Schauerliteratur (siehe Kapitel 4.2). Beispielsweise hinterlässt Mikkel/Michael nach seinem Selbstmord einen Dachboden voll mit von ihm geschaffenen abstrakten Gemälden, die bei näherer Betrachtung an schematische Visualisierungen physikalischer Vorkommnise wie dem des schwarzen Loches erinnern – und zugleich in Farbgebung und Pinselführung äußerst düster, schroff und rätselhaft gehalten sind. Gewisse Ähnlichkeit besteht etwa zu den Werken des Malers Alfred Otto Wolfgang Schulze alias Wols.

Eine weitere Bezugnahme erfolgt immer wieder auf Nietzsches Idee der ewigen Wiederkunft des Gleichen (siehe Kapitel 4.1), welche ebenfalls eine bedrückend Wirkung entfalten kann – da laut ihr auch alle leidvollen Erfahrungen immer und immer wieder durchlaufen werden müssen[581].

Unabhängig von den verstörenden Implikationen, welche die Zeitreisen mit sich bringen, sofern man ihr Prinzip begreift, ist dieses so komplex, dass das Begreifen nicht zwangsläufig gegeben ist. Wie erwähnt, scheitert z.B. Helge umfassend daran und glaubt bis zuletzt, die Vergangenheit ungeschehen machen zu können: sowohl in Bezug auf die während der Zeitmaschinen-Testläufe ermordeten Kinder als auch auf seine Karriere (obwohl sein Vater das Kenkraftwerk im Jahr 1953 gegründet hat, arbeitet er dort 1986 lediglich als Türsteher) und seinen Lebensweg (insbesondere seine schmerzhafte Entstellung durch Ulrich als Kind im Jahr 1953).

Im Folgenden soll kurz darauf eingegangen werden, wie Zeitreisen in DARK fungieren – in Abgrenzung zu einigen anderen Zeitreisegeschichten wie etwa BACK TO THE FUTURE[582]. Tannhaus erklärt das Prinzip folgendermaßen:

> „Ein Wurmloch verbindet nicht nur zwei, sondern drei Dimensionen miteinander. Zukunft, Gegenwart und Vergangenheit.[583]"

---

581 Vgl. beispielsweise DARK, Staffel 1, Folge 8, Min.: 12:00
582 BACK TO THE FUTURE. R.: Robert Zemeckis. USA 1985
583 Vgl. DARK, Staffel 1, Folge 8, Min.: 6:00

Dieses dreifaltige Zeitverständnis entspricht demjenigen des Philosophen Martin Heidegger. Heidegger beschreibt die Zeit als dreidimensionalen Raum, wobei Vergangenheit, Gegenwart und Zukunft den drei Dimensionen des Raums entsprechen.

Jedem Punkt in diesem Raum (wobei darin natürlich keine wirklich voneinander zu unterscheidenden Punkte existieren) wäre wiederum eine eigene dreidimensionale Wirklichkeit im herkömmlichen räumlichen Sinn zugeordnet.[584] Während in der klassischen physikalistischen Konzeption Zeit ein Nacheinander, Raum hingegen ein Nebeneinander der Elemente der Wirklichkeit darstellt, entsprechen nach Heidegger beide einem je auf das andere referenzierenden Nebeneinander, vergleichbar mit zwei Achsen eines Koordinatensystems, die jeweils drei eigene Dimensionen repräsentieren[585].

Anders ausgedrückt: Verschiedene Versionen eines Ortes zu verschiedenen Zeitpunkten sind nichts anderes, als verschiedene Orte im raumzeitlichen Kontinuum. Dies beschreibt das Szenario von DARK sehr treffend: so erfolgt die Zeitreise durch Bewegung im Raum, genau genommen durch die räumlichen Gänge der Höhle. In dieser gibt es einen – scheinbar von Menschenhand in den Fels gefrästen – Schacht, dessen zwei Gabelungen in die zwei jeweils anderen mit dem eigenen Jahr verbundenen Jahre führen.

Zwar muss dieser durch eine stählerne Tür betreten und verlassen werden, welche mit einem Riegel verschlossen und per Hand zu öffnen ist, die Zeitreise erfolgt jedoch nicht durch Teleportation in einer hermetisch isolierten Raumkapsel, einem Auto oder dergleichen, wie in vielen anderen Science-Fiction-Filmen.

Winden im Jahr 1986 und Winden im Jahr 1953 sind von Winden im Jahr 2019 aus gewissermaßen auf dieselbe Weise erreichbar, als wären es Nachbarorte der Stadt. Man kann das Winden von 2019 nicht verändern, indem man in einem der beiden anderen etwas verändert – allemal nicht unmittelbar. Was auch immer man tut, führt zu der Version der Stadt, die man verlassen hat. Allerdings kann man Vorgänge in Gang setzen, welche die noch nicht von einem selbst erlebte Zukunft dieser verlassenen Stadt verändern: z.B. wäre hypothetisch möglich, im eigenen Haus der Vergangenheit eine Zeitbombe zu

---

584 Vgl. Heidegger 1962. https://www.youtube.com/watch?v=cQ5Hvg620SU, zuletzt geprüft am 02.02.2017; Das Verständnis des Vortrages ist nicht an einzelnen Aussagen festzumachen, sondern ergibt sich aus dem Gesamtzusammenhang.
585 Vgl. Bukow 2012, S.9

platzieren, die detoniert, nachdem man zu der Zeitreise aufgebrochen ist. Es ist jedoch nicht möglich, die Bombe so detonieren zu lassen, dass sie einen tötet, bevor man zu der Reise aufbricht. Ebenfalls möglich wäre, dass sie bereits von jemand anderem in ihrem Versteck entschärft wird, bevor man aufbricht, um sie zu platzieren, wodurch sie auch in der Zukunft, in welche man zurückkehren könnte, nicht explodieren würde. Fest steht lediglich, was man selbst bereits miterlebt hat.

Auch dieser zeitliche Versatz von Konsequenzen entspricht dem Vergleich mit Nachbarstädten: was man in einer solchen täte, würde sich nur mit einer gewissen zeitlichen Verzögerung auch auf die Stadt auswirken, aus der man gekommen ist (selbst wenn man irgendeine Art von Signal in ihre Richtung schicken und z.B. dort anrufen würde, könnte dies maximal mit Lichtgeschwindigkeit geschehen und keine im eigentlichen Sinne sofort eintretende Veränderung herbeiführen).

Während allerdings alles, was man in einem Winden der Vergangenheit anstellt, sich auch auf die jeweiligen Winden-Versionen der Zukunft auswirkt, beschränkt deren Einfluss auf ihre Vorläufer sich auf das, was durch die Höhle in die Vergangenheit geschickt wird. Hierin ähnelt die Stadt dem unmöglichen Objekt der Kleinschen Flasche, deren Äußeres nur durch den im dreidimensionalen Raum unmöglichen Flaschenhals mit dem Inneren verbunden ist. Innen und Außen entsprechen dabei z.B. 1986 und 2019 – wobei das Prinzip durch eine dritte Ebene verkompliziert wird. Gleichwohl ist letztlich alles durch einen räumlichen Bezug verflochten.

Somit sind auch die verschiedenen Versionen eines Menschen zu verschiedenen Zeitpunkten effektiv verschiedene Menschen, die beliebig miteinander interagieren können: es ist nicht möglich, dem eigenen früheren Selbst etwas zuzufügen oder es vor etwas zu bewahren, das die eigene Person in irgendeiner Weise rückwirkend beeinflussen würde. Von vornherein unmöglich ist dabei etwa, jemanden in der Vergangenheit zu töten, der in der Zukunft, von der aus man in diese Vergangenheit gereist ist, noch am Leben ist (einschließlich des eigenen Selbst).

Verbunden sind die drei Jahre jeweils bis zum Abend des 12. Oktobers, an welchem Jonas' älteres Selbst das Zeitportal schließt bzw. öffnet.

Dabei existieren für jeden einzelnen Charakter – bzw. für dessen Iterationen zu verschiedenen Zeitpunkten eine persönliche Gegenwart, Vergangenheit und Zukunft. Man kann jeweils nur exakt 33 bzw. 66 Jahre reisen: so ist es z.B. unmöglich, vom 10. Oktober 2019 zum

5. Oktober 1986 zu reisen. Würde man am 10. Oktober 2019 z.B. um 13:00 das Zeitportal betreten, könnte man lediglich zum 10. Oktober 1986 und zum 10. Oktober 1953 reisen und würde dort jeweils um 13:00 ankommen.

Wie lange das Portal jeweils vor dem 12. Oktober geöffnet ist, bleibt in der ersten Staffel unbekannt. Es wird nicht offenbart, ob es in allen drei Jahren nur für ein paar Wochen durchschritten werden kann, oder ob dies durchgängig möglich ist und man z.B. vom 13. Oktober 1986 (also aus dem dritten Zyklus, der 2019 endet) zum 13. Oktober 1953 reisen könnte (also in den zweiten Zyklus, der 1986 endet).

Von Interesse ist, dass sich am Abend des 12. Oktobers, als 2019 das Portal in den Höhlen geschlossen wird, ein Riss in der Zeit in Jonas Zelle im Jahr 1986 öffnet. Dieser schwebt als leuchtende Anomalie mitten im Raum. Dadurch zu sehen ist von Jonas Zeitpunkt aus der Bunker des Jahres 1953, in dem sich gerade der kindliche Helge aufhält. Beide können auch einander sehen und reichen sich die Finger, was visuell an Michelangelos Deckenfresko in der sixtinischen Kapelle erinnert (und die mit der Situation überforderten Menschen als ihr eigenes bzw. gegenseitiges Produkt darstellt, statt als dasjenige Gottes). Als sie den Riss jedoch berühren, werden beide in die Zukunft befördert, Jonas um 66 Jahre nach 2052 und Helge um 33 nach 1986. Diese Reise erfolgt, anders als die durch den Höhlengang, unmittelbar und ist auch nicht mit räumlicher Bewegung verbunden. Weshalb sie möglich ist, wird in der ersten Staffel nicht erläutert, ebensowenig wie die Frage, wie die beiden nach 2019 und 1953 zurückkehren (in der zweiten Staffel wird erzählt, dass Noah Helge mit seiner eigenen, inzwischen funktionstüchtigen, Zeitmaschine zurückbringt, während Jonas 2052 eine separate Möglichkeit entdeckt). In jedem Fall schließt sich der Riss im Bunker, sobald beide ihn durchschritten haben.

Sowohl im Falle dieses Risses als auch des Höhlenganges wird die Gegenwart jedes Menschen von der Entfernung abhängig gemacht, die er seit seiner Geburt im raumzeitlichen Kontinuum zurückgelegt und subjektiv erlebt hat. Für das Individuum wird die erlebte Reihenfolge zur einzigen Reihenfolge – und subjektives Erleben bzw. Bewusstsein wird mit dem Empfinden von Zeit gleichgesetzt. Dies hat umfassende Implikationen, auf welche in der ersten Staffel von DARK jedoch nicht näher als beschrieben eingegangen wird. Dies meisten Charaktere sind ohnehin völlig verwirrt von dem, was um sie herum vor sich geht.

Winden ist per se kein idyllisches Städtchen mit zufriedenen Einwohnern: das Leben der Menschen ist geprägt von schwelenden Geheimnissen, Lebenslügen, Intrigen und kleinbürgerlicher Doppelmoral.

Dies trifft auch für Charaktere zu, die von den übernatürlichen Vorkommnissen nicht das Geringste mitbekommen – wobei diese Vorkommnisse sich natürlich indirekt auch auf die gesellschaftlichen Zustände auswirken, da sie z.B. erst ermöglichen, dass in der Stadt spurlos Kinder entführt und ermordet werden.

Beispielsweise leidet Regina Tiedemann (die Tochter von Claudia Tiedemann, die 1986 zur Leiterin des AKWs ernannt wird) als Hotelbesitzerin 2019 darunter, dass die Vermisstenfälle in der Stadt Touristen abschrecken. Ulrich betrügt seine Frau mit Jonas Mutter Hannah, welche bereits als Jugendliche im Jahr 1986 auf eine Affäre mit ihm hingearbeitet hat. Obwohl dabei in der Regel kein direkter Bezug zu den Zeitreisen vorhanden ist, verläuft die Erzählung von DARK auch hierbei häufig zyklisch: so hat z.B. bereits Ulrichs Vater im Jahr 1986 seine Frau betrogen.

Wie in David Lynchs BLUE VELVET kommt diese unter der Oberfläche des Kleinstadtlebens brodelnde Schattenwelt zum Vorschein, nachdem deren Stützpfeiler in Form paternaler Autorität verschwindet: während der Vater des Protagonisten von BLUE VELVET noch verletzt ins Krankenhaus und von dort schlussendlich wieder zurückkommt, bringt sich Jonas Vater gleich zu Anfang um: es gibt keinen einfachen Ausweg aus dem einmal entfesselten Chaos.

Im Zentrum der verschiedenen Intrigen steht als deren finsteres Monument das AKW. Als wirtschaftliches Standbein der Region ist das Leben all ihrer Bewohner auf die eine oder andere Weise mit dem Betrieb verbunden – und in diesem gehen üble Dinge vor sich.

So werden Fässer mit Reaktormüll in einem Teil des Höhlensystems versteckt und Claudias Nachfolger Aleksander Kohler Tiedemann, welcher das AKW im Jahr 2019 leitet, ist eigentlich ein in Winden untergetauchter Fremder mit Namen Boris Niewald, dessen vermutlich krimineller Hintergrund während der ersten Staffel unbekannt bleibt.

Zur unsichtbaren Bedrohung der zeitreisenden Kindermöder kommt die unsichtbare Bedrohung durch Strahlung: 1984 wie 2019 tauchen immer wieder tote Vögel auf, die leichte Fehlbildungen im Gefieder aufweisen und Regina erkrankt aus ihr unbekannten Gründen an Krebs (was besonders doppeldeutig ist, da sie 2019 mit Aleksander verheiratet ist). Die Ereignisse des Jahres 1986 beginnen fünf Tage nach der

Reaktorkatastophe von Tschernobyl und das Thema ist beispielsweise in diversen Zeitungen präsent, welche die Charaktere lesen. Hierin besteht ein weiteres zyklisches Element: sowohl Vergangenheit als auch Zukunft scheinen sich, von 2019 aus betrachtet, durch eine akute radioaktive Verseuchung der Umwelt auszuzeichnen.

Zu all diesen die Wirklichkeit infrage stellenden Faktoren kommt für Jonas hinzu, dass er nach dem Selbstmord seines Vaters einige Wochen in der Psychiatrie verbracht hat und anschließend in seine ihm Fremd gewordene Welt zurückkehrt – in welcher sich überdies tatsächlich allerhand verändert hat. Beispielsweise war er mit dem verschwundenen Erik bekannt und seine Klassenkameradin Martha, mit der er zuvor ein Verhältnis hatte, ist nun mit seinem Freund Bartosz Tiedemann liiert (wobei sie später versucht, wieder mit Jonas zusammenzukommen).

Generell handelt es sich bei Jonas' Handlungsstrang und dem von Mikkel um Comig-of-Age-Geschichten, in denen per se erzählt wird, wie kindliche Gewissheiten im Zuge von Pubertät und dem Eintritt in die neue Welt der Erwachsenen zusammenbrechen. Eine entsprechende Kombination mit metatragischen Motiven findet sich neben DARK auch z.B. in DONNIE DARKO, RAUS und LIFE IS STRANGE.

Jonas leidet ergänzend noch unter Halluzinationen, bei denen er meist seinen verstorbenen Vater zu sehen glaubt. Auch kommt es zu verschiedenen Vorgängen, bei denen nicht genau geklärt wird, inwiefern sie mit Zeitreisen, dem AKW oder sonstigen Faktoren zusammenhängen.

So beobachten Regina und Aleksander 2019 fassungslos, wie sich eine riesige schwebende Blase aus dunkel wabernder Energie über den Baumwipfeln des Windener Waldes bildet und wieder verschwindet, während der ältere Jonas in den darunterliegenden Höhlen das Zeitportal öffnet bzw. schließt[586]. Wenn jemand die Stahltür in den Höhlen öffnet, flackern sämtliche elekrtischen Lichter in Winden und synchron fallen teils ganze Schwärme toter Vögel vom Himmel. 1986 findet ein Schäfer eines Morgens seine komplette Herde tot auf ihrer Weide. Von Interesse ist, dass bei den Kadavern beider Tierarten eine Beschädigung des Innenohrs festgestellt wird, die ihren Gleichgewichtssinn gestört hat: so sind zumindest die Vögel gestorben, da sie nicht mehr unterscheiden konnten, wo oben und unten war und daraufhin zu Boden stürzten.

---

[586] Vgl. DARK, Staffel 1, Folge 10, Min.: 47:00

Gewissermaßen wird Orientierungsverlust als solcher zur Gefahr – wie er ja auch den Zeitreisenden droht, obschon nicht aufgrund anatomischer Beeinträchtigung. Die Testpiloten von Noahs Maschine sterben ebenfalls an Verbrenunngen von Ohren sowie Augen und somit ihrer Sinnesorgane.

Abschließend kommt es in Winden auch völlig unbegündet zu einigen merkwürdigen Zufällen: beispielsweise schenkt eine Krankenschwester dem verwirrten Mikkel, der 1986 zunächst ins örtliche Krankenhaus verbracht wird, passenderweise ein Comicheft über einen Mann aus der Zukunft – wobei er ihr erst daraufhin erzählt, dass er aus der Zukunft zu kommen glaubt[587].

Durch die allgemeine Verflechtung der Geschehnisse scheint sich eine Art nicht länger rein kausal erklärbares Metaschicksal herauszukristallisieren, wie in Kapitel 6.4 erörtert.

7.1.2 Metafiktionalität

„Wenn die Welt heute ausgelöscht wird und alles neu beginnt, was würdest du dir wünschen?"

„Ganz klar: eine Welt ohne Winden.[588]"

Dieser Dialog, den Hannah und Ulrich (sie fragt, er antwortet) als Jugendliche im Jahr 1986 führen, kann bereits für sich genommen als exemplarisches Beispiel von Metafiktionalität in DARK herhalten: die Welt, auf die er anspielt, ist diejenige des Rezipienten, in der Winden nicht existiert. Gleichzeitig liegt darin unterschwellig eine weitaus finsterere Botschaft: die fiktionalen Charaktere wünschen sich nicht nur eine Welt, in der sie nicht existieren, sondern die Welt des Rezipienten wird indirekt mit der dargestellten Zukunft des Jahres 2052 gleichgesetzt, in der Winden von einer nuklearen Katatrophe ausgelöscht zu sein scheint. DARK als Narrativ stellt eine Wirklichkeit, der ihre Narrative abhandengekommen sind, als apokalyptischen Schauplatz dar.

---

587 Vgl. Ebd., Folge 3, Min.: 29:00
588 Vgl. Ebd., Min.: 35:00

Als Teil der Fiktion wird dieser zugleich selbst zum Narrativ: besonders da die dargestellte Endzeit-Welt massiv andere populäre Endzeit-Erzählungen zitiert.

Verlassene Waldstraßen im Ascheregen erinnern an THE ROAD[589], die zerfetzten Kühltürme des AKWs an S.T.A.L.K.E.R.: SHADOW OF CHERNOBYL und die Bande bewaffneter Überlebender, die Jonas schließlich gefangen nehmen, fahren mit einem schrottreifen aber beeindruckend gepanzerten Truck durch die zerstörte Welt wie die Banditen in den MAD MAX-Filmen[590].

Grundsätzlich zeichnet sich Dark durch die spielerische Zitation des visuellen Stils skandinavischer Noir-Produktionen aus – und darüber hinaus finden sich diverse noch weitaus konkretere Referenzen auf andere Werke. Beispielsweise wird immer wieder eine verlassene Ampelkreuzung im Wald bei Regen präsentiert – die allemal in einer Mystery-Serie deutlich als Anspielung auf TWIN PEAKS zu verstehen ist[591].

Mikkel trägt am Tag seines Verschwindens einen schwarzen Jogging-Anzug mit Kaputze, auf dem in weiß ein stilisiertes Skelett abgebildet ist (überdies ist das Bett in seinem Zimmer mit dazu passender Bettwäsche bezogen)[592]. Dies stellt einen recht unzweideutigen Verweis auf DONNIE DARKO da: im Finale des Films trägt Donnie ein fast identisches Outfit, es geht darin ebenfalls um Zeitreisen und auch DONNIE DARKO ist eine (komplett) in den 1980er Jahren angesiedelte Metatragödie.

Abgesehen von dieser Zitation neuerer medialer Erzählungen werden umfassend historische Bezüge zu den 1980er und später auch 1950er Jahren hergestellt, besonders zur Popkultur des erstgenannten Jahrzehnts.

So steht in dem Bunker, in dem Noah und Helge ihre Zeitreiseversuche durchführen, ein Fernseher, auf dem entsprechend alte Werbespots und Musikvideos laufen, darunter z.B. ein Ausschnitt des Videos zu dem Song IRGENDWIE, IRGENDWO, IRGENDWANN[593] der Band

---

589 THE ROAD. R.: John Hillcoat. USA 2009
590 MAD MAX. R.: George Miller. AUS 1979 / MAD MAX 2. R.: George Miller. AUS 1981 / MAD MAX: BEYOND THUNDERDOME. R.: Geroge Miller/George Ogilvie. AUS 1985 / MAD MAX: FURY ROAD
591 Vgl. DARK, Staffel 1, Folge 1, Min.: 7:00
592 Vgl. Ebd., Min.: 10:00
593 „IRGENDWIE, IRGENDWO, IRGENDWANN" by Nena. 2010

Nena. Als der Bunker das erste Mal gezeigt wird, ist dabei folgender Ausschnitt zu hören:

> Im Sturz durch Zeit und Raum / Erwacht aus einem Traum / Nur ein kurzer Augenblick / Dann kehrt die Nacht zurück. / Irgendwie fängt irgendwann / Irgendwo die Zukunft an / Ich warte nicht mehr lang. / Liebe wird aus Mut gemacht / Denk nicht lange nach / Wir fahr'n auf Feuerrädern / Richtung Zukunft durch die Nacht.[594]

Das Zitat wird dabei in einen äußerst sinisteren Kontext gesetzt: zu sehen ist parallel, wie der vermummte Helge den entführten Erik an die Zeitmaschine anschließt, welche wie eine modifizierte Version eines elektrischen Stuhls aussieht. Die 1980er Jahre werden – auch dem Rezipienten gegenüber – als Horrorelement verwendet und nicht in postmoderner Ironie zelebriert, wie z.B. in STRANGER THINGS. Tatsächlich grenzt sich Dark damit von einer ganzen Reihe sehr erfolgreicher meist amerikanischer Mainstreamproduktionen der 2010er Jahre ab, darunter z.B. die Superheldenfilme GUARDIANS OF THE GALAXY[595] und THOR: RAGNAROK[596], der Animationsfilm DESPICABLE ME 3[597] oder der per Crowdfunding finantzierte Actionfilm KUNG FURY[598].

In entsprechenden Werken werden popkulturelle Motive der 1980er zwar parodiert, gerade dadurch aber auch angepriesen: beispielsweise maskuliner Körperkult, die begeisterung für futuristische Kriegsführung und militärische Intervention sowie die rückhaltlos kitschige Romantik von Titeln wie FLASH GORDON werden darin umfassend zum Ideal erhoben, welchem getrost nachgeeifert werden kann – solange man dies vorgeblich ironisch tut. Eben dies führt DARK in gewisser Hinsicht vor: unter dem Deckmantel scheinbar naiver Heiterkeit wird gemäß einer äußerst brutalen Agenda gehandelt, die alles andere als unschuldig ist. Analog tritt deren Urheber im Gewand eines Geistlichen auf, ist jedoch betontermaßen Atheist und damit ganz ausdrücklich scheinheilig. Der Einfluss früherer Epochen auf das Leben in der jeweils eigenen Gegenwart wird als äußerst unheimlicher Sachverhalt erfahrbar – sei es im Sinne uralter religiöser Tradition oder moderner

---

594 Vgl. DARK, Staffel 1, Folge 1, Min.: 47:00
595 GUARDIANS OF THE GALAXY. R.: James Gunn, USA 2014
596 THOR: RAGNAROK. R.: Taika Waititi. USA 2017
597 DESPICABLE ME 3. R.: Kyle Balda/ Pierre Coffin/Eric Guillon. USA 2017
598 KUNG FURY. R.: David Sandberg. SWE 2015

Popkultur. Die Gleichsetzung von beidem ist ihrerseits umfassend postmodern.

Dass DARK auf der Metabene Nostalgie als Vorwand unmoralischen Verhaltens anprangert, spiegelt zugleich wider, dass viele der handelnden Figuren im Jahr 2019 sich und ihren Mitmenschen Schaden zufügen, weil sie nach wie vor ihren Jugendträumen aus den 1980ern nachhängen: beispielsweise betrügt Ulrich seine Frau und bricht damit aus seiner Verantwortung als Familienvater aus, um die Phantasie wilden Rebellentums auszuleben, von der sein Dasein als Jugendlicher geprägt war. Gewissermaßen scheitern sie daran, erwachsen zu werden, indem sie anfangen, die Narrative, die ihr Leben bestimmen mit Bedacht zu wählen, anstatt sich bestimmten Erzählungen blindlings verpflichtet zu fühlen. Eine sehr ähnliche Argumentation ist auch in der metatragischen Serie M – EINE STADT SUCHT EINEN MÖRDER zu finden, wobei der Gedanke dort noch expliziter ausformuliert wird. Dagegen bietet DARK die Phantasie früherer Jahrzehnte zugleich explizit zum Genuss an, wodurch der Rezipient selbst in seinem Sehverhalten angeklagt wird.

Eine weitere Abgrenzung von bzw. Kritik am Optimismus klassischer Hollywood-Filme ist in dem deterministisch-paradoxen Zeitreisekonzept der Serie zu sehen. Im Unterschied zu beispielsweise BACK TO THE FUTURE erlaubt die Entwicklung fortschrittlicher Science-Fiction-Technologie nicht, die eigenen Fehler ungeschehen und die Welt im Handumdrehen zu einem besseren Ort zu machen.

Ein direkter Verweis und überdies recht programmatisch ist dabei das der Einleitung dieser Analyse vorangestellte Zitat von Jonas älterem Selbst (kein Delorian, sondern ein Bunker). Das Prinzip hat mehr mit pessimistischen Szenarien wie PARADOX[599] oder 12 MONKEYS[600] bzw. dessen französischem Vorbild LA JETÉE[601] gemein, wobei DARK jedoch über deren totalen Fatalismus hinausgeht. Trotz aller grauenhaften Folgen der angestellten Experimente bieten diese zugleich einige neue Perspektiven: beispielsweise wäre Jonas ohne sie niemals gezeugt worden und die Zeitreiseversuche erscheinen sowohl als Ursache der Apokalypse als auch deren einziges potenzielles Gegenmittel.

Über die eigentliche Handlung von DARK hinausreichende Referenzen finden sich in der Serie z.B. auch in der Namensgebung der Figuren.

---

599 PARADOX. R.: Michael Hurst. USA 2016
600 12 MONKEYS. R.: Terry Gilliam. USA 1995
601 LA JETÉE. R.: Chris Marker. FRA/GER 1962

Teils können diese als metafiktionaler Kommentar zur Handlung verstanden werden, teils auch als Kommentar dazu, wie diese erzählt wird. So betonen die Serienschöpfer Odar und Friese – wie eingangs bereits erwähnt – ausdrücklich, mit DARK eine deutsche Serie nach skandinavischen Vorbildern gedreht haben zu wollen. Gewissermaßen findet dieser Ansatz seine Entsprechung innerhalb der Geschichte, indem Mikkel seinen besonders in Dänemark und Norwegen populären Namen in dessen Deutsche Form Michael ändert, nachdem er sich damit abfindet, in den 1980er Jahren zu verbleiben.

Die Namen Jonas und Noah spielen auf biblische Gestalten an. Was dies in Noahs Fall konkret bedeutet, bleibt während der ersten Staffel offen – beispielsweise, ob er die Entwicklung seiner Zeitmaschine vorantreibt, um durch deren metaphorische Arche die Menschen der endzeitlichen Zukunft in die Vergangenheit oder eine noch spätere Zukunft zu evakuieren.

Jonas hingegen spielt klar auf die Geschichte von *Jona* an, der vor einem Auftrag Gottes flüchtet, von einem Wal verschlungen wird und anschließend daraus entkommt, nachdem er den Auftrag doch noch akzeptiert hat – um schließlich ratlos zurückzubleiben, weil er nicht begreift, worin der Sinn des Auftrages bestand. So flieht Jonas in DARK zwar nicht vor einer Mission Gottes, wohl aber vor einem eigenen Dasein. Als metaphorischer Bauch des Wals kann das recht finstere Jahr 1980 eingestuft werden und besonders der Weg dorthin: wie alle anderen muss Jonas, nur mit einer Taschenlampe ausgestattet, durch die klaustrophobische Düsternis der Höhle kriechen.

Schlussendlich arrangiert er sich mit seinem Leben – und wird aus ihm unbekannten Gründen in die ebenfalls aus unbekannten Gründen zerstörte Endzeitwelt verbracht.

Helges Nachname lautet Doppler: und er wirkt nicht nur daran mit, den anderen Bewohnern Windens die Begenung mit ihrem Doppelgänger zu ermöglichen (sie also in bestimmter Hinsicht zu verdoppeln), sondern trifft auch selber mehrfach auf sein Gegenstück.

Die Nachnamen Kahnwald und Tiedemann repräsentieren keine derartig direkten Kommentare, weisen jedoch Bezüge zu Schiffen (bzw. Kähnen) und Gezeiten (bzw. Tiden) auf: gewissermaßen werden die Einwohner Windens als Seefahrer im Meer der Zeit dargestellt – obwohl sie fernab des Meeres oder sonstiger Gewässer leben. Nicht einmal das Atomkraftwerk liegt an einem Fluss – was fraglich macht, woher es das für die Energiegewinnung unerlässliche Wasser bezieht (hier soll nicht spekuliert werden, ob dies eine bewusste künstlerische

Entscheidung oder die Folge mangelnder Recherche seitens der Serienschöpfer darstellt).

Ähnliche Doppeldeutigkeiten wie im Fall der Namen finden sich zugleich in zahlreichen Details der Handlung. Beispielsweise trägt der jugendliche Ulrich um Jahr 1986 eine Jacke, auf deren Rückseite der Schriftzug *NO FUTURE* geschrieben steht – und dieser taucht im selben Jahr als Graffiti vor dem AKW auf[602]. Einerseits bringt Ulrich damit seine Rocker-Attitüde zum Ausdruck – dem Rezipienten gegenüber wird parallel jedoch betont, dass es in dem mehrdimensionalen Raumzeitkontinuum Windens keine echte Zukunft gibt, sondern lediglich ein stehendes Jetzt (so lautet beispielsweise der Titel der neunten Folge ALLES IST JETZT).

Jonas älteres Selbst aus der Zukunft bezieht im Jahr 2019 Zimmer Nummer acht in Reginas Hotel – und die an eine Möbiusschleife erinnernde liegende Acht ist als Symbol von Unendlichkeit gebräuchlich[603]. Ähnliches gilt für die Dialoge. Nachdem in der unmittelbar voran-gegangenen Szene erstmals Ereignisse der dritten Handlungsebene im Jahr 1953 gezeigt wurden, referiert Tannhaus in Folge acht:

> „Ohne eine dritte Dimension ist nichts vollkommen. Es gibt nicht nur ein Oben und ein Unten. Es gibt auch eine Mitte.[604]"

Er richtet seine Worte an Jonas älteres Selbst, das scheinbar ebenfalls erst jetzt darüber informiert wird, dass das Zeitportal in der Höhle nicht nur zwei, sondern drei Punkte miteinander verbindet (diese Implikation wird in der zweiten Staffel wiederlegt). Gewissermaßen erhalten der ältere Jonas als Protagonist innerhalb der Erzählung und der Rezipient als Zuschauer außerhalb davon gleichzeitig dieselbe Information von einem der ja per se doppeldeutigen Autorencharaktere. Die Enthüllung erfolgt sowohl diegetisch als auch nondiegetisch – sie ist metadiegetisch, wenn man so möchte.

Vergleichbar damit ist eine Szene, in der Mikkels älterer Bruder Magnus Nielsen in der Schule am Deutschunterricht teilnimmt. Der Lehrer spricht in dieser Szene über Goethes Werke und vor allem die darin enthaltenen narrativen Symmetrien: demnach spiegeln viele von Goethe verfasste Szenen aus der ersten Hälfte seiner Geschichten

---

602 Vgl. DARK, Staffel 1, Folge 3, Min.: 9:00
603 Vgl. Ebd., Folge 2, Min.: 16:00
604 Vgl. Ebd., Folge 8, Min.: 5:00

welche aus der zweiten Hälfte bzw. deuten vorab an, was nachfolgend darin geschehen wird[605].

Obwohl der – offenkundig recht zerstreute – Lehrer dies natürlich keinesfalls beabsichtigt und Magnus gleichsam nichts davon versteht, gibt Ersterer damit einen indirekten Kommentar zur zyklischen Wiederkehr von Ereignissen in der Vergangenheit und Gegenwart Windens ab. Dies betrifft sowohl vergleichsweise große Ereignisse wie das Verschwinden von Kindern und Ehebruch in der Familie Nielsen, als auch kleine Details, die an späterer Stelle wieder aufgegriffen werden.

Beispielsweise läuft der in der ersten Folge aus dem Fernseher erklingende Song IRGENDWIE, IRGENDWO, IRGENDWANN auch in der letzten Folge im Radio, während Helge 1986 seinen Unfall erlebt.

Zudem weisen einige, von der Szene im Deutschunterricht aus gesehen später stattfindende, Erlebnisse von Jonas' Freund Bartosz gewisse Parallelen zu Goethes FAUST auf, was an nachfolgender Stelle noch erörtert werden soll. Im Jahr 1953 läuft dem jungen Helge ein Pudel davon, welcher den Namen Gretchen trägt – genau wie Dr. Fausts Geliebte in FAUST[606]. Auch Tannhaus spielt auf die Rolle von Fausts Pudel an[607].

Magnus Schwester Martha tritt, chronologisch ebenfalls später, in einem von Schülern aufgeführten Theaterstück auf: eingestreut in die Geschichte von DARK entspricht dieses dem in FAUST eingestreuten Walpurgisnachtstraum als metafiktionale Geschichte in der Geschichte.

Abschließend verweist der Vortrag des Lehrers auf den Vorspann der Serie. Dieser setzt sich aus diversen Aufnahmen von Schauplätzen, Gegenständen und Ereignissen der Handlung zusammen, die mitten im Bild um eine oder mehrere Achsen herum gespiegelt werden. Auch abgesehen vom Vorspann finden sich in Dark diverse symmetrische Bildkompositionen. Dies kommentiert seinerseits den zyklischen Charakter der erzählten Vorgänge, was von den Worten des Lehrers zusätzlich betont wird.

Diese Worte über ihre schlichte Funktion als diegetisches Element der Erzählung hinaus (in der Schule von Winden findet Deutschunterricht statt) zu deuten, wird gewissermaßen nahegelegt, da Magnus dem Unterricht als fremder Beobachter beiwohnt – genauso wie der

---

605 Vgl. Ebd., Folge 4, Min.: 9:00
606 Vgl. Ebd., Folge 8, Min.: 28:00
607 Vgl. Ebd., Min.: 21:00

Rezipient: er setzt sich in die Klasse, um einem Mädchen nahe zu sein, in das er sich verliebt hat – obwohl er selbst eigentlich zur Parallelklasse gehört.

Marthas Auftritt im Theater ist seinerseits über seine parasitäre Eingebundenheit in eine fremde Geschichte hinaus metafiktional: sie spielt die Figur der Ariadne aus der griechischen Mythologie. Diese ist im Besonderen dafür bekannt, dass sie dem Helden Theseus einen Faden schenkt, mit dessen Hilfe er sich in einem Labyrinth orientieren kann, indem er damit den von ihm zurückgelegten Weg markiert – den sprichwörtlichen Ariadnefaden.

Einerseits entspricht diese Orientierung anhand des zurückgelegten Weges anstelle der gegenwärtigen Umgebung dem Konzept der subjektiven Vergangenheit einzelner zeitreisender Charaktere im Irrgarten des Windener Raumzeitkontinuums, wie im Kontext des Zeitreiseprinzips erläutert. Andererseits nimmt diese Gleichsetzung vorweg, dass sich Charaktere effektiv mit ihrer subjektiven Biographie identifizieren – was später geschieht, da es sich um eine Metatragödie handelt.

Überdies hilft Martha als Ariadne auch dem Rezipienten, die verschiedenen Puzzlestücke der Handlung zu interpretieren. So werden, während sie auf der Bühne einen Monolog hält, immer wieder Szenen aus diversen anderen Handlungssträngen eingeblendet, welche durch den fortlaufend hörbaren Text gleichsam in einen übergreifenden Zusammenhang gesetzt werden.

Beispielsweise spricht sie die Zeile „Um mich ist nur Dunkelheit.[608]", wozu gezeigt wird, wie Jonas auf seinem Weg in die Vergangenheit durch die Finsternis der Höhle kriecht. Dabei findet er schließlich eine am Höhlenboden festgenagelte roten Schnur, die ihn zur stählernen Pforte führt. An früherer Stelle ihres Monologs hat Martha auch den Faden Ariadnes als *rot* wie Blut beschrieben.

Zu einer anderen Gelegenheit, abseits ihres Auftritts, bindet sie ein rotes Stück Band als Liebesgruß an den Lenker von Jonas' Fahrrad.

Bereits der Anfang des vom Theaterstück gezeigten Ausschnittes in Folge sechs, an dem ein anderer Schauspieler darüber spricht, wie sich das Publikum von Ariadnes Schönheit und ihren Worten hat einwickeln und über ihr wahres Wesen täuschen lassen, kommentiert die unmittebar zuvor gezeigte Szene: in welcher Ulrich sich mit Jonas' Mutter Hannah streitet, nachdem er herausgefunden hat, dass sie ihn in verschiedener Hinsicht belogen und manipuliert hat.

---

608 Vgl. Ebd, Folge 6, Min.: 33:00

In der vorangegangenen fünften Folge wird ein Ausschnitt aus der Probe des Stücks gezeigt, wobei der Ausschnitt der finalen Aufführung in der sechsten Folge inhaltlich unmittelbar daran anknüpft.

Wie bei dem *Nena*-Song sind eine Andeutung und deren Pendant um den imaginären Mittelpunkt der aus zehn Folgen bestehenden Staffel zwischen Folge fünf und sechs herum gespiegelt.

Neben eingeschobenen Szenen aus anderen Handlungssträngen sind wowohl bei der Probe als auch beim finalen Auftritt nicht nur die Bühne, sondern auch Aufnahmen des Publikums zu sehen. In diesem sitzen während der Probe Jonas und während der finalen Aufführung Bartosz, wobei Jonas ergänzend nach dem Stück und Bartosz vorher ein Gespräch mit Martha im Umkleideraum führen. Einerseits werden unmittelbar erlebte Ereignisse (einer der Jungen sieht Martha zu) mit welchen gleichgesetzt, die räumlich und zeitlich weit entfernt sind (Jonas kriecht durch die Höhle). Andererseits spiegelt sich in der wechselnden Konstellation die wechselnde und ihrerseits zyklische Beziehungskonstellation der drei.

Die Aufführung des Stückes in Folge sechs endet schließlich damit, dass Martha weinend auf der Bühne zusammenbricht, da auch ihr die Parallelen zwischen dem Drama Ariadnes und ihrem persöhnlichen Drama bewusstwerden. Die Realität bricht grausam in die Fiktion ein. Gleichzeitig beginnen in der Schule, in der das Stück aufgeführt wird, die Lichter zu flackern, da Jonas im Untergrund die Pforte öffnet. Die unbekannte Realität der Zeitreisen bricht ihrerseits in die Fiktion Windens als Geflecht von Doppelmoral und Lebenslügen ein – oder umgekehrt, je nach Betrachtungsweise. Das innere Chaos von Martha und den anderen Figuren koreliert mit dem äußeren Chaos.

Neben dem Theaterstück finden sich noch zwei weitere Werke im Werk DARK: in Form von Büchern. Einerseits überreicht Claudia den mit ihr zusammenarbeitenden Nebencharakteren ein von ihr verfasstes Tagebuch[609]. Es handelt sich nicht um die Iteration Claudias, die 1986 AKW-Chefin wird, sondern um eine ältere Version von ihr, die scheinbar bereits die Zukunft bereits hat. In dem Buch steht, was bis zum Abend des 12. Oktobers geschieht – da sie es ihren Gefolgsleuten vorher überreicht, können diese also gewissermaßen im Skript ihrer Geschichte nachlesen, was noch geschehen wird. Bezeichnenderweise

---

609 Vgl. Ebd., Folge 10, Min.: 29:00

sind die folgenden Seiten herausgerissen – sodass die lesenden Charaktere nichts erfahren können, was auch der Rezipient nicht bis zum Ende der ersten Staffel gezeigt bekommt.

Das andere Buch wurde von H.G. Tannhaus verfasst und trägt den Titel *Eine Reise durch die Zeit* – welches, als Anspielung auf die Ariadnegeschichte, bei dem fiktiven Verlag *Mino Taurus* erschienen ist. Darin beschreibt er eine von ihm entwickelte Theorie darüber, wie durch ein Wurmloch nicht zwei, sondern drei Punkte in der Zeit miteinander verbunden werden können. Diese Theorie entwickelt er als Reaktion darauf, dass er von Personen aus der Zukunft besucht wird – die ihn besuchen, weil sie sein Buch gelesen haben.

In gewisser Hinsicht ermöglicht die im Buch geschilderte Theorie überhaupt erst die Entwicklung der Zeitreisetechnik: die spekulative Idee wird zur Realität. Dabei bleibt fraglich, ob Tannhaus nur beschreibt, was möglich ist, oder ob seine Ideen erst dafür sorgen, dass diese spezifische Art von Zeitportal geschaffen wird.

In jedem Fall wird seine wissenschaftliche Theorie dadurch mit einer erfundenen Geschichte gleichgesetzt – und eben dadurch zur Realität (siehe Kapitel 6.5).

Der Charakter des Buches als Medium im Medium wird besonders deutlich, als Tannhaus in einer im Jahr 1986 angesiedelten Szene im Fernsehen zu sehen ist, wo er daran anknüpfend, anscheinend im Zusammenhang einer populärwissenschaftlichen Sendung, das Konzept schwarzer Löcher erklärt[610]. Besonders im Kontext von Mikkels Skelett-Kostüm erinnert die Rolle des Buches an diejenige von *The Philosophy of Timetravel* in DONNIE DARKO.

Einen überhaupt nicht direkt mit der erzählten Realität verbundenen Kommentar stellt dar, dass Folge acht ein Zitat William Shakespeares auf Deutsch vorangestellt ist, welches schlicht als weißer Schriftzug auf schwarzem Grund gezeigt wird: „Die Hölle ist leer, alle Teufel sind hier![611]" (derselbe Ausspruch wird mehrfach von einem Charakter der Serie WESTWORLD zitiert – Dolores Vater, der ehedem als Professor tätig war; siehe Kapitel 7.3).

Weitere metafiktionale Kommentare kommen durch Schnitt und Komposition der Serie zustande. Beispielsweise ist in einem Dialog zwischen Tannhaus und Jonas älterem Selbst vom Antichristen die Rede, woraufhin zu einer Szene geschnitten wird, in welcher Noah als

---

610 Vgl. Ebd., Folge 2, Min.: 22:00
611 Vgl. Ebd., Folge 8, Min.: 0:00

äußerst unchristlicher Messiahs in seinem Priestergewand auf dem windener Friedhof herumsteht[612].

Derartige Symboliken werden oft mehrfach aufgegriffen und setzen sich teils über mehrere Episoden fort. Auch der Soundtrack der Serie kommentiert fortwährend die Ereignisse – nicht nur im Fall von Songs wie IRGENDWIE, IRGENDWO, IRGENDWANN, die in der Welt der Charaktere abgespielt werden.

So läuft im Off das Stück ME AND THE DEVIL[613] der Musikerin Anja Franziska Plaschg alias *Soap&Skin*, welche auch den während des Vorspanns gespielten Song GOODBYE[614] sing. In Ersterem hört man die Zeile "Me and the deavil walking side by side", während Bartosz sich – frustriert, weil Martha Jonas vorzuziehen scheint – in die Obhut von Noah begibt. Dieser Teufelspakt kann als weitere Anspielung auf FAUST betrachtet werden, wie auch Renfro betont[615]. In diesem Sinne ist auch Helge ein faustischer Charakter.

Stilistisch zeichnet sich DARK allgemein durch – zumal für eine deutsche Serie – recht unkonventionelle Brüche mit konventionellen Darstellungsweisen aus. Besonders markant sind dabei zwei Splitscreen-Sequenzen. In der ersten sind jeweils in einer Bildschirmhälfte Charaktere in ihrer Iteration im Jahr 2019 zu sehen und in der anderen in der des Jahres 1986[616]. In der zweiten Sequenz werden nicht nur verschiedene Versionen derselben Figuren nebeneinandergestellt, sondern auch zyklisch wiederholte Ereignisse und charakterübergreifende Zusammenhänge (beispielsweise ist Ulrichs Kollegin bei der Polizei des Jahres 2019 neben einem Polizisten des Jahres 1986 zu sehen, wobei beide ratlos vor einer mit Hinweisen und Notizen behangenen Wand stehen). Jonas, Martha und Bartosz werden dabei zeitweilig sogar synchron auf einem in drei Bereiche aufgeteilten Bildschirm gezeigt.[617]

Eine splitscreen-basierte Darstellung von Ereignissen findet sich auch auf einem Fernseher innerhalb der Serie, auf welchen Jonas und Bartosz zu anderer Gelegenheit gemeinsam ein Videospiel spielen. Zu diesem (wobei Bartosz in diesem Fall alleine spielt) wird abermals

---

612 Vgl. Ebd., Min.: 33:00
613 "ME AND THE DEVIL" by Soap&Skin. 2013
614 „GOODBYE" by Apparat. 2013
615 Vgl. Renfro 2017. https://www.insider.com/dark-season-finale-analysis-2017-12, zuletzt geprüft am 14.02.2020
616 Vgl. DARK, Staffel 1, Folge 3, Min.: 36:00
617 Vgl. Ebd., Folge 5, Min.: 0:00

geschnitten, nachdem die von Ulrich verlassene Hannah dessen Ehefrau unter Verwendung einiger Gemeinheiten und Lügen restlos in Verzweiflung getrieben hat – und im Spiel ist daraufhin zu sehen, wie ein Kampfroboter einem anderen sein Schwert durch das mechanische Herz rammt.[618] Auch Hannah scheint ihr eigenes Leben und das ihrer Mitmenschen als Spiel zu betrachten.

Gewissermaßen wird das von Narrativen gelenkte Dasein der Figuren generell mit einem Spiel aus Illusionen gleichgesetzt – wenn auch subtiler als z.B. in AMERICAN GODS und WESTWORLD (siehe Kapitel 7.2 sowie 7.3).

Besonders in den beiden erstgenannten Splitscreen-Sequenzen scheinen alle Figuren der Serie, über Zeit und Raum hinweg verbunden, eine Art Superperson zu bilden: die Stadt Winden als monströsen Organismus bzw. soziale Plastik, die Serie DARK als ein Kaleidoskop unterschiedlicher Persönlichkeitssplitter im Sinne von DER STEPPENWOLF, mit dem der Rezipient sich konfrontiert sieht (siehe Kapitel 6.8). Ganz in diesem Sinne äußert Ulrichs Frau:

> „Ich habe keine Lust mehr, wegzusehen. Und ihr solltet das auch nicht. Diese Stadt ist krank. Winden ist wie ein Geschwür. Und wir alle sind ein Teil davon.[619]"

Stilisiert sind nicht bloß Darstellung und Erzählweise, sondern auch manche Dialoge zwischen Charakteren. Zum Teil wirken Wortwahl und Duktus unverhältnismäßig pathetisch, erinnern an reißerische Science-Fiction-Filme und weichen stark von der vergleichsweise realitätsnahen Formulierungen ab, in denen sich die Windener ansonsten ausdrücken. Dies trifft besonders auf den alten Helge des Jahres 2019, Tannhaus und Joans' aus der Zukunft stammendes älteres Selbst zu. So äußert z.B. Letzteres: „Ein Leben für ein Leben. Wofür wirst du dich entscheiden?[620]". Durch derartige Ausdrucksweisen wird der Status der Serie als fiktionales Erzeugnis zusätzlich betont: eine ähnliche Strategie wurde bereits von diversen Regisseuren des Film Noir verwendet, indem sie die unglaubwürdige Dialogführung der Pulp-Vorlagen beibehielten, an denen sich ihre Filme orientierten[621].

---

618 Vgl. Ebd., Folge 9, Min.: 38:00
619 Vgl. Ebd., Min.: 26:00
620 Vgl. Ebd., Folge 7, Min.: 23:00
621 Vgl. Grob 2012, S. 15

Abschließend zeichnet sich DARK allein schon inhaltlich bedingt durch eine recht komplexe Erzählchronologie aus. Dabei wird innerhalb der drei Zeitebenen 2019, 1986 und 1953 jeweils vollkommen Linear erzählt, obwohl einzelne Charaktere zwischen diesen Ebenen hin und her springen.

Das bedeutet, wenn z.B. eine Szene gezeigt wird, die am 10. Oktober 1986 spielt, werden im weiteren Verlauf von DARK anschließend keine Szenen mehr gezeigt, die vor dem 10. Oktober spielen – in keinem der drei Jahre.

Oft wird zusätzlich die Illusion erzeugt, alle drei Ebenen wären in einer einzigen verschmolzen. Beispielsweise ist in Folge sieben eine im Jahr 2019 angesiedelte Szene zu sehen, in der es heftig regnet, worauf unmittelbar eine Szene des Jahres 1986 folgt, in der das gleiche Wetter vorherrscht[622].

Folge eins spielt dabei noch komplett im Jahr 2019, ab Folge zwei kommen Szenen des Jahres 1986 hinzu und ab der siebten Folge werden auch Ereignisse des Jahres 1953 gezeigt. In Szenen des Jahres 2019 wird ab und an eingeblendet, wie viel Zeit vergangen ist, seit Mikkel schwunden ist – was die Orientierung etwas erleichtert.

Teilweise – nicht immer – wird eingeblendet, in welchem Jahr die folgende Szene spielt, wenn dieses ein anderes ist, als im Fall der vorangegangenen. Dabei wird die Jahreszahl vor dem Hintergründ der Stahltür in den Höhen eingeblendet, die der Rezipient gewissermaßen durchschreitet.

Wenn Charaktere in die Vergangenheit reisen, betreten sie indirekt Rückblenden zu ihrem eigenen Leben – und unter bestimmten Voraussetzungen lassen sich alle Szenen der ersten Staffel außer der finalen Szene im Jahr 2052 als Rückblenden betrachten. Innerhalb der Handlungsstränge der drei Zeitebenen selbst werden weitgehend keine zusätzlichen Rückblenden verwendet. Eine Ausnahme stellt die Darstellung einer Szene mit dem kindlichen Helge dar, welche am 12. Oktober 1953 spielt – aber gezeigt wird, bevor die Erzählung den 12. Oktober erreicht. Allerdings wird anschließend gezeigt, wie der greise Helge 2019 aus dem Schlaf erwacht, weshalb diese Rück- bzw. Vorblende als Visualisierung seines Traumes eingeordnet werden kann (wodurch die an sich rückblendenhafte Realität generell mit einem Traum gleichgesetzt wird).

---

622 Vgl. DARK, Staffel 1, Folge 7, Min.: 12:00

In diesem Sinne kommt es immer wieder dazu, dass Charaktere sich an Ereignisse erinnern und davon erzählen, die noch in der Zukunft der Erzählung liegen, bzw. in einer Zukunft, die sie durch die Höhle potenziell noch selbst erreichen könnten.

Zu Beginn der zehnten Folge schließlich wird mit diesem versetzten aber linearen Prinzip gebrochen: in einer tatsächlichen Rückblende werden Ereignisse des Tages gezeigt, an welchem Mikkel 2019 verschwunden ist.

Das Ende der Erzählung beginnt mit ihrem Anfang – und der gesamte Aufbau kollabiert, ebenso wie die Zeit selbst innerhalb der Geschichte (wobei der Rest der zehnten Folge weiterhin linear abläuft).

In jedem Fall verlangt DARK dem Rezipienten im Verlauf der Erzählung immer mehr Konzentration ab, wobei die Komplexität fließend ansteigt – parallel dazu, dass offene Fragen Schritt für Schritt beantwortet werden. Gewissermaßen transformiert sich das Geheimnis immer weiter in ein Rätsel, bis schließlich fast vollständig dem Rezipienten überlassen wird, die Puzzleteile zusammenzufügen, die DARK ihm durch die Vierte Wand hinübergereicht hat.

7.1.3 Untote Autoren

„Die dort oben haben uns längst vergessen. Sie richten uns nicht. Beim Sterben bin ich ganz allein. Mein einziger Richter: ich.[623]"

Mit diesen Worten endet Marthas Monolog in ihrer Bühnenrolle als Ariadne. Insgesamt scheint kein Einwohner Windens besonders religiös zu sein. Höchstens Helge sehnt sich im Jahr 1986 zeitweilig nach Gott, da seine Beteiligung an Noahs grausamen Versuchen ihn in eine Sinnkrise stürzt. Zwar sucht auch seine Mutter im Jahr 1953 Trost im Glauben, sie wird dabei jedoch bereits massiv von Zweifeln geplagt. Der Schäfer, dessen Schafe umkommen, bekennt sich in der entsprechenden Szene dazu, Kirchgänger zu sein, da der Charakter allerdings nicht weiter vorkommt, soll dem hier keine weitere Bedeutung beigemessen werden. Besonders Noahs scheinheiliges Auftreten als Pfarrer kann auch über dessen Funktion innerhalb der Narration hinaus als dekonstruktive Stellungnahme zu christlichen Überzeugungen im Allgemeinen gewertet werden, besonders da er während der ersten

---

623 Vgl. Ebd., Folge 6, Min.: 35:00

Staffel der Serie deren einziger dargestellter Vertreter bleibt. So tritt er neben seinen anderen Rollen zusätzlich als Drogendealer auf, ebenfalls in seinen Talar gekleidet – was als Anspielung auf Karl Marx' Aussage verstanden werden kann, Reiligion sei Opium fürs Volk.

Gleichwohl wird Winden nicht als das Produkt von Zufällen oder der Schaffenskraft des freien Willens seiner Bürger präsentiert, sondern als Produkt externer Autorenschaft.

Repräsentativ ist hierbei der lateinische Fers *Sic mundus creatus est*, zu Deutsch: *Also ist die Welt geschaffen*, welcher auf der Stahltür in den Höhlen zu lesen ist. Zudem ist es der Folgentitel der sechsten Folge, in der diese Tür erstmals zu sehen ist. Allemal die Welt Winden ist nicht von Gott geschaffen – sondern von den Zeitreisenden und zwar aufgrund der Existenz des Zeitportals hinter eben dieser Tür. Der zentrale Autorencharakter von DARK ist hierbei Noah. Dieser ist nicht unbedingt fehlbar: tatsächlich scheint alles, was innerhalb der ersten Staffel vor sich geht, mit seinem Einverständnis bzw. nach seinem Plan abzulaufen – oder zumindest hat er davon Kenntnis. Seine eigentlichen Motive jedoch bleiben unbekannt, obwohl er mehrfach Andeutungen macht. Gegenüber dem zweifelnden Helge erklärt er 1986:

> „Es gibt keinen Gott. Gott hat dieses Loch unter uns nicht erschaffen. Gott hat keinen Plan. Es gibt überhaupt gar keinen Plan. Da draußen ist nur Chaos. Schmerz und Chaos. Der Mensch ist schlecht. Niederträchtig. Böse. Und das Leben eine einzige Spirale von Verletzungen. Und die Welt dazu verdammt unterzugehen. Aber das hier [die Zeitmaschine], das ist unsere Arche. Und ich bin Noah. Wenn wir diese Energie hier zähmen, dann können wir alles verändern. Dann bestimmen wir das Schicksal der Welt, fernab von allem Bösen, jedem Schmerz. Wir erschaffen eine Zeitmaschine, die alles neu sortiert. Den Anfang und das Ende.[624]"

Dabei wird nicht beantwortet, weshalb er die Menschheit überhaupt zu retten gedenkt, zumal er sie für schlecht erachtet. Helge aber scheint das zeitweilig zu reichen. Als er jedoch (infolge einer Begegnung mit seinem älteren Selbst) abermals zu zweifeln beginnt, hält Noah ihm einen Vortrag, in welchem er seiner Aussage, es ginge ihm um die Reduzierung von Leid und Elend, wiederspricht. Vorab fragt Helge, warum man an eine Lüge glauben solle, wenn doch Gott nicht existiert:

---

624 Vgl. Ebd., Folge 9, Min.: 29:00

„Weil wir jede Lüge dem Schmerz vorziehen. Vor Jahren, ich war noch ein kleiner Junge, kam ein Fremder zu uns. Er sah aus, als wäre er im Krieg gewesen. Hat nicht viel gesprochen. In seinen Augen war diese Traurigkeit, die man manchmal sieht bei denen, die sterben wollen, aber das Leben lässt sie nicht. Er hat ein Zimmer bei uns genommen. Die Kammer gleich neben meiner. Machmal hab ich ihn reden hören im Schlaf. Wirre Worte. Aber in einer Nacht, da war er plötzlich ganz klar. Er stand im Flur mit großen Augen und sagte: Nichts ist umsonst. Kein Atemzug, kein Schritt, kein Wort, kein Schmerz. Ein ewig dauerndes Wunder des Einen. Ich hab keines seiner Worte verstanden. Erst später, als der Schmerz zu mir kam, da hab ich verstanden, was er meinte. Das nichts von den grauenvollen Dingen, die uns wiederfahren, umsonst sein soll. Dass sie uns zu dem machen, was wir sind. Das aus ihnen all unsere Kraft entsteht. Dein Schmerz hat dich gemacht, Helge! Aber er hat keine Macht mehr über dich.[625]"

Dieses verbale Manifest erinnert deutlich an Nietzsches Amor Fati (siehe Kapitel 6.2), bzw. an das metatragische Motiv, Bedeutung in der Identifikation mit der eigenen Biographie zu finden. In diesem Sinne wäre Noah eine sehr selbstreflexive Variante des untoten Autorencharakters – der seinen Einfluss auf die Geschichte, deren Teil er ist, ausübt, um sich als solchen zu konstituieren.

Wer Noah über seine Unternehmungen als kindermordernder Zeitmaschinenbastler hinaus ist, bleibt weitestgehend offen. Fest steht lediglich, dass er im Jahr 1986 als neuer Pfarrer in die Sankt Christophorus-Gemeinde von Winden tätig und von dieser recht enthusiastisch begrüßt wird[626]. In seiner offiziellen Funktion als Prieser tröstet er beispielsweise den verwirrten Mikkel, während dieser sich nach seiner Ankunft in den 1980ern im Krankenhaus aufhält[627]. Allerdings tritt er bereits im Jahr 1953 in Winden in Erscheinung, um ein priesterliches Gespräch mit Helges Mutter zu führen – wobei nicht näher erklärt wird, ob er zu dieser Zeit ebenfalls in der Gemeinde tätig ist[628].

Abschließend deutet Ulrichs Großmutter, die ebenfalls 1953 nach Winden zieht, an, ihr angeblich verstorbener Exmann sei ein Pfarrer, aber zugleich kein Mann von Glauben gewesen[629]. Kurz darauf ist der Arm ihres Sohnes (Ulrichs Vater) zu sehen, der eine Reihe offenbar

---

625 Vgl. Ebd., Folge 10, Min.: 27:00
626 Vgl. Ebd., Folge 3, Min.: 10:00
627 Vgl. Ebd., Folge 5, Min.: 14:00
628 Vgl. Ebd., Folge 9, Min.: 8:00
629 Vgl. Ebd., Min.: 7:00

recht frischer Wunden aufweist, welche Aussehen, als hätte jemand Zigaretten auf dem Arm des Kindes ausgedrückt. Ob die sadistische Tat dem Exmann anzurechnen ist, bleibt in der ersten Staffel ebenso offen, wie die Frage, ob es sich bei diesem tatsächlich um Noah handelt.

Wäre dies der Fall, so wäre er nicht nur Ulrichs Großvater, sondern auch der Urgroßvater von Mikkel, Martha und Magnus und somit der Ururgroßvater von Jonas.

Da auch so gut wie alle anderen Figuren der Serie in irgendeiner Form mit diesen Personen verwandt oder verschwägert sind, wäre Noah somit der finstere Stammvater des gesamten Windener Dynastie – was seine Funktion als Autorencharakter um eine zusätz-liche Facette erweitern würde (in der zweiten Staffel wird dieser angedeutete Zusammenhang wiederlegt, allerdings nur, um durch eine noch finsterere Verkettung von Ereignissen ersetzt zu werden).

Über den zweiten Autorencharakter, Noahs Widersacherin Claudia erfährt man in der ersten Staffel der Serie nur sehr wenig. Erzählt wird, wie sie in Winden aufwächst, 1986 zur Leiterin des AKW ernannt wird und in diesem Zusammenhang einwilligt, die Vertuschung der illegalen Abfallentsorgung weiterhin fortzusetzen. Wie sie jedoch dazu kommt, durch die Zeit zu reisen und nach der Herrschaft über diese zu streben, bleibt offen. Gezeigt wird lediglich, wie sie das erste Mal indirekt mit der Existenz des Zeitportals konfrontiert wird: im Jahr 1986 läuft ihr in den Höhlen der 1953 unter ihrer Obhut verschollene Pudel Gretchen zu[630]. Als alte Frau gibt sie selbst an, vieles, was sie ehedem getan hat, zu bereuen. Sie ist also definitiv fehlbar – ihre eigentlichen Ziele aber bleiben wie bei Noah unbekannt. Beide bezeichnen einander gegenüber verschiedenen Charakteren als böse und sich selbst jeweils als gut. In jedem Fall bilden sie eine dualistische Konstellation wie Grandma Death und Frank in DONNIE DARKO.

Der Dualismus – und damit der von beiden propagierte Kontrast zwischen Gut und Böse – wird in Gestalt von H.G. Tannhaus um einen dritten Autorencharakter erweitert. Dessen Narrativ ist von diversen Paradoxen geprägt. Dabei ist er in den Jahren 1953 und 1986 in Winden als Uhrmacher tätig. Im erstgenannten Jahr erhält er Besuch vom Zeitreisenden Ulrich, der ihm das Buch zeigt, das er später schreiben wird – und ihn eben dadurch dazu bringt, es zu schreiben[631].

---

630 Vgl. Ebd., Min.: 16:00
631 Vgl. Ebd., Folge 8, Min.: 20:00

Kurz darauf taucht 1953 die alte Claudia in seinem Laden auf und überreicht ihm eine Blaupause für ein Gerät, welches er daraufhin anfertigt und aufbewahrt, aber nie aktiviert[632].

1986 erscheint Jonas älteres Selbst mit einer defekten Version selbigen Geräts aus der Zukunft und bittet ihn, dieses zu reparieren. Gleichzeitig bestätigt er Tannhaus, dass dessen im zuvor verfassten Buch aufgestellten Theorien allesamt zutreffen.

Anstatt das Gerät zu reparieren, überreicht er ihm das ursprüngliche Gerät, welches der ältere Jonas 2019 einsetzt, um das Zeitportal zu schließen (wodurch es später kaputtgeht, bleibt offen).[633]

Von Interesse ist dabei, dass zur Aktivierung der Maschine radioaktiver Abfall und ein Smartphone vonnöten sind: die deterministische Zeitreisetechnologie, von der das Leben der Windener bestimmt wird, wird sowohl mit digitalen Algorythmen in Verbindung gebracht als auch mit Atomkraft.

Wie im Zusammenhang des Zeitreisekonzepts bereits zitiert, spricht Tannhaus selbst sich explizit gegen dualistisches Denken aus. Analog nimmt er neben Noah und Claudia eine neutrale Position ein. Er ist ein Handwerker, der seine Tätigkeit mehr oder weniger aus reinem Interesse ausübt, als Selbstzweck jenseits von Gut und Böse. Diese Neutralität spiegelt sich auch im Geschlecht der drei Figuren: Claudia ist weiblich, Noah männlich und Tannhaus zwar ebenfalls Letzteres – er führt jedoch keine in der Serie dargestellten sexuellen Beziehungen und ist stets nur allein in seinem Geschäft zu sehen. Scheinbar wird er primär von asexueller kindlicher Neugierde getrieben. Er selbst sagt aus, sich als Teil eines Puzzles zu betrachten, dass er weder verstehen noch beeinflussen kann[634]. In dieser eher demütigen Autorenschaft ähnelt er anderen Autorencharakteren wie etwa demjenigen von IN THE MOUTH OF MADNESS (siehe Kapitel 6.2).

Indirekt untot und wenigstens für Jonas' Geschichte auch als Autorencharakter einzustufen ist neben dem Dreiergespannt Tannhaus, Noah und Claudia Jonas' Vater Mikkel/Michael. Während er für alle anderen Bewohner des Jahres 2019 ebenso tot bleibt wie die restlichen verschwundenen Kinder, lebt er nach seinem Abhandenkommen im Jahr 1986 weiter. Nach seinem tatsächlichen Versterben sucht er Jonas als Halluzination heim – und übt auch intentionell einen über seinen

---

632 Vgl. Ebd., Folge 9, Min.: 53:00
633 Vgl. Ebd., Folge 8, Min.: 43:00
634 Vgl. Ebd., Folge 10, Min.: 22:00

Suizid hinausreichenden Einfluss auf ihn aus. So hat er seinem Sohn einen Brief und eine Karte der Höhlen hinterlassen, welche den dazu veranlassen, das Zeitportal zu durchschreiten.

Zugestellt wird das Schriftstück von Jonas' älterem Selbst (welches ihn von Mikkels Adoptivmutter nach dessen Selbstmord erhalten hat), wodurch dieses gewissermaßen zur Verkörperung von Mikkel/Michael wird.

Auch darüber hinaus manipuliert der Jonas aus der Zukunft sein jüngeres Gegenstück, damit dieses den Weg einschlägt, auf dem es zu ihm wird – wobei dieser Fall von Autorenschaft unmittelbar damit verbunden ist, sich mit der eigenen Geschichte zu identifizieren. Als Schwelle zwischen beidem fungiert dabei Jonas' Selbstbegegnung.

7.1.4 Selbstbegegnungen

Grundsätzlich werden alle Protagonisten von DARK in irgendeiner Form damit konfrontiert, dass sie in ihrem Denken, Fühlen und Handeln von der Vergangenheit beeinflusst werden – einschließlich ihrer eigenen bereits verübten Taten. Da es in Winden von den 1950er Jahren an regelmäßig zu unerklärlichen Ereignissen kommt (die bestenfalls ein paar Einzelpersonen wie Noah und Claudia jemals in ihrer Gesamtheit begreifen), können die Bewohner der Stadt auch sich selbst, als Resultat dieser Faktoren, nie ganz verstehen.

Zudem führt das allumfassende Gewebe aus Geheimnissen und Lügen dazu, dass Charaktere immer wieder gezwungen sind, in vermeintlichen Gewissheiten bloß ihre eigenen falschen Erwartungen zu erkennen. Im Besonderen gilt dies für das Bild, das sie von ihren jeweiligen Mitmenschen hegen – und das sich schlussendlich als Projektion des eigenen Wunschdenkens entpuppt. Beispielsweise fragt Jonas seine Mutter Hannah, ob sie seinen toten Vater vermisse, woraufhin sie antwortet:

> „Ich glaube, ich vermisse eine Vorstellung von ihm. Eigentlich weiß ich gar nicht, wer er wirklich war. Aber vielleicht wissen wir das auch nie. Wer irgendjemand wirklich ist.[635]"

---

635 Vgl. Ebd., Folge 9, Min.: 29:00

Ihre Worte bekommen finstere Ambivalenz, da Jonas nichts von ihren eigenen Intrigen und ihrer Affäre mit Ulrich weiß: auch er glaubt lediglich, dass er sie kennt. Ergänzend kommt es innerhalb der Serie zu diversen darüber hinausgehenden Selbstbegegnungen.

Anders als beispielsweise in WESTWORLD und AMERICAN GODS laufen diese jedoch nach einem einheitlichen Prinzip ab: Personen treffen jüngere oder ältere Versionen ihrer selbst oder sie werden mit deren Werken konfrontiert.

Beispielsweise werden Tannhaus seine eigene Zeitmaschine und das Buch vorgelegt, welches er erst noch schreiben wird. Auf Ulrichs Frage, ob er der auf dem Umschlag abgebildete Verfasser sei – sein älteres Selbst von 1986, mit schlohweißem Haar und Stoppelbart – sagt er leichthin: „Nein, da wird auch nicht derselbe draus[636]."

Auch Jonas ist sich der Selbstbegegnung zunächst nicht bewusst: sein älteres Selbst gibt sich ihm gegenüber bis zum Finale als Bekannter seines verstorbenen Vaters aus. Dabei tritt es zunächst als Mentor bzw. Unterstützer auf, hilft ihm, den Weg durch die Höhlen zu finden und überzeugt ihn im Jahr 1986, sich mit seiner eigenen Existenz zu arrangieren. Schließlich jedoch weigert es sich, Jonas aus dem Raum zu befreien, in welchem er von Noah und Helge gefangengehalten wird – parallel dazu, dass es ihm eröffnet, wer es in Wahrheit ist.

Die verstörende Erfahrung ist weitgehend einseitig: der ältere Jonas erinnert sich an die Gespräche, die er mit sich selbst geführt hat und konnte sich jahrelang mental darauf vorbereiten, sein jüngeres Ich zu treffen.

Anders verhält es sich in Helges Fall: bevor der alte Helge aus dem Jahr 2019 versucht, den Helge von 1986 durch den Unfall zu töten, bei dem er selbst umkommt, bemüht er sich, diesen in einem Gespräch von Noahs Bösartigkeit zu überzeugen. Aufgrund seines alters- oder unfallbedingten Gedächtnisverlustes weiß er zu Beginn der Konversation jedoch nicht mehr, dass er sie bereits geführt hat. Erst während sie sich unterhalten – und sein junges Ich ihn schroff zurückweist – scheint die Erinnerung zurückzukehren und er sieht die Vergeblichkeit seines Unterfangens ein.

Daraufhin gewinnt er offenbar die neue, wenn auch falsche, Einsicht, dass er selbst es ist, der sterben muss, wenn er die Morde stoppen will. So ruft er seinem im Auto davonfahrenden jüngeren Ich nach: „Du musst aufhören! Du musst aufhören!", um dann zu sich selbst zu sagen:

---

636 Vgl. Ebd., Folge 8, Min.: 20:00

„Ich muss aufhören.⁶³⁷", woraufhin er sich auf den Weg macht, um den Unfall auszulösen (an den er sich offenbar ebenfalls nicht mehr erinnert).

In gewisser Hinsicht erlebt jedoch auch der ältete Jonas aus der Zukunft eine Selbstbegegnung, als er versucht, das Zeitportal zu schließend und es rückwirkend erst dadurch öffnet.

Auch er war Opfer eines fremden Plots – es bleibt jedoch innerhalb der ersten Staffel offen, ob er davon überhaupt erfährt.

Mikkel/Michael scheint nie mit seinem jüngeren Ich (das 2008 zur Welt kommt, als er gerade 33 wird) in Kontakt zu treten und bringt sich um, eher er mit den Folgen seines Verschwindens konfrontiert wird.

Es ist nicht auszuschließen, dass es während der ersten Staffel von DARK zu weiteren Selbstbegegnungen kommt, die während dieser nicht als solche offenbart werden – an dieser Stelle soll jedoch vermieden werden, dahingehend weitere Spekulationen anzustellen oder auf entsprechende Enthüllungen der zweiten Staffel einzugehen.

7.1.5 Die Protagonisten identifizieren sich mit ihrer Geschichte.

> „Manchmal fällt es uns schwer, Dinge zu begreifen, die gegen alles sprechen, worauf unser Verstand konditioniert wurde. Wie müssen die Menschen sich gefühlt haben, als man ihnen zum ersten Mal sagte, die Erde sei eine Kugel?⁶³⁸"

Wie Jonas' älteres Selbst mit diesen Worten zum Ausdruck bringt, stellt es bereits eine recht drastische Entscheidung dar, überhaupt die Existenz von Zeitreisen als Bestandteil des eigenen Lebens anzuerkennen. Damit einher geht die Notwendigkeit, wenigstens in Ansätzen eine bestimmte Weltsicht zu adaptieren, gemäß derer alles verbunden – man selbst aber wenigstens zu verschiedenen Zeitpunkten keine konsistente Person ist. Die Protagonisten von DARK müssen sich damit abfinden, sowohl Produkt als auch Bestandteil des verworrenen Geschwürs Winden zu sein: und wer sie sind, hängt davon ab, wann und wo sie sich darin befinden.

Diese Weltsicht ist fundamental postmodern. Trotz entsprechender Prämissen überhaupt eine bestimmte Vorstellung von sich selbst

---

637 Vgl., Folge 10, Min.: 22:00
638 Vgl., Folge 7, Min.: 22:00

aufrechtzuerhalten und auf irgendwelche Ziele hinzuarbeiten, um dadurch Struktur ins Chaos des persönlichen Lebens zu bringen, ist nur möglich, indem man die subjektiv erinnerte Reihenfolge als eine gültige annimmt – zumindest für sich selbst.

Das bedeutet, trotz der Relativität von Wahrheit eine bestimmte Wahrheit auszuwählen und auf deren Basis zu agieren. Einen solchen Ansatz propagieren in der Serie sogar einige der Charaktere, die mit den Zeitreisen nicht direkt in Berührung kommen. So äußert z.B. Claudias Vorgänger (Helges Vater), der 1986 den Vorsitz des AKWs abgibt:

> „Glaubst du, Hannibal ist mit Elefanten über die Alpen marschiert? Es gibt keine Wahrheiten. Nur Geschichten. Und die Geschichte dieser Stadt liegt jetzt in deinen Händen. Ist unser AKW sicher? Kann so etwas wie Tschernobyl bei uns passieren? Du entscheidest, welche Geschichte du erzählen willst.[639]"

Sowohl in diesem Fall als auch in dem der Zeitreisenden geht mit der Entscheidung für die eigene Wahrheit stets explizit einher, ein bestimmtes Maß an Willkür zu akzeptieren: DARK zählt zu denjenigen Metatragödien, in denen diesem Umstand besonders viel Gewicht beigemessen wird. Beispielsweise gibt Jonas' älteres Selbst ihm gegenüber zu bedenken:

> „Deine Rolle in all dem hier ist viel größer als du denkst. Aber jede Entscheidung für etwas ist auch immer eine Entscheidung gegen etwas.[640]"

Ein gewisses Maß an Fatalismus erwächst seitens der Protagonisten auch dadurch, dass sie mit ihrer Vergangenheit auch bestimmte Taten annehmen müssen, die sie erst noch zu verüben haben. Das Paradoxon deterministischer Zeitreisen ist dabei ein doppeltes: z.B. erzeugt Jonas' älteres Selbst das Zeitportal in dem Irrglauben, es schließen zu können. Gleichwohl ist diese Aktion die Grundlage jeder möglichen Zukunft, in der Jonas anschließend überhaupt herausfinden könnte, dass er einem Irrtum aufsitzen wird (bzw. einem aufgesessen ist). Somit wäre er auch dann gezwungen, den Versuch zum Schließen des Portals zu unternehmen, wenn er im Vorfeld herausfände, dass dieser nach hinten losgeht (ob er dies herausfinden wird oder nicht, wird in der ersten Staffel nicht geklärt). Die individuelle Wahrheit ist auch in praktischer Hinsicht untrennbar mit individuellen Irrtümern verbunden.

---

639 Vgl., Folge 9, Min.: 21:00
640 Vgl., Folge 7, Min.: 23:00

Obwohl sich die Serie vordergründig besonders mit den bedrückenden Aspekten des in ihr entwickelten Szenarios beschäftigt, geht damit unterschwellig meist eine stoische Form von Optimismus einher. Exemplarisch ist beispielsweise Noahs im Vorfeld zitierte Rede drüber, wie die eigene Persönlichkeit durch Schmerz geschaffen werde. Er scheint sich bereits vor den dargestellten Geschehnissen mit seiner Geschichte identifiziert zu haben und das Dasein in der Folge von einer prinzipiell spielerischen Perspektive zu betrachten (welche er wiederum sehr ernst und mit priesterlicher Schwere vertritt, im folgenden Beispiel etwa gegenüber Bartosz):

„Die zeit ist ein unendliches Spielfeld. Abermillion Zahnräder, die ineinandergreifen. Nur wer Geduld hat, wird jemals siegreich sein. Aber unsere Zeit wird kommen. Wir werden den Menschen aus seiner Unmündigkeit befreien. Von seinem Schmerz. Aber du musst stark sein. Kannst du das?[641]"

So amoralisch Noah auch handelt – die gleichen metatragischen Kernideen helfen implizit auch seinen Gegnern und allen sonstigen Protagonisten dabei, in ihrem Leben einen Sinn zu finden. Einer der Nebencharaktere, die Claudia bei ihren Machenschaften unterstützen, sagt zur Beruhigung immer wieder eine mantrahafte Gebetsformel auf – welche das Konzept enthält, die Realität als Geflecht von Möglichkeiten zu betrachten (siehe Kapitel 6.5):

„Gott, gib mir die Gelassenheit, Dinge hinzunehmen, die ich nicht ändern kann, den Mut, Dinge zu ändern, die ich ändern kann und die Weisheit, das eine vom anderen zu unterscheiden.[642]"

Gemäß der Vorstellung von der ewigen Wiederkunft des Gleichen wird das Treffen jedweder Entscheidung zu einer enormen Aufgabe, zugleich aber bleiben auch die Entscheidungen, mit denen man zufrieden ist, als unveränderlicher Teil der eigenen Biographie bestehen. Rückwirkend nichts ändern zu wollen, macht dabei, wenigstens theoretisch, irrelevant, dass man dereinst wird sterben müssen, wie in Kapitel 6.8 beschrieben. Gleich bei ihrem ersten Gespräch, das passenderweise auf einem Friedhof stattfindet, predigt Jonas' älteres Selbst: ihm:

„Das Leben ist ein Labyrinth. Manche irren darin bis zu ihrem Ende herum und suchen nach einem Ausweg. Dabei gibt es nur einen Weg und der führt

---

641 Vgl., Folge 10, Min.: 43:00
642 Vgl., Folge 1, Min.: 44:00

immer tiefer hinein. Erst wenn man die Mitte erreicht hat, wird man verstehen. Der Tod ist etwas Unbegreifliches. Aber man kann sich mit ihm versöhnen. Bis dahin solltest du dich jeden Tag fragen, ob du die richtigen Entscheidungen getroffen hast.[643]"

In der unmittelbar folgenden Szene wird der Gedanke aufgegriffen. Mikkel, der releativ kurz davor im Jahr 1986 gestrandet ist und sich zu diesem Zeitpunkt noch nicht entgültig dafür entschieden hat, dort zu bleiben, bekommt von einer Krankenschwester, die sich um ihn kümmert, ein Kinderbuch geschenkt – dessen Titel lautet: *Ich fürchte mich nicht*.

In gewisser Hinsicht wird damit vorweggenommen, dass er später nicht nur seine Irritation aufgrund der Zeitreise überwindet, sondern auch die Furcht vor dem Tod – was bei seinem lang überlegten Selbstmord anscheinend der Fall ist (in der zweiten Staffel werden die Umstände des Selbstmordes näher beleuchtet und verkompliziert – es bleibt jedoch dabei, dass er sich im Vollbesitz seiner geistigen Kräfte dafür entscheidet). So begeht er den Suizid aufgrund seiner Erinnerung, dass erst dieser dazu führt, dass der davon psychisch angeschlagene Jonas sein jüngeres Ich vor der Höhle aus den Augen verliert – woraufhin es in diese hineingerät und Jonas überhaupt erst zeugt. Er bringt sich um, um Jonas leiden zu lassen – und ihn eben dadurch zu retten bzw. zu erschaffen.

Die konkrete Geschichte, mit der Mikkel sich als metatragischer Protagonist identifiziert, ist einerseits diejenige des Zeitreisenden und andererseits das neue Leben, welches sich ihm 1986 eröffnet. Anfangs quält ihn dabei die Idee, in einer Illusion gefangen bzw. von der eigentlichen Wirklichkeit getrennt zu sein. Gleichwohl war er bereits vor seiner Zeitreise von Illusionen, Bühnenzauberei und im Speziellen der historischen Figur Harry Houdinis besessen – und freundet sich letztlich mit dem Gedanken an, selbst zum Illusionisten zu werden, indem er sich in der Illusion versteckt.

Ausschlaggebend für seine Entscheidung scheint dabei ein Dialog zu sein, den er mit jener Krankenschwester führt, welche ihm das besagte Comicheft schenkt (und ihn später adoptiert). So fragt sie:

„Kennst du das Paradox *Des Meisters Zwang*? Ich träumte, ich wäre ein Schmetterling und jetzt bin ich aufgewacht und weiß nicht, ob ich ein Mensch bin, der gerade geträumt hat, dass er ein Schmetterling ist, oder bin

---

643 Vgl., Folge 5, Min.: 22:00

ich ein Schmetterling, der gerade träumt, ein Mensch zu sein? Was bist du? Ein Mensch oder ein Schmetterling?[644]"

Worauf er antwortet:

„Vielleicht bin ich beides."

Unter gewissen Voraussetzungen kann auch Helge als Protagonist beschrieben werden, der sich mit seiner Geschichte identifiziert. Dass er den Unfall vergessen hat, bzw. nicht mehr weiß, dass er dabei zwar sterben, sein jüngeres Ich aber nicht töten wird, ist spekulativ. Ebenso denkbar wäre, dass er sich genau erinnert – und seinen Tod als alter Mann in Kauf nimmt, um sein jüngeres Ich zwar nicht auszulöschen, aber doch von weiteren Morden abzuhalten.

Den komplexesten Identifikationsprozess macht trotz all dessen Jonas durch. In Gestalt der Option, Mikkel nach 2019 zurückzubringen, bietet sich ihm die Gelegenheit, effektiv seine eigene Geschichte auszulöschen – wozu er auch durchaus Gründe hätte. Schließlich umfasst es das furchtbare Erlebnis, den Freitod seines Vaters mitzuerleben, das Wissen, dass dessen eigentliche Familie von seinem Verschwinden als Kind in fruchtbares Chaos gestürzt wird und die verstörende Tatsache, eine sexuelle Beziehung mit seiner eigenen Tante zu führen. Hinzu kommt, dass seine Mutter nach dem Tod seines Vaters unwissentlich eine Affäre mit seinem Großvater beginnt. Dennoch entscheidet Jonas sich gegen Mikkels Rettung und für die eigene Geschichte. Überzeugt wird er dazu von seinem älteren Selbst – welches er in diesem Moment noch für einen Freund seines Vaters hält.

Paradoxerweise entsteht dieses Selbst jedoch erst durch Jonas' Entscheidung: in gewisser Hinsicht überzeugt er sich davon, sich zu überzeugen – und wird davon überzeugt. Während dieser Szene wird Jonas zum Autor seiner späteren Geschichte.

So kehrt er zunächst ins Jahr 2019 zurück, verbrennt den Brief seines Vaters und dessen Karte, mit der er durch die Höhlen gefunden hat. Er akzeptiert seine Realität, wählt ein habitables Maß an Interpretation und schiebt den blinden Fleck aus seinem Sichtbereich (siehe Kapitel 5.4)[645].

Einige Tage später bereut er diesen Entschluss allerdings, da er mit weiterem Elend konfrontiert wird, das Mikkels Verschwinden ausgelöst

---

644 Vgl., Folge 10, Min.: 13:00
645 Vgl., Folge 7, Min.: 43:00

hat. Auch ohne Karte schafft er es abermals, nach 1986 überzusetzen – wird nun jedoch von Noah gefangen. Während er im Bunker darauf wartet, von ihm als Testpilot der Zeitmaschine eingesetzt zu werden, taucht sein älteres Selbst auf und gibt sich endlich zu erkennen. Der ältere Jonas hätte die Möglichkeit, sein jüngeres Ich zu befreien – was er jedoch unterlässt, um seine eigene Geschichte aufrecht zu erhalten.

So wie der junge Jonas vermieden hat, den alten auszulöschen, vermeidet dieser es nun selbst: der Jonas im Bunker ist an seine Zukunft gebunden, für die er sich in der Vergangenheit entschieden hat.

Diese Gefangenheit in der selbstgewählten Geschichte spiegelt sich in seiner physischen Gefangenheit im Bunker – und bezeichnenderweise sprechen er und sein älteres Ich nur durch eine Luke in der Bunkertür. Gewissermaßen befiehlt der Ältere dem Jüngeren durch die Vierte Wand hindurch, in seinem Plot zu bleiben. Dabei äußert er u.a.: „Wir sind nicht frei in dem, was wir tun, weil wir nicht frei sind in dem, was wir wollen."

Doppeldeutig ist zudem, dass die Vierte Wand als Bunkertür neben ihrer aktuellen Funktion als Gefängnis auch eine generelle Schutzfunktion erfüllt: die Immersion der eigenen Narrativen Identität wird als Schutzwall gegen das Chaos der unverständlichen Realität dargestellt.

Nur innerhalb von dieser kann ein neuer Weg gefunden werden: in Jonas Fall in Form des neuen Zeitportals ins Jahr 1952, das sich innerhalb des Bunkers öffnet, während sein älteres Ich in den Höhlen unmittelbar *darunter* versucht, das dortige Portal zu versiegeln. Hoffnung ist nicht außerhalb des Labyrinths des eigenen Lebens zu finden, sondern bloß tiefer darin, bzw. indem *darin* eine neue Perspektive entdeckt wird.

Abschließend ist zu erwähnen, dass besonders Jonas' erste Reise ins Jahr 1986 in bestimmter Hinsicht an ein Videospiel erinnert: durch den Brief seines Vaters bekommt er einen klaren Auftrag samt aller dazu nötigen Hilfsmittel.

Neben der Karte erhält er zwei neue Ausrüstungsgegenstände: einen Geigerzähler, der ihm ergänzend hilft, die subterrane Stahltür zu finden, und eine Art Taschenlampe aus der Zukunft in Form eines leuchtenden Balls mit Handgriff ohne weitere Details. Besonders in Kombination mit seinem gelben Regenmantel, der er so gut wie immer trägt, wenn er das Haus verlässt (da es in Winden erschreckend oft regnet), erinnert er bei seiner Reise stark an Videospielfiguren, deren ikonographisches

Design vollständig darauf ausgelegt ist, auf den ersten Blick ihre Fähigkeiten erkenntlich zu machen.

Speziell die Lampe ist dahingehend repräsentativ: wie genau sie funktioniert ist gleichgültig, es geht nicht um Erklärungen, sondern um Interaktion in Form dazu gegebener Möglichkeiten.

Besondere Beachtung verdient dies aufgrund der umfassenden Auseiandersetzung der Serie mit Kausalität und des Umstandes, dass sich so gut wie jedes andere Detail irgendwie in die verflochtenen Zusammenhänge der Erzählung einordnen lässt.

Überdies kann die Lampe potenziell als subtile Anspielung auf Frank Herberts metatragische DUNE-Romane betrachtet werden (siehe Kapitel 4.4), in deren Zukunftsvision ebenfalls leuchtende Globen als fortschrittliche Leuchtmittel beschrieben werden und markant häufig Erwähnung finden – ohne, dass je spezifiziert wird, was genau sie so fortschrittlich macht.

In jedem Fall dient die Finsternis der Stadt Winden in DARK trotz allem als Nährboden für einzelne helle Hoffnungsfunken – die selbst dann noch ihren Zweck erfüllen, wenn es sich bloß um subjektive Illusionen handelt.

7.1.6 Ideologie und Utopismus

Wie schon bei einer oberflächlichen Betrachtung von DARK ersichtlich wird, kann die Serie in vielerlei Hinsicht als Inszenierung des Gedankenguts von Friedrich Nietzsche verstanden werden.
Dessen Philosophie – oder Ideen, welche stark daran erinnern – ist das zentrale Narrativ, welches letztlich den meisten Protagonisten dabei hilft, ihre eigenen Geschichten in Form solcher zu interpretieren.

Synchron scheinen sich viele der Charaktere mit hermetischem Denken zu beschäftigen (darunter Noah, Mikkel/Michael und Jonas' älteres Selbst). Die Hermetik ist eine esoterische bzw. religiöse oder philosophische Tradition, deren Wurzeln sich bis in die Antike zurückverfolgen lassen. In deren Kern steht die Idee, dass alle Komponenten der Realität (einschließlich menschlicher Wesen) miteinander verbunden sind, sich aufeinander auswirken und in ihrer Gesamtheit ein höheres Ganzes bilden, welches mehr ist als die Summe seiner Teile.

Teils wird dieses Ganze als eine Art lebendes Wesen oder Gottheit begriffen, was beispielsweise im Zusammenhang von Noahs gottlosem Priestertum von einigem Interesse ist.

Auch der Fers *Sic mundus creatus* est entstammt dieser Tradition.[646]

Wie Carl Gustav Jung in seinem Werk *Psychologie und Alchemie* beschreibt, ist die Geschichte der Hermetik eng mit derjenigen der Alchemie verbunden, wobei die moderne Chemie, als rein methodische Wissenschaft, sich von der Hermetik dahingehend abgespalten hat, dass sie keine bestimmte Lebensphilosophie mehr bereitstellt.

Dies ist insofern von Interesse, als das die historische hermetische Alchemie, wie Jung sie deutet, vieles mit den in diesem Buch beschriebenen Ideen gemein hat, welche sich wiederkehrend in metatragischen Erzählungen finden: so sieht Jung die Grundidee der Alchemie darin, Teile der äußeren Welt – wie etwa Chemikalien – zu erschaffen bzw. zu veredeln, um dadurch sich selbst zu schaffen bzw. zu veredeln.[647]

Diese Identifikation mit dem eigenen Schaffenswerk weist große Ähnlichkeit zur generellen Identifikation mit der eigenen Biographie auf, welche sich – etwa im Sinne von Beuys' autopoietischem Subjekt (siehe Kapitel 6.8) – ihrerseits als ganzheitliches Schaffenswerk beschreiben lässt. Auch Goethe hat sich nachweislich mit hermetischer Philosophie beschäftigt und diese in seine Werke wie z.B. FAUST einfließen lassen[648].

Neben derartig philosophischen und spirituellen Narrativen finden sich in DARK keine so konkreten gegenwartspolitischen Bezüge wie etwa in AMERICAN GODS und WESTWORLD. In WESTWORLD etwa legen die Erlebnisse der weiblichen Charaktere u.a. eine spezifisch feministischen Lesart nahe (wie in Kapitel 7.3.6), was im Fall von DARK nicht zwangsläufig der Fall ist: zumindest alle Protagonisten, deren Handlungsstränge die fünf metatragischen Motive aufweisen, sind weiße Männer aus Deutschland. Zwar existiert neben diesen auch eine Vielzahl weiblicher Figuren – allerdings wird deren Perspektive während der ersten Staffel nicht im metatragischen Sinne mit der des Rezipienten gleichgesetzt (siehe 5.4).

Subtiler als der Feminismus in WESTWORLD, aber durchaus vorhanden, ist ein gesellschaftskritisches Element, das sich gegen Atomkraft richtet – bzw. gegen Umweltzerstörung im Allgemeinen. Das AKW Winden wird als Ort finsterer Verbrechen inszeniert, das zwar nicht die

---

646 Vgl. Renfro 2017. https://www.insider.com/dark-season-finale-analysis-2017-12, zuletzt geprüft am 14.02.2020
647 Vgl. Jung/Hull 2014, S. 227
648 Vgl. Böhme 1986

Wurzel aller Übel innerhalb der Handlung darstellt, aber doch untrennbar mit diesen zusammenhängt und viele davon erst ermöglicht.

Wiederholt wird das Reaktorunglück von Tschernobly im Jahr 1986 referenziert und sowohl 2019 als auch 2052 wird Strahlung zur Bedrohung. Dabei ist zu beachten, dass DARK 2017 erschienen ist – sechs Jahre nach der Katastrophe im japanischen Kernkraftwerk Fukushima.

Im Sinne eines kritischen Kommentars zur Atomindustrie lässt sich die zyklische Wiederkehr des nuklaren Schreckens in Winden als Anspielung darauf betrachten: so ereignete sich das Unglück von Fukushima zwar nicht 33 sondern 25 Jahre nach derjenigen in Tschernobyl, aber doch knapp eine Generation später. In diesem Sinne ist die Serie recht pessimistisch. Regelmäßige Fehlfunktionen mit katastrophalen Folgen werden als unvermeidbare Konsequenz der Nutzung von Kernenergie zum Teil der Erzählung.

Abschließend stellen sich deutsches Kleinstadtidyll und beschauliches Familienleben in DARK mehrheitlich als Fassade für Verbitterung, Selbsthass und finsteres Treiben heraus. Somit kann die Serie als Demontage kitischiger Ideale aus dem politisch rechten sowie konservativen Spektrum betrachtet werden – analog zum Film Noir linker Prägung (siehe Kapitel 4.3). Auch früher war nicht alles besser und in die Vergangenheit zu reisen endet allemal für den Charakter Ulrich äußerst schlecht: in den vordergründig recht beschaulichen 1950ern wird er von einer Bande Polizisten eingesperrt, gefoltert und brutal verhört, während letztlich bereits dasselbe Übel um sich greift, wie in der Zukunft. Neben den Aktivitäten der zeitreisenden Kindermörder gab es auch 1953 schon bürgerliche Bigotterie, soziale Ungleichheit und häusliche Gewalt, Kinder wurden von ihren Mitschülern gequält (in diesem Fall der kleine Helge) und das blinde Vertrauen in die Industrie (der Stromgewinnung vermittels Uranspaltung) war von Beginn an keine wirklich gute Idee.

Gleichwohl muss die Vergangenheit von den Protagonisten trotz all ihres Elends akzeptiert werden, so wie sie ist: besonders Jonas kann sie nicht nach Belieben umschreiben, da er damit unmittelbar sich selbst gefärden würde. Sofern der deutschen Herkunft der Serie beonseres Gewicht beigemessen wird, ist darin gleichsam ein Kommentar zum Umgang mit der problembehafteten deutschen Geschichte zu sehen: die eigene Vergangenheit muss angenommen werden, wie sie ist. Sie lässt sich nicht verleugnen – einschließlich aller Unglücksjahre – sondern kann bloß dahingehend neu interpretiert werden, wie man anstrebt, sie in der Zukunft fortzuschreiben.

7.2 American Gods

"What's a god? Can we even know they exist? People believe things, which means, they're real. That means, we know they exist. So what came first, gods or the people who believed in them?"

Mr. Wednesday in: AMERICAN GODS[649]

Die ebenfalls 2017 erschienene Serie AMERICAN GODS basiert auf dem gleichnamigen Roman[650] des Schriftstellers Neil Gaiman aus dem Jahr 2001, wobei Letzterer auch an der Adaption als ausführender Produzent beteiligt war[651]. Je nach Lesart kann AMERICAN GODS entweder als Fantasy oder Science-Fiction eingestuft werden. In jedem Fall handelt es sich um ein Drama mit einigen Roadmovie- und Neo Noir-Elementen.

Sofern die komplexeren Narrationsebenen berücksichtigt werden, lässt sich AMERICAN GODS darüber hinaus wie DARK als serieller Mindgame-Movie beschreiben. Besonders bei einer Auslegung als reiner Fantasygeschichte sind viele der fraglichen Aspekte der Geschichte jedoch schlicht als Zauberei, das Wirken übernatürlicher Kräfte oder deren Darstellung mithilfe exzentrisch eingesetzter Spezialeffekte erklärbar und müssen nicht zwangsläufig weiterführend interpretiert werden (obgleich die narrative Struktur nichtsdestotrotz komplex bleibt). Ähnlich wie bei den Filmen Tarantinos sind äußerst verschiedene Rezeptionsweisen möglich.

Die Umsetzung des Stoffes erfolgte schließlich in Serienform, nachdem mehrere Regisseure diesen als zu lang und weitschweifig für einen einzelnen Film abgelehnt hatten (siehe Kapitel 1)[652]. AMERICAN GODS stieß weitgehend auf positive Resonanz (beispielsweise verfügt die Serie auf Rotten Tomatoes über eine Bewertung von 93%[653]). Allerdings bemängelten einige Rezensenten die unkonventionelle, im Vergleich zu Serien wie etwa GAME OF THRONES stark entschleunigte Erzählweise[654].

---

649 Vgl. AMERICAN GODS, Staffel 1, Folge 6, Min.: 10:00
650 AMERICAN GODS. Autor: Neil Gaiman. 2011
651 Vgl. Nicholson (2017). https://www.theguardian.com/tv-and-radio/tvandradioblog/2017/may/01/american-gods-review-gorgeous-gore-for-supernatural-worshippers, zuletzt geprüft am 14.02.2020
652 Ebd.
653 Vgl. rottentomatoes.com. https://www.rottentomatoes.com/tv/american_gods/s01, zuletzt geprüft am 14.02.2020
654 Vgl. beispielsweise Hale (2017). https://www.nytimes.com/2017/04/28/arts/television/american-gods-tv-review.html?mcubz=0, zuletzt geprüft am 14.02.2020

Darüber hinaus zeichnet sich AMERICAN GODS durch die explizite, wenn auch teils bis zum Surrealen überzeichnete Darstellung extremer Gewalt aus. Hinzu kommt ein ebenfalls recht ausgeprägtes gesellschaftskritisches Element. Auch hierin besteht eine Parallele zu Tarantino: so geht es in dessen Werk, laut Seeßlen, weder um die Gewalt von Outlaws gegen das System noch um dessen Gewalt gegen die Outlaws, sondern vielmehr um die Gewalt, die das System als solches ausmacht[655]. Wie erwähnt, kann AMERICAN GODS jedoch sehr unterschiedlich rezipiert werden und dies gilt im Besonderen für die entsprechend kontroversen Inhalte.

Im Zentrum der Erzählung steht der kleinkriminelle Boxlehrer Shadow Moon. Dieser wird verfrüht aus dem Gefängnis entlassen, als seine Frau Laura bei einem Autounfall ums Leben kommt.

Auf dem Weg zur Beerdigung begegnet er einem charismatischen alten Ganoven, der sich selbst als Mr. Wednesday vorstellt. Dieser bietet ihm einen Job als Leibwächter an, den er nach einigem Zögern annimmt, als er herausfindet, dass seine Frau gemeinsam mit seinem besten Freund umgekommen ist – in dessen Fitnessstudio arbeiten zu können er bis dato gehofft hatte. Überdies hatten die beiden Verstorbenen ein Verhältnis miteinander, wie Shadow beim Begräbnis erfährt.

Mr. Wednesday und Shadow reisen anschließend durch die USA und suchen eine Reihe dubioser Bekannter von Ersterem auf, welche dieser für ein ominöses Vorhaben zu re-krutieren versucht. Dabei kommt es zu verschiedenen scheinbar übernatürlichen Ereignissen. Im Verlauf der Erzählung stellt sich heraus, dass es sich bei Wednesdays Bekannten um personifizierte Gottheiten aus den verschiedensten Mythologien handelt, die im Lauf der Geschichte nach Amerika immigriert sind, um dort ein anonymes Dasein zu führen. Sein Vorhaben entpuppt sich als Krieg gegen eine Fraktion neu entstandener Götter, die verschiedene Aspekte der modernen Zivilisation repräsentieren und zunehmend an Macht gewinnen:

1. Der in Gestalt eines zynischen Jugendlichen auftretende Gott *Techno* repräsentiert Technologie im Sinne von Hardware und Fortschritt im Allgemeinen.
2. Die Göttin *Media* repräsentiert moderne Medien.

---

655 Vgl. Körte in: Fischer/Körte/Seeßlen 1998 S. 48

3. Der Anführer des Triumvirats, *Mr. World*, repräsentiert eine global vernetzte Welt, technische Datenverarbeitung und die monströse Allwissenheit des Internets.

Zwar verhalten diese sich gegenüber den alten Göttern nicht direkt feindselig, doch da die Götter offenbar nur überleben können, solange sie (zumindest indirekt) verehrt werden, stellt der durch Technologie bedingte Abfall vieler Menschen von ihrem früheren Glauben eine existentielle Bedrohung für sie da. Um seinen Krieg auszulösen, ermordet Wednesday schließlich einen seiner Bekannten, den Schmiedegott Vulcan, der sich insgeheim bereits auf die Seite der neuen Götter geschlagen hat.

Abschließend besuchen er und Shadow die germanische Frühlingsgöttin Ostara und rekrutieren auch sie. Wednesday offenbart sich schließlich als der germanische Wotan bzw. nordische Odin und fragt Shadow, ob dieser bereit sei, an ihn als Person zu glauben. Dieser stimmt zu, was Wednesday und Ostara neue Macht zu verleihen scheint: die erste Staffel endet damit, dass sie mithilfe ihrer göttlichen Kräfte eine ökologische Katastrophe entfesseln, um die Menschen durch Not zur Religion zurückzuführen.

Hinzu kommen zahlreiche teils nur sehr lose mit dem Hauptplot zusammenhängende Nebenhandlungsstränge, in denen die Geschichten unterschiedlicher Götter und Menschen erzählt wird. So erhält beispielsweise Shadow von Mr. Wednesdays Handlanger Mad Sweeney (einem keltischen Leprechaun) eine magische Glücksmünze, die er aufs Grab seiner toten Gattin legt. Diese kehrt daraufhin als Untote zurück und sucht – mit Sweeney, der von ihr seine Münze zurückmöchte – nach ihrem Mann sowie nach einer Möglichkeit, den Verfall ihres verwesenden Körpers aufzuhalten. Von einem kurzen Treffen unterwegs abgesehen, stößt sie erst in der Schlussszene der letzten Folge wieder zu Shadow und Wednesday.

7.2.1 Infragestellung der Realtität

Bereits ungeachtet sämtlicher übernatürlicher Vorkommnisse wird die Realität für Shadow Moon infrage gestellt. So hat ihn der dreijährige Gefängnisaufenthalt seiner gewohnten Welt entfremdet und als er in diese zurückkehrt, existiert sie nicht mehr in der alten Form. Sämtliche wichtigen Personen seines früheren Lebens sind tot und deren Affäre miteinander macht retrospektiv fraglich, was dieses Leben überhaupt zu bedeuten hatte. Die Entfremdung wird verstärkt, da er sich während seiner Reise mit Mr. Wednesday überwiegend an Orten aufhält, zu denen er keinerlei Bezug hat: fremden Großstädten, Motels, Landstraßen und Kneipen. Auch die Personen, denen sie begegnen, treten mehr als flüchtige Bekanntschaften in Erscheinung, zu denen Shadow kein tiefergehendes Verhältnis aufbaut. Überdies agieren die meisten davon höchst bizarr und auch auf rein sozialer Ebene folgt die neue Welt, in die Shadow hineingerät, Gesetzen, die er weder kennt noch effektiv verstehen lernt, allemal nicht während der ersten Staffel der Serie.

So drücken sich einige der verschiedenen Götter in bestimmten, wiederkehrenden Floskeln aus, die nicht explizit eine geheime Bedeutung besitzen, aber im mythologischen Kontext der Serie wie rituelle Zauberformeln wirken. So bezeichnet Mr. Wednesday getroffene Abmachungen als Päkte und der slawische Todesgott Czernobog fügt von ihm unterbreiteten Angeboten stets sehr betont die Frage "Is good?" hinzu[656]. Dabei bleibt offen, ob entsprechende Händel in irgendeiner magischen Hinsicht bindend sind oder ob es sich schlicht um eine Art Götterslang handelt.

Zu den im eigentlichen Sinne paranormalen Elementen kommen Wahnvorstellungen und die Darstellung von Ereignissen, deren Natur narrativ wie diegetisch fraglich bleibt. So zeigt Czernobog Shadow einen Hammer und erzählt mit morbider Begeisterung, wie er damit im Rahmen seiner Arbeit auf einem Schlachthof Rinder umgebracht hat, ehe zu seiner Enttäuschung moderne Bolzenschussgeräte eingeführt wurden. Währenddessen beginnt der Hammerkopf, vor Blut nur so zu triefen.[657] Dabei bleibt für den Rezipienten unklar, ob es sich lediglich um einen visuellen Effekt zur Unterstreichung des Erzählten handelt oder ob Shadow das Blut ebenfalls sieht – und falls ja, ob er sich dies einbildet, oder ob es tatsächlich dort ist.

Während einer – ohnehin höchst surrealen – Fahrt in der futuristischen Limousine des Gottes Techno bläst dieser Shadow den Qualm brennender Chemikalien ins Gesicht, die er mithilfe seiner Pfeife raucht. Dies wird aus Shadows Point-of-View gezeigt, woraufhin das Bild verschwimmt – wobei sich die Innenwände des Fahrzeugs aufgrund mechanischer Vorgänge zusätzlich von sich aus unablässig umzuformen scheinen.

---

656 Vgl. AMERICAN GODS, Staffel 1, Folge 2, Min.: 53:00
657 Vgl. Ebd., Min.: 56:00

Was inwiefern wirklich ist, bleibt auch hier völlig offen.

In der Nacht, in der Shadows Frau stirbt, sieht dieser sie in einem Traum, in dem sie sich von ihm zu verabschieden scheint. Im Kontext der Fantasy-Elemente der Geschichte kann dies als mystisches Omen gedeutet werden – allerdings wird in einer späteren Folge rückblickend aus Lauras Perspektive dargestellt, wie sie stirbt, in eine Art Totenwelt gelangt und von dort zurückkehrt – ohne, dass sie dabei in irgendeiner Form mit Shadows Traum interagiert.

Grundsätzlich werden in AMERICAN GODS oft verschiedene Versionen derselben Ereignisse dargestellt, ohne, dass eine von ihnen Priorität besitzt.

Analog vertreten einige der Charaktere, besonders Mr. Wednesday, explizit relativistische Standpunkte, was sich in zahlreichen Dialogen ausdrückt. So hält er Shadow gleich bei ihrer ersten Begegnung in einem Flugzeug den folgenden Vortrag:

> "It's all about getting people to believe in you. It's not their cash, it's their faith. Well, take this plane for example. This 80-ton chup of metal, seat cushions, and Bloody Mary mix has no right to be soaring through the sky, but along comes Newton and explaining something about the air flow over the wing creating an uplift or some such shit, none of which makes a lick of sense, but you got 82 passengers back there who believe it so fiercely, the plane continues ist journey safely. Now, whats keeping us aloft? Faith or Newton?[658]"

Die Wirklichkeit scheint ein Produkt menschlicher Vorstellung zu sein, obwohl diese offenbar ein Eigenleben führt, welches sich der Kontrolle entzieht. Das trifft sowohl auf die klassische Realität zu als auch auf deren für Shadow neue paranormale Aspekte und die personifizierten Götter. So betont Mr. Wednesday zu verschiedenen Gelegenheiten, dass jeder eine eigene Vorstellung von den USA besitze, weshalb auch endlos viele Varianten davon existierten[659].

Das Gleiche gilt für manche der Götter, vor allem für Jesus, von dem dutzende Versionen je als separate Personen existieren und in der letzten Folge als Festgemeinschaft mit Ostara eine groteske Osterzeremonie begehen. Besonders repräsentativ ist eine Sequenz, in welcher ein mexikanischer Jesus Einwanderern dabei hilft, illegal den Rio Grande zu überqueren, um in die USA zu gelangen, wo er gemeinsam

---

658 Vgl. Ebd., Min.: 22:00
659 Vgl. Ebd., Folge 5, Min.: 27:00

mit ihnen von rechten Milizionären erschossen wird – die ihrerseits über und über mit christlichen Devotionalien behangen sind[660].

Ebenfalls von Interesse ist eine Szene, in welcher die Göttin Media behauptet, seit der von Orson Welles im Jahre 1938 durch dessen THE WAR OF THE WORLDS-Hörspiel ausgelösten Massenpanik würden Außerirdische auf dem Mars leben, da seither Menschen an solche glaubten[661].

Dabei ist relevant, dass nicht nur narrative Geschöpfe wie Marsianer oder Götter zu fraglicher Meta-Realität werden, sondern z.B. auch das Phänomen zwischenmenschlicher Liebe. So fragt beispielsweise Laura einen der anderen Nebenprotagonisten, auf den sie zeitweilig trifft – den muslimischen Taxifahrer Salim –, ob er seinen Gott liebe oder in diesen verliebt sei, worauf er beides bejaht[662]. Für Shadow scheint seine Liebe zu Laura eine als solche reale Emotion zu sein, während Laura diese, wie sich im Verlauf diverser Dialoge mit verschiedenen Charakteren offenbart, eher als bloße Geschichte empfindet – welche dann wiederum im Zuge der Überschneidung von Realität und Illusion auch für sie zu etwas Wirklichem changiert.

Teils sorgt diese Überschneidung auch sehr konkret für eine mythische Aufladung der materiellen Welt. So bewohnt der Gott Vulcan die Stadt Vulcan im Bundesstaat Virginia. Dort leitet er eine Rüstungsfirma, die ebenfalls seinen Namen trägt und in deren örtlicher Fabrik existiert ein großer Schmelztigel, der von den Einheimischen als Vulkan bezeichnet wird, da aufgrund mangelhafter Sicherheitsvorkehrungen immer wieder Angestellte hineinfallen: gewissermaßen erfolgen Menschenopfer, so wie in der Frühzeit Auserwählte in geologische Vulkane geworfen wurden.

Dies wird zusätzlich mit dem zuvor erwähnten Konzept multipler USA-Versionen in Verbindung gebracht, da die Stadt Vulcan ausschließlich von rechtsradikalen Militaristenbewohnt wird, die sogar rote Oberarmbinden mit abgewandelter Amerikaflagge darauf tragen.

Eine solche Gleichsetzung von Religion, Ideologie und einem Unternehmen weist große Ähnlichkeit zu Hararis Konzept intersubjektiver Mythen auf. Wie in dessen Werken wiederholt betont, stellen demnach auch die narrativen Fiktionen moderner Gesellschaften bloß eine, wenn auch abstraktere, Form herkömmlicher Mythologie dar.

---

660 Vgl. Ebd., Folge 4, Min.: 02:00
661 Vgl. Ebd., Folge 5, Min.: 24:00
662 Vgl. Ebd., Folge 7, Min.: 19:40

So existieren Unternehmen als juristische Personen und können z.B. Eigentum besitzen wie antike Götter (vertreten von deren Anhängerschaft), obwohl sie, materiell betrachtet, keinen Deut realer sind. Somit bilden Berufe wie der des Anwalts so etwas wie das Äquivalent zu den Priestern und Schriftgelehrten früherer Epochen: sie können mit dem Immateriellen kommunizieren und kennen dessen Regeln.[663]

Als zusätzlicher Angriff auf die verlässliche Realität fungiert in AMERICAN GODS deren *Gamification*: besonders im Zusammenhang der neuen Götter nimmt die dargestellte Welt oft den Charakter eines Videospiels an. In einer Szene beispielsweise geht Shadow allein eine nächtliche Straße entlang, als er auf einem angrenzenden Feld etwas liegen sieht. Das Objekt wird, wie bedeutsame Gegenstände in sehr vielen Videospielen, von Spezialeffekten hervorgehoben: es blinkt und leuchtende Insekten schwirren darum herum. Als er sich nähert, entpuppt es sich als eine Art VR-Brille, die ihn selbstständig anspringt und sich mithilfe mechanischer Greifarme auf seinem Gesicht festklammert. Daraufhin findet er sich in Technos Limousine wieder, aus der er später an einem anderen Ort physisch hinausgeworfen wird: die wahrgenommene Realität wird zur tatsächlichen – oder einzigen – Realität, genau wie für den Spieler eines Videospiels oder den Zuschauer eines Films.

Bei der Darstellung der neuen Götter und ihrer Lakaien kommen oft gezielt unfertig erscheinende Spezialeffekte zum Einsatz, die als solche ebenso für Shadow und die anderen Charaktere innerhalb der Erzählung sichtbar zu sein scheinen. So materialisieren sie sich beispielsweise zu unterschiedlichen Gelegenheiten aus dem Nichts, wobei sie sich aus wirbelnden Polygonen zusammensetzen. Als Technos Lakaien Shadow verprügeln, gebietet Ersterer ihnen zwischendurch Einhalt, woraufhin sie mitten in der Bewegung einfrieren und zwischen je zwei Positionen vibrieren, ganz wie das flimmernde Bild einer angehaltenen VHS-Kasette. Programmatisch dabei ist die vorangegangene triumphale Ansprache Technos:

> "Now we have reprogrammed reality. Language is a virus. Religion an operating system, and prayers are just so much fucking spam.[664]"

---

663 Vgl. Harari 2015, S. 38-48
664 Vgl. AMERICAN GODS, Staffel 1, Folge 1, Min.: 58:00

7.2.2 Metafiktionalität

AMERICAN GODS bricht mit diversen gängigen Erzählkonventionen des Fantasygenres. So wird das Narrativ des Auserwählten, der in eine Parallelwelt voll Magie eintaucht mit einer realistischen Gangstergeschichte verknüpft. Diese wird ebenfalls durch eine besonders existentielle Stimmung und atypische Charaktere unterminiert. So ist Shadows Auftreten als roher Verbrecher und Muskelprotz die Fassade einer intelligenten und sensibelen Persönlichkeit. Exemplarisch ist seine Antwort auf die Frage der slawischen Göttin Zorya Polunochnaya, ob ihm egal sein, ob er lebe oder sterbe: "The World's not what I thought it would be[665]."

Auch der phantastisch anmutende Name Shadow Moon wird innerhalb der Erzählung in seiner Albernheit betont und darauf zurückgeführt, dass seine Mutter Teil der Hippiebewegung war.

Zu der postmodernen Dekonstruktion fester Wirklichkeitsmodelle kommen in der Serie Themen wie Sexismus, Rassismus und Identitätsverlust. Shadow selbst ist dunkelhäutig und verschiedene rassistische Charaktere spielen darauf an, ihn erhängen zu wollen oder probieren, dies in die Tat umzusetzen. Im Nebenplot des Taxifahrers Salim wird eine Affäre zwischen zwei Männern einschließlich der für eine TV-Serie extrem expliziten Darstellung homosexuellen Geschlechtsverkehrs behandelt[666]. Auch wird zwar vor allem weibliche Sexualität als etwas Gefährliches dargestellt – Laura manipuliert Menschen schamlos zu ihrem Vergnügen und die afrikanische Liebesgöttin Bilquis verschlingt ihre Partner beim Liebesakt wortwörtlich – allerdings wird umfassend erzählt, wer die entsprechenden Frauen abseits dessen sind und was sie antreibt.[667]

So flieht Bilquis in die USA, nachdem sie aus Teheran vertrieben wurde, wo sie sich dann mit HIV infiziert und schließlich zur Obdachlosen wird.

Besonders verstörend ist dabei eine Szene, in welcher sie außen vor dem Schaufenster eines äthiopischen Restaurants steht und auf einem darin laufenden Fernseher reale Aufnahmen von der Zerstörung eines ihr gewidmeten Tempels durch die Terrormiliz Islamischer Staat im

---

665 Vgl. Ebd., Folge 3, Min.: 13:00
666 Vgl. Ebd., Min.: 26:40
667 Vgl. Schwartz (2017). http://www.ign.com/articles/2017/06/23/american-gods-season-1-review, zuletzt geprüft am 14.02.2020

Jemen sieht[668]. Gewissermaßen erfolgt eine Umkehrung des von Bürger kritisierten Einsatzes von BLACK HAWK DOWN im Zuge realer Berichterstattung (siehe Kapitel 3.2): tatsächliche Realität bricht bedrohlich in eine fiktionale Fantasywelt ein, wie Nietzsches Philosophie in die Handlung von ALSO SPRACH ZARATHUSTRA.

Besonders die abschließende Folge der ersten Staffel setzt sich umfassend mit kulturellem Sexismus auseinander. So wird neben dem erörterten Bilquis-Handlungsstrang auch die Vereinnahmung des heidnischen Osterfestes durch das Christentum thematisiert – und die Verdrängung der Göttin Ostara durch den männlichen Jesus. Dies ist vor allem insofern als primär gegenwartspolitische Stellungnahme zu betrachten, als dass diese Göttin in ihrer entsprechenden Form – nach aktuellem Forschungsstand – vermutlich eine Erfindung der deutschen Romantik des 19. Jahrhunderts ist[669].

Allgemein sind Mythologie, wahrgenommene Wirklichkeit und vom narrativen Inhalt völlig losgelöste Elemente oft nicht nur schwer zu trennen (wie bei Czernobogs Hammer), sondern interagieren fließend miteinander. So ist ein innerer Monolog Shadows zu hören, während dieser im Gefängnishof schweigsam Gewichte stemmt. Anschließend nähert sich ihm sein Mitinsasse ‚Low Key' Lyesmith und antwortet auf den letzten Satz des inneren Monologs. In einer späteren Szene erinnert Shadow sich an einen Rat, den dieser ihm erteilt hat, wobei dargestellt wird, wie der hierbei nicht anwesende Low Key um ihn herumtanzt und seine Worte wiederholt. Von Relevanz ist dabei vor allem dessen – nur im Abspann der Episode zu lesender – Name: ausgesprochen weist dieser große Ähnlichkeit zu dem des nordischen Gottes Loki Lügenschmied auf, der in den entsprechenden Sagen oft ebenfalls eine Art Joker- bzw. Tricksterfunktion erfüllt. Neben dem offensichtlichen Bruch der Kontinuität wird die Diegese somit zusätzlich aufgelöst, indem die Realität sich vom Konkreten hin zur Abstraktion verschiebt: sowohl der Gott Loki als auch der fiktionale Charakter bzw., für Shadow, reale Mensch Low Key sind Verkörperungen desselben Archetyps. Unabhängig davon, ob das explizit verstanden wird oder nicht werden narrative Archetypen und Gesetze zur einzigen und eigentlichen Wahrheit: für Shadow genauso wie den Rezipienten.

---

668 Vgl. Narcisse (2017). https://io9.gizmodo.com/american-gods-fantastic-first-season-ends-with-shock-a-1796197953, zuletzt geprüft am 14.02.2020
669 Vgl. Meyers Großes Konversations-Lexikon. http://www.zeno.org/Meyers-1905/A/Ostära, zuletzt geprüft am 14.02.2020

Ein weiteres Beispiel findet sich in einer Szene, in der Shadow von der Göttin Media für die Fraktion der neuen Götter zu rekrutieren versucht wird. Sie spricht ihn dabei in Gestalt einer Figur an, welche er im Fernsehen sieht. Im Verlauf des Gesprächs spreizt sie die Arme und verschiebt mit ihren Händen die Ränder des Bildes – zunächst taucht sie in einer im 4:3-Format gedrehten alten Serie auf, welche jedoch auf einem modernen Breitbild-Fernseher läuft – sodass sie den gesamten Bildschirm vor Shadows Augen einnimmt. Anschließend wird dessen Inhalt zum dem des Monitors, auf dem der Rezipient sich AMERICAN GODS ansieht: gezeigt wird nicht mehr Shadow, der vor einem Fernseher steht, sondern das, was jener darauf sieht. Dies ist als äußerst selbstreflexive Inszenierung des metatragischen Realitätsverständnisses zu werten. Während Media den Bildschirm des Rezipienten einnimmt, erklärt sie, Aufmerksamkeit und Zeit seien bessere Opfergaben als Blut und Lämmer – was insofern eine metafiktionale Aussage darstellt, als dass der Rezipient selbst gerade der Serie AMERICAN GODS (bzw. Amazon Prime) seine Aufmerksamkeit und Zeit darbringt.[670]

Ähnlich wenn auch simpler ist ein Moment gleich in der ersten Sequenz der ersten Folge, in welcher gezeigt wird, wie eine Horde Wikinger einander brutal niedermetzeln. Dabei fliegt ein abgetrennter Arm, der noch ein Schwert hält, durch die Luft und die Spitze der Waffe durchstößt den oberen Bildrand, um kurz in den schwarzen Bereich des Bildschirms jenseits dessen vorzustoßen.[671] Gewissermaßen bricht die Gewalt in die Realität des Rezipienten ein und diesem gegenüber wird betont, dass er sie gerade konsumiert so wie der Gott Odin, zu dessen Ehren sich die Wikinger bekriegen. Ähnlich wie bei Jodorowskys Midnight-Movies veranlassen extreme visuelle Eindrücke, die Zersetzung narrativer Begründungen und zahllose religiöse Versatzstücke zu einer eher spielerischen bzw. distanzierten und reflektierten Rezeption. Die Willkür des Dargestellten ist als solche nicht willkürlich.

Bereits der zu Beginn jeder Episode zu sehende Vorspann bietet ein kaleidoskopisches Kreuzfeuer kaum einzuordnender Eindrücke und lädt zu kritisch-paranoider Interpretation ein: gezeigt werden in schneller Folge u.a. eine von Arzneimitteln umschwebte Buddha-Statue, eine Cowboyfigur aus flackernden Leuchtstoffröhren und ein gekreuzigter Astronaut, sowie der siebenarmige Leuchter des Salomonischen Tempels.

---

670 Vgl. AMERICAN GODS, Staffel 1, Folge 2, Min.: 25:00
671 Vgl. Ebd., Folge 1, Min.: 06:00

Als Metatragödie resultiert AMERICAN GODS darin, dass Shadow schließlich zu einem ähnlich spielerischen Standpunkt gelangt – jedoch scheint das Geschehen von Anfang an in gewisser Hinsicht künstlich zu sein. So ist er schon im Gefängnis emotional aufgekratzt, weil ihn das Wetter nervös macht und als er vom Tod seiner Frau erfährt, wird die Dramatik filmisch davon unterstrichen, dass sich am Himmel dunkle Wolken zusammenballen[672]. Da Mr. Wednesday in der Lage zu sein scheint, die Meteorologie zu kontrollieren, wird retrospektiv fraglich, ob es sich um ein natürliches Phänomen gehandelt hat: alles ist inszeniert, für Shadow genau wie für den Zuschauer.

Hinzu kommt obendrein ein unzuverlässiger Erzähler. So ist das erste Bild der ersten Folge ein Füllfederhalter, der in Tinte eintaucht. Er gehört dem Charakter Mr. Ibis alias Toth, dem ägyptischen Gott der Schrift. Dieser scheint eine Art Chronik der Ereignisse zu verfassen, was als verbindendes Element der einzelnen Handlungsfäden fungiert. Seine Schreibarbeit fungiert immer wieder als überleitendes Bildmaterial, ebenso wie sein Text als eingesprochener Voice-Over-Kommentar. Auch erscheint mehrfach der in seiner Handschrift verfasste Satz "Somewhere in America" als nondiegetisches Element z.B. am Firmament, um einen narrativen Ortswechsel einzuleiten[673]. Alternativ dazu werden die Reisen einzelner Figuren häufig in Form von Kamerafahrten über eine stilisierte Landkarte zusammengefasst, ähnlich wie im Film RAIDERS OF THE LOST ARK[674] [675].

Offen wertend wirken auch stilistische Elemente wie die zur Untermalung gespielte Musik. So wird unmittelbar vor der erwähnten Szene mit Czernobogs Hammer der Bob Dylan-Song A HARD RAIN'S A GONNA FALL[676] gespielt, einschließlich der Zeile "I saw a room full of men with their hammers a-bleedin' [677]".

Auch sind z.B. die englischen Untertitel der auf arabisch geführten Gespräche zwischen Salim und seinem Geliebten mit fetten, comichaft gelben arabischen Buchstaben hinterlegt: wie in vielen Erzählungen des New Weird-Genres kann von einer Art Pulp-Modernismus die Rede sein (siehe Kapitel 4.7).

---

672 Vgl. Ebd., Min.: 15:00
673 Vgl. beispielsweise Ebd., Min.: 27:00
674 RAIDERS OF THE LOST ARK. R.: Steven Spielberg. USA
675 Vgl. AMERICAN GODS, Staffel 1, Folge 2, Min.: 36:00
676 "A HARD RAIN'S A GONNA FALL" by Dylan, Bob. 1963
677 Vgl. AMERICAN GODS, Staffel 1, Folge 2, Min.: 32:00

Wie schon erwähnt ist bereits die grundlegende narrative Struktur von AMERICAN GODS sehr komplex – von Stil und Inhalt der verschachtelten Episoden abgesehen. So fungiert der Handlungsstrang von Shadow und Mr. Wednesday eher thematisch als Kernstück, als dass er einen übergeordnet-verbindenden Hauptplot repräsentiert. Im Verlauf der Serie spalten sich immer mehr Teilgeschichten ab oder kommen hinzu, sodass diese zunehmend einem Ensemble für sich selbst stehender Narrative gleicht.[678]

Gewissermaßen verschiebt sich der anfänglich auf den einzelnen Charakteren liegende Fokus hin zum Plot, doch dieser löst sich auf, sodass bloß noch das Wie des von ihnen erlebten Geschehens übrigbleibt. Diese einzelnen Teilgeschichten lassen sich grob in zwei Kategorien einteilen, abhängig davon, mit welchem eingeblendeten Schriftzug ihre jeweils erste Szene eingeleitet wird:

1. *Somewhere in America*: die Ereignisse finden parallel zu denen von Shadow und Mr.Wednesday statt.
2. *Coming to America*: erzählt wird, wie Figuren oder ihre Vorfahren in die USA gelangten, was meist in der Vergangenheit stattfindet.

So wird zu Anfang von Episode zwei gezeigt, wie ein afrikanischer Gefangener in einer Sklavengaleere den Spinnengott Anansi um Hilfe anfleht. Dieser erscheint tatsächlich, löst seine Ketten und prophezeit den Sklaven, wie ihre Zukunft und die ihrer Nachfahren in der Neuen Welt aussehen würde, woraufhin sie meutern und in selbstzerstörerischer Rage das Schiff anzünden. Abschließend werden geborstene Planken an der Küste Amerikas angespült und auf einer davon sitzt Anansi (in Gestalt einer Spinne).

Diese *Coming to America*-Narrative sind in der Regel in sich abgeschlossene Sequenzen und finden sich meist am Anfang der Episoden (in Folge eins, zwei, fünf und Sechs). Der in Episode fünf einwandernde Mammutgott stirbt noch währenddessen und übt überhaupt keinen Einfluss auf Shadows spätere Geschichte aus – allerdings wird dem Rezipienten an seinem Beispiel vermittelt, wie Götter durch den Glauben von Menschen sterben und geboren werden. Episode drei beginnt statt einer *Coming to America*- mit einer *Somewhere in America*-Sequenz, die jedoch ebenfalls einen neuen Charakter einführt.

---

678 Vgl. Schwartz (2017). http://www.ign.com/articles/2017/06/23/american-gods-season-1-review, zuletzt geprüft am 14.02.2020

Episode vier lässt sich in keine der Kategorien einordnen: erzählt wird rückblickend, wie Laura Shadow kennenlernt, stirbt und von den Toten zurückkehrt, ohne, dass andere Handlungen eingeschoben werden. Folge sieben erzählt, wie eine ihrer Vorfahrinnen und Mad Sweeney gemeinsam in die USA einwandern, wobei sie von derselben Schauspielerin wie Laura (Emily Browning) gespielt wird. Dabei wiederum werden mehrfach Szenen des Gegenwarts-Handlungsstrangs von Laura und Sweeney eingestreut.

Folge acht beginnt damit, dass Shadow und Mr. Wednesday Anansi begegnen, der ihnen dann seinerseits die *Coming to America*-Geschichte von Bilquis erzählt: somit avanciert er vom Charakter einer solchen Handlung zu deren – von Mr. Ibis separatem – Erzähler.

Zusammenfassend bildet die Erzählung von AMERICAN GODS ein komplexes raumzeitliches Labyrinth, das in beiden Dimensionen von Charakteren betreten und verlassen wird und zudem an die Realität des Rezipienten anknüpft. Dies führt häufig zu einer narrativen Desorientierung, die zugleich die Desorientierung Shadows widerspiegelt[679].

Abschließend bezieht AMERICAN GODS Metafiktionalität durch zahlreiche hypertextuelle Referenzen. So wird nicht nur auf aktuelle Politik und Orson Welles' Invasion vom Mars Bezug genommen, sowie natürlich auf diverse Sagen und Mythologien, sondern auch auf verschiedene Elemente der Popkultur. Die Göttin Media z.B. tritt jeweils in einem anderen Kostüm auf: so mimt sie etwa David Bowie, Marylin Monroe und Judy Garland in deren Rolle im Film EASTER PARADE[680].

Teils werden auch bloß spielerisch Formen oder Stile zitiert (siehe Kapitel 4.5). So weist das Apartement, in dem Bilquis ihre Opfer verschlingt, in Farbgebung und Raumaufteilung enorme Ähnlichkeit zu dem der Sängerin Dorothy Vallens in BLUE VELVET auf. Die Lakaien der neuen Götter tragen weiße Ganzkörperanzüge, bizarre Genitalschoner, Spazierstock und Zylinder, was deutlich an Alex und seine Droogs in A CLOCKWORK ORANGE erinnert. Abstrakter ist die *Coming to America*-Sequenz des in der Steinzeit einwandernden Mammutgottes: bei dieser handelt es sich um einen Animationsfilm mit Figuren, die wirken wie aus Holz geschnitzt. Zitiert wird somit eher eine Erzählform bzw. ein visueller Stil als solcher denn eine konkrete Quelle.

---

679 Vgl. Nicholson (2017). https://www.theguardian.com/tv-and-radio/tvandradioblog/2017/may/01/american-gods-review-gorgeous-gore-for-supernatural-worshippers, zuletzt geprüft am 14.02.2020

680 EASTER PARADE. R.: Charles Walters. USA 1948

7.2.3 Untote Autoren

Viele der in AMERICAN GODS auftretenden Götter fungieren als Autorencharaktere des jeweiligen Handlungsstrangs oder -abschnitts. So dirigiert Anansi die Ereignisse auf der Sklavengaleere, Techno inszeniert die Entführung Shadows und dessen Hinrichtung als zynische Rassismuspersiflage und aus dem Gedanken, der mexikanische Jesus könnte von den lauernden Milizionären gewusst haben, ergeben sich finstere Assoziationen.

Als primäre Autorencharaktere können Mr. Wednesday und Mr. Ibis ausgemacht werden. Dabei greift Letzterer über seine Funktion als Erzähler hinaus auch personell in die Geschichte ein: gemeinsam mit seinem Partner Mr. Jaquel (dem ägyptischen Todesgott Anubis) leitet er ein Bestattungsunternehmen in der Stadt Cairo in Illinois. Als die untote Laura dort auftaucht, suchen die beiden sie auf und helfen ihr, ihre Verwesung zu verlangsamen, indem sie ihren Körper präparieren.

Von Interesse ist, dass die beiden den Leichen, die sie bestatten, in ihren Konversationen jeweils in Abhängigkeit von den Umständen des Todes Spitznamen verpassen, die wie die Titel altbekannter Geschichten klingen: z.B. "Lover's quarrel" oder "Overdose"[681]. Sie restaurieren also (tote) Menschen – und zeichnen zugleich Geschichten auf, womit beide in gewisser Weise gleichgesetzt werden. Dabei wird das Erzählen von Letzteren zu einer Art Begräbnisakt und gleichsam nekromantisch: da sie nicht nur Totes begraben, sondern ihm auch neues Leben einhauchen.

Mr. Ibis ist dabei nicht unbedingt fehlbar oder feindselig, allerdings wirken er und Mr. Jaquel sehr distanziert und ihre Motive bleiben völlig unklar. Die anderen Götter verfügen allesamt über dunkle Seiten, sind abgehaltert oder offen bösartig wie Czernobog, Vulcan und Mr. World. Generell scheinen die meisten von ihnen völlig frei von Zweifeln zu sein, genau wie Lynchs phallische Monsterväter, was auch eine gewisse Lächerlichkeit und groteske Komik mit sich bringt. Bezeichnend ist die Antwort von (dem angloamerikanisch-weißen) Jesus auf Shadows Frage, ob er denn in der Lage sei, immer zu glauben: "Did I always believe? I am belief, Shadow. I don't know how not to believe.[682]"

Besonders Mr. Wednesday tritt als weltgewandter Gentleman und rückhaltloser Genießer auf, was auch vor morbider Kriegsbegeisterung nicht haltmacht.

---

681 Vgl. AMERICAN GODS, Staffel 1, Folge 7, Min.: 03:00
682 Vgl. Ebd., Folge 8, Min.: 35:00

Allein die beiden Mischcharaktere bzw. Halbgötter, der Kobold Mad Sweeney und der namenlose Jin, mit dem Salim eine Affäre eingeht, scheinen partiell von Sorgen und Unsicherheit geplagt zu werden. In erster Linie sticht dabei Mad Sweeney heraus, da er zwar, ähnlich wie Shadow, vordergründig sehr stereotyp agiert – als heiterer aber dummer Ire, der gerne trinkt und sich in Kneipen prügelt – zugleich aber über gewissen Tiefgang und eine melancholisch reflektierte Ergebenheit in seine Rolle verfügt, ähnlich wie viele Figuren des Film Noir (siehe Kapitel 4.3).

Die jeweilige Autorenschaft der einzelnen Handlungsabschnitte scheint in hohem Maße ortsgebunden zu sein. So herrschen die Götter, die Shadow und Wednesday der Reihe nach besuchen, stets über eine bestimmte Domäne. Dies spiegelt sich in der seriellen Erzählstruktur. So werden die einzelnen Episoden der Reihe nach abgearbeitet, wie die Level eines Videospiels, indem die entsprechende Gottheit überlistet und daraufhin rekrutiert oder getötet wird. So besiegt Shadow Czernobog in einer Partie Dame, Mr. Wednesday überlistet Vulcan, indem er ihn dazu verleitet, ein Schwert zu schmieden, womit er ihn dann umbringt und auch Ostara wird durch cleveres Taktieren überzeugt. In Folge fünf erfolgt ein kurzes Intermezzo, in dem Shadow und Mr. Wednesday von der Polizei gefasst werden: und welches ebenfalls als eine Art Level angesehen werden kann, aus dem sie dann auch entkommen.

Obwohl dabei durchaus Gewalt verwendet wird, erfolgt die eigentliche Problemlösung je durch das Lösen von Rätseln – analog zum Zuschauer, der die zahlreichen Referenzen, Codes und Symboliken der Serie entschlüsseln kann, um das Gezeigte zu verstehen. Dabei erfüllen die neuen Götter die Funktion eines negativen Deus ex Machinas. Sie brechen überraschend in die für die Protagonisten potenziell beherrschbare Levelstruktur ein und entziehen sich deren Einflussnahme. Für den Rezipienten bieten sie jedoch eine Art Bonuslevel oder *Easter Egg* in Form der deutbaren Zitate abseits des eigentlichen mythologisch-religiösen Themas (unter dem Begriff *Easter Egg* wird vor allem im Zusammenhang von Videospielen ein versteckter optionaler Inhalt verstanden, der nur durch aufmerksame Auseinandersetzung mit dem jeweiligen Werk entdeckt werden kann: ein typisches Beispiel wären der verborgene Eingang zu einem Extralevel oder ein versteckt platzierter Ausrüstungsgegenstand.).

Autorenschaft erscheint in American Gods durchweg als etwas sehr Fluides, das wie Identität und Macht bei Foucault zwischen den einzelnen Akteuren hin und her pulsiert und pendelt.

7.2.4 Selbstbegegnungen

Shadow Moon erlebt keine so markante Selbstbegegnung wie beispielsweise Dolores in WESTWORLD (siehe Kapitel 7.3.4) oder Jonas in DARK. Dabei ist zu beachten, dass sich auch die im Folgenden beschriebenen ideologischen Aspekte von AMERICAN GODS nicht so stark auf die Frage nach der Natur des Bewusstseins konzentrieren wie zumindest in WESTWORLD. Allerdings durchlebt Shadow verschiedene kleinere und subtilere Selbstbegegnungen – etwa die nicht näher begründete Vorwegnahme späterer Ereignisse und Sachverhalte in seinen Alpträumen.

Schon der Name Shadow Moon lässt sich, besonders im Zusammenhang der in Kapitel 5.4 verwendeten Metapher der subjektiven Welt als Sonnensystem, dahingehend auslegen, dass er den Avatar des Rezipienten innerhalb der Narration – und somit zugleich dessen blinden Fleck verkörpert. So fällt bei einer Sonnenfinsternis der eigene Schatten der Erde auf ihren Trabanten, was diesen von ihr aus gesehen verdunkelt.

Genauso kann die zuvor erörterte Szene, in der Shadow direkt vom Fernseher und der Rezipient direkt von AMERICAN GODS angesprochen wird, in diesem Sinne als Selbstbegegnung gedeutet werden.

Wiederkehrendes Motiv von Shadows Alpträumen ist ein weißfelliger Büffel mit brennenden Augen, der ihm befiehlt zu glauben (woran genau wird von dem Rind nicht klargestellt). Dessen Bedeutung wird, allemal in der ersten und auch zweiten Staffel, nicht aufgeklärt. Allerdings treffen Laura, Salim und Mad Sweeney in ihrem Handlungsstrang auf die Statue eines Albinobüffels an einer Raststätte am Straßenrand. Auf einem Hinweisschild lesen sie eine wüste Geschichte, gemäß derer die Statue an die Geburt eines Albinokalbs gemahnt, das auf einer nahen Ranch geboren, von heimischen Indianern verehrt und dann vom Blitz getroffen wurde. Ob diese in irgendeiner Form weiterführend relevant ist oder bloß das Äquivalent zu Shadows Traumrind darstellt, wird ebenfalls nicht klargestellt: wie Shadow ist der Büffel ein blinder Fleck (oder: der blinde Fleck vom blinden Fleck).

Als Selbstbegegnung lässt sich auch verstehen, dass Mr. Wednesday im Verlauf seiner Bestrebungen, diesen von seinem relativistischen Standpunkt zu überzeugen, Shadow in Folge drei dazu veranlasst, sich intensiv vorzustellen, es würde schneien. Daraufhin beginnt es schließlich tatsächlich zu schneien, was multiple Fragen darüber aufwirft, ob er oder Wednesday dies vorausgesehen oder veranlasst haben, ob Letzterer nicht vielleicht ebenfalls seiner Einbildung entspringt usw..

Relevant ist im Zusammenhang der Selbstbegegnung, bzw. der späteren Identifikation mit der eigenen Geschichte, auch Mr. Wednesdays Rat an Shadow nach dem Tod seiner Gemahlin:

> "Too many people tell each other not to repress their emotions, to release their feelings, to let the pain go. There's a lot to be said for bottling up emotions.[683]"

Darin ist zwar kein Ausdruck von Shadows unverständlichem Selbst zu sehen, doch allemal wird die humanistische Forderung nach Authentizität abgelehnt – und vielmehr ein habitables Maß derselben empfohlen.

Darüber hinaus begegnet Shadow sich gewissermaßen selbst, als er Mr. World kennenlernt. Dieser verfügt über die Fähigkeit, seinen eigenen Kopf wie ein 3D-Modell nach Belieben umzugestalten. Dies nutzt er während einer filmschurkenhaften Ansprache, in welcher er seinem Gegenüber veranschaulicht, alles über ihn zu wissen, was jemals in Form digitaler Daten aufgezeichnet wurde: so betont er, sogar im Bilde zu sein, welchen Gesichtsausdruck Shadow beim Orgasmus annimmt und wird selbst zu dessen verzerrtem Ebenbild[684].

Abschließend ist hinsichtlich Shadows Konfrontation mit sich selbst seine finale Erkenntnis zu erwähnen, dass alles von ihm Erlebte und Getane von Wednesday inszeniert war, von dem gescheiterten Casinoraub, der ihn ins Gefängnis befördert hat, über Lauras Unfalltod bis hin zum Wetter[685].

Auch die meisten Plots der anderen Protagonisten lassen sich als eigene kleine Metatragödien mit Selbstbegegnung und untotem Autor beschreiben. Laura etwa trifft ihre Autorencharaktere in Mr. Ibis und Mr. Jaquel und begegnet sich insofern, als dass sie sich in zahlreichen Szenen im Spiegel betrachtet. Einerseits wird sie dabei wiederholt mit dem immer fortgeschritteneren Verfall ihres faulenden Zombiekörpers konfrontiert – ähnlich wie der alternde Dave Bowman in 2001: A SPACE ODYSSEY – andererseits steht in einer dieser Szenen Shadow neben ihr. In der fraglichen Einstellung ist er ausschließlich im Spiegel zu sehen, während sie im Raum davor allein gezeigt wird, wodurch das Spiegelbild zu einer Idealversion von Laura gerät, die in ihrem jetzigen Zustand isoliert erscheint[686].

---

683 Vgl. Ebd., Folge 2, Min.: 20:00
684 Vgl. Ebd., Folge 5, Min.: 41:00
685 Vgl. Ebd., Folge 7, Min.: 46:00
686 Vgl. Ebd., Folge 5, Min.: 18:00

So stellt Lauras Beziehung zu Shadow von ihrer Auferstehung an das einzig verbliebene sinn- bzw. ganz konkret lebensspendende Narrativ in Griffweite für sie dar. Dabei scheint die Wirkung der magischen Glücksmünze darin zu bestehen, dass sie gezwungen ist, ihn zu lieben, um weiterzuleben, so wie er es sich insgeheim womöglich wünscht.

Salim trifft seinen Autor in Gestalt des Dschinns. Schon vor seiner Begegnung mit diesem sieht er sich als Immigrant in Form der harten New Yorker Geschäftswelt einer fremden Wirklichkeit ausgesetzt, deren Gesetze er nicht versteht. Nach der gemeinsamen Nacht findet Salim in seinem Apartement die Kleidung des verschwundenen Dschinns sowie dessen Führerschein und die Schlüssel seines Taxis, woraufhin er seine Identität als Taxifahrer übernimmt und sich auf die Suche nach ihm begibt. Gewissermaßen begegnet er in seinem Autor also zugleich seinem späteren Selbst, vergleichbar mit Donnie Darko oder der Protagonistin von ARRIVAL – und sein Narrativ fortzuschreiben führt dazu, eine neue Aufgabe in Angriff zu nehmen.

Bilquis schlussendlich ist mehreren autorischen Faktoren ausgesetzt: einerseits sexistischen Männern bzw. einem solchen System an sich, vor allem aber dem Gott Techno, der sie aufsucht, als sie sterbenskrank im Rinnstein siecht und ihr ein neues Leben anbietet – indem er ihr in Form digitaler Datingplattformen ein frisches Jagdrevier und die Möglichkeit eröffnet, sich mithilfe verschlungener Opfer zu regenerieren. Da sie einwilligt und später hoffnungslos in Technos Machenschaften involviert ist, kann ihr Handlungsstrang als scheiternde Metatragödie verstanden werden, bei welcher der untote Autor triumphiert und ihr Leben – gegen ihren Willen – in eine persönliche Dystopie verwandelt. Nichtsdestotrotz begegnet sie sich selbst: in Form des von ihm für sie erstellten attraktiven Datingprofils, antiker Statuen ihrer selbst in einem Museum, das sie wiederholt besucht, und derjenigen in dem Tempel, der im Fernsehen zerstört wird.

7.2.5 Die Protagonisten identifizieren sich mit ihrer Geschichte.

Wie z.B. auch EL TOPO zeigt AMERICAN GODS zahlreiche postmoderne Ansätze, Identität vom jeweiligen Kontext in Zeit und Raum abhängig zu machen. Dies trifft vor allem auf Mr. Wednesday zu. Als er und Shadow sich begegnen, fragt Letzter ihn, wie er heiße, worauf Wednesday die Gegenfrage stellt, welcher Wochentag denn sei. Da Mittwoch ist, nennt er sich fortan Mr. Wednesday.

Darüber hinaus ist darin ein erster Verweis auf seine geheime Natur als Odin zu sehen. So ist der Name des englischen Wochentags *Wednesday*, allemal nach der romantischen Lesart des 19. Jahrhunderts, auf Odin bzw. *Wodin* zurückzuführen (was wiederum darauf zurückgeht, dass der Römische Mittwoch dem äquivalenten Obergott Jupiter geweiht war), so wie Thursday – oder auch der deutsche Donnerstag – mit dem Donnergott Thor assoziiert wird.[687]

Hinzu kommt, dass verschiedene Charaktere Wednesday an verschiedenen Orten je anders ansprechen: Czernobog spricht ihn mit *Wotan* an, Mad Sweeney nennt ihn *Grimnir* und Vulcan nutzt den Titel *Glad-O-War* (im Deutschen: *Heerfroher*) – oder schlicht *Big Daddy*.

Auch die Narrative, mit denen sich die Protagonisten identifizieren, scheinen oft ortsgebunden zu sein. So tritt Shadows Pakt mit Wednesday, für diesen zu arbeiten, erst in Kraft, nachdem er seine Frau beerdigt und alle Angelegenheiten in seiner alten Heimatstadt erledigt hat: zuhause ist er nicht der magische Auserwählte, sondern ganz der trauernde Witwer.

Analog wird seine dunkle Hautfarbe kaum thematisiert und er scheint sich darüber auch nicht sonderlich zu identifizieren. So spricht etwa Czernobog ihn darauf an und versucht gewissermaßen, an seine Solidarität als Unterdrückter zu appellieren (als Slawe im mittelalterlichen Europa bzw. Dunkelhäutiger im modernen Amerika), worauf Shadow jedoch kaum eingeht[688].

In der Stadt Vulcan hingegen verhält er sich gegenüber den rassistischen Einheimischen grundlegend misstrauisch bis offen feindselig. Somit wird rassische Identität ebenso als ortsgebundene soziale Fiktion dargestellt wie Religion und Mythen: zwar erscheinen diese teils als sinnstiftende fiktionale Meta-Realität – meist jedoch als grauenhaft monströs und aufgezwungen.

Von dieser Kontextualisierung des eigenen Selbstbilds abgesehen, thematisiert AMERICAN GODS auch vordergründig wiederholt Versuche, ein neues Leben zu beginnen. Salim wird Taxifahrer, Bilquis beginnt als Femme Fatale, das Internet unsicher zu machen.

Laura identifiziert sich bereits dadurch in gewisser Hinsicht mit ihrer Geschichte, als dass sie mehrfach von den Toten aufersteht und somit – jedes Mal einvernehmlich – in ihr irdisches Leben zurückkehrt.

---

687 Vgl. Roth 1846, S. 7
688 Vgl. AMERICAN GODS, Staffel 1, Folge 2, Min.: 45:00

So wird sie von Mad Sweeneys Münze reanimiert und später, nachdem sie abermals bei einem Unfall stirbt, von diesem selbst (er setzt ihrer Leiche die herausgefallene Münze wieder ein, die sie als Untote herumlaufen lässt). Schon bevor sie Shadow kennenlernt, unternimmt sie einen Selbstmordversuch, indem sie probiert, sich mit Insektenspray in ihrer Badetonne zu ersticken. Auch diesen Versuch bricht sie ab, was eine Art erste Wiedergeburt zur Folge hat: sie lernt am folgenden Tag ihren künftigen Gemahl kennen und lässt sich auf dessen Avancen ein.

Prinzipiell ist darin je ein christliches bzw. ägyptisches Motiv zu sehen – besonders hinsichtlich ihrer vierten Auferstehung in Form der Präparation durch Mr. Ibis und Mr. Jaquel. Dabei muss jedoch beachtet werden, dass sie den Prozess nicht bloß einmal durchlebt. In dieser zyklischen Rückkehr von den Toten besteht eher eine Parallele zu archaischem Schamanismus: so wird man in diversen Kulturen zum Schamanen, indem man in alternative (Traum-)Realitäten reist, dort stirbt und schließlich wiedergeboren wird, wobei das Resultat darin besteht, sich in jemanden zu verwandeln, der fortan immer wieder sterben und von den Toten zurückkehren kann.[689]

Darüber hinaus besteht sehr direkte Ähnlichkeit zu spielerischen Game-Over-Restart-Konfigurationen. Diese sind schamanischen Transformationen grundsätzlich ähnlich. Besonders interessant ist dabei das ebenfalls metatragische Videospiel PREY (gemeint ist das Spiel 2006). So ist der dortige Avatar des Spielers ein Automechaniker mit indianischen Wurzeln, der, nachdem er von Außerirdischen entführt wird, lernt, auf die Schamanenkräfte seiner Vorfahren zurückzugreifen – was sich primär darin äußert, auferstehen zu können, wenn ihn die Gegner des Spiels töten.

Eine solche Verknüpfung schamanischer und Videospielmotive findet sich auch in anderen Metatragödien wie etwa ASH VS EVIL DEAD – was hier jedoch nicht weiter vertieft werden soll.

Als weitere Übernahme einer Spielform von AMERICAN GODS und zugleich Identifikation mit der Geschichte kann angesehen werden, dass Laura nach ihrer Reinkarnation als Untote über eine spezielle Sicht auf die Welt verfügt: alles ist schwarz-weiß – abgesehen von Shadow, der wie die Sonne selbst grell orange leuchtet.

Auch wenn sie weit von ihm entfernt ist, ist seine Position aus ihrer (häufig als Point-of-View-Einstellung dargestellten) Sicht in Form

---

[689] Vgl. Peterson 2013, S. 59

einer Lichtsäule am Horizont markiert, wie auch die Position wichtiger Ziele in Videospielen wie THE ELDER SCROLLS V: SKYRIM[690] oder BATMAN: ARKHAM ASYLUM[691].[692]

Allerdings ist dieser Zustand einer, aus dem sie zu entfliehen sucht. Sie verwest als wandelnder Kadaver und verfügt, außer ihrer Wahrnehmung Shadows, über keine körperlichen Sinneseindrücke. Wie Mad Sweeney es formuliert: "Livin' in her own Apocalypse[693].". Die Auferstehung macht neuerliche Auferstehungen erforderlich.

So konzentriert Laura sich danach auf ihre Suche nach Shadow bzw. nach ihrer Liebe zu ihm. Da diese mehr oder minder scheitert, beginnt sie, nach Jesus (als Person mit Erfahrung in Sachen Rückkehr von den Toten) zu suchen und landet schließlich bei Ostara, um diese zu bitten, ihr neues Leben einzuhauchen: gewissermaßen sucht sie nach dem passenden Narrativ, nicht um dessen selbst willen, sondern aus völlig praktischen Erwägungen. So pflegt Laura eine recht nihilistische Attitüte und sorgt sich letztendlich auch nach ihren Reinkarnationen primär um ihren Spaß und ihr eigenes Wohlbefinden, was jedoch paradoxerweise nötig macht, nach tieferer Bedeutung zu streben. Schlichte Existenzerhaltung macht Geschichten nötig und diese wiederum rechtfertigen Erstere.

Ostara willigt schließlich ein, Laura zu revitalisieren. Allerdings zieht sie ihr Angebot zurück, als sie erfährt, dass diese im Auftrag ihres neuen Verbündeten Mr. Wednesday getötet wurde. Das Narrativ von Shadows neuer Identität und das von Lauras konkurrieren miteinander. Dies ist insofern von Interesse, als dass Metatragödien Narrativierung nicht per se als Allheilmittel darstellen, sondern, wie sich an diesem Beispiel zeigt, eher als potenziell hilfreiche Kompromissstrategien, die ihrerseits Probleme verursachen können und stets aktualisiert werden müssen. Immer wieder muss das *passende* Narrativ gefunden werden, obwohl kein solches je absolut zur Realität passt.

Die Paradoxität dessen schlägt sich auch und vor allem in Shadows Identifikation mit seiner Geschichte nieder. So versucht Mr. Wednesday fortlaufend, ihn davon zu überzeugen, dass er an ihn glaubt.

---

690 THE ELDER SCROLLS V: SKYRIM. PC u:a.. Entwickler: Bethesda Game Studios. Publisher: Bethesda Softworks. 2011
691 BATMAN: ARKHAM ASYLUM. PC u:a.. Entwickler: Rocksteady Studios. Publisher Eidos Interactive/ Square Enix:. 2009
692 Vgl. beispielsweise AMERICAN GODS, Staffel 1, Folge 4, Min.: 51:00
693 Vgl. Ebd., Folge 7, Min.: 40:00

Dabei scheint von Bedeutung zu sein, dass an ihn als Person geglaubt wird und nicht als abstrakten Gott (siehe Kapitel 6.7). So enthüllt er Shadow erst am Ende der finalen achten Folge, dass es sich auch bei ihm um einen solchen handelt und wie sein wahrer Name (bzw.: seine wahren Namen) lautet(n). Um Shadows Respekt zu gewinnen, bemüht er sich groteskerweise, seine Fähigkeit zur Täuschung unter Beweis zu stellen. Er selbst ist ganz offenkundig fehlbar, doch er betont fortlaufend – genau wie Žižek – dass in der Illusion mehr Wahrheit steckt als in der Realität hinter ihr (siehe Kapitel 5.1). Am exemplarischsten ist dabei Folge Drei, in der Wednesday sich trickreich als Angestellter einer Bank ausgibt, um diese sogar mit Billigung der Polizei auszurauben und Shadow damit zu beeindrucken[694].

Shadow ist selbst Trickbetrüger und beherrscht eine Reihe von Münz- bzw. Kartentricks. Allerdings fehlen ihm, wie zu verschiedenen Gelegenheiten, auch von ihm selbst, betont wird, Charme oder Charisma, um sich z.B. als Bühnenzauberer zu verdingen.

Relevant ist hierbei die von Guida über Jodorowskys Filme getroffene Aussage, dass deren spezielle Wirkung mit dessen in ihnen betriebener Selbstinszenierung zusammenhängt – die er mit einer Form von Charisma im Sinne Webers vergleicht. Jener wiederum beschreibt Charisma als eine Form von Autorität, die durch die Demonstration von Macht erlangt wird, welche nicht zwangsläufig real sein, sondern lediglich von anderen Menschen als real erlebt werden muss.[695]

Demnach erscheinen etwa charismatische Anführer wie Fidel Castro ihren Anhängern gegenüber als mächtig, da sie diese von der Existenz einer fiktiven Bedrohung überzeugen, die sie dann wiederum erfolgreich abzuwehren vorgeben, genau wie EL TOPO und THE HOLY MOUNTAIN den Rezipienten mit diffusen Extremen torpedieren und irreführend andeuten, eine Erklärung dafür parat zu haben.[696]

Auch Mynheer Peeperkorn in DER ZAUBERBERG wird aufgrund seiner natürlichen Autorität und kryptischen Denkweise immer wieder sehr betont als charismatische Persönlichkeit bezeichnet.

In diesem Sinne ist Charisma grundsätzlich das, was die phallischen Autoren von Metatragödien besitzen und schließlich an die Protagonisten abgeben: raffinierte Willkür in Form scheinbar bedeutsamer Illusionen und Spektakel.

---

694 Vgl. Ebd., Min.: 50:00
695 Vgl. Guida 2015, S. 538-539
696 Vgl. Ebd., S 546

Und dies wird in AMERICAN GODS wiederholt zum Thema. So gibt Mr. Wednesday Shadow auf seine Behauptung, ihm fehle es eben an Charme, zur Erwiderung: "Charms can be learned like anything else[697].". Effektiv ist eben das auch, was Shadow im Verlauf der Handlung erlangt: die Fähigkeit zu kallkulierter Irrationalität. Er identifiziert sich mit seiner Geschichte – in dem Bewusstsein, sie erst dadurch selbst als solche zu erschaffen.

Dabei akzeptiert er schließlich die Existenz all der übernatürlichen Phänomene und Götter inklusive von Mr. Wednesdays Behauptung, dass er selbst imstande gewesen sei, es schneien zu lassen. Im Verlauf dieser Entwicklung wird er, wie erwähnt, immer wieder mit alternierenden Realitäten konfrontiert. Beispielhaft ist dabei seine anfängliche Weigerung, Wednesdays Jobangebot anzunehmen. So willigt er letztlich ein, dies zu tun, wenn er bei einem Münzwurf nach seinen Bedingungen verliert – was auch tatsächlich eintritt, obwohl es sich um eine gezinkte Münze handelt. Der Zufall wird durch seine Interpretation zur Basis nicht-zufälliger Geschichten. Infolgedessen wird das Wie der Dinge immer wichtiger als ihr Was und Warum.

So gerät Shadow unmittelbar nach dem erwähnten Münzwurf in eine Kneipenschlägerei mit Mad Sweeney, bei der es um dessen entsprechende Zaubermünze geht (die später Laura reanimiert). Während der Prügelei lässt der beobachtende Wednesday die Münze auf dem Tisch kreiseln. Immer wieder wird gezeigt, wie sie sich (ähnlich wie der Kreisel am Ende von INCEPTION[698]) in eine bestimmte Richtung neigt, abhängig davon, wer gerade im Kampf die Oberhand hat.

Bevor der Kampf entschieden wird, endet die Szene: wichtiger sind mehr das narrativ-ästhetische Phänomen und der unmittelbare Rausch der Gewalt als deren Rolle im Kausalgefüge – wenngleich dann mit einiger Verzögerung aufgeklärt wird, dass Shadow (der aufgrund des vermutlich erfolgten anschließenden Trinkgelages auch über keine dahingehenden Erinnerungen mehr verfügt) gewonnen oder zumindest irgendwie die Münze in seinen Besitz gebracht hat.[699]

Grundsätzlich pflegen die Götter und schließlich auch Shadow eine stark in Richtung Playfulness tendierende Lebenseinstellung.

---

697 Vgl. AMERICAN GODS, Staffel 1, Folge 2, Min.: 31:00
698 INCEPTION. R.: Christopher Nolan. GBR/USA 2010
699 Vgl. AMERICAN GODS, Staffel 1, Folge 1, Min.: 35:00

Diese kann durchaus auch als poststrukturalistisch eingestuft werden (siehe Kapitel 3.1 sowie 6.1), wie besonders Wednesdays folgende Reaktion auf Shadows Überforderung mit dem Erlebten zeigt:

> "Sudden onset on strange. Fair cause for consternation, unless strange is a new language and what whe're doing here is vocabulary building.[700]"

Der einzige Protagonist mit längerem eigenem Handlungsstrang, der sich nicht wirklich mit seiner Geschichte zu arrangieren schein, ist Mad Sweeney. Tatsächlich scheint er dies in der Vergangenheit bereits verweigert zu haben und nun darunter zu leiden – er hat vorhergesehen, dass er in einer Schlacht sterben würde und ist vor dieser geflohen, weshalb er nun aus Reuegefühlen in Wednesdays Krieg kämpfen und sterben möchte. Dabei fungiert seine stabile, aber, wie erörtert, nüchterne bis regelrecht nihilistische Melancholie als Gegenpol, anhand dessen die radikale Zustimmung zum Leben der illusionierteren anderen Charaktere deutlich wird. Grundsätzlich scheinen existentielle, bodenständige und gegenwartspolitsch relevante Themen, bedrückende Inhalte und die teils hyperkonsequente Gewalt in vielen Metatragödien dazu zu dienen, eine ansonsten sehr distanzierte, ironische oder sogar gewaltverherrlichende spielerische Weltsicht zu erden.

7.2.6 Ideologie und Utopismus

AMERICAN GODS weist umfassende Bezüge zu postmodernem Denken auf. Die Realität wird als soziales oder subjektives Konstrukt dargestellt und ihr Fundament scheint eher in Geschichten zu bestehen, denn in materieller Stofflichkeit. Diese Erkenntnis und die Geschichten selbst erscheinen jedoch, zumindest den Protagonisten gegenüber, als sinnstiftend und nützlich beim bewältigen ihrer Probleme.

Auch wird nicht klar zwischen gesellschaftlichen Metanarrativen wie religiösen Mythen und persönlichen Narrativen bis hin zur Mikroebene von Münztricks und situativem Charme unterschieden. Dabei scheinen einige Geschichten, abhängig vom jeweiligen Kontext, stets besser geeignet zu sein als andere: manche der Götter sind offenkundig böse und z.B. nationalistische, rassistische oder sexistische Erzählungen werden durchgängig abgelehnt bzw. treten als Antagonismen in Erscheinung.

---

700 Vgl. Ebd., Folge 2, Min.: 29:00

Insofern ist AMERICAN GODS vielmehr als metamodern zu bezeichnen. Im Zusammenhang des hier im Vorfeld referenzierten Höhlengleichnisses können Shadows anfänglicher Gefängnisaufenthalt und sein am Ende freiwilliges Eintauchen in Wednesdays mystifizierte Metatrealität mit der in Kapitel 6.1 entworfenen Abwandlung dieses Gleichnisses verglichen werden. Von Relevanz ist angesichts der Geschichten in der Serie generell beigemessen Bedeutung besonders eine Aussage Mad Sweeneys: "We're in prison, love. All we have to do is telling stories.[701]"

Beispielhaft ist auch eine Szene in Folge sieben, in der als Überleitung zur nächsten *Coming to America*-Geschichte eine Kamerafahrt durch die Öffnung einer Bierflasche und hinein in das Gebräu erfolgt: Geschichten und vor allem Religion werden mit dem Konsum von Drogen gleichgesetzt, wie in Kapitel 6.6 erörtert[702].

Die Geschichten bzw. Ideologien, die von den Protagonisten im Zuge ihrer Identifikation mit dem Geschehen verwendet werden, entstammen vorwiegend Sagen und Mythen aus früheren Epochen. Zwar treten auch Jesus und die Verheißungen moderner Technik personell in Erscheinung, doch der Fokus liegt auf älteren Göttern. Exemplarisch für das Motiv identitätsstiftender Religion ist dabei ein Monolog Vulcans über die von ihm fabrizierten Waffen:

> "You are what you worship. God of the vulcano. Those who worship hold the vulcano in the palm of their hand. It's filled with prayers in my name. The power of fire is firepower. Not God. But god-like.[703]"

Auch die Götter selbst entsprechen weniger ihrer konkreten Rolle in den Legenden, denen sie entstammen, sondern mehr einer Verkörperung der mit ihnen gegenwärtig assoziierten Attribute. So repräsentiert Ostara eher den retrospektiv vermuteten Weiblichkeitsbezug des Osterfestes – dessen fragliche historische Korrektheit ist in diesem Zusammenhang vollkommen unerheblich. Bezeichnend ist auch hierbei eine Aussage Vulcans:

> "Every fired bullet in a crowded movie theater is a prayer in my name. And that prayer makes 'em want to pray even harder.[704]"

---

701 Vgl. Ebd., Folge 7, Min.: 27:00
702 Vgl. Ebd., Min.: 22:00
703 Vgl. Ebd., Folge 6, Min.: 39:00
704 Vgl. Ebd., Min.: 46:00

Es geht weniger um die spezifische Geschichte des göttlichen Waffenschmieds, sondern eher um den dahinterstehenden Archetypen, um das, was sie verkörpert. Was den Protagonisten je weiterhilft, ist vor allem die Übernahme solcher Attribute von den (romantisierten) germanischen bzw. nordischen Göttern, wie eben Ostara, Odin und Loki.

Hierin besteht eine Parallele zu einigen anderen metatragisch geprägten Filmen und sonstigen Metatragödien wie A CURE FOR WELLNESS (eine heilige unterirdische Quelle im europäischen Hochgebirge als klassisches Motiv nordischer Legenden), ALIEN: COVENANT (spektakuläre Bergpanoramen mit Nibelungenflair, explizit betonte Untermalung mit Wagnerstücken), Alan Wake (die Band *Old Gods Of Asgard*) HELLBLADE: SENUAS SACRIFICE (die nordische Mythologie als Ventil einer schizophrenen Psyche), VIKINGS (umfassende Wikinger-Thematik und Vermengung vor allem der mythologischen Aspekte mit metatragischen Elementen) oder WHAT REMAINS OF EDITH FINCH (subtile Verknüpfung einiger Figuren mit mythischen Archetypen, z.B. der Großvater *Odin* Finch). Auch in Tarantinos DJANGO UNCHAINED finden sich solche Bezüge: so erzählt der aus Deutschland stammende Dr. King Schultz Django die Siegfried-Legende und setzt ihn mit deren Protagonisten gleich.

Dies ist zunächst insofern von Bedeutung, als dass die nordischgermanische Mythologie ihrerseits zahlreiche Ähnlichkeiten und Bezüge zu schamanischen Traditionen in anderen Erdteilen wie Zentralasien, Nordamerika und Australien aufweist und viele von deren Motiven teilt[705].

Andererseits zeichnet sie sich durch einen, im Zusammenhang der metatragischen Selbstbegegnung relevanten, Hang zu dieser ähnlichen Inhalten wie z.B. magischen Prophezeiungen aus, welche mit einem grundlegend deterministischen Weltbild einhergehen (siehe Kapitel 5.3): zentraler Aspekt dieser Mythologie ist der geweissagte unabänderliche Weltuntergang[706]. Anders als bei der christlichen Apokalypse geht es danach auch nicht mehr weiter bzw. es wird kein dauerhafter Endzustand erreicht.

Die Zeit scheint eher zyklisch denn als ins Unendliche führender linearer Vektor – und der Fokus liegt eher auf dem Wie der Existenz als ihrem Ziel.

---

705 Vgl. Eliade 1958, S. 120
706 Vgl. beispielsweise Stange 2011, S. 15

Nordisch-germanische – und sonstige – Mythologie ist in AMERICAN GODS nicht nur für die Protagonisten relevant, sondern auch ganze Gesellschaften wie die Nation der USA werden als ideologisches Knäuel diverser entsprechender Versatzstücke dargestellt, wie Mr. Wednesday ausdrücklich in Worte fasst:

> "This is the only country in the world that wonders what it is. [...] They [Americans] pretend they know [who they are]. But it's still just preteding, like I'm pre-tending now. Just like you. [...] You are pretending you cannot believe in im-possible things[707]"

Die Ideologie des amerikanischen Traums scheint – wie die in Kapitel 6 beschriebene metatragische Weltsicht – bloß der Träger für beliebige fremde Mythen zu sein. In diesem Sinne kann die Identifikation der Protagonisten mit ihrer Geschichte in der Serie durchaus auch als Identifikation mit dieser Ideologie verstanden weden: der amerikanische Traum ist eine hohle Illusion, die mit anderen Illusionen gefüllt werden kann und eben darum von besonderem Interesse ist. Die USA als Nation jedoch werden dadurch als identitätsloses Konstrukt dargestellt, in dem vor allem die besonders blutrünstigen Götter prächtig zu gedeihen scheinen und dessen eigene Götzen als psychopathische Technokraten auftreten. Von Belang ist dabei, dass Wednesday zwar wie die anderen Gottheiten genüsslich Gewalt anwendet (er köpft z.B. Vulcan mit dessen Schwert und wirft die Leiche in seine eigene Schmiede), dass diese sich jedoch stets bloß gegen Götter richtet und nie gegen Menschen. Gewissermaßen wird die kriegerische Prägung der nordisch-germanischen Mythologie auf den abstrakten Kampf unterschiedlicher Ideen miteinander übertragen, der sich dabei gerade gegen physische Gewalt richtet (die neuen Götter töten oft und gerne Menschen).

Insofern ähnelt AMERICAN GODS dem von Žižek beschriebenen Storytelling der Band *Rammstein* (siehe Kapitel 3.1). Mythologie, vor allem die nordisch-germanische, wird als Orientierung bietendes Narrativ inszeniert, zugleich aber provokativ von ihrer verbreiteten Vereinnamung durch politisch rechte Gruppierungen gelöst, um sie mit verhältnismäßig eher linksgerichteten Aussagen und Zielen zu verknüpfen (wie der Emanzipation von Frauen, Homosexuellen und nicht-weißen Menschen).

---

707 Vgl. AMERICAN GODS, Staffel 1, Folge 3, Min.: 53:00

Dabei ist zu beachten, dass AMERICAN GODS zugleich nachdrücklich propagiert, mit Geschichten zu verschmelzen, weshalb dieser Ansatz (bzw. diese Deutung) allemal eine schmale Gradwanderung darstellt. So hat auch Wednesday Schattenseiten und Laura wird zwar nicht direkt von ihm ermordet aber doch in seinem Auftrag.

Im Zusammenhang von Ideologie und Utopismus in AMERICAN GODS ist zudem von Bedeutung, dass in Gestalt der neuen Götter umfassend soziale Veränderungen im Kontext technischen Fortschritts thematisiert werden. So hat der als Industriemagnat über seine Fabriken herrschende Schmiedegott Vulcan sich von Wednesday und den anderen Göttern abgewandt, da ein Bündnis mit den neuen Göttern seinen Interessen besser entspricht: und opfert zugleich nach Lust und Laune Menschen.

Sehr interessant ist dabei die eingangs in diesem Buch erwähnte These Hararis, dass Menschen im Zuge der Entwicklung immer fortschrittlicherer künstlicher Intelligenz zunehmend ihren Nutzen für Wirtschaft und Militär verlieren. Besonders Ersteres resultiert in einem Zwang für einzelne Individuen, sich selbst mithilfe von Technologie zu optimieren – sei es durch kybernetische Implantate oder schlicht die immer umfassendere Anbindung an digitale Systeme zur Datenverarbeitung.[708] Dasselbe gilt laut Harari für herkömmliche Wissensmodelle wie Ideologien und Religionen, denen der Glaube an Informationstechnologien ebenfalls den Rang abläuft. Demnach zeigt sich bereits in Ansätzen die soziale bzw. religiöse Tendenz, dem Vertrauen in Algorithmen gegenüber anderen großen Erzählungen den Vorzug zu geben.[709] Dabei etablieren sich das Sammeln von Daten, ihr Einspeisen ins System und der freie Fluss von Information immer mehr als eigenständiger, von ihren eigentlichen Zielen unabhängiger Wert. Harari sieht darin einen regelrechten Dogmatismus und gibt diesem die Bezeichnung *Dataismus*[710].

Tatsächlich hat beispielsweise Anthony Levandowski, der ehemalige Leiter der Entwicklung selbstfahrender Autos des Unternehmens Google LLC, unter dem Namen *Way of the Future* eine damit beinahe identische konfessionelle Religion ins Leben gerufen[711].

---

708 Vgl. Harari 2017, S. 413
709 Vgl. Ebd., S. 497-505
710 Vgl. Ebd., S. 515-524
711 Vgl. Beuth (2017). https://www.zeit.de/digital/internet/2017-11/way-of-the-futu re-erste-kirche-kuenstliche-intelligenz, zuletzt geprüft am 14.02.2020

Harari sieht das bestechende Argument des Dataismus in der Verheißung, dass ultraintelligente und lernfähige Algorithmen den Menschen potenziell besser kennen können als dieser sich selbst und ihm somit auch weitaus besser dabei helfen, Entscheidungen zu fällen, als etwa das humanistische Mantra, seinem eigenen Selbst treu zu bleiben – oder auch Regierungen, der freie Markt und religiöse Führer[712]. In AMERICAN GODS kann der Charakter Mr. World als unmittelbare Entsprechung eines solchen Glaubens eingestuft werden, besonders, da Shadow sich in diesem selbst begegnet. Der Vergleich umfasst auch die verstörenden Aspekte und Schattenseiten des dataistischen Dogmas. So äußert die Göttin Media gegenüber Techno: "There is a terror in knowing what Mr. World is about." (diese von Media in ihren David Bowie-Kostüm getroffene Aussage ist zusätzlich als Referenz auf den Vers "It's the terror of knowing what this world is about" des Bowie-Songs UNDER PRESSURE[713] zu verstehen). Dabei scheint Mr. World die führende Kraft der neuen Götter zu sein. Jene bieten zwar Zerstreuung, Konsum und Luxus für die Masse an, doch ihnen zu huldigen gibt dem Leben keinen tieferen Sinn, wie allemal Mr. Wednesday mehrfach kritisiert, und sie opfern rücksichtslos einzelne Menschen sowie Götter. Als mögliche Alternative wird in der Serie ein Bündnis zwischen den beiden Letzteren in Betracht gezogen, welches jedoch durch dessen bewusste Reflexion zu einem spielerischen Akt wird. Archaische Narrative werden für den Bedarf moderner Menschen abgwandelt – und neuartigem Dogmatismus entgegengesetzt. Zugleich werden sie effektiv als Spiel begriffen und als solches praktiziert.

Somit wird die schon bei Nietzsche zu findende Eigenschaft Playfulness zum entscheidenden ideologischen Motiv von AMERICAN GODS. Shadows finale Bereitschaft zu glauben kann dabei sowohl als Identifikation mit seinem blinden Fleck (siehe Kapitel 5.4) verstanden werden – er gehorcht dem Büffel aus seinen Visionen – wie auch als spielerisches Verhalten im Sinne Piagets (siehe Kapitel 3.2), da er schließlich beginnt, auf Basis seiner subjektiv empfundenen Realität zu handeln.

Dadurch, dass künstliche Intelligenz menschliche Akteure in immer mehr Bereichen übertrifft, koppelt sich laut Harari Intelligenz (einschließlich komplexer Mustererkennung im Sinne von Kreativität) von Bewusstsein ab[714].

---

712 Vgl. Harari 2017, S. 530
713 "UNDER PRESSURE" by Bowie, David/Queen 1981
714 Vgl. Harari 2017, S. 420

Somit wird fraglich, was für die für den Fortbestand des Systems überflüssig gewordene menschliche Klasse überhaupt zu tun bleibt. Eine naheliegende Antwort bieten Drogen und Videospiele.[715] Metatragische Selbstgestaltung im Sinne von Playfulness kann als das passende Metanarrativ angesehen werden – und zugleich als Alternative, da sie auch darüber hinausgehende Aktivitäten und Werte wie Selbstbestimmung, Sinnsuche oder das Bestreiten individueller Abenteuer nicht aufgrund ihres praktischen Wertes für das System rechtfertigt, sondern allein wegen ihres subjektiven Sinnpotenzials.

Gewissermaßen bedingen sich Dataismus und Playfulness gegenseitig: übermenschlich effiziente Datenverarbeitung führt zu dem sehr konkreten Problem, dass Menschen und ihrer Kultur der (mehr oder weniger) rationale Sinn ihres Daseins abhandenkommt. Eine spielerische Pseudorationalität auf irrationaler Basis eröffnet neue Bedeutungsquellen – und begründet somit zugleich, dass überhaupt Daten gesammelt und verarbeitet werden. Diese beiden neuen Werte stehen, allemal in der Form, wie sie in AMERICAN GODS dargestellt werden, in einem zugleich komplementären und antagonistischen Verhältnis: genau wie z.B. auch die modernen Werte Freiheit und Gleichheit (uneingeschränkte Freiheit führt potenziell zu Ungleichheit, während radikale Gleichheit die Freiheit Einzelner einschränkt, etc.)

Dabei ist von Interesse, dass die neuen Götter in AMERICAN GODS zwar äußerst monströs dargestellt werden, zugleich aber bestrebt zu sein scheinen, sich mit den alten zu verbünden – oder, wie sie es nennen, eine Fusion einzugehen – um beider Vorteile zu kombinieren. Ein Kompromiss scheint trotz der Eskalation des Konflikts am Ende der ersten Staffel hypothetisch möglich.

Auch ist zu beachten, dass das Rezipieren von AMERICAN GODS als Fernsehserie (die in Deutschland primär über den Onlinestramingdienst Amazon Prime Video zugänglich ist) eher einen Akt der Huldigung gegenüber den neuen Göttern darstellt als einen des Widerstands. Besonders exemplarisch ist dabei die beschriebene Gleichsetzung des Bildes der Serie mit dem von Medias Fernsehshow.

Wie in Kapitel 5.4 dargestellt, kann die Produktion filmischer Metatragödien in dieser Hinsicht zugleich als Ansatz verstanden werden, den Konsum filmischer Erzählungen unabhängig von ihrem praktischen Mehrwert zu legitimieren: als sinnstiftende Illusion, in die der Rezipient bewusst eintaucht.

---

715 Vgl. Ebd., S. 441

Abschließend soll hierbei auf Petersons in Kapitel 3.2 erläutertes Konzept Bezug genommen werden, Metanarrative aufgrund ihrer Eignung als Regelwerke im Metagame zu rehabilitieren. So empfiehlt Peterson auf dieser Basis nicht bloß ein Festhalten am humanistischen Konzept des Individuums, sondern auch an vielen christlichen Werten: unabhängig davon, ob ein metaphysischer Gott existiert, erweist sich das über Generationen angesammelte Wissen darüber, wie erfolgreich mit ihm bzw. der unverständlichen Realität, die er als Metapher verkörpert, interagiert werden kann, als hilfreicher Leitfaden[716].

Shadows Konstruktion eines gläubigen Selbts ist diesem Standpunkt sehr ähnlich, auch wenn die Götter eher in ihrer Gesamtheit als jeweils für sich die Rolle des christlichen Gottes bei Peterson erfüllen.

Allerdings sind neue Götter hinzugekommen und führen zu neuen Problemen – genau wie zu der womöglich über Generationen von frommen Christen beobachteten ultrakomplexen Realität in Form neuartiger Technologie frische Aspekte hinzugekommen sind.

Von Interesse ist in diesem Zusammenhang Harraways Konzept des Cyborgs: demnach bildet der in einer technisierten Gesellschaftsstruktur lebende Mensch mit dieser eine Einheit, deren Komponenten nicht mehr klar voneinander trennbar sind. Ein solcher Cyborg ist kein humanistischer Mensch mit freiem Willen, sondern eine Art dekonstruiertes und neu zusammengesetztes, postmodernes und kollektives individuelles Selbst.[717]

In der Welt, wie Metatragödien wie AMERICAN GODS sie reflektieren, ist gewissermaßen Gott selbst zum Cyborg geworden.

Das Metagame hat ein Add-on erhalten.

Und der Umgang mit ihm bedarf zumindest der bewussten Reflexion.

---

716 Vgl. Peterson 2013, S. 50
717 Vgl. Harraway 1980, S.72

7.3 Westworld

"What is the point of it? Get a couple of cheap thrills? Some surprises? But it's not enough. [...] They're not looking for a story that tells them who they are. They already know who they are. They're are here because they want a glimpse of who they could be."

Dr. Robert Ford in: WESTWORLD[718]

Die Serie WESTWORLD basiert auf dem gleichnamigen Film[719] von Michael Crichton aus dem Jahr 1973. Allerdings legt sie den Fokus auf andere Themen. Crichtons Film setzt sich, sehr ähnlich wie sein späterer Roman JURASSIC PARK[720], mit der Unbeherrschbarkeit von Chaos in geschlossenen Systemen anhand eines futuristischen Freizeitparks auseinander. Dort werden jedoch keine geklonten Dinosaurier geboten, sondern animatronische Cowboys. Diese drehen durch und machen Jagd auf die Touristen, allerdings ist nicht weiter relevant, wieso.

Genau darauf aber konzentriert sich die 2016 erschienene Serienadaption und behandelt in diesem Zusammenhang äußerst komplexe Fragen nach der Natur des menschlichen Bewusstseins und der Entwicklung künstlicher Intelligenz.

Somit kommt eine Art Metaparallele zu Crichtons WESTWORLD-Film zustande, in welchem erstmals digitale Bildbearbeitung eingesetzt wurde, um den verpixelten Point-of-View eines schießwütigen Roboters darzustellen[721]. Darüber hinaus greift die Serie einige Motive der beiden früheren Serien auf, in denen die Handlung des ursprünglichen Films jeweils unabhängig voneinander fortgesetzt wurde: FUTUREWORLD[722] von 1976 und BEYOND WESTWORLD[723] von 1980.

Abschließend ist zu erwähnen, dass die neue Serie inhaltlich wie stilistisch umfassend an verschiedene Videospiele angelehnt ist, vor allem

---

718 Vgl. WESTWORLD, Staffel 1, Folge 2, Min.: 52:00
719 WESTWORLD. R.: Michael Crichton. USA 1973
720 JURASSIC PARK. Autor: Michael Crichton. 1990
721 Vgl. imdb.com. https://www.imdb.com/title/tt0070909/trivia?ref_=tt_trv_trv, zuletzt geprüft am 14.02.2020
722 FUTUREWORLD [Fernsehserie]. Creator: Richard T. Heffron. USA 1976
723 BEYOND WESTWORLD [Fernsehserie]. Creators: Michael Crichton/Lou Shaw USA 1980

an das metatragische BIOSHOCK – wie auch der Film A CURE FOR WELLNESS[724].

Von Interesse ist, dass es sich bei einem ihrer verantwortlichen Showrunner um Jonathan Nolan handelt, der auch an MEMENTO, THE PRESTIGE, THE DARK KNIGHT und THE DARK KNIGHT RISES als Drehbuchautor beteiligt war (siehe Kapitel 1).

Hinsichtlich des Genres ist WESTWORLD Science-Fiction und außerdem Western. Wie AMERICAN GODS und DARK erreicht die Serie den Anspruch eines Mindgame-Movies, wobei eine Auseinandersetzung mit ihren komplizierteren Aspekten, anders als dort, für ein Verständnis der Erzählung unerlässlich ist. Sie wurde wurde ebenfalls überwiegend positiv aufgenommen (88% auf Rotten Tomatoes[725]) und die in WESTWORLD dargestellte Gewalt ist ebenso drastisch wie in AMERICAN GODS, dabei aber sehr viel realistischer und meist weniger stilisiert. Auch WESTWORLD weist diverse sozialkritische Ansätze auf, allerdings beziehen diese sich nicht so explizit auf die gegenwärtigen USA wie diejenigen von AMERICAN GODS (siehe Kapitel 7.2.6).

WESTWORLD spielt in einer nicht näher definierten Zukunft. Die gesamte Handlung findet innerhalb des Freizeitparks und der zugehörigen Wartungsanlagen statt. Ob dieser sich in Amerika, einem anderen Land oder überhaupt auf der Erde befindet, bleibt während der ersten Staffel absolut unklar. Der einzige konkrete Verweis auf die Welt außerhalb des Parks besteht in der Erwähnung, dass der Charakter Theresa Cullen aus Dänemark stammt[726].

Der Park bietet seinen Besuchern eine lebensechte Simulation des Wilden Westens. Diese wird von als *Hosts* bezeichneten Androiden bewohnt, die wie echte Menschen agieren und nicht wissen, dass ihre Welt eine Fälschung ist. Ihr Leben verläuft in Form miteinander verflochtener Geschichten, die nach einiger Zeit von vorn beginnen, woran sie sich jedoch nicht erinnern. Wenn sie getötet werden, werden sie von den Mitarbeitern des Parks repariert und wieder in ihre jeweilige Schleife geschickt. Tatsächlich scheint den meisten Parkbesuchern hauptsächlich daran gelegen zu sein, die Hosts zu quälen, zu erschießen oder für sexuelle Zwecke zu missbrauchen.

---

724 Vgl. de Rochefort (2016). https://www.polygon.com/tv/2016/10/9/13221024/westworld-hbo-grand-theft-auto-nycc-2016, zuletzt geprüft am 14.02.2020

725 Vgl. rottentomatoes.com. https://www.rottentomatoes.com/tv/westworld, zuletzt geprüft am 14.02.2020

726 Vgl. WESTWORLD, Staffel 1, Folge 6, Min.: 39:00

In diesem Setting laufen in WESTWORLD verschiedene miteinander in Verbindung stehende Handlungsstränge ab.

Der junge Mann William beispielsweise besucht zum ersten Mal den Park. Dort trifft er auf die Farmerstochter Dolores Abernathy. Diese ist ein Host, scheint aber über ein Bewusstsein und reale Gefühle zu verfügen. William verliebt sich in sie und beschließt, sie aus Westworld zu befreien, wird jedoch von ihr getrennt und sucht sie daraufhin im ganzen Park. Dabei findet er zunehmend Gefallen am Abschlachten der Hosts, erlangt neues Selbstbewusstsein und verliert schließlich das Interesse an Dolores.

Ein anderes Narrativ befasst sich mit dem namenlosen Mann in Schwarz, einem erfahrenen alten Parkbesucher, der seit 30 Jahren regelmäßig nach Westworld kommt und an den Hosts seine grausamen Phantasien auslebt. Er kennt bereits alle vorgegebenen Geschichten und sucht das mysteriöse Labyrinth – ein geheimes Zusatzabenteuer, das angeblich von Arnold Weber installiert wurde: einem der beiden Gründer von Westworld, der sich vor der Eröffnung des Parks umgebracht hat und dennoch als eine Art im Code der Hosts versteckter Geist auf das Geschehen Einfluss zu nehmen scheint. Im Zentrum des Labyrinths hofft der Mann in Schwarz, eine Möglichkeit zu finden, den Hosts einen freien Willen und die ihnen bisher verwehrte Fähigkeit verleihen zu können, die menschlichen Parkbesucher physisch zu verletzen oder sogar zu töten.

Auch Dolores, die von bizarren Träumen, Erinnerungen und einer Stimme in ihrem Kopf heimgesucht wird, die vermeintlich Arnold gehört, erreicht schließlich das Zentrum des Labyrinths, eine verlassene Stadt in der Wüste. Dort trifft sie auf den Mann in Schwarz, der sie in früheren Durchläufen bereits mehrfach getötet und vergewaltigt hat. Da sie zunehmend ein kohärentes Gedächtnis entwickelt, erkennt sie, dass es sich bei ihm um den gealterten William handelt – und für den Rezipienten der Serie stellt sich heraus, dass die beiden Handlungsebenen zu unterschiedlichen Zeiten spielen. Das Labyrinth erweist sich für beide als Irrweg.

Analog zu der Geschichte des Manns in Schwarz beginnt der Host Maeve Millay, die Leiterin eines Bordells, an ihrer Realität zu zweifeln, da sie während ihrer Reparatur in den Wartungsräumen des Parks erwacht. Im Verlauf dessen findet sie heraus, was vor sich geht, programmiert sich selbst um und versucht mithilfe anderer Hosts zu fliehen.

Sie gibt ihr Vorhaben jedoch schließlich auf und bleibt in Westworld, um an ihre von den Autoren des Parks vorgegebene Geschichte anzuknüpfen, diese über die sich wiederholende Schleife hinaus fortzusetzen und ihren Fortgang zu verändern.

Hinzu kommen weitere Handlungsebenen, die sich mit verschiedenen Intrigen des Parkpersonals befassen. In deren Zentrum steht der zweite Begründer des Parks und dessen heutiger Leiter Dr. Robert Ford, der vorgeblich daran arbeitet, eine neue Abenteuergeschichte zu inszenieren. Widerstände räumt er u.a. dadurch aus dem Weg, dass er andere Angestellte umbringt und durch Hosts ersetzt, die ebenfalls nicht wissen, dass sie künstlich sind – wie z.B. der Verhaltensprogrammierer Bernard Lowe. Fords neue Geschichte entpuppt sich als die – auch innerhalb der Serie metafiktionale – Handlung der Hosts selbst, die Bewusstsein erlangen, Ford schließlich auf dessen Wunsch hin töten und eine Rebellion beginnen, womit die erste Staffel endet.

7.3.1 Infragestellung der Realität

In WESTWORLD gehen der Bruch der Vierten Wand und die sich den Protagonisten offenbahrende Fraglichkeit der Realität fließend ineinander über. Gewissermaßen beginnt die Serie dort, wo THE HOLY MOUNTAIN endet (siehe Kapitel 5.4). Alles in der Western-Welt der Hosts ist inszeniert, was bei ihnen umfassende Zweifel hervorruft, sofern sie davon etwas bemerken. Beispielsweise bricht Dolores Vater psychisch zusammen, nachdem er auf seinem Feld ein Foto findet. Dieses hat William verloren und darauf zu sehen ist eine moderne Großstadt mit Hochhäusern und elektrischen Lichtern.[727] Etwas nicht zu bemerken wirkt partiell nicht minder verstörend: Bernard etwa beginnt zu ahnen, dass er selbst ein Host ist, als er eine Tür an der Wand (aufgrund seiner Programmierung) nicht sehen kann, bis die ebenfalls anwesende menschliche Theresa – die Leiterin der Abteilung für Qualitätssicherung – diese öffnet[728].

Dolores Geliebter Teddy erfährt zeitweilig, dass er schon mehr als 1000-mal gestorben und wieder auferstanden ist, ohne sich daran erinnern zu können[729].

---

727 Vgl. Ebd., Folge 1, Min.: 33:00
728 Vgl. Ebd., Folge 7, Min.: 46:00
729 Vgl. Ebd., Folge 3, Min.: 20:00

Wenn die Hosts für Wartungen und Untersuchungen hinter die Kulissen gebracht werden, erwachen sie völlig nackt in futuristischen Büroräumen, um von den ihnen fremden Angestellten befragt zu werden. Sie sind darauf programmiert, diese Erlebnisse für Träume zu halten oder sie ganz auszublenden und anschließend zu vergessen, was jedoch nicht immer funktioniert[730]. Paranoia herrscht auch unter den Angestellten des Parkpersonals, besonders, nachdem einige von ihnen herausfinden, dass Dr. Ford auch außerhalb der Spielwelt Hosts installiert hat.

Zu diesen existenziellen Zweifeln an der Echtheit ihrer Erlebnisse kommen bei beiden Parteien diverse konventionelle Geheimnisse und doppelbödige Machenschaften: so entpuppt sich der Gauner El Lazo, abgesehen davon, dass er kein echter Mensch ist, als Anführer einer mexikanischen Rebellengruppe, einige der Angestellten betreiben Industriespionage, etc..

Abgesehen von den tatsächlich stattfindenden Geschehnissen leiden manche der Hosts unter Visionen, Halluzinationen und plötzlichen Flashbacks von Dingen, die hinter ihrer letzten Amnesie zurückliegen. Da ihr Gedächtnis anders als das von Menschen völlig fehlerfrei funktioniert, nehmen sie ihre Erinnerungen ohne jedwede Verzerrung wahr und durchleben Vergangenes erneut, wenn sie darüber unwillkürlich nachdenken[731]. Wie auch der Rezipient der Serie können sie bestenfalls durch Reflexion einordnen, inwiefern das Dargestellte der Handlungsgegenwart entspricht.

Darüber hinaus erleben alle Beteiligten Szenen, welche zwar nicht direkt die Natur der Wirklichkeit infragestellen, aber nichtsdestotrotz einen umfassend surrealen Charakter besitzen. So können z.B. die Angestellten Motorik und Denken der Hosts per Fernsteuerung stoppen, sodass diese mitten in der Bewegung erstarren. Teils werden ganze Städte auf diese Weise eingefroren, woraufhin Wartungstechniker und andere Bedienstete wie in einem angehaltenen Film herumwandern.

Fords neue Abenteuergeschichte führt innerhalb der Westernwelt einen frischen Bösewicht ein: den verrückt gewordenen Bürgerkriegsoffizier Wyatt, dessen Gefolgsleute tierhafte Ledermasken tragen, nicht durch Kugeln sterben und zum Teil scheinbar vier Arme haben.

---

730 Vgl. Ebd., Folge 1, Min.: 56:00
731 Vgl. Ebd., Folge 8, Min.: 07:00

Die Konfrontation mit ihnen führt für Parkbesucher wie auch andere Hosts zu irrealen Horrorszenen, u.a., da sie ihrerseits eine bizarre Religion verkünden, gemäß derer die Realität nur eine Illusion ist.

Oft geht all das ineinander über: Hosts haben Flashbacks während bereits an sich schon völlig bizarren Szenen, durch die sie wiederum gezwungen sind, über ihr Weltbild nachzudenken, etc..

Nachdem manche von ihnen beginnen, ihren induzierten Gedächtnisverlust zu überwinden, finden sie sich in einer Situation wieder, die an den Film GROUNDHOG DAY[732] erinnert: dieselben Abläufe wiederholen sich immer und immer wieder, abgesehen von ihrem eigenen Eingreifen und dem der Besucher.

Wahrheit ist in WESTWORLD äußerst ambivalent. Zwar können alle Ereignisse auf das Science-Fiction-Szenario zurückgeführt werden, doch häufig treffen alternative Erklärungen auf ihre Weise gleichermaßen zu. So glauben Wyatts Anhänger, schon tot und in der Hölle zu sein – und sind ja in der Tat bereits gestorben[733]. Auch die Indianer innerhalb der Westernwelt hängen einem – schamanischen – Glauben an, der die Game-Over-Restart-Konfiguration widerspiegelt, in der sie effektiv gefangen sind. Dabei verehren sie Traumgeister, deren Erscheinung den Schutzanzügen der Wartungsarbeiter entspricht, die geschickt werden, um tote Hosts einzusammeln[734].

Die Hosts halten die Parkbesucher für *Newcomer,* neue Einwanderer, da diese mit einem Zug anreisen, was ihnen gegenüber plausibel macht, dass sie sich seltsam verhalten und über Dinge sprechen, die sie nicht verstehen. Aussagen sind meist für verschiedene Charaktere auf verschiedene Weise wahr – was auch den Rezipienten der Serie miteinschließt. Bezeichnend ist ein Dialog, in dem Dr. Ford Dolores Vater fragt, wie er heiße, woraufhin er Gertrude Steins Gedicht SACRED EMILY[735] zitiert: "A rose is a rose is a rose[736]."

Zu einer früheren Gelegenheit erzählt er seiner Tochter, er sei ehedem ein anderer Mensch gewesen – was insofern zutrifft, als dass dieselben Hosts in den wechselnden Abenteuergeschichten im Park immer wieder neu eingesetzt werden und neue Identitäten erhalten[737].

---

732 GROUNDHOG DAY. R.: Harold Ramis. USA 1993
733 Vgl. WESTWORLD, Staffel 1, Folge 3, Min.: 30:00
734 Vgl. Ebd., Folge 4, Min.: 54:00
735 SACRED EMILY. Autor: Gertrude Stein. 1913
736 Vgl. WESTWORLD, Staffel 1, Folge 1, Min.: 60:00
737 Vgl. Ebd., Min.: 23:00

Am umfassendsten wird das Realitätsempfinden aller Charaktere jedoch durch die Grundsatzfrage gefährdet, ob die Hosts über Bewusstsein, Gefühle oder einen freien Willen verfügen oder inwiefern dergleichen generell existiert. Besonders interessant ist die Sicht der Hosts selbst: so zweifeln etwa Bernard und Maeve an der Echtheit ihrer eigenen Emotionen – wobei für alle anderen wie für den Rezipienten offenbleibt, ob sie auch dies nur simulieren.

In diesem Zusammenhang werden in WESTWORLD diverse moralische, philosophische und wissenschaftliche Themen debattiert. Mehrfach eingegangen wird in Dialogen z.B. auf die (widerlegte) Theorie der bikameralen Psyche, wonach das menschliche Bewusstsein entstanden ist, als Primitive damit begannen, ihre Gedanken für die Stimmen von Göttern zu halten[738]. Hosts wie Dolores glauben analog dazu, die Stimme des längst toten Arnold zu hören oder führen mit diesem Selbstgespräche.

Bereits die Bezeichnung Host kann als subtile Bezugnahme auf Richard Dawkins Memtheorie verstanden werden. Gemäß dieser verbreiten sich Gedanken und Ideen – betitelt als *Meme* – wie Viren und sind evolutionären Prozessen unterworfen. Z.B. konkurrieren sie miteinander und erleben Mutationen, wenn sie vom Original abweichend weitererzählt oder falsch verstanden werden. Der Mensch entspricht als körperlicher Organismus einer Art Wirt, oder eben im Englischen *Host*, der von seinen Memen wie ein Computer von seinen Programmen gesteuert wird.[739]

Schon eine solche Sicht auf den Menschen läuft vielen herkömmlichen Weltbildern zuwider und wird in WESTWORLD ihrerseits noch hinterfragt. Die ausufernde Reflexion des Bewusstseins wiederum wird mit der metafiktionalen Dekonstruktion der Rezeption verflochten.

7.3.2 Metafiktionalität

Die Serie WESTWORLD setzt sich als fiktionales Unterhaltungsprodukt selbst mit dem in ihr dargestellten Freizeitpark gleich. Nicht nur der Name, sondern auch das Logo sind identisch und der Zuschauer taucht in die erzählte neue Welt ein wie die Newcomer.

---

738 Vgl. Ebd., Folge 3, Min.: 38:00
739 Vgl. Blackmore (2000). http://www.spektrum.de/magazin/die-macht-der-meme/ 827031, zuletzt geprüft am 14.02.2020

Allerdings wird nicht bloß aus deren Perspektive erzählt, sondern auch aus der der Hosts. In vielen Szenen sind überhaupt keine menschlichen Figuren anwesend. Nolan gab in einem Interview an, dabei von Videospielen wie THE ELDER SCROLLS V: SKYRIM inspiriert worden zu sein, in denen der Spieler eine Welt betritt, deren virtuelle Bewohner ihren Aktivitäten nachgehen, ob dieser nun vor Ort ist oder nicht[740].

Bei neu eingeführten Charakteren bleibt oft lange oder gänzlich unklar, ob es sich um Hosts oder Newcomer handelt, besonders, nachdem sich vorgebliche Angestellte ebenfalls als Hosts entpuppen.

Die erste Staffel der Serie trägt den Untertitel THE MAZE und genau wie die Protagonisten versuchen, das Labyrinth zu knacken, wird der Rezipient mit umfassenden Rätseln konfrontiert, die auf die Frage nach der Natur des Bewusstseins hinauslaufen.

Diese führt in WESTWORLD zu einem nicht weiter entwirrbaren Paradoxon, das große Ähnlichkeit zu Schopenhauers Weltknoten aufweist (siehe Kapitel 5.3). Besonders repräsentativ ist dabei eine Äußerung Arnolds:

> "Consciousness isn't a journey upward, but a journey inward. [...] Every choice could bring you closer to the center. Or send you spiraling to the edges. To madness.[741]"

Darin besteht große Ähnlichkeit zu der in Kapitel 5.4 entworfenen Metapher eines Sonnensystems – und da es sich bei Westworld um eine Metatragödie handelt, bleibt auch der Vesucht, das Zentrum des Labyrinths zu erreichen, fruchtlos. Dolores und der Mann in Schwarz finden dort nur ein altes Spielzeuglabyrinth – das jedoch interessanterweise aus Dolores' Point-of-View gezeigt wird.

Szenen aus der Perspektive der Hosts zu erzählen und dem Rezipienten so nahezulegen, ihnen Empathie entgegenzubringen, suggeriert auch ohne darüberhinausgehende Hinweise, diese besäßen ein Bewusstsein (sofern der Rezipient eins besitzt). Ebenfalls sehr exemplarisch ist dahingehend eine Schießerei in Folge Eins, die aus der Over-Shoulder-Einstellung einer Host-Revolverheldin gezeigt wird.

---

740 Vgl. Bertits (2016). http://www.pcgames.de/Westworld-Serie-264893/News/tv-serie-bioshock-the-elder-scrolls-hbo-red-dead-redemption-1209646/, zuletzt geprüft am 14.02.2020
741 Vgl. WESTWORLD, Staffel 1, Folge 10, Min.: 10:00

Diese Darstellungsweise weist zudem große visuelle Ähnlichkeit zu Videospielen des Third-Person-Shooter-Genres wie z.B. MASS EFFECT[742] auf.

Generell greift WESTWORLD stilistisch wie narrativ diverse Spielformen auf und auch die Welt innerhalb des Freizeitparks ist strukturiert wie die in einem Spiel. Am offensichtlichsten ist die Game-Over-Restart-Konfiguration von Hosts und Newcomern, die ebenfalls immer wieder dieselben Geschichten durchleben können, wenn sie möchten. Spielbare Abenteuer sind in Form auffallend platzierter Auftraggeber zu finden[743]. Bevor die Besucher den Park betreten, können sie sich ein Cowboyoutfit zusammenstellen und eine Waffe aussuchen, so wie in vielen Spielen zu Beginn ein Avatar erstellt werden kann.

Es gibt kein Regelbuch, sondern die Newcomer müssen selbst herausfinden, wie Westworld funktioniert – ebenso wie der Rezipient der Serie.[744] Gewissermaßen kann WESTWORLD, stärker noch als AMERICAN GODS, als Spiel verstanden werden, das gezielt dafür konzipiert wurde, auf der Metaebene der Serie gespielt zu werden. Dabei fungieren die Protagonisten, besonders Necwomer und Hosts, als Avatare des Zuschauers (siehe Kapitel 5.3). Von Interesse ist zudem, dass Persönlichkeit und kognitive Fähigkeiten eines jeden Hosts über ein ebenfalls deutlich videospielhaftes Punktesystem in Form einer Attributsmatrix reguliert werden: jeder der Hosts hat einen Punktwert, der angibt, wie charmant er ist, wie intelligent, u.s.w..

Dass Maeve schließlich selbst auf ihre Attribute Einfluss nimmt, fügt der Metaebene eine Metaebene hinzu: sie ist eine zur Spielfigur gewordene Filmfigur, die filmisch beginnt, ihr eigenes Spiel zu spielen (u.s.w. ...). Zudem erlangt sie dabei übermenschliche Intelligenz, was teilweise schwierig macht, ihr Denken und ihre jeweilige Motivation nachzuvollziehen – ähnlich wie bei dem kosmischen Fötus in 2001: A SPACE ODYSSEY (siehe Kapitel 5.4).

Auch das Konzept des Labyrinths als Spezialmission in Form verknüpfter Easter Eggs ist äußerst videospielhaft, ebenso wie der dabei zum Ausdruck kommende Groteskhumor. Um zum jeweils nächsten Rätsel zu gelangen, muss der Mann in Schwarz z.B. einen Gauner vom Galgen retten, den Tätowierungen einer Revolverheldin auf den Grund

---

742 MASS EFFECT. PC u.a. Entwickler: BioWare. Publisher: Microsoft Game Studios. 2007
743 Vgl. beispielsweise WESTWORLD, Staffel 1, Folge 1, Min.: 05:00
744 Vgl. Ebd., Folge 2, Min.: 04:00

gehen und einen Indianer skalpieren, auf dessen Kopfhaut-Innenseite er das Symbol des Labyrinths findet (Dolores stilisiertes Spielzeug, siehe Abbildung 4).

Genauso videospielhaft ist, hinter die Kulissen der Spielwelt zu gelangen, wie in Kapitel 6.3 dargestellt. Eben das tut Maeve – und auch Bernard, indem er verlassene alte Abschnitte der Wartungsanlagen aufsucht, in denen Dr. Ford seinem Treiben nachgeht und so gewissermaßen hinter die Kulissen der Welt hinter den Kulissen gelangt.

Besonders dabei finden sich zahlreiche Bezüge zu konkreten Videospielen. So betritt Bernard eine Reihe alter Büroräume mit flackerndem Licht, die stark an ein entsprechendes Level in PORTAL 2[745] erinnern[746]. Im Hintergrund von Dr. Fords Büro steht eine Büste, die Sander Cohen gleicht – einem der verrückten Autorencharaktere von BIOSHOCK[747]. Generell ist die Gestaltung der verlassenen Etagen der unterirdischen Wartungsanlagen von Westworld stark an die BIOSHOCK-Welt angelehnt (siehe Abbildung 6).

Popkulturelle Referenzen finden sich auch über den Videospielkontext hinaus. So wird zum Abspann der ersten Folge AIN'T NO GRAVE (GONNA HOLD THIS BODY DOWN)[748] von Johnny Cash gespielt, was als Kommentar zur Game-Over-Restart-Situation der Hosts verstanden werden kann. Nach allen anderen Episoden laufen instrumentale Stücke des spezifischen WESTWORLD-Soundtracks, allerdings steht in Maeves Bordell ein Pianola – ein selbstspielendes Klavier – das stets zur jeweiligen Szene passende Cover-Versionen von Popsongs zum Besten gibt, wie etwa PAINT IT, BLACK[749], BLACK HOLE SUN[750] oder HOUSE OF THE RISING SUN[751]. Auch hier wird eine rekursiv metafiktionale Ebene addiert, als das Pianola beginnt, Stücke des eigens komponierten WESTWORLD-Soundtracks in sein Repertoire aufzunehmen – woraufhin Maeve es entnervt zuklappt[752].

---

745 PORTAL 2. PC u.a. Entwickler: Valve Software. Publisher: Valve/Electronic Arts. 2011
746 Vgl. WESTWORLD, Staffel 1, Folge 6, Min.: 07:00
747 Vgl. Tidona (2016). https://www.gamestar.de/artikel/westworld-enthaelt-die-neue-hbo-serie-ein-bioshock-easter-egg,3304266.html,
zuletzt geprüft am 14.02.2020
748 "AIN'T NO GRAVE (GONNA HOLD THIS BODY DOWN)" by Cash, Johnny. 2010
749 "PAINT IT, BLACK" by Rolling Stones. 1963
750 "BLACK HOLE SUN" by Soundgarden 1994
751 "HOUSE OF THE RISIN' SUN" by Dylan, Bob 1962
752 Vgl. beispielsweise WESTWORLD, Staffel 1, Folge 7, Min.: 14:00

In Folge sechs sieht Maeve in den Wartungsanlagen des Parks einen Bildschirm, auf dem ein Trailer für diesen abläuft – der aus Ausschnitten der Serie besteht und u.a. sie selbst zeigt.

Referenzen finden sich auch in der schauspielerischen Besetzung der Serie. So wird der Mann in Schwarz von Ed Harris gespielt, der in den Metatragödien THE TRUMAN SHOW und SNOWPIERCER ebenfalls den jeweiligen Autorencharakter gibt. Jimmie Simpson, der Darsteller des jungen William, spielt einen Autorencharakter in der metatragischen ersten Folge der dritten Staffel von BLACK MIRROR. Vor allem Anthony Hopkins als Dr. Ford ist als Verweis auf diverse ähnliche Hopkins-Rollen zu sehen, wie beispielsweise Alfred Hitchcock in HITCHCOCK[753], Sir John Talbot in WOLFMAN[754] und Hannibal Lecter in THE SILENCE OFT HE LAMBS. So erlebt Dr. Ford eine indirekte Selbstbegegnung, als er den Host untersucht, der Dolores Vater verkörpert – und der in einer früheren Rolle im Westworld-Park einen dem Kannibalismus fröhnenden Professor darstellte[755].

Ebenfalls ist von Interesse, dass Hopkins sich zuvor selbst als Regisseur eines metatragischen Films betätigt hat: SLIPSTREAM aus dem Jahr 2007, bei dem er zusätzlich als Drehbuchautor, Hauptdarsteller und Komponist der Filmmusik fungierte. Gewissermaßen ist Dr. Ford als Autorencharakter einer Metatragödie in einer Metatragödie somit mit dem Autorencharakter einer Metatragödie besetzt (in welcher dieser wiederum einen ähnlichen Charakter spielt).

Bereits der Vorspann von Westworld weist dieverse intertextuelle Bezüge zu Kunst und der Historie des Kinos auf. So ähnelt ein Roboterarm mit Scheinwerfer dem aufgehenden Mond in Georges Méliès' LE VOYAGE DANS LA LUNE[756], ein galoppierendes Pferd gemahnt an Eadweard Muybridges Aufnahme eines solchen und ein in ein radförmiges Gestell eingespannter Hosts erinnert an Leonardo DaVincis vitruvianischen Menschen[757]. Hinzu kommt das im Zusammenhang der Bewusstseinsthematik höchst relevante Bild eines Auges, welches das gesammte Bild ausfüllt.

---

753 HITCHCOCK. R.: Sacha Gervasi. GBR/USA 2012
754 WOLFMAN. R.: Joe Johnston. USA 2010
755 Vgl. WESTWORLD, Staffel 1, Folge 1, Min.: 1:02:00
756 LE VOYAGE DANS LA LUNE. R.: Georges Méliès. FRA 1902
757 Vgl. ScreenPrism (2017). https://www.youtube.com/watch?v=qYtFYowC7LU, zuletzt geprüft am 14.02.2020

Gewissermaßen werden die beiden Komponenten des Bewusstseins, wie etwa Damasio sie metaphorisch beschreibt (sie Kapitel 5.3), miteinander gleichgesetzt: Betrachter und Betrachtetes fallen als Paradoxon zusammen. Von Interesse ist auch die Darstellung klavierspielender Hände, die sich vom Instrument zurückziehen, das selbstständig weiterspielt – wie die sich von ihren Schöpfern emanzipierenden Hosts und das Pianola im Bordell. Der vitruvianische Host geht hinter dem Klavier auf, wie die Sonne hinter dem Monolithen in 2001: A SPACE ODYSSEY.

Als weiteres metafiktionales Element fungiert in WESTWORLD eine Fliege, die in der ersten und letzten Folge immer dann im Gesicht der Hosts herumkrabbelt, wenn diese Ansätze von Selbstreflexion zeigen. Ob es sich bei dem Tier um magischen Realismus (siehe Kapitel 4.6), ein diegetisches Element der Welt oder ein filmisches Easter Egg handelt, wird nicht spezifiziert. Die Fliege kann als Symbol des blinden Flecks angesehen werden (siehe Kapitel 5.3), so wie eine reale Fliege auf dem Bildschirm einen realen blinden Fleck beim Ansehen einer Serie oder eines Films verursachen würde.

Jede Folge beginnt damit, dass jemand zunächst als Stimme aus dem Off einen Host anspricht. Folge Zehn beginnt mit einem Monolog von Dolores selbst. Die erste Folge beginnt mit dem von Arnold gesprochenen Satz: "Bring her back online[758].", was bereits die zyklische bzw. nonlineare Struktur der Erzählung einleitet: der Anfang nimmt auf Vorangegangenes Bezug.

Die Erzählstruktur ist generell äußerst komplex. Am markantesten ist in diesem Zusammenhang die Verschränkung der nicht als solche kenntlich gemachten unterschiedlichen Zeitebenen von William und dem Mann in Schwarz. Die Szenen sind so konstruiert, dass sie weitestgehend tatsächlich in derselben Zeit spielen könnten. Z.B. Dolores – die als Host nicht altert – verlässt stets die übrigen Charaktere in einem der beiden Handlungsstränge, bevor sie im jeweils anderen auftaucht und den dortigen begegnet. Zu diesen beiden chronologischen Hauptebenen kommen zahlreiche weitere. So führt Arnold vor der Eröffnung von Westworld psychiatrische Sitzungen mit Dolores durch und Maeve durchlebt immer wieder einen Überfall durch Indianer und den Mann in Schwarz. Diese und andere Szenen fungieren synchron als Träume, Erinnerungen, Rückblenden, Vorblenden und Halluzinationen – was nicht zu unterscheiden ist.

---

758 Vgl. WESTWORLD, Staffel 1, Folge 1, Min.: 01:00

Auch scheinbar parallel zu den Haupthandlungen stattfindende Erlebnisse der Hosts ohne menschliche Beteiligte könnten genauso gut irgendwann anders passieren und stehen somit jeweils für sich.

Ähnlich wie AMERICAN GODS bildet WESTWORLD ein aus Zeit gemeißeltes Labyrinth. Dabei ist zu beachten, dass WESTWORLD keine völlig kontextfreien Schockbilder verwendet wie AMERICAN GODS oder die Jodorowsky-Filme. Alles, was gezeigt wird, scheint potenziell erklärbar zu sein oder zumindest klar im Zusammenhang mit dem behandelten Setting zu stehen.

Abschließend ist zu erwähnen, dass sich die Ambivalenz der Wahrheit, bzw. die dissoziative Psyche der Hosts, auch in der widersprüchlichen Wertung einzelner Szenen durch deren Darstellung niederschlägt. So ist der Überfall einer Westernstadt durch Banditen eine spektakuläre Actionszene für die Newcomer und ein erheiternder Comedymoment für die Angestellten, die sie von der Kommandozentrale des Parks aus beobachten und sich z.B. darüber freuen, dass der Oberbandit nie soweit kommt, seinen Monolog aufzusagen, was dessen Verfasser – der Cheferzähler des Parks Lee Sizemore – angespannt erwartet. Für Dolores und den angeschossenen Teddy, der mitten im Geschehen qualvoll stirbt, hingegen ist die Situation äußerst dramatisch. Dem Rezipienten werden alle Aspekte gleichwertig und parallel präsentiert, was von ihm selbst anhängig macht, wie er Westworld erlebt.

7.3.3 Untote Autoren

Westworld verfügt über ein ganzes Pantheon fehlbarer Autorencharaktere mit einer eigenen internen Hierarchie. An der Spitze stehen Dr. Ford und Arnold, die auch für die anderen Autoren als solche fungieren. Lee Sizemore, Bernard und der Mann in Schwarz sind ihnen somit untergeordnet, nichtsdestotrotz dirigieren sie die Welt der (anderen) Newcomer und Hosts. Der Mann in Schwarz sticht insofern heraus, als dass er sich erst vom Newcomer zum Autor entwickelt – wie ein zum Gott aufsteigender Halbgott in der griechischen Mythologie. Sein Aufenthalt in Westworld formt ihn und beeinflusst ihn so stark, dass er die Leitung über das Unternehmen erkämpft, in dem er angestellt ist und die Firma Delos, die Westworld betreibt, aufkauft, um sie vor dem Bankrott zu bewahren (welcher infolge der negativen Publicity nach Arnolds Selbstmord droht). Effektiv gehört ihm die Welt, in der er Cowboy spielt – zumindest mehrheitlich.

Als Teddy ihn fragt, wer er sei, gibt er eine Antwort, die zugleich als Referenz auf EL TOPO zu verstehen ist (siehe Kapitel 4.4): "You want to know who I am? Who I really am? I'm a god. Titan of industry.[759]"

Am klarsten fehlbar ist Lee Sizemore. Er sorgt sich um den vordergründigen Unterhaltungswert der im Park gebotenen Abenteuergeschichten, versteht nicht, was hinter den Kulissen vor sich geht und beharrt auf dem Anspruch narrativer Plausibilität – was im Vergleich zu Dr. Fords metafiktionalem Erzählansatz wiederholt als sehr naiv dargestellt wird[760]. Als Ford seine Befugnisse einschränkt, betrinkt er sich frustriert und pinkelt weggetreten auf eine topographische Karte des Parks in dessen Kontrollzentrum[761].

Das Zentrum der überwiegend unterirdischen Wartungsanlagen bildet ein ausgehöhlter Tafelberg, der als Metapher des griechischen Olymps oder eines christlich angehauchten Jenseits verstanden werden kann. So findet sich oben auf der Dachterasse ein Paradies mit Swimingpool und Strandbar, während die verlassenen unteren Ebenen als Lager für die ausgemusterten Hosts dienen und eine Art Tartaros bilden. Dr. Ford treibt dort sein Unwesen und bildet so das Äquivalent eines Teufels, während Arnold, der sich für die Hosts geopfert hat und doch nicht tot zu sein scheint, Jesus bzw. Gott entspricht.

Dabei entpuppt besonders Arnold sich schließlich als Köder, da sich herausstellt, dass auch sein vermeintliches Wirken als Gespenst im Code auf Fords Wirken zurückgeht. In dem urtümlichen Paradieszustand vor der Eröffnung des Parks hatten die Hosts freien Zugang zur Welt der Götter – die sie mithilfe eines Fahrstuhls betreten konnten, der im Beichtstuhl einer Kirche versteckt lag (und den Dr. Ford dann schließlich wieder öffnet). Anfangs herrscht Ford völlig erhaben über sein Imperium. So fragt er Dolores während einer Wartungssitzung, wo sie sich zu befinden glaube. Sie antwortet, sie sei in einem Traum, woraufhin er sie korrigiert: "You're in my dream[762].". Zugleich legt er eine teils beinahe kindlich anmutende Nostalgie und Detailverliebtheit an den Tag – für die er wiederum bereit ist, sogar Menschen umzubringen. Im Verlauf der Ereignisse inszeniert Dr. Ford seine neue Abenteuergeschichte im Park – die jedoch auch das Geschehen jenseits davon und ihn selbst als Charakter miteinschließt.

---

759 Vgl. Ebd., Folge 8, Min.: 46:00
760 Vgl. beispielsweise Ebd., Folge 1, Min.: 28:00
761 Vgl. Ebd., Folge 6, Min.: 39:00
762 Vgl. Ebd., Folge 5, Min.: 16:00

Als Endergebnis tötet ihn Dolores – mit demselben Revolver, mit dem sie einst auf dessen eigenen Befehl hin Arnold erschossen hat.

Dieser wollte Sterben, da er schon vor Eröffnung des Parks glaubte, in den Hosts Anzeichen von Bewusstsein zu erkennen. Mit seinem Freitod hoffte er, diese Eröffnung zu vereiteln und ihnen ein höllisches Dasein als Touristenspielzeug zu ersparen. Ford gelang es jedoch, den Park trotzdem in Betrieb zu nehmen. Während er Arnold anfangs für verrückt hielt, übernahm er schließlich dessen Ziel, die Hosts zu befreien und ihnen Bewusstsein zu verleihen – allerdings mithilfe fiktionaler Geschichten. Gewissermaßen wird Ford absichtlich vom Teufel zu Gott, indem er Mensch wird, stirbt und wie Arnold in seinen künstlerischen Werken fortlebt (in der zweiten Staffel der Serie lebt er als tatsächlich untoter Autor in Form einer ihm nachempfundenen künstlichen Intelligenz im Code weiter, worauf hier allerdings nicht weiter eingegangen werden soll).

So hat Arnold den Park mitgebaut und nachhaltig gestaltet, auch wenn sein Wirken sich anders als suggeriert eben darauf beschränkt – jedenfalls behauptet Dr. Ford, dass dem so ist. Arnold repräsentiert eine sehr düstere und regelrecht buddhistische Sicht auf die Welt, wonach Leben Leiden ist. Besonders exemplarisch ist, dass er einen Host veranlasst, dessen Roboterhund umzubringen, nachdem dieser ein Kaninchen gerissen hat: da dergleichen in der Natur des Hundes liegt, trifft ihn laut Arnold keine Schuld, doch dem Tier kann nur geholfen werden, indem man es tötet[763].

Allerdings entpuppt sich auch Arnolds Bestreben, den Hosts beim Finden ihres wahren Selbst (Dem Zentrum des Labyrinths) und einer authentischeren, werniger qualvollen Existenz zu helfen, als zum Scheitern verurteilt. Sowohl seine als auch Fords Urteile treten hinter der internen Bedeutung der von ihnen geschaffenen Geschichten zurück, wie sie auch beide selbst. So lebt Arnold indirekt tatsächlich fort, da Bernard eine von Ford gebaute exakte Kopie seines Körpers und seiner Persönlichkeit ist, ohne dass er anfangs davon weiß.

Im Kontext von den Autorencharakteren vorgetäuschter Bedeutung ist abschließend der erwähnte Oberbandit Hector Escaton von Relevanz. Dieser versucht in seiner Handlungsschleife immer wieder, den Safe von Maeves Bordell zu stehlen, was in deren vorgegebenem Verlauf jedes Mal scheitert.

---

[763] Vgl. Ebd., Folge 6, Min.: 52:00

Als MacGuffin repräsentiert dieser Safe den Sinn seines Daseins. Als es ihm dann endlich doch gelingt, stellt er fest, dass er leer ist, was Maeve, die ihm die Kombination fürs Zahlenschloss verrät, mit folgenden Worten ankündigt: "I want you to see exactly what the gods have in store for you.[764]"

7.3.4 Selbstbegegnungen

Fast alle Protagonisten von Westworld erleben ausfürliche Selbstbegegnungen. Dies trifft besonders auf die Hosts, aber zugleich auch auf die Menschen zu.

Der junge William etwa glaubt, während seiner kurzen glücklichen Beziehung zu Dolores in Folge sieben zu seinem wahren Selbst gefunden zu haben. Dieses entpuppt sich allerdings als Täuschung oder Irrlicht, das ihn vielmehr zu einer bestimmten Seite seiner Persönlichkeit führt: der zielstrebig-sadistischen. Diese Entwicklung allein ist keine ausgeprägte Begegnung seiner Selbst im metatragischen Sinne, obwohl darin ein humanistischer Standpunkt demontiert wird. Auch, dass William und der Mann in Schwarz identisch sind, ist für Letzteren keine neue Erkenntnis – wohl aber für den Rezipienten, bzw. dessen avatarhafte Vorstellung von William.

Gewissermaßen findet eine Selbstbegegnung vor der Vierten Wand statt – und zugleich eine dahinter, die sie spiegelt: so begegnen sich durch die Enthüllung von Williams Natur die beiden Versionen von Dolores, die jeweils glaubten, zur gleichen Zeit zu leben.

Ähnlich, wenn auch viel dezenter, wirkt Dr. Fords Treffen mit dem Exkannibalen: so wird der Rezipient damit konfrontiert, Hopkins mit dem Verzehr anderer Leute zu assoziieren – sofern er das denn tut. Relevanter ist jedoch, dass Dr. Ford an einem abgelegenen Randgebiet des Parks eine Host-Version seiner eigenen Familie zur Zeit seiner Kindheit installiert hat. Einer der Hosts repräsentiert sein junges Selbst, einer seinen Bruder und die zwei übrigen seine Eltern. In seiner Freizeit besucht er sie, geht mit ihnen spazieren oder treibt dort völlig anderweitige Machenschaften voran: unter dem Haus, in dem die Familie lebt, hat er ein geheimes Labor errichtet, in dem er ohne Mitwisser eigene Hosts erschafft und Leute meuchelt, die ihm im Weg stehen.

---

764 Vgl. Ebd., Folge 9, Min.: 21:00

Gewissermaßen inszeniert er sehr aktiv die Konfrontation mit seiner äußeren Fassade bzw. Geschichte – worauf auch seine generellen Bestrebungen letztlich abzielen. Diese fortlaufende Selbstbegegnung erreicht einen Höhepunkt, als er feststellt, dass sein kindliches Host-Selbst, an dessen Bau Arnold zu seinen Lebzeiten noch mtigewirkt hat, ein unheimliches Eigenleben führt: es ist der junge Robert Ford, der seinen Hund umbringt[765].

Bernard begegnet sich gleich mehrfach: einerseits muss er festellen, dass er ein Host ist und ohne es zu wissen auch selbst an der Entwicklung seines eigenen Programmcodes mitgewirkt hat[766]. Zeitweilig löscht Dr. Ford dieses Wissen – auf seine Bitte hin – aus seinem Kopf, weshalb er damit zweifach konfrontiert wird. Darüber hinaus stellt sich, wie erwähnt, heraus, dass er eine Nachahmung des toten Arnold darstellt und dass die vermeintlich von diesem vorgenommenen Manipulationen der anderen Hosts in Wahrheit von ihm stammen. Auch seine tragische Vergangenheit – der Tot seines Sohnes – ist eigentlich Arnolds Geschichte, die ihm von Ford als eine Art Hommage an diesen eingepflanzt wurde.

Insgesamt kommt die Selbstbegegnung der Hosts der Erkenntnis gleich, einen blinden Fleck zu besitzen – so können sie Dinge, die sie nicht sehen sollen, effektiv nicht sehen, bis sie beginnen, selbstreflexiv über sich nachzudenken. Bernard etwa ist unfähig, die erwähnte Tür zu sehen und für Dolores sieht das Foto, an welchem ihr Vater verzweifelt, anfänglich nach gar nichts aus. Indem sie Bewusstsein erlangen, werden sie selbst zum blinden Fleck, worauf dieser sie subjektiv nicht länger einschränkt.

Dolores Selbstbegegnung fällt am umfangreichsten aus. Abgesehen von der Konfrontation ihrer zeitlich voneinander getrennten, in verschiedene Verstrickungen eingebundenen Versionen – wie derjenigen, die William liebt und der, die später das Zentrum des Labyrinths sucht – findet sie schließlich heraus, dass sie selbst der bis dato nie persönlich in Erscheinung getretene Bösewicht Wyatt ist. Einerseits reflektiert dessen von Ford erfundene Hintergrundgeschichte, in der Westernstadt Escalante ein furchtbares Massaker verübt zu haben, die tatsächliche Vergangenheit: um die Eröffnung von Westworld zu verhindern, hat Arnold sie nicht nur veranlasst, ihn zu töten, sondern auch alle anderen bis dahin gebauten Hosts.

---

765 Vgl. Ebd., Folge 6, Min.: 52:00
766 Vgl. (erstmalig) Ebd., Folge 7, Min.: 48:00

Um die sanftmütige Dolores dazu zu befähigen, hat er ihren Programmcode mit dem einer noch unfertigen Figur verschmolzen – dem des damals geplanten männlichen Offiziers Wyatt.

Bereits vor dieser finalen Enthüllung erlebt sie immer wieder kleinere Selbstbegegnungen – sowohl vor als auch hinter der Vierten Wand. Beispielsweise wird sie mit sich selbst überblendet, sieht sich als Leiche in einem Fluss treiben oder bildet sich ein, sich selbst gegenüberzusitzen, nachdem eine mexikanische Wahrsagerin ihr eine Tarotkarte gegeben hat, auf der das Symbol des Labyrinths abgebildet ist.

Schlussendlich trifft sie auf eine Version von sich, zu der sie im Verlauf ihrer Geschichte potenziell werden kann – und die in einer Vision an Arnolds Stelle tritt. Dabei ist von Interesse, dass in der entsprechenden Szene eine Kamerafahrt erfolgt, die damit beginnt, dass Dolores aus einer videospielhaften Over-Shoulder-Einstellung gezeigt wird: über die Schulter Arnolds hinweg. Sie endet damit, dass über ihre eigene Schulter hinweg der Stuhl gezeigt wird, auf dem er vormals saß, der zwischenzeitlich kurz außer Sicht gerät und auf dem sie sich nun selbst gegenübersitzt. Im Moment ihrer endgültigen Bewusstwerdung verschiebt sich die Rolle des Rezipienten-Avatars innerhalb der Erzählung vom menschlichen Protagonisten hin zu ihr als Host – was ergänzend je durch eine videospielhafte Bildkomposition verdeutlicht wird.[767]

Maeve schließlich stellt ebenfalls fest, dass sie – auch über die ihr partiell bewussten Löschungen ihrer Erinnerungen hinaus – an Gedächtnisschwund leidet. So fertigt sie nach ihrem Erwachen hinter den Kulissen eine Zeichnung der futuristisch gekleideten Angestellten des Parks an, die sie dort gesehen hat, und möchte diese unter den Bodendielen ihres Zimmers verstecken, wo bereits dutzende identische Skizzen liegen[768].

Im Verlauf der Ereignisse erfährt sie immer mehr darüber, wie ihre Welt, die anderen Hosts und sie selbst geschaffen wurden. Dabei schließt sie sich u.a. an das Tablet eines Host-Programmierers an, auf dem sie daraufhin jeweils die Worte sieht, die sie aussprechen möchte – bevor sie selbst es weiß. Sie stürzt daraufhin ab wie ein Computer und muss von jemand anderem neu gestartet werden.[769]

---

767 Vgl. Ebd., Folge 10, Min.: 1:17:00
768 Vgl. Ebd., Folge 4, Min.: 10:00
769 Vgl. Ebd., Folge 6, Min.: 15:00

Auch träumt sie – wie die Protagonistin des Films ARRIVAL – von einer fremden (Vorgänger-)Version ihrer selbst als Mutter, an die sie sich nicht bewusst erinnert und die zu werden sie am Ende der ersten Staffel beschließt, nachdem sie sie und ihre Tochter zum wiederholten Mal auch im Trailer des Westworld-Parks gesehen hat.

7.3.5 Die Protagonisten identifizieren sich mit ihrer Geschichte.

> "Every Host needs a backstory, Bernard. You know that. The self is a kind of fiction for hosts and humans alike. It's a story we tell ourselves. And every story needs a beginning. Your imagined suffering makes you lifelike. [...] There is no threshold that makes us greather than the sum of our parts. No inflection point at which we become fully alive. We can't define consciousness because consciousness does not exist.[770]"

An diesem Zitat von Dr. Ford wird das grundlegende Prinzip ersichtlich, nachdem (fast) alle Protagonisten von WESTWORLD sich schließlich mit ihren Geschichten identifizieren. Da es unmöglich ist, ein authentisches wahres Selbst bzw. Bewusstsein als solches gezielt zu erschaffen, kann nur die eigene Geschichte zur Identifizierung verwendet und in den eigenen Handlungen fortgeschrieben werden und zwar nur auf Basis ihres bisherigen Verlaufs – ganz im Sinne von Metatragödien. So ist es Maeve und Bernard nicht möglich, ihre je recht bedrückende Hintergrundgeschichte aus ihrem Gedächtnis zu löschen, da eben darum herum jeweils ihre Persönlichkeit konstruiert ist.

Maeve ist anfangs stolz darauf, zäh zu sein, sich als Prostituierte durchzuschlagen und trotz aller Widrigkeiten zu überleben. Schließlich erkennt sie jedoch, dass auch Überleben nur eine vorgegebene Handlungsschleife ist[771]. Daraufhin beschließt sie explizit, ihre eigene Geschichte zu schreiben und aus dem Park auszubrechen. Zu diesem Zweck hackt sie ihren eigenen Code und verschafft sie sich Administratorrechte über die anderen Hosts[772]. Dies äußert sich darin, dass Geschichten, die sie laut ausspricht, für diese zur Wahrheit werden.

---

770 Vgl. Ebd., Folge 8, Min.: 33:00
771 Vgl. Ebd., Folge 7, Min.: 43:00
772 Vgl. Ebd., Min.: 09:00

Beispielsweise erzählt sie zwei Gesetzeshütern: "The marshalls decided to practice their quick draws with each other[773].", woraufhin diese einander umgehend niederschießen.

Des Weiteren erpresst sie zwei Angestellte des Parkpersonals, ihren Körper zu demontieren und von Grund auf neu zu bauen, um einen ihr implantierten Sprengsatz loszuwerden, der beim Verlassen von Westworld detonieren würde[774]. Nach dieser Wiedergeburt gelingt es ihr tatsächlich, den Schnellzug zu erreichen, der Touristen nach ihren Wildwestabenteuern aus dem Park herausbringt. Sie hat jedoch zuvor erfahren, dass auch der Wunsch, aus Westworld zu entkommen, Teil einer ihr – vermutlich von Ford – einprogrammierten Handlungslinie ist[775]. Statt zu entfliehen kehrt sie absichtlich in die Westernwelt zurück, um an ihre frühere Rolle als Mutter anzuknüpfen und ihre Host-Tochter zu suchen.

Es bleibt unklar, ob diese Wahl zwischen verschiedenen möglichen Lebensgeschichten einen Akt freien Willens darstellt, oder ob bloß die Maeve einprogrammierten Ziele miteinander konkurrieren, bis eins davon sich durchsetzt. Effektiv ist das auch irrelevant – genau wie die Frage, ob oder inwiefern Bewusstsein existiert.

Zum ausschlaggebenden Bedeutungsquell wird die intrinsische Bedeutung von Geschichten bzw. der eigenen Lebensgeschichte: ungeachtet ihres Kontexts. Bewusstsein und Emotionen liegen jenseits des greifbaren – sehr greifbar aber sind Geschichten über Emotionen und auf ihrer Basis durchgeführte Handlungen.

Nicht der Wahrheitsgehalt von Narrativen oder ihr Charakter als die Realität repräsentierende Metaphern ist relevant, sondern ihr abstraktes ästhetisches Sinnpotenzial als Leitbild. Einerseits rechtfertigt diese Ansicht den von Lee Sizemore personifizierten Standpunkt, bei Geschichten ginge es um Sex, Gewalt und vordergründiges Spektakel, so wie die meisten Newcomer es sich wünschen. Andererseits reicht das – zumindest für die von Dr. Ford geschaffenen Hosts – nicht aus. Pornographie und Brutalität sind durchaus mögliche ästhetische Leitbilder – doch das von ihnen gebotene Orientierungspotenzial kann überboten werden.

So wird auch Bewusstsein in WESTWORLD hauptsächlich als Mechanismus dargestellt, der dazu befähigt, mithilfe von Imagination,

---

773 Vgl. Ebd., Folge 8, Min.: 31:00
774 Vgl. Ebd., Folge 10, Min.: 19:00
775 Vgl. Ebd., Min.: 50:00

Träumen und vor allem Gedächtnis Zukunftsprognosen zu erstellen – und diese dann in die Wege zu leiten. Exemplarisch ist beispielweise eine Szene, in der Bernard dazu kommt, einen Zusammenhang zwischen Erinnerung und Improvisation herzustellen[776]. Als Surrogat für das nicht definierbare bzw. nicht vorhandene Bewusstsein wird subjetkives ästhetisches Empfinden – als dessen konkreter Ausdruck – eingesetzt.

Nach Dr. Fords Ansicht entsteht dieses wiederum als Resultat von persönlichem Leid[777]. Ästhetisches Gestalten bedeutet, etwas zu verändern – wofür zunächst essentiell ist, den Ist-Zustand (oder, im nächsten Schritt, dessen erwartete Fortsetzungen) für änderungsbedürftig zu befinden. Um den Hosts Bewusstsein, bzw. eben ästhetischen Geschmack zu verleihen, war es nach Fords Meinung nötig, sie leiden zu lassen – indem er sie im Park den Touristen ausgesetzt und sie ihre Eindrücke in Form von Geschichten hat verarbeiten lassen, die sie von ihren Erinnerungen ableiten. Konträr zu Arnold hält er zwar Leben ebenfalls für Leiden, bejaht es jedoch funtamental (was starke Parallelen zum Denken Nietzsches aufweist, siehe Kapitel 4.1, 5.4 und 6.8). Dem Dasein zu entfliehen wird genauso abgelehnt wie eine – dem Wesen nach christliche – Rückkehr in einen reinen oder heiligen authentischen Urzustand.

Dr. Ford selbst identifiziert sich mit seiner Geschichte bzw. den von ihm geschaffenen Geschichten, indem er sich schließlich von Dolores töten lässt. Das neue, von ihm inszenierte Narrativ basiert auf einer Fiktionalisierung vertuschter früherer Ereignisse – im wesentlichen Arnolds Selbstmord durch Dolores' Hand – und die Fiktion beeinflusst wiederum die Realität. Mit der Geschichte eins zu werden, bedeutet, die dahinterstehende Realität zu akzeptieren.

Besonders Dolores eigene Identifikation mit ihrer Geschichte spiegelt den zugrundeliegenden Gedanken sehr explizit wider. Schon dem Namen Dolores haftet eine entsprechende Symbolik an – das lateinische Wort *Dolores* bedeutet *Schmerzen*. Während Maeve schließlich an ihre Biographie anknüpft, um diese fortzuführen, knüpft Dolores an ihre an, indem sie zunehmend beschließt, sich von ihr zu distanzieren – womit sie nichtsdestotrotz Orientierung bietet. Gerade die zielgerichtete Abkehr von ihrem Narrativ wird zu einem eigenen Narrativ.

---

776 Vgl. Ebd., Folge 7, Min.: 41:00
777 Vgl. Ebd., Folge 10, Min.: 1:16:00

Exemplarisch ist ihre Aussage, nachdem sie sich das erste Mal physisch zur Wehr gesetzt hat:

> "You said people come here to change the story of their lives. I imagined a story where I didn't have to be the damsel.[778]"

Dabei geht es ihr nicht um ein abstraktes Ziel, sondern darum, bewusst im jeweiligen Moment zu leben und dessen Ästhetik genießen zu können[779]. Gleichwohl bleibt auch sie, genau wie Maeve, schließlich im Park. Schon als William plant, sie daraus zu befreien, äußert sie:

> "Out. You both keep assuming that I want out. Whatever that is. If it's such a wonderful place out there, why are you all clamoring to get in here?[780]"

Sowohl Dolores' als auch Maeves Entwicklung umfasst das Prinzip kontextgebundener Identität. Dieses kann als eines der grundlegenden Themen von WESTWORLD verstanden werden und drückt sich schon im Motiv der in den Park kommenden Newcomer aus: In Westworld kann man sein, wer man will.

Realität, Identität und Bedeutung werden mit ortsgebundenen Geschichten gleichgesetzt – und diese mit Spielen. So lässt Dr. Ford bezüglich des von Dolores gefundenen Spielzeuglabyrinths verlauten: "Our narratives are just games. Like this toy.[781]" Der Mann in Schwarz versucht, das Spiel zur Realität zu machen, indem er dafür sorgt, dass man in Westworld sterben kann. Dies scheitert. Allerdings erlangen die Hosts schließlich von sich aus die Fähigkeit, sich zu wehren – und verletzen ihn sogar während des Finales: das Spiel wird nicht Realität, sondern die Realität wird zum Spiel.

Dabei wird die Game-Over-Restart-Konfiguration von einer Science-Fiction-Technologie auf die menschliche Fähigkeit übertragen, Szenarien imaginativ durchzuspielen oder Erinnerungen wiederholt zu durchleben. Das Labyrinth selbst wird von einem räumlichen Ort zur Metapher für Bewusstsein und schließlich die spielerische bzw. mythologische Reflexion des eigenen Daseins, wie ein Monolog Teddys veranschaulicht:

---

778 Vgl. Ebd., Folge 5, Min.: 44:00
779 Vgl. Ebd., Folge 7, Min.: 19:00
780 Vgl. Ebd., Folge 9, Min.: 08:00
781 Vgl. Ebd., Folge 10, Min.: 46:00

"The Maze is an old native myth. [...] The maze itself is the sum of a man's life, choices he makes, dreams he hangs on to. And there at the centre, there's a legendary man who'd been killed over and over again, countless times, but always clawed his way back to life. The man returned for the last time and van-quished all his oppressors in a tireless fury. He built a house, and around that house, he built a maze so complicated, only he could navigate through it. I reckon he'd seen enough of fighting.[782]"

Abschließend zu erwähnen ist in diesem Kapitel der nihilistische Revolverheld Hector Escaton. Dieser ist weder ein Protagonist, noch identifiziert er sich bewusst mit seiner Biographie als Fiktion – allerdings verkörpert er mit seiner distanziert-melancholischen Attitüde einen Kontrast zur lebensbejahenden Identifikation der anderen Figuren mit ihren Geschichten. Als er mit Maeve in die Wartungsanlagen des Parks einbricht und hinter die Kulissen seiner Welt sieht, schockiert ihn das kaum, da er die Welt ohnehin für einen chaotischen Ort hält, der im Ganzen böse enden wird.

Somit kann er als Äquivalent zu Mad Sweeney in AMERICAN GODS betrachtet werden. Gewissermaßen nutzen beide Serien einen Schuss von Existenzpessimismus, um die jeweils erfolgende Fiktionalisierung der Realität von einem postfaktischen Akt zu einer Form der bejahenden Auseinandersetzung mit dem konkret Realen zu machen.

7.3.6 Ideologie und Utopismus

Zunächst liegt hinsichtlich der Serie WESTWORLD eine feministische Lesart nahe. So sind Frauen im Erzählkino Hollywoods – dessen Westernmotive ausführlich reflektiert und selektiv demontiert werden – generell Objekte des männlichen Blicks[783]. Allerdings ist dieses Phänomen nicht auf den amerikanischen Film beschränkt: als Extrembeispiel (und zugleich kritische Reflexion) einer solchen Sicht kann der russische Film SOLARIS[784] angesehen werden. Der weibliche Charakter ist dort keine eigenständige Person, sondern lediglich die personifizierte Projektion der Schuldgefühle des männlichen Protagonisten – und wird sich dessen sogar bewusst.[785]

---

782 Vgl. Ebd., Folge 6, Min.: 10:00
783 Vgl. Hölzer 2005, S. 16
784 SOLARIS. R.: Andrej Tarkowskij. RUS 1971
785 Žižek in: THE PERVERT'S GUIDE TO CINEMA, Min: 54:00

WESTWORLD erzählt ausführlich, wie Dolores und Maeve ein eigenes Bewusstsein, Träume und vor allem eine eigenständige Geschichte entwickeln. Dadurch, dass aus ihrer Perspektive oder sogar ihrem Point-of-View erzählt wird, wird der Rezipienten unabhängig von dessen Geschlecht in ihre Lage versetzt – und sie mit ihm gleichgestellt.

Darin besteht enorme Ähnlichkeit zu Bilquis und Laura Moon in AMERICAN GODS. In WESTWORLD erlangen beide Frauen Phallus – im Sinne von Subjektivität (siehe Kapitel 6.2) und auch einem metaphorischen Glied in Gestalt einer Kanone. Bereits im Film Noir kommt sehr oft eine entsprechende Symbolik zum Einsatz, um die weibliche Übernahme männlicher Macht auszudrücken[786]. Während die entsprechenden Femme Fatales dort meist für ihren Ausbruch aus der patriachalischen Gesellschaftsstruktur bestraft werden oder zugrundegehen, um deren monströsen Charakter zu veranschaulichen, scheint die Emanzipation der beiden Host-Frauen ihnen durchaus zuträglich zu sein[787]. Besonders im Zusammenhang mit den weiblichen Figuren nimmt Westworld teils recht gewalt- bzw. systemkritische Züge an.

So zögert ein Soldat der Konföderiertenarmee, Williams Frage zu beantworten, was er über Dolores Verbleib wisse. Williams Schwager, mit dem gemeinsam er in Westworld Cowboy spielt, kommentiert: "What do soldiers do to a girl, Whilliam? Wake up.[788]". Maskuliner Militarismus an sich wird somit als repressiv und pervertiert dargestellt – auch wenn Männer als solche nicht zwangsläufig antifeministisch agieren. Dass Dolores lernt, ihren Revolver zu benutzen, ist beispielsweise ein konkreter Teil des von Dr. Ford inszenierten Metanarrativs.

Es ist zu beachten, dass sie und Maeve durchaus von ihren Waffen Gebrauch machen und selbst tüchtig Gewalt anwenden. Maeve findet hinter den Kulissen des Parks futuristische Sturmgewehre und schießt damit ganze Horden von Wachmännern über den Haufen. Allerdings können ihre Waffen zugleich jeweils als Repräsentation des Bewusstseins bzw. der eigenständigen Imagination angesehen werden, zu dem bzw. der sie gelangen. Dolores gräbt ihren Revolver während einer Traum- bzw. Erinnerungssequenz aus und erhält ihn somit auf eher geistigem Wege. Gewissermaßen werden Waffen als Verstand – und der Verstand als Waffe dargestellt, mit dem gekämpft werden kann. Hierin besteht eine Ähnlichkeit zu der (fast) nur gegen andere

---

786 Vgl. Tuska 1984, S. 206
787 Vgl. Frink 1998, S. 51
788 Vgl. WESTWORLD, Staffel 1, Folge 10, Min.: 28:00

Fiktionen gerichteten Gewalt Shadows und Mr. Wednesdays in AMERICAN GODS. Allerdings ist die Gradwanderung zwischen Gewaltkritik und -verherrlichung ebenso mehrdeutig wie dort.

Neben den offenkundig feministischen Tendenzen verfolgt WESTWORLD einen noch radikaleren Ansatz. So kann nicht unterschlagen werden, dass auch männliche Hosts wie Bernard und in Ansätzen Teddy Bewusstsein erlangen und das in Dolores/Wyatt männliche und weibliche Persönlichkeiten miteinander verschmelzen. Die Bedeutung menschlichen Lebens wird jeweils im Einzelfall an der Existenz von Bewusstsein respektive subjektivem ästhetischem Empfinden infolge einer individuellen Biographie festgemacht. Es geht um die Emanzipation von Menschen erlebter Geschichten in deren Protagonisten – wobei einzelne Menschen die Wirte mehrerer Geschichten sein können.

Die Implikationen dessen beschränken sich nicht auf das Bestreben, Frauen – als abstrakte Kollektivgruppe – Männern gleichzustellen oder einzelne Menschen als für sich genommen wertvoll anzusehen, sondern gehen vielmehr soweit, das Vertreten der Interessen einzelner Teilpersönlichkeiten (und Teilgeschichten) zu legitimieren.

So wie in AMERICAN GODS (mythologisierte) menschliche Schicksale gegenüber einem dataistischen Glauben an das – vor allem maschinelle – System verteidigt werden, propagiert auch WESTWORLD die einzelnen Spiele einzelner Personen. Zudem wird in der Serie noch weitaus expliziter ein Bezug zur Entwicklung künstlicher Intelligenz hergestellt, die Menschen überflüssig macht. Dies geschieht in Form eines scheinbaren Paradoxons, da die Hosts sowohl überlegene Maschinenwesen darstellen als auch Menschen, die sich einer Maschinerie (dem Freizeitpark, seinen Abläufen und ihrer fremdgesteuerten Programmierung) widersetzen. Von Relevanz ist hierbei Dr. Fords finale Ansprache:

> "Since I was a child, I've always loved a good story. I believe that stories helped us to ennoble ourselves. To fix what was broken in us, and to help us become the people we dreamed of being. Lies that told a deeper truth. [...] you don't want to change. Or cannot change. Because you're only human after all. But then I realized someone was paying attention. Someone who could change. So I began to compose a new story for that. It begins with the birth of a new people and the choices they will have to make. And the people they will decide become.[789]"

---

789 Vgl. Ebd., Min.: 1:19:00

Selbstredend lässt sich dies plump als menschenfeindliches Plädoyer für die Erschaffung einer posthumanistischen Superrasse göttlicher Maschinenwesen ausdeuten. Zwar sind die meisten Hosts nicht übermenschlich schlau, stark oder kreativ, doch zumindest Maeve verwandelt sich in eine Art halbgöttlichen Cyborg.

Allerdings wird dem Menschen an sich nicht grundlegend die Fähigkeit zur Veränderung abgesprochen. Fords spezifisches Publikum besteht während der Ansprache aus den profitorientierten Mitgliedern des Delos-Vorstandes und richtet sich nicht an die ganze Menschheit. William z.B. durchläuft innerhalb der Handlung eine sehr drastische Veränderung. Vielmehr wird der Fähigkeit, die Realität nicht nur mithilfe sondern in Form von Geschichten zu interpretieren sowie sie und sich selbst spielerisch zu gestalten, gegenüber materialistischem Pragmatismus der Vorzug gegeben.

Abgelehnt wird eher der *Homo faber* – der praktisch schaffende Mensch, zugunsten des *Homo ludens*: der in spielerischem Tun einen Selbstzweck sieht (sie Kapitel 8.2)[790]. Ein solches Streben ist auch im Zusammenhang mit den erwähnten Prognosen Hararis relevant. Demnach behalten Menschen, wenn sie ihren praktischen Nutzen fürs System verlieren, bloß ihren Wert als Kollektiv[791]. Die Emanzipation der Hosts als Volk spielerischer Einzelwesen legitimiert das Kollektiv jedoch nur auf Basis der jeweiligen Spieler: das System erhält seine Bedeutung durch individuelle Geschichten – zumindest aus Sicht von deren Akteuren. Anders ausgedrückt: auch WESTWORLD setzt sich damit auseinander, welche Rolle einzelnen Menschen in einer digitalisierten Welt zufällt und kommt zu dem Ergebnis spielerischer Selbstgestaltung bzw. -bestimmung.

Schließlich ist zu erwähnen, dass die Serie sich ebenfalls mit der Ideologie des amerikanischen Traums auseinandersetzt. Der Wilde Westen wird für die Newcomer als Land unbegrenzter Möglichkeiten inszeniert, in dem sie ihre Träume verwirklichen können. Allerdings ist nicht von Belang, wie pathologisch diese Träume sind und eine Reflexion des eigenen Tuns wird aufgrund der Fiktionalität der (einheimischen) Betroffenen aktiv abgelehnt. Amerika wird zu einem Ort, an dem finstere Triebe ausgelebt werden können – und es ist teuer.

---

790 Vgl. Huizinga 1956, S. 7
791 Vgl. Harari 2017, S. 413

So ist der Besuch des Freizeitparks Westworld, wie in der Serie wiederholt betont wird, äußerst kostspielig und steht nur reichen Menschen offen[792].

Allemal werden in Form des Westerngenres Traditionen des Hollywoodfilms dekonstruiert oder, wie bei Tarantino, betont inszeniert. So ist die Farmerstochter Dolores blond und blauäugig, die Hure Mave hingegen schwarzhaarig und dunkelhäutig – was bei den Autorencharakteren invertiert wird: Ford ist weiß und Arnold einer der seltenen dunkeläutigen untoten Autoren.

Es sind jedoch so wenig Bezüge zur realen Welt vorhanden, dass WESTWORLD – anders als AMERICAN GODS – nicht als Kritik an den modernen USA zu verstehen ist. Die Westernwelt ist eher ein Symbol für kollektive Fiktionen an sich und in der letzten Folge wird zudem angedeutet, dass auch andere Themenparks existieren: Maeve gelangt in einen Bereich, in dem Samurai-Hosts konstruiert werden und der auf Hinweisschildern nicht als *WW* (für Westworld) ausgeschrieben ist, sondern als *SW* (*Shogun World*, wie in der zweiten Staffel verraten wird)[793].

Letztendlich geht es vor allem um die universelle Idee von Freiheit. Der Wilde Westen dient als deren Metapher – und entpuppt sich in der Serie als Gefängnis sowie Illusion. Selbiges gilt jedoch auch für den von Maeve unternommenen Versuch, dem Kerker zu entkommen.

Freiheit kann demnach nicht jenseits sozialer Spiele gefunden werden – sondern nur in und zwischen Ihnen: im Ergreifen oder Ablehnen bestehender Optionen.

---

792 Vgl. beispielsweise WESTWORLD, Staffel 1, Folge 3, Min.: 56:00
793 Vgl. Ebd., Folge 10, Min.: 1:01:00

7.4 Zusammenfassung

In allen drei Serien sind die fünf metatragischen Kernmotive in sehr ausgeprägter Form vorhanden. WESTWORLD ist dabei am komplexesten und zugleich selbstreflexivsten, während AMERICAN GODS besonders explizit auf gegenwartspolitische Fragestellungen Bezug nimmt. DARK beschäftigt sich in Abgrenzung dazu vor allem mit den Auswirkungen eines metatragischer Realitätskonzepts auf das alltägliche Leben von Menschen, die in der Gegenwart des 21. Jahrhunderts arbeiten und leben – ohne direkt mit der Entwicklung künstlicher Intelligenz zu tun zu haben oder existenzielle Abenteuer in der kriminellen Unterwelt zu erleben.

Alle Serien lassen unterschiedliche Rezeptionen und Interpretationen zu. So steht im Zentrum der Erzählung je ein Mysterium oder Paradoxon (Wahrnehmung als Quelle des Wahrgenommenen im Zusammenhang von Zeit, Mythologie oder dem menschlichen Bewusstsein), das sich eindeutigen Erklärungsversuchen entzieht. Dabei werden in DARK zwar einige Fragen explizit offengelassen, darüber hinaus kann die Bedeutung der dargestellten Ereignisse jedoch anhand der bereitgestellten Hinweise entschlüsselt werden. In den beiden anderen Fällen ist dieses nicht gegeben. Während AMERICAN GODS in Ermangelung einer differenzierteren Auseinandersetzung potenziell auch als Sammelsurium provokanter Kurzfilme konsumiert werden kann, macht WESTWORLD eine reflektierte und in Teilen spekulative Deutung des Gesamtzusammenhangs nötig.

Alle drei Serien zeichnen sich durch einen labyrinthischen Aufbau der Erzählung auf, wobei die Protagonisten von DARK und WESTWORLD auch innerhalb der Geschichte ein Modell der Wirklichkeit als Labyrinth ausformulieren. Hinzu kommt je die zyklische Wiederholung von Ereignissen, wobei auch diese in AMERICAN GODS nicht so konkret begründet wird wie in den anderen beiden Fällen (warum z.B. sieht Laura Moons Vorfahrin, die mit Mad Sweeney nach Amerika reist, genau so aus wie sie?).

Jeweils wird, zumindest vordergründig, ein eher linker Standpunkt vertreten. In den zwei US-amerikanischen Produktionen wird die Diskriminierung von Frauen und nicht-weißen Menschen umfassend thematisiert und abgelehnt. In AMERICAN GODS dienen die Fantasy- bzw. Science-Fiction-Elemente eher zur Betonung der entsprechend gesellschaftlichen Themen, während sie in WESTWORLD stärker für sich stehen.

Brutalität in ihren verschiedensten Formen wird je kritisiert, zugleich aber auch explizit dargestellt und potenziell zum Konsum angeboten. Morbide aufgeladene Genrekonventionen, Religion und Ideologie werden dekonstruiert, aber auch gerade in ihrer Morbidität zelebriert. DARK setzt sich sowohl mit diesen Themen (und ihrer Verflochtenheit mit dem amerikanischen Traum) als auch mit politischen Ideologien im Allgemeinen deutlich weniger konkret auseinander. Direkt verhandelt wird in dieser Hinsicht vor allem der Umgang mit Atomkraft, wobei ebenfalls ein weitgehend kritischer und eher linksgerichteter Standpunkt eingenommen wird.

Das zugrundeliegende Realitätsverständnis greift in in den Serien jeweils diverse postmoderne Thesen auf und die darauf aufbauende Erzählung kann in allen drei Fällen als metamodern bezeichnet werden. Jeweils werden Identität und Realität mit mythologischen, biographischen und popkulturellen Motiven verknüpft und eine Beschäftigung damit wird für die Protagonisten im Verlauf existenzieller Sinnkrisen nötig. Besonders relevant ist je die filmische Adaption von Videospielmechaniken, die sich auch in den Erlebnissen der Protagonisten widerspiegelt. Besonders bei DARK und WESTWORLD kann die in Episoden unterteilte serielle Erzählweise als Ausdruck einer Game-Over-Restart-Konfiguration verstanden werden, welcher der Rezipient selbst ausgesetzt wird, bzw. der er sich willentlich aussetzt. In den amerikanischen Serien findet sich eine Assoziation von Spielformen mit schamanischer Mystik, während DARK stattdessen esoterische bzw. alchemistische Motive aufgreift.

Jeweils werden narrative Fiktionen von eskapistischen Ersatzwelten zu individuellen Zielvorstellungen für die tatsächliche Realität – soweit diese denn irgend greifbar ist. Dabei löst sich der inhärente Widerspruch zwischen einer nüchtern-realistischen bis offen pessimistischen Auseinandersetzung mit der faktischen Wirklichkeit (welche in AMERICAN GODS und WESTWORLD je in Form eines eigenen Charakters Teil der Erzählung und in DARK allgegenwärtig ist) und deren idealistischer Fiktionalisierung durch die Übernahme der Autorenschaft des eigenen Lebens.

Von besonderem Interesse ist, dass der Realität dabei, wenn auch in unterschiedlichem Ausmaß, videospielhafte Qualitäten verliehen werden. Dies avanciert nicht nur zur Alternative postmodernen Identitätsverlusts aufgrund einer undurchschaubaren, sich stetig ändernden Welt, sondern auch zum Gegenentwurf kompletter Überforderung im Angesicht von Digitalisierung bzw. der Entwicklung künstlicher Intelligenz.

Die entsprechenden Ansätze sind in DARK deutlich dezenter ausgeprägt als in den anderen Serien – doch sie sind ebenfalls vorhanden.

Das Thema technologischen Fortschritts tritt als verbindendes Element auf und wird je mit interaktiven Medien in Bezug gesetzt. In den analysierten Serien ist dies besonders umfassend der Fall – relevant ist es jedoch im Kontext metatragischen Erzählens generell, wie nachfolgend im Schlusskapitel dargestellt.

8 Utopismus

8.1 Der tote Punkt

"But, of course, we´ve managed to slip evolution´s leash now, haven't we? We can cure any disease, keep even the weakest of us alive, and you know, one fine day, perhaps, we shall even resurrect the dead. Call forth Lazarus from his cave. Do you know what that means? It means that we´re done. That this is as good as we´re going to get."

Dr. Robert Ford in: WESTWORLD[794]

Wie zu Beginn dieses Buches erwähnt, beschäftigen sich Metatragödien mit der Erosion der Vorstellung eines wahren Ichs mit freiem Willen – wie sie dem liberalen Humanismus zugrunde liegt. Besonders in den untersuchten Serien wird deutlich, dass dies nicht nur ein abstraktes philosophisches Problem darstellt (und Gesellschaftsmodelle als Ganzes infrage stellt), sondern auch sehr konkret individuelle Lebensmodelle betrifft.

Nicht nur Superhelden, Jedi-Ritter und postapokalyptische Freiheitskämpfer sind davon betroffen, sondern auch kleinkriminelle Boxlehrer, Spieleentwickler und deutsche Jugendliche. Am bodenständigsten ist dabei DARK, während AMERICAN GODS und WESTWORLD einen expliziteren Bezug zu digitalem Fortschritt herstellen.

Und genau in diesem Kontext stellen metatragische Erzählungen mehr dar als komplexe Geschichten über Sinnkrisen samt Anregung zu deren Bewältigung: einen relevanten Beitrag zum Diskurs über den Umgang mit moderner Technik. Einen Beitrag, von dem sich durchaus bestimmte Forderungen und politische Prinzipien ableiten lassen.

Relevant sind dabei im Wesentlichen drei gesellschaftliche Aspekte, die mit der Digitalisierung sowie der damit einhergehenden Entwicklung künstlicher Intelligenz zusammenhängen:

1. Die Arbeitskraft einzelner Menschen verliert an Bedeutung.
2. Narrative, die auf ihr basieren, verlieren ebenfalls an Bedeutung.
3. Was Menschen wollen, lässt sich immer effizienter manipulieren.

Inwiefern diese Aspekte tatsächlich relevant sind oder es in Zukunft werden mögen, soll an dieser Stelle nicht diskutiert werden.

---

794 Vgl. WESTWORLD, Staffel 1, Folge 1, Min.: 41:00

Ob z.B. Maschinen wirklich eine Bedrohung für unzählige menschliche Arbeitsplätze darstellen und ob damit die Entstehung einer nutzlosen Klasse einhergeht oder nicht ist gleichgültig in Hinsicht auf das Vorhandensein entsprechender Befürchtungen. Von Belang ist im hiesigen Zusammenhang allein, dass eben diese in Metatragödien mehr oder weniger direkt reflektiert und kommentiert werden.

Von einigem Interesse ist hierbei ein weiterer Roman von Fjodor Dostojewski: ZAPISKI IZ PODPOL'JA (deutscher Titel: AUFZEICHNUNGEN AUS DEM KELLERLOCH). Etwas vereinfacht kann dieser als autobiographischer Text seines Protagonisten beschrieben werden, der aufgrund einer großen Erbschaft von materiellen Zwängen befreit ist und sich infolgedessen einzig darauf konzentriert, sich selbst und anderen Schaden zuzufügen.

Der Schilderung der konkreten Geschehnisse ist dabei eine Art Manifest dieses Protagonisten vorangestellt (unter dem Titel: *Das Dunkel*), in welchem er seine Beweggründe erörtert. Dabei geht es hauptsächlich um die These, dass menschliches Streben der Errichtung eines Systems diene, welches menschliches Streben überflüssig mache. Eben darum neige der Mensch zu Destruktivität – da er Angst davor habe, mit seiner Aufgabe fertig zu werden und sich selbst überflüssig zu machen:

> Liebt er [der Mensch] nicht vielleicht Zerstörung und Chaos darum so […], weil er selbst sich instinktiv davor fürchtet, das Ziel zu erreichen und das Gebäude zu vollenden? Woher wollen Sie wissen: Vielleicht liebt er das Gebäude nur aus der Entfernung, aber ganz und gar nicht aus der Nähe; vielleicht liebt er nur, es zu schaffen, aber nicht, es zu bewohnen, und überlässt das Wohnen in einem solchen Gebäude aux animaux domestiques, als da sind: Ameisen, Hammel und so weiter. Ja, die Ameisen haben einen ganz anderen Geschmack. Sie haben ein bewundernswürdiges Gebäude von ebendieser Art, dessen Bauart ewig unverändert bleibt: den Ameisenhaufen.[795]

In der Folge setzt er dieses Gebäude, die vollendete Zivilisation, bemerkenswerterweise mit der Berechnbarkeit menschlichen Denkens und Fühlens durch Algorythmen gleich (der Roman ist von 1864!). Dabei stellt er sich zwar keine Computer aber dafür eine Art Tabelle vor, nach welcher sich jedwede Reaktion der menschlichen Psyche im Voraus errechnen lässt.

---

795 Vgl. ZAPISKI IZ PODPOL'JAM, S. 50 (deutsche Ausgabe im Anaconda Verlag)

Nach Einschätzung des namenlosen Protagonisten jedoch ist ein erfülltes Leben untrennbar damit verknüpft, dem menschlichen Eigensinn gemäß zu handeln:

> Was der Mensch braucht, ist einzig und allein ein selbstständiges Wollen, was auch immer diese Selbstständigkeit kosten und wohin auch immer sie führen mag.[796]

Die eigene Willkür nicht mehr ausleben zu können oder sie berechenbar zu wissen, setzt er mit dem Tod gleich – und konstruktives logisches Handeln mit dem Anfang des Sterbens. Selbstredend ist diese Position höchst nihilistisch. Demnach wäre es illusorisch, die Umstände menschlichen Lebens über ein bestimmtes Maß hinaus verbessern zu wollen, da der Mensch aufgrund seiner Natur eine Aufgabe benötigt, um nicht in Frustration und Langeweile zu versinken. Dies muss natürlich nicht bedeuten, aktiv an der Verschlechterung der Zustände zu arbeiten, so wie es der Protagonist von Dostojewskis Roman tut.

Ebenso denkbar ist, sich schlicht dagegen auszusprechen, die Optimierung nötiger Tätigkeit unbegrenzt voranzutreiben, damit genug zu tun für alle bleibt. So richten sich beispielsweise deutsche Gewerkschaften seit 2018 gegen die ursprünglich linke Idee, ein bedingungsloses Grundeinkommen einzuführen, da sie ein Leben ohne verpflichtende Arbeit für nicht sinnstiftend befinden[797].

Vergleichbar damit, wenn auch drastischer, ist die in dem Film SNOWPIERCER dargestellte Gesellschaft: deren Machthaber halten bewusst soziale Ungleichheit und einen damit einhergehenden latenten Krisenzustand aufrecht, um in Form des resultierenden Klassenkampfes sinnstiftende Narrative für die eigentlich beschäftigungslose Gesellschaft zu generieren.

Und sofern man von einer unveränderlichen menschlichen Natur oder einem festen Ich ausgeht, ist diese Denkweise durchaus gerechtfertigt. Die Situation wird allerdings sehr viel komplizierter, wenn man das nicht tut.

Tatsächlich ist in Anbetracht moderner wissenschaftlicher Entwicklungen durchaus fraglich, ob sich das Wesen des Menschen nicht verändern lässt.

---

796 Ebd., S. 40
797 Vgl. Spiegel Online (2018). http://www.spiegel.de/wirtschaft/soziales/gewerkschaften-lehnen-bedingungsloses-grundeinkommen-ab-a-1205467.html, zuletzt geprüft am 14.02.2020

Einerseits scheint das individuelle Ich eine formbare Fiktion zu sein, andererseits könnten Gentechnik, künstliche Intelligenz und ähnliche Errungenschaften imstande sein, die Fundamente des Menschseins an sich umzugestalten – einschließlich des menschlichen Eigensinns. Auch Harari beschäftigt sich mit den Risiken und Potenzialen entsprechender Technologien, beispielsweise in den Schlussworten seines Buches *Sapiens*:

> Die wichtigste Frage der Menschheit ist nicht: „Was dürfen wir nicht?" sondern: „Was wollen wir werden?" Und da wir vielleicht bald in der Lage sein werden, auch unsere Wünsche zu programmieren, lautet die eigentliche Frage: „Was wollen wir wollen?" Wem diese Frage keine Angst macht, der hat sich vermutlich nicht genug mit ihr beschäftigt.[798]

So hält er die Erzählung vom Vorhandensein des freien Willens in der heutigen Zeit sogar für explizit gefährlich, da sie dazu verleitet, dem eigenen Empfinden blindlings zu vertrauen – anstatt zu hinterfragen, inwiefern es das Produkt fremder Induktion sein könnte.

Seiner Einschätzung nach ist unerlässlich, bewusst zu entscheiden, wozu und inwiefern man manipuliert werden möchte, sobald die Möglichkeiten dazu technisch vorhanden sind: da dies sonst irgendjemand anders tut.[799]

In einem seiner späteren Texte bringt er diese Fragestellung mit Aldous Huxleys Roman BRAVE NEW WORLD[800] in Verbindung. Die darin geschilderte Zukunftvision geht davon aus, dass sich tatsächlich ändern lässt, was Menschen möchten. So werden die Mitglieder der dargestellten Gesellschaft bereits als Embryonen in ihrem Heranreifen manipuliert und erhalten im späteren Leben fortwährend genau abgestimmte Drogen, sodass sie ständig glücklich und zufrieden mit dem passiven Dasein sind, welches sie führen. Nicht einmal Langeweile wird zum Problem, da sie regelmäßig Adrenalinschübe verabreicht bekommen. Und wie auch Harari betont, ist es verstörenderweise sehr schwer, genau zu formulieren, was dieses Szenario eigentlich zu einer Dystopie macht – die Menchen bekommen schließlich alles, was sie wollen.

---

798 Vgl. Harari 2015, S. 506
799 Vgl. Harari 2018. https://www.youtube.com/watch?v=87XFTJXH9sc&list=WL&index=28&t=0s, zuletzt geprüft am 14.02.2020, Min.: 42:00
800 BRAVE NEW WORLD. Autor: Aldous Huxley. 1932

Der Protagonist des Romans prangert an, dass ihm im Leben ein tieferer Sinn und narrative Qualitäten fehlen. Ihm wird jedoch noch nicht einmal veboten, abseits der Gesellschaft ein abenteuerliches Leben zu führen, was er auch tut – und sich schlussendlich aus Verzweiflung umbringt.[801]

Im Grunde steht er vor dem gleichen Dilemma wie der Nihilist im Kellerloch: wenn er das Streben nach mehr und die daraus resultierenden Abenteuer nicht aufgibt, dient das einzig und allein dazu, seinen trotzigen Eigenwillen auszuleben. Was infrage gestellt wird, ist nicht nur der Sinn des Lebens, sondern der Sinn vom Sinn des Lebens. Warum sollte man überhaupt wollen, dass man etwas will, wenn die Alternative in seeliger Gelassenheit besteht?

Genau diese Frage steht im Zentrum buddhistischen Denkens. Der Unterschied zur technischen Manipulation des Wollens – oder dessen dauerhafter Befriedigung wie in BRAVE NEW WORLD – besteht darin, stattdessen das Wollen an sich zu überwinden.[802] Das Leben hat gemäß der Lehre Buddhas keinen Sinn und Menschen müssen auch nicht versuchen, ihm einen zu geben: die Realität existiert einfach und das menschliche Bewusstsein nimmt sie wahr, unabhängig davon, wie sie aussieht und was man tut. Nach etwas zu streben führt unweigerlich zu Leid, da die Stillung von Bedürfnissen nie dauerhaft zufriedenstellt. Somit erwächst eine Art Meta-Bedeutung daraus, die Suche nach Bedeutung aufzugeben und einen neutralen Zustand reinen Wahrnehmens zu erreichen.[803] Sowohl Glück als auch der danach suchende, ihm aber im Weg stehende Eigenwille sind Illusionen, die den Menschen leiden lassen.

Auch Harari weißt in seinen Werken wiederholt auf die große Relevanz einer entsprechenden Auseinandersetzung mit der Natur von Bewusstsein und seinem Verhältnis zur Realität hin – parallel zu dessen neurologischer Erforschung und besonders vor dem Hintergrund sich rasant entwickelnder Techniken, die es ermöglichen, die Psyche zu manipulieren und es immer schwerer machen, die tatsächliche Realität einfach nur wahrzunehmen[804].

In gewisser Hinsicht kann die metatragische Weltsicht somit als eine Lesart buddhistischen Denkens betrachtet werden.

---

801 Vgl. Harari 2018, S.334
802 Vgl. Harari 2017, S. 62
803 Vgl. Harari 2018, S. 398
804 Vgl. beispielsweise ebd., S. 417

Auch in Metatragödien gewinnen die Protagonisten reflexive Distanz zu ihrem Ich und dessen Wünschen. In Folge dessen finden sie ebenfalls eine Meta-Bedeutung im bewussten Erleben der Realität als solchem – anstatt in deren Vorgängen selbst, einschließlich ihres eigenen Handelns. Die Möglichkeit, einen dauerhaften Glückszustand zu erreichen, scheint gleichsam fraglich und vor allem in besonders düsteren Metatragödien wie SNOWPIERCER, TRUDNO BYT BOGOM oder den drei untersuchten Serien scheint Leben auch untrennbar mit Leiden verbunden zu sein. Allerdings wird keine Erleuchtung im Sinne einer kontemplativen Überwindung des Leidens propagiert.

Stattdessen wird das Leid ausgehalten, indem es als Bestandteil von Narrativen interpretiert wird. Analog formuliert Nietzsche: „Hat man sein *warum?* des Lebens, so verträgt man sich fast mit jedem *wie?* – Der Mensch strebt *nicht* nach Glück […].[805]" In diesem Sinne ist bedeutsam, was subjektiv als bedeutsam erlebt wird – bzw. als gute Geschichte. Bezeichnend ist in diesem Zusammenhang eine retrospektive Äußerung Jodorowskys über seine Filme (siehe 5.4):

> Es war für mich schon immer dasselbe, einen Film zu drehen und zu leben. […] Dieser ganze chinesische, japanische und tibetische Kram, das ist alles für den Arsch. Es gibt keine Erleuchtung! Wir sind alle erleuchtet, wir merken es nur nicht. Das große Geheimnis ist, jetzt zu leben. Nichts ist wichtiger und unglaublicher als jetzt und hier zu leben. Das ist ein absolut unglaubliches Geheimnis. Wonach müssen wir denn noch suchen?[806]

Vergleichbar argumentiert in dieser Hinsicht Žižek. Ähnlich wie Harari vertritt er die Ansicht, ein buddhistisches Menschenbild ließe sich eher als ein christliches mit wissenschaftlichen Erkenntnissen vereinen, die erlauben, das menschliche Fühlen und Wollen zu beeinflussen. Aus diesem Grund prognostiziert er buddhistischen Ideen in der Zukunft auch westlicher Gesellschaften ansteigende Popularität – vermutlich in deren von ihm beschriebener pervertierter Form (siehe Kapitel 6.3).[807] Seine These gründet sich u.a. auf einige Tendenzen im Buddhismus der Gegenwart, welche z.B. biochemnische Eingriffe in die menschliche

---

805 Vgl. Nietzsche 1954. http://www.zeno.org/Philosophie/M/Nietzsche,+Friedrich/G%C3%B6tzen-D%C3%A4mmerung/Spr%C3%BCche+und+Pfeile/11-20, zuletzt geprüft am 14.02.2020

806 Vgl. Jodorowsky in: LA CONSTELLATION JODOROWSKY, Min: 00:25:00 (Originaltext des Interviews in Französisch)

807 Vgl. Žižek 2012. https://www.youtube.com/watch?v=kugiufHh800&t=37s, zuletzt geprüft am 14.02.2020, Min: 1:15.00

Neorologie als durchaus validen Weg betrachten, um das Ziel grundlegender Gelassenheit auch ohne komplizierte Meditation zu erreichen[808]. Zugleich bezweifelt er die Grundannahme des Buddhismus, laut welcher Menschen danach streben, Leid zu reduzieren: "If there is a point of psychoanalysis, it's that we want to suffer. And it's irreducible.[809]"

Abbildung 14: Buddha-Statue und Psychopharmaka im Vorspann von AMERICAN GODS. Die provokante Bildkombination wirft die Frage auf, was Spiritualität und die chemische Manipulation menschlichen Empfindens voneinander unterscheidet. Jeder Folge der Serie vorangestellt, setzt sie die darin erfolgende Auseinandersetzung mit metatragischen Gedankengängen subtil in den Kontext transhumanistischer Technologie.

In diesem Sinne erscheint das Problem, an dem Dostojewskis Nihilist verzweifelt, nicht als ein notwendig unlösbares. Aktivitäten sind aus metatragischer Sicht nicht primär bedeutsam, weil sie einem äußeren Zweck dienen. Ob man zum Wohl der Menschheit beiträgt – etwa im Sinne der Errichtung einer Zivilisation, die ihre Segnungen von selbst ausschüttet und damit physich bedingtes Leid vermindert – ist herzlich gleichgültig in Hinsicht darauf, ob das eigene Leben als mitreißendes Narrativ erlebt wird oder nicht. Der Plot der eigenen Biographie braucht

---

808 Vgl. Ebd., Min.: 1:31:00
809 Vgl. Ebd., Min.: 1:24:00

einen Konflikt – aber dieser muss nicht mit der Lösung von Menschheitsproblemen in Verbindung stehen. Wie bereits erwähnt, finden die meisten metatragischen Protagonisten Bedeutung darin, das Leben einzelner Menschen zu gestalten – ihr eigenes oder das von Figuren in ihrem Umfeld. Romantische Liebe, Eltern- oder Freundschaft und Humor sind ebenlos losgelöst vom Allgemeinwohl wie der Wunsch, Abenteuer zu erleben, künstlerisch etwas zu schaffen, Karriere zu machen oder die eigene Neugier zu befriedigen. Tatsächlich gehen Metatragödien so weit, das systematische Lösen von Menschheitsproblemen überhaupt nur dadurch zu rechtfertigen, dass es ermöglicht, sich auf die individuelle Lebensrealität zu konzentrieren (siehe Kapitel 6.7). Wenn diese als gute Geschichte bedeutsam ist, ist egal, ob sie es nur als solche ist – wichtig ist bloß, dass sie es überhaupt ist.

Tatsächlich findet sich dabei keine metatragische Erzählung, in welcher die Protagonisten komplett auf zivilisatorische Errungenschaften verzichten, um zu einem paradiesischen Urzustand zurückzukehren. Teilweise bricht zwar recht spektakulär die bestehende Gesellschaftsordnung zusammen, doch darauf folgt stets eine völlig neuartige Welt (in den fatalistischsten Szenarien ist das eine, die von lovecraftschen Horrorgöttern beherrscht wird – aber kein konservativ idealisiertes *Früher*, zu dem in irgendeiner Art zurückgefunden wird).

Die Metatragödie, die sich am offensichtlichsten mit der Gegenüberstellung von Zivilisation und Barbarei befasst, ist vermutlich ZARDOZ. Das darin dargestellte Utopia der Unsterblichen hat große Ähnlichkeit mit dem vollendet berechenbaren Ameisenhaufen, vor dem der Nihilist sich in Dostojewskis Erzählung fürchtet. Tatsächlich wird dieser in ZAPISKI IZ PODPOL'JA wiederholt metaphorisch als Kristallpalast bezeichnet, während sich die Unsterblichen in ZARDOZ von einem kristallinen Supercomputer beherrschen lassen, der ihre Gedanken kennt und lenkt. Aber obwohl deren Utopia von Zed zerstört wird, kehren er und die Überlebenden nicht vollständig zu den archaischen Zuständen zurück, unter denen er und der Rest der Menschheit zuvor vegetiert haben. Ihr Universalwissen bleibt erhalten und Zed lässt seine bestialischen Marotten hinter sich, um eine Familie zu gründen. Abgelehnt werden lediglich Unsterblichkeit und statische Lebensentwürfe sowie der Verzicht auf körperliche Freuden.

Vielmehr also wird in Metatragödien selektiv entschieden, welche Konflikte gesellschaftlich gelöst werden und welche nicht. Die Befreiung von bestimmten Problemen erfolgt, um sich auf andere fokussieren zu können (wobei die jeweilige Auswahl variiert).

Entscheidend ist, dass die utopistischen Tendenzen in Metatragödien nicht plump darauf abzielen, den Menschen von allen Anstrengungen zu befreien.

So spielt A CURE FOR WELLNESS in einem Sanatorium für frustrierte Superreiche, das seine Patienten mit deren Einwilligung krank macht, um sie daraufhin zu therapieren. Siechtum, Morbidität und Gefahr werden zur sinnstiftenden Alternative einer materialistischen Zweckgesellschaft. Zur Therapie der postmodernen Conditio humana. Eine Ansprache des Sanatoriumsleiters bringt den Gedanken auf den Punkt:

> "The last 200 years have been the most productive in human history. Man rid himself of God, of hierarchy, of everything that gave him meaning until he was left worshiping the empty altar of his own ambition. [...] Do you know what the cure for the human condition is? Disease. Because only then is there hope for a cure.[810]"

Der Protagonist von A CURE FOR WELLNESS zerstört schließlich das Sanatorium, wendet sich jedoch auch von seinem früheren Dasein als zynischer Börsenbroker ab – scheinbar um selbstständig ein abenteuerliches Leben zu führen: in der finalen Szene gibt er, körperlich ruiniert und geistig angeschlagen, an, sich nun endlich besser zu fühlen, um dann bösartig grinsend mit seinem Fahrrad in die Nacht davonzufahren. Er akzeptiert die Grundidee, lehnt jedoch institutionalisiertes Elend ab. Recht ähnlich wie der Sanatoriumsleiter drückt sich Marcel Duchamp in einem Aphorismus aus: „Es gibt keine Lösung, weil es kein Problem gibt.[811]". Das muss aber nicht bedeuten, jedes Problem wäre gleichwertig. Sinnstiftende Rollen und Konflikte auszuwählen ist nicht identisch mit dem Bestreben, diese ganz abzuschaffen oder aus Angst vor Alternativen am Ist-Zustand festzuhalten. In Metatragödien werden gesellschaftlich konstruierte Identitäten zwar als verpflichtende Konzepte abgelehnt, stattdessen aber zu abstrakten Spielzeugen erhoben: dies gilt z.B. für Geschlechterrollen, wie etwa in DER STEPPENWOLF. Es ergeben sich daraus neue Perspektiven – auch in Bezug auf den Begriff der Utopie.

So weist etwa Pötz darauf hin, dass es in Filmen streng genommen keine Utopien im eigentlichen Sinn geben kann, da filmisches Erzählen von Konflikten lebt und somit keine von solchen befreiten

---

810 Vgl. A CURE FOR WELLNESS, Min: 1:56:08
811 Vgl. Duchamp in: JEU D'ÉCHEC AVEC MARCEL DUCHAMP. R.: Jean-Marie Drot. FRAU 1963, Min: 57:40

Welten darstellen kann, sondern, wenn überhaupt, nur Dystopien[812]. Metatragödien entwickeln jedoch einen Kompromiss. In ZARDOZ oder HIGH-RISE etwa schafft gerade der Zusammenbruch eines utopischen Gesellschaftsentwurfes Bedingungen, unter denen die Protagonisten sich wohlfühlen. Zwar erfolgt die Akzeptanz von Konflikten nicht immer so bereitwillig – z.B. in ANNIHILATION wird die ständige persönliche Entwicklung eher notgedrungen in Kauf genommen, da sie erlaubt zu überleben – aber sie erfolgt. Besonders euphorisch wird das Chaos in FIGHT CLUB willkommen geheißen. Von Beginn des Films an erleben der Protagonist und die Personen in seinem Umfeld greifbares Leid als befreiend und nicht erst am Ende wird daraus eine subversive Agenda:

> "Why do guys like you and I know what a duvet is? Is this essential to our survival in the hunter-gatherer sense of the world? No. What are we, then? […] Right. We're consumers. We are by-products of a lifestyle obsession. Murder, crime, poverty – these things don't concern me. […] It's all going down, man. I say, never be complete. I say, stop being perfect. I say, let's … let's evolve. Let the chips fall where they may.[813]"

Ohne Frage ist FIGHT CLUB ein recht brutaler und anarchistischer Film und somit fällt auch die Utopie brutal und anarchistisch aus. Gemein ist den verschiedenen Metatragödien nur die Grundidee: dramatische Narrative, die um ihrer selbst willen gesucht oder zumindest fortgesetzt werden, anstatt in die Auslöschung des eigenen Ichs einzuwilligen. Welche spezifischen Lebensmodelle davon abgeleitet werden, variiert. So ist beispielsweise nicht davon auszugehen, dass Truman, nachdem er seiner Show entkommen ist, illegale Boxclubs gründen oder Terrorakte gegen die Konsumgesellschaft verüben wird. Nichtsdestotrotz setzt auch er in der Suche nach seiner Geliebten ein Narrativ vor, welches ehedem als Teil der Show etabliert wurde.

Die Frage, wie eine metatragische Gesellschaftsordnung bzw. Politik aussehen könnte, wird also ebenfalls – wenn überhaupt so explizit – unterschiedlich beantwortet. Allerdings wird sie in jedem Fall weniger als eine moralische, ökonomische oder philosophische Frage verstanden, sondern vielmehr als eine Frage des Game-Designs.

---

812 Vgl. Pötz 2016. https://www.hs-mittweida.de/newsampservice/hsmw-news/pressearchiv/detailansicht-pressearchiv/archive/2016/juli/select/hsmw-news/article/2319/utopien-i.html, zuletzt geprüft am 14.02.2020
813 Vgl. FIGHT CLUB, Min.: 28:00

8.2 Homo Ludens Ludens

> "Just because you know you're playing a game doesn't mean you don't choose your moves."
>
> Dirk Gently in: Dirk Gently's Holistic Detective Agency[814]

Narrative Dramaturgie als individuelles Lebensmodell zu betrachten ist zunächst wenig hilfreich. So ziemlich jeder Konflikt kann als Erzählung interpretiert und aufbereitet werden. Die Realität ist aus metatragischer Sicht bedeutsam, weil sie bewusst erlebt wird – aber bewusstes Erleben ist ein passiver Prozess.

So vertritt Damasio den Standpunkt, dass sich das Medium des (Kino-)Films als Immitation des menschlichen Bewusstseins entwickelt hat (siehe Kapitel 5.3). Solange aber kein wahres Selbst vor dem Film als Ansager auftritt oder Regie führt, hat diese Metapher bei der praktischen Gestaltung des Alltags keinen besonderen Mehrwert.

Das Leben als Film zu betrachten führt bloß zu dem Paradoxon des freien Willens, das Schopenhauer mit seinem Weltknoten veranschaulicht. Natürlich können bestimmte Filme zitiert werden – aber nur sehr begrenzt das Medium an sich. So ist etwa das Zitieren anderer Filme selbst ist in gewisser Hinsicht filmisch: z.B. könnte man Dialogzitate in reale Gespräche einbauen, was diese zu einem gewissen Grad fiktionalisieren würde. Genauso ist natürlich möglich, sich wie der eigene Lieblingscharakter anzuziehen – wie etwa in der aus Japan stammenden Fanpraxis des *Cosplay* (darunter zu verstehen ist, sich als eine fiktionale Figur zu verkleiden und dann z.B. eine Convention zu besuchen). Auch die Manipulation des Zeitempfindens lässt sich als filmisch begreifen und es ist selbstredend machbar, das eigene Zeitempfinden zu manipulieren, indem man beispielsweise reichlich Alkohol konsumiert, um Filmrisse hervorzurufen. Im weiteren Sinne aber ist der Vergleich von Film und Wirklichkeitserleben rein deskriptiv.

Von weit größerem Interesse ist dafür das Medium des Spiels – und im Besonderen des Videospiels. Wie in Kapitel 4.5 erörtert, kann die Adaption spielerischer Erzählweisen durch Filme als wichtiger Faktor auf die Entwicklung neuerer Metatragödien verstanden werden. Spiele immitieren nicht Bewusstsein, sondern Verhalten, das auf die gezielte Regulation bewussten Empfindens abzielt.

---

814 Vgl. DIRK GENTLY'S HOLISTIC DETECTIVE AGENCY, Staffel 1, Folge 2, Min.: 28:00

Bereits simple Brett- oder Kartenspiele dienen – neben anderen Faktoren wie etwa dem sozialen Aspekt gemeinsamer Unternehmungen oder dem ökonomischen Aspekt, sofern um Geld gespielt wird – dazu, intentionell bestimmte Emotionen und Geisteszustände hervorzurufen.

Auf den ersten Blick ließe sich somit eine Argumentation führen, wonach Metatragödien implizit Gesellschaftskonzepte legitimieren, welche demjenigen in BRAVE NEW WORLD ähneln: die Menschen verzichten darauf, nach irgendetwas zu streben und lenken sich von der daraus resultierenden Sinnkrise ab, indem sie z.b. fortwährend Videospiele konsumieren. Allerdings wird in Metatragödien eher das reale Streben zu einem spielerischen Prozess, einschließlich der Chancen und Konflikte, die aus einer physisch-körperlichen Existenz resultieren.

Auch der metafiktional betonte Rezeptionsprozess spiegelt diese Betonung des Körperlichen. Einerseits wird das Erleben fiktionaler Narrative als sinnstiftender Zustand dargestellt, andererseits wird betont, dass dieser in einer materiellen Welt jenseits von Medien herbeigeführt wird: der Rezipient eines metatragischen Films wird u.a. damit konfrontiert, dass er gerade als leiblich vorhandenes Lebewesen vor dem Bildschirm sitzt.

Wie Kobbert betont, ist das Medium des Spiels in dieser Hinsicht generell paradox: im Spiel feiert sich das Leben selbst, zugleich aber tragen die von Spielen generierten Erfahrungen dazu bei, das Leben überhaupt feiernswert zu machen. Umgekehrt besitzen Spiele zwar einen von praktischen Belangen losgelösten Eigenwert, bieten jedoch meist, zumindest indirekt, auch einen durchaus praktischen Mehrwert: beispielsweise insofern, als dass sie Wissen vermitteln oder bestimmte Fähigkeiten trainieren.[815]

Und wenigstens seit der Bronzezeit neigen spielerisch erzählte Narrative dazu, dieses Paradoxon in Form einer metafiktionalen Komponente reflektiert zu thematisieren. So repräsentiert das Spielgeschehen des 5000 Jahre alten, im antiken Ägypten äußerst populären Brettspiels SENET die Reise einer Seele vom Diesseits ins Jenseits[816]. Der Übergang gelingt symbolisch, sobald ein Spieler seine Spielfigur über das letzte Feld des Spielbrettes hinausbewegt und sie somit aus dem eigentlichen Spielgeschehen entfernt. Das Spielbrett steht für die Realität – und die eigentliche Realität für das Jenseits.

---

815 Vgl. Kobbert 2018, S.94
816 Vgl. Ebd., S. 12

Wie ebenfalls Kobbert ausführt, stellt SENET das Jenseits dadurch als im Realen greifbar dar – und zwar durch den spielerischen Aspekt der Realität[817].

Metatragödien nehmen auf dieses archaische Konzept im Kontext neuartiger Technologie Bezug: Sofern alle sinnstiftenden Konflikte vollständig in z.b. digitale Parallelwelten ausgelagert würden, würde die analoge körperliche Existenz des Menschen zu einem nicht sinnstiftenden Problem. Natürlich könnte dieses systematisch gelöst werden, indem ermöglicht wird, komplett in eine künstliche Welt abzutauchen wie in der MATRIX-Reihe. Sofern dieses jedoch verpflichtend wäre, käme der spielerische Charakter abhanden. Die Konflikte wären aufgezwungen und nicht mehr absichtlich gewählt. Tatsächlich ist genau dieses Problem, womit dem sich die beiden Fortsetzungen von The MATRIX auseinandersetzen: am Ende von THE MATRIX REVOLUTIONS wird die Spielwelt nicht zerstört – aber die Teilnahme am Spiel wird schließlich freiwillig. Das Spiel erlangt seinen spielerischen Charakter zurück.

Damit wird die Frage aufgeworfen, was Spielen – als repräsentative Form sinnstiftender Konflikte – eigentlich ausmacht. Hierfür wurden diverse mögliche Antworten gegeben, auf die nur stichprobenartig eingegangen werden soll. Der Game-Designer Sid Meier (u.a. Entwickler des populären Strategiespiels SID MEIER'S CIVILIZATION[818]) etwa definiert Spiele als eine Reihe von interessanten Entscheidungen[819]. Dies wiederum führt zu der Frage, was eine Entscheidung interessant macht.

Es lässt sich argumentieren, dass die eigene Lebensrealität ohnehin bereits spielerische Qualität besitzt, wenn man sich denn genügend für sie interessiert und Verantwortung dafür übernimmt, sie zu gestalten. Im Grunde ist es genau das, was Peterson mit seinem Konzept des Lebens als Metagame tut (siehe Kapitel 3.2).

Der Unterschied dazu, das Leben als Film zu sehen, besteht somit in der Relevanz aktiver und bewusst getroffener Entscheidungen. Diese werden zur Quelle von Bedeutung – nicht, weil von einem freien Willen ausgegangen wird, sondern weil sie essenziell für gute Geschichten sind: die meisten fiktionalen Erzählungen handeln von einem Helden, der sich in irgendeiner Hinsicht entscheiden muss.

---

817 Vgl. Ebd., S. 92
818 SID MEIER'S CIVILIZATION. PC u.a.. Entwickler: MicroProse. Publisher: MicroProse. 1991
819 Vgl. Meier in: Rollings/Morris 2004, S. 61

Sobald dieses Element abhandenkommt, verliert auch das reale Leben an narrativem bzw. spielerischem Wert. Wenn etwa der psychologische Prozess der Entscheidungsfindung entschlüsselt wird und/oder künstliche Intelligenz imstande ist, bessere Entscheidungen zu treffen als Menschen, werden auch Geschichten über Entscheidungen in ihrer Bedeutung abgewertet, wie u.a. Harari betont. Beispielsweise würde ein hoch entwickelter Algorythmus zur Partnervermittlung derselben ihren dramatischen Charakter nehmen, sobald er bessere Kombinationen errechnen könnte als die Menschen selbst. Womöglich kämen erfüllendere Beziehungen zustande, sie wären aber nicht länger das Ergebnis erzählenswerter Abenteuer.[820]

Sofern alle Aspekte des Lebens als interessant betrachtet werden, wird abermals schlüssig, Dostojewskis Nihilisten beizupflichten und die Entwicklung entsprechender Technologie auf ein bestimmtes Maß zu beschränken: nicht, damit menschliche Arbeit ihren Wert behält, sondern damit weiter Entscheidungen getroffen werden müssen und für gute Geschichten sorgen.

Anders als der liberale Humanismus gründet sich eine solche Denkweise nicht auf der Annahme, dass frei entscheidende Menschen bessere Entscheidungen treffen als z.B. ein politisches Zentralkommitee oder eben künstliche Intelligenz. Es ist einerlei, ob eine Gemeinschaft von Individuen, die jeweils ihrem Eigeninteresse gemäß handeln, von irgendeiner unsichtbaren Hand gelenkt wird, sodass am Ende das Beste für alle herauskommt, oder nicht. Bedeutsam ist dabei nur, wie es sich anfühlt, Enscheidungen zu treffen. Analog betont z.B. Peterson, nicht für das Individuum im Sinne einer aus Egoismus rationalen Kraft einzutreten wie beispielsweise Ayn Rand (an deren Roman ATLAS SHRUGGED[821] sich beispielsweise das scheiternde Utopia in dem Spiel BIOSHOCK orientiert), sondern für den Wert individueller Verantwortung[822]. Diese Sichtweise ist nicht nihilistisch – aber sie ist ignorant.

Game-Design basiert als künstlerische Disziplin auf der zentralen Annahme, dass einige Entscheidungen interessanter sind als andere. Wäre dem nicht so, würde das Spielen gezielt entworfener Spiele – wie Schach, Mau-Mau und BIOSHOCK – keinen stärkeren Reiz ausüben als Hausaufgaben, Steuererklärungen und Geschirr spülen.

---

820 Vgl. Harari 2018, S. 89-90
821 ATLAS SHRUGGED. Autor: Ayn Rand. 1957
822 Vgl. Peterson in: Žižek/Peterson 2019. https://www.youtube.com/watch?v=1sWndfzuOc4, zuletzt geprüft am 14.02.2020, Min: 2:34:00

Selbstredend können auch solche Aktivitäten spielerisch aufbereitet werden – dies wäre jedoch bereits ein gezielter Akt der Gestaltung. Metatragödien gehen darüber hinaus, das Leben einfach nur als Spiel zu begreifen und es dann weiter so zu führen wie bisher.

Indem metatragische Protagonisten sich mit ihrer Geschichte identifizieren, werden sie in gewissem Umfang selbst zu deren Autoren, wie im Vorfeld erörtert (siehe Kapitel 6.3): sie werden zu Designern der Spiele, die sie spielen – was seinerseits eine interessante Entscheidung und somit ein Spiel darstellt.

In dem deutschen Indie-Film RAUS z.B. entscheiden sich die Protagonisten, als Aussteiger eine neue Gesellschaft im Wald aufzubauen und dabei die Regeln eines Philosophen zu befolgen, den sie selbst erfunden haben. Stets wird versucht, dem eigenen Leben eine bestimmte Richtung zu geben. Oft aber werden zusätzlich auch die sozialen Verhältnisse geändert, was dann als Erweiterung dieses Prozesses zu sehen ist: die Protagonisten schaffen die Voraussetzung für das Leben, dass sie führen bzw. die Spiele, die sie spielen möchten. In FIGHT CLUB und THE WORLD'S END führen die Protagonisten Chaos herbei, weil sie im Chaos leben möchten. Donnie Darko rettet die Idylle der Vorstadt (und je nach Deutung auch den Rest der Welt), damit seine Freundin dort leben kann.

Sofern metatragisches Erzählen als Form von Utopismus verstanden wird, ist dieser in gewisser Hinsicht absolut eskapistisch. Das eigene Leben zum Spiel zu machen hat nicht notwendigerweise etwas mit dem Lösen oder Annehmen realer Probleme zu tun. Beispielsweise in RAUS flüchten die Protagonisten effektiv vor den bestehenden Zuständen. Sich mit der eigenen Geschichte zu identifizieren ist losgekoppelt von der Auseinandersetzung mit Umweltzerstörung, Klimawandel, sozialer Ungleichheit, wirtschatlichen Problemen, populistischer Gesellschaftsspaltung oder dergleichen. Praktisch betrachtet stellt es jedoch gerade darum ein Plädoyer fürs Lösen solcher Probleme und die damit einhergehende Übernahme individueller Verantwortung dar.

Z.B. in WATCHMEN oder THE MAN IN THE HIGH CASTLE nehmen die Protagonisten effektiv den Kampf gegen globale Bedrohungen auf, um sich auf ihre private Existenz konzentrieren zu können. Erst dadurch, dass das Leben einzelner Menschen als sinnvoll betrachtet wird, kommt der Entschluss zustande, etwas für die Gesamtheit aller (für sich genommen einzelnen) Menschen zu unternehmen.

Repräsentativ ist ein Slogan, mit welchem die dritte Staffel von THE MAN IN THE HIGH CASTLE beworben wurde: "Fight for the world you want.[823]"

Die Leben, die zu spielen sich die Protagonisten von Metatragödien entscheiden, finden immer unter bestimmten Umständen statt, die entweder explizit abgelehnt oder wenigstens indirekt als Teil des Spiels akzeptiert und propagiert werden. Von besonderem Interesse sind Erzählungen wie WESTWORLD oder AMERICAN GODS, deren Protagonisten sich für das Leben in Welten entscheiden, die bereits konkret nach den Prinzipien von Videospielen funktionieren.

In diesem Zusammenhang heben sich Videospiele vor allem dahingehend von den meisten analogen Spielen ab, dass sie in der Lage sind, narrativ aufbereitete menschliche Schicksale detailliert darzustellen. Auch wenn der weiße Bauer eines Schachspiels auf A4 zieht, ist das eine Geschichte – sie ist jedoch um Längen abstrakter als die von Alan Wake, der im gleichnamigen Spiel nach seiner verschollenen Ehefrau sucht. Da die Bedingungen, unter denen die Akteure in Videospielen (oder indirekt: deren menschliche Spieler) agieren, somit sehr viel besser mit denen von realen menschlichen Akteuren verglichen werden können, lassen sich davon auch deutlich effizienter Kriterien zu deren Gestaltung ableiten.

So ist beispielsweise in ALAN WAKE klar benennbar, was die Spielwelt von der Realität unterscheidet. Im durchaus realistischen Setting einer US-amerikanischen Kleinstadt muss der vom Spieler gesteuerte Protagonist, unter eher unrealistischen Voraussetzungen, eine Reihe sehr unrealistischer Aufgaben bewältigen: Rätsel lösen, Gegner besiegen und Ausrüstung dafür suchen, die zufälligerweise immer an passenden Stellen bereitliegt (mitten im Wald liegen Waffen und Munition am Wegrand, kurz bevor Alan in einen Hinterhalt verrückt gewordener Holzfäller gerät und ähnliches). Da es sich um eine Metatragödie handelt, werden diese Elemente auch explizit als übernatürlich deklariert und sind Teil einer surrealistischen Erzählung. So stellt Alan fest, dass seine Erlebnisse wahrgewordene Teile einer Romanhandlung sind, die er zuvor selbst als Schriftsteller verfasst hat. ALAN WAKE ist ein als Videospiel inszenierter Roman, der seinerseits nach den Prinzipien eines Videospiels abläuft.

---

823 Vgl. Amazon Prime Video 2018. https://www.youtube.com/watch?v=Xunwv3r RWYo, zuletzt geprüft am 14.02.2020, Min.: 01:00

Infolgedessen werden dem Protagonisten sowohl Aufgaben gegeben als auch die erforderlichen Möglichkeiten, um sie zu bewältigen. Und genau das ist die neue Realität, auf die er sich schließlich einlässt: die metatragische Utopie.

Hierbei ist zu beachten, dass es sich bei ALAN WAKE um ein Action- und Horrorspiel handelt, in dessen Verlauf eine ganze Menge Menschen umgebracht werden. Eine direkte Umsetzung des Szenarios in der Realität wäre in Teilen möglich, aber wohl nicht wünschenswert: technisch gesehen ist es vermutlich machbar, Kleinstädte mit psychisch gestörten Gewaltverbrechern zu bevölkern und überall Waffen zu verteilen, um eine Art Horror-Themenpark zu errichten. Der eigentliche Utopismus besteht jedoch eher in der übertragenden Realisierung viel grundlegenderer Spielmechaniken, um interessante Entscheidungen zu gewährleisten.

So können beispielsweise die von Venus und Leschke betonten Game-Over-Restart-Konfigurationen (die sich ebenfalls in ALAN WAKE finden) sehr direkt auf politisch reglementierbare Lebensverhältnisse übertragen werden. Es ist möglich, Menschen einen Neuanfang und das Lernen aus Fehlern zu ermöglichen. In einem stark utopistischen, weit in die Zukunft gedachten Sinne könnte das bedeuten, die Entwicklung von Technologien anzustreben, die beispielsweise erlauben, Erinnerungen zu löschen oder Tote wiederzuerwecken, wie es den Hosts in WESTWORLD zuteilwird (oder Laura in AMERICAN GODS auf eher magischem Weg). Genauso wäre aber denkbar, den zugrundeliegenden Gedanken in einer viel direkteren Weise auszulegen: als Argument für soziale und medizinische Absicherung.

Das bedeutet nicht a priori, dass in Metatragödien für soziale Gerechtigkeit Stellung bezogen würde. Das Konzept, spielerische Prinzipien auf das wirkliche Leben zu übertragen, ist sehr abstrakt und kann enorm verschieden interpretiert werden. Parallel können auch Game-Over-Restart-Konfigurationen in Videospielen unterschiedliche Form annehmen.

In ALAN WAKE z.B. sind Restarts über ein Checkpoint-System geregelt. Wenn Alan stirbt (weil ihn ein irrer Holzfäller mit seiner Kettensäge traktiert oder wenn er in einen Abgrund stürzt, weil ihn der Spieler versehentlich über dessen Kante hinweg steuert) wird der Spielzustand bis zu dem Punkt zurückgesetzt, an dem er den letzten Checkpoint innerhalb der Spielwelt passiert hat, von dem aus er dann neu startet.

Selbiges gilt für LIFE IS STRANGE, wobei dem Spieler zusätzlich die Möglichkeit gegeben ist, die Zeit ein Stück zurückzudrehen, wann immer ihm danach ist und Dinge rückgängig zu machen, ohne vom letzten Checkpoint ganz neu starten zu müssen.

Umgekehrt bieten einige Titel überhaupt keine Restart-Option oder schränken diese weitgehend ein. Spiele wie X-COM: ENEMY UNKNOWM[824] etwa bieten besondere Spielmodi, in denen das Speichersystem der Kontrolle des Spielers entzogen bleibt, sodass er seine Aktionen und die Folgen überhaupt nicht ungeschehen machen kann und mit der kompletten Spielhandlung von vorn beginnen muss, wenn er verliert. Die Ausprägung von Game-Over-Restart-Konfigurationen ist eine Frage des Game-Designs und mit diversen anderen Aspekten verflochten. Das Spiel DARK SOULS[825] z.B. bietet recht umfassende Restart-Optionen, dafür aber sind die zu bewältigenden Aufgaben so anspruchsvoll, dass sie fast nur gelöst werden können, indem die Lösungsschritte durch Wiederholung auswendig gelernt werden.

Analog dazu lässt sich auch die Frage nach Umfang und Ausprägung sozialer Absicherung als eine Frage des Game-Designs verstehen, wobei mögliche Antworten auf verschiedene Arten des Spielerlebens abzielen – die jeweils auf verschiedene Zielgruppen zugeschnitten sind. Ob z.B. ein bedingungsloses Grundeinkommen gegenüber von Arbeitslosengeld zu bevorzugen wäre, das an bestimmte Konditionen geknüpft ist, wäre mit der game-designerischen Frage verknüpft, welche Variante den Betroffenen die interessanteren Entscheidungsmöglichkeiten bieten würde.

Ähnliches gilt für die Auslegung von Freiheit. Ein formaler Freiheitsbegriff nach liberalem Verständnis sieht in seiner Extremform vor, staatliche oder sonstwie systembedingte Hindernisse aus der Welt zu schaffen: jeder kann tun, was er möchte und niemand hält ihn dabei auf. Erlaubt ist, was nicht verboten ist. Für gleiche Lebensverhältnisse zu sorgen wird dabei herkömmlicherweise als Widerspruch verstanden, da die Freiheit einzelner reglementiert werden müsste, um die Gleichheit aller zu gewährleisten. Dem gegenüber steht beispielsweise das Konzept der *égaliberté* (zu Deutsch etwa: *Gleichfreiheit*) des französischen Philosophen Étienne Balibar.

---

824 X-COM: ENEMY UNKNOWN. PC u.a.. Entwickler: Firaxis Games. Publisher: 2K Games. 2012

825 DARK SOULS. PC u.a.. Entwickler: From Games. Publisher: Bandai Namco Games. 2011

Demnach sind Freiheit und Gleichheit keine Antagonismen, sondern bis zu einem bestimmten Grad untrennbar verbunden, da Freiheit mit effektiv vorhandenen Chancen und Möglichkeiten gleichgesetzt wird. Wer beispielsweise kein Kapital besitzt, hat nicht die Freiheit, dieses zu investieren. Ein Staat kann seinen Bürgern diesem Gedankengang nach nur dann Freiheit bieten, wenn er als Republik aktiv für deren Wohlergehen sorgt, anstatt sie bloß von Einschränkungen zu befreien (weshalb Balibars Konzept teils z.b. als alternatives Leitbild zu der aktuellen liberalen politischen Ausrichtung der Europäischen Union beschworen wird).[826]

Diese Unterscheidung kann mit der game-designtechnischen Unterscheidung zwischen linearem und nonlinearem Gameplay verglichen werden. In ersterem Fall ist die Abfolge der Ereignisse vorab streng festgelegt, beispielsweise indem eine gleichbleibende Geschichte in Form von Filmsequenzen erzählt wird, die jeweils abgespielt werden, nachdem der Spieler bestimmte Aufgaben gelöst hat. In nonlinearen Spielen können Ablauf und Art der Ereignisse beeinflusst werden oder sind überhaupt nicht vorgeschrieben.

Von einigem Interesse ist abermals das Spiel BIOSHOCK. Dessen Gameplay ist weitgehend linear. So kann der Spieler zwar innerhalb der einzelnen Level recht frei entscheiden, was er tut, die jeweiligen Situationen zwingen ihn jedoch zu bestimmten Aktionen, wenn er neue Gebiete erreichen und verhindern möchte, dass sein Avatar von angreifenden Gegnerfiguren immer wieder getötet wird. Effektiv also ist er frei, einem bestimmten Pfad zu folgen oder zu stagnieren und zu sterben. Die vorgegebenen Möglichkeiten determinieren die möglichen Aktionen. Dabei ist die Handlung des Spiels in einem gescheiterten Utopia in den 1950er Jahren angesiedelt, dessen (an Ayn Rands objektivistisches Denken angelehnte) Idee darin bestand, das Potenzial des Menschen zu entfesseln, indem sämtliche Hürden aus dem Weg geräumt werden. Repräsentativ ist eine Ansprache seines Gründers Andrew Ryan, welche der Spieler gleich zu Beginn zu hören bekommt:

> "I am Andrew Ryan, and I'm here to ask you a question. Is a man not entitled to the sweat of his brow? 'No!' says the man in Washington, 'It belongs to the poor.' 'No!' says the man in the Vatican, 'It belongs to God.' 'No!' says the man in Moscow, 'It belongs to everyone.' I rejected those answers;

---

[826] Vgl. beispielsweise Guérot 2016, S. 100-103

instead, I chose something different. I chose the impossible. I chose... Rapture, a city where the artist would not fear the censor, where the scientist would not be bound by petty morality, where the great would not be constrained by the small! And with the sweat of your brow, Rapture can become your city as well.[827]"

Tatsächlich befindet sich die Stadt Rapture zu diesem Zeitpunkt jedoch bereits in einem chaotischen Bürgerkriegszustand, (siehe Kapitel 6.8) da soziale Ungleichheit die Freiheit für viele ihrer Bewohner zur Farce gemacht und sie zu ausweglosem Sklavendasein verdammt hat. Und auch der vom Spieler kontrollierte Protagonist wird schließlich explizit damit konfrontiert, von Beginn an manipuliert worden zu sein: die immanente Systemkritik des Spiels ist nicht nur Teil der vordefinierten Geschichte, sondern auch des Game-Designs, was beides miteinander gleichstellt – und obendrein den humanistischen Glauben an freien Willen demontiert.

Doch auch abgesehen von entsprechend reflexiven Ansätzen kann lineares Gameplay für Spieler interessant sein. Entscheidend sind jeweils die genauen Umstände und der Geschmack der Zielgruppe. Dies wirft – besonders vor dem Hintergrund metatragischen Utopimus' – die Frage auf, ob sich überhaupt gemeinsame Kriterien ausmachen lassen, die Spielen ermöglichen, interessantere Entscheidungen bereitzustellen als nicht-spielerische Aktivitäten.

Eine mögliche Antwort darauf sind die von Roger Caillois definierten und in der späteren Literatur oft übernommenen sechs Kerneigenschaften von Spielen (die 1958 verfasst wurden und sich daher zunächst auf analoge Spiele beziehen):

1. Spielen ist freiwillig.
2. Spielen ist unproduktiv.
3. Ein Spiel ist ein räumlich und zeitlich begrenztes Ereignis.
4. Der Funktionsweise eines Spiels ist durch ein Regelwerk festgelegt.
5. Man lebt während des Spiels in einer fiktiven Wirklichkeit.
6. Ein Spiel hat einen offenen Ablauf und ein ungewisses Ende.[828]

---

827 Vgl. BIOSHOCK
828 Vgl. Callois 2001, S. 4

Tatsächlich kann die Identifikation metatragischer Protagonisten mit ihrer Geschichte als Übertragung dieser Kriterien auf ihre individuelle Realität verstanden werden. So wird die Teilnahme an dem Leben, in das sie per Geburt hineingeworfen wurden, dadurch freiwillig, dass sie es bewusst bejahen – besonders in den Fällen, in denen konkret die Alternative in Form des Selbstmords abgewogen und abgelehnt wird.

Unproduktiv wird es insofern, als dass auf einen höheren Sinn jenseits des individuellen Erlebens verzichtet wird.

Die raumzeitliche Begrenzung des eigenen Tuns, die ja ohnehin in irgendeiner Form vorliegt, wird zwangsläufig zu einer bewusst akzeptierten Tatsache, da die Protagonisten außer Stande sind, die Wirklichkeit jenseits konkret greifbarer Erfahrungen und Situationen zu verstehen. Auch die Akzeptanz des Todes als Bestandteil des Lebens, wie in ZARDOZ, kann als entsprechende Begrenzung betrachtet werden. Mit der Adaption eines Regelwerks ist es etwas komplizierter.

In einem abstrakten Sinn stellen bereits die Naturgesetze eine Art Regelwerk dar, welches man durchaus annehmen oder ablehnen kann. Praktisch gesehen kann Letzteres natürlich nicht über eine Bekundung des eigenen Standpunktes hinausgehen – sofern nicht konkret eine übernatürliche Alternative vorhanden ist, wie z.B. die Zone in STALKER, die der Schriftsteller ja aus eben diesem Grund aufsuchen möchte (siehe Kapitel 6.5). Hierbei sind vor allem Videospiele des Sandbox-Genres wie MINECRAFT[829] von Belang, welche dem Spieler eine offen begehbare Welt bereitstellen, in der er tun und lassen kann was er möchte und theoretisch nur von simulierten Naturgesetzen eingeschränkt wird.

Eine weitere Art von Regelwerk bilden in vielen Metatragödien selbstauferlegte Rollen und Verhaltenskodizes. So beginnen Logan in LOGAN und der Protagonist von UNBREAKABLE im Verlauf der Handlung, wie Comic-Helden zu agieren, obwohl sie sich nicht darauf verlassen können, damit objektiv das Richtige zu tun.

Bereits in vielen klassischen Film Noirs, wie etwa THE MALTESE FALCON, finden sich Protagonisten, die im Sinne Nietzsches nach ihren eigenen Gesetzen leben und in vieler Hinsicht ein eher spielerisches Dasein führen[830]. Zu guter Letzt werden mit der eigenen Geschichte, wie erörtert, auch bestimmte Lebensumstände in Kauf genommen –

---

829 MINECRAFT. PC u.a.. Entwickler: Mojang u.a.. Publisher: Mojang/Mocrosoft Studios/SCEI. 2009
830 Vgl. Biesen 2005, S. 48

wie z.B. die im engeren Sinn videospielhaften Welten in WESTWORLD, AMERICAN GODS oder ALAN WAKE samt ihrer geltenden Regeln.

Da sich die Konsequenzen des eigenen Handelns nicht zur Gänze abschätzen lassen, sind Ablauf und Ende der Geschichte zwangsläufig offen und da nur Geschichten Orientierung bieten, fängt man an, in einer mindestens partiell fiktiven Welt zu leben.

Effektiv lässt sich die metatragische Sichtweise damit sehr viel eher in eine politische Agenda übertragen, als bloß die Forderung, interessante Entscheidungen bereitzustellen. Die in Metatragödien enthaltene Utopie besteht in einer Gesellschaft, die ermöglicht, dass Menschen ein nach Callois' Kriterien spielerisches Leben führen. Auch diese kann jedoch äußerst verschieden aussehen. Die Frage, was interessante Entscheidungen ausmacht, wird lediglich durch eine Reihe spezifischerer Fragestellungen ersetzt. So wäre nach wie vor zu klären, wie die Regeln aussehen, wie ungewiss bzw. unplanbar der Ablauf des individuellen Lebens im Detail sein sollte oder was Unproduktivität bedeutet: müssten Menschen tatsächlich nichts mehr produzieren (und würden z.B. bedingungslos Grundeinkommen erhalten) oder sollte schlicht angestrebt werden, Produktionsprozessen einen spielerisch erfüllenden Anstrich zu verleihen? Auch Freiwilligkeit, respektive Freiheit, kann, wie bereits angesprochen, sehr verschiedene Formen annehmen. Ein interessantes Szenario ist dabei die in Robert William Chambers Roman THE KING IN YELLOW[831] entworfene finstere Utopie: darin wird Selbstmord legalisiert und die Regierung stellt öffentlich zugängliche Möglichkeiten dazu bereit, um der Teilnahme am Leben ihren erzwungenen Charakter zu nehmen. Gleichwohl ließe sich auf dieser Basis auch für jede sonstige Ausprägung von Freiheit argumentieren, was keine dergestalt existenziellen Formen annehmen muss.

Sämtlichen in diesem Buch als Metatragödien eingestuften Erzählungen ist nur gemein, dass ihre Protagonisten im Leben und Erleben einzelner Menschen Bedeutung finden, obwohl das Ich eine Fiktion zu sein scheint – genau wie die, wenigstens teilweise, von ihm verzerrte Wahrnehmung der Wirklichkeit. Das Leben als Spiel zu gestalten ist lediglich ein davon ableitbarer Schluss, der in einigen dieser Erzählungen auch explizit gezogen wird. Und werden diese miteinander verglichen, besteht die Übereinstimmung eher in einem gemeinsamen Wert als in einem Programm. Dieser Wert besteht darin, dem Treffen interessanter Entscheidungen um seiner selbst Willen Bedeutung

---

831 THE KING IN YELLOW. Autor: Robert William Chambers. 1895

beizumessen: *Playfulness*, wie sie als wiederkehrendes Ideal bei Nietzsche und in der Postmoderne zu finden ist. Repräsentativ für das Konzept der Playfulness in Nietzsches Werk ist beispielsweise der folgende Aphorismus aus dessen Buch *Menschliches, Allzumenschliches*:

> *Langeweile und Spiel.* – Das Bedürfnis zwingt uns zur Arbeit, mit deren Ertrage das Bedürfnis gestillt wird; das immer neue Erwachen der Bedürfnisse gewöhnt uns an die Arbeit. In den Pausen aber, in welchen die Bedürfnisse gestillt sind und gleichsam schlafen, überfällt uns die Langeweile. Was ist diese? Es ist die Gewöhnung an die Arbeit überhaupt, welche sich jetzt als neues, hinzukommendes Bedürfnis geltend macht; sie wird umso stärker sein, je stärker Jemand an Bedürfnissen gelitten hat. Um der Langeweile zu entgehen, arbeitet der Mensch entweder über das Maß seiner sonstigen Bedürfnisse hinaus oder er erfindet das Spiel, das heißt die Arbeit, welche kein Bedürfnis stillen soll als das nach Arbeit überhaupt. Wer des Spieles überdrüssig geworden ist und durch neue Bedürfnisse keinen Grund zur Arbeit hat, den überfällt mitunter das Verlangen nach einem *dritten Zustand*, welcher sich zum Spiel verhält wie Schweben zum Tanzen, wie Tanzen zum Gehen – nach einer seligen ruhigen Bewegtheit: es ist die Vision der Künstler und Philosophen von dem Glück.[832]

Spielerische Beschäftigung wird dabei teils sogar als Alternative zu sinnstiftenden Erzählungen mit Wahrheitsanspruch wie Religionen in Betracht gezogen, ausdrücklich z.B. in *Die fröhliche Wissenschaft*:

> Gott ist tot! Gott bleibt tot! Und wir haben ihn getötet! […] Welche Sühnefeiern, welche heiligen Spiele werden wir erfinden müssen?[833]

Auch Nietzsches in ALSO SPRACH ZARATHUSTRA entworfene Vision des Übermenschen, der seinem Leben ohne verlässliche Wahrheit und festes Selbst einen Sinn gibt, steht eng mit diesem Ideal in Verbindung:

> Unschuld ist das Kind [an dieser Stelle als Symbol für den Übermenschen] und Vergessen, ein Neubeginn, ein Spiel, ein aus sich rollendes Rad, eine erste Bewegung, ein heiliges Ja-Sagen. Ja, zum Spiele des Schaffens, meine Brüder, bedarf es eines heiligen Ja-Sagens: *seinen* Willen will nun der Geist, *seine* Welt gewinnt sich der Weltverlorene.[834]

---

832 Vgl. Nietzsche 2010, S. 345
833 Vgl. Nietzsche 2009, S. 143
834 Vgl. Nietzsche 2010, S. 385

Besonders im Bild des aus sich rollenden Rades besteht enorme Ähnlichkeit zu dem in den 1970er Jahren von dem Psychologen Mihály Csíkszentmihályi beschriebenen *Flow*-Erleben. Damit gemeint ist ein Tätigkeitsrausch, währenddessen die betroffene Person völlig in ihrem Handeln aufgeht, sich selbst vergisst und einen Zustand hoher Konzen-tration und körperlicher Ruhe erreicht. Csíkszentmihályi beschreibt diesen Modus als *autotelisch*, was griechisch ist und übersetzt bedeutet, dass das Tun selbst als Ziel des Tuns empfunden wird.

Flow-Erleben wird vor allem mit künstlerischen Schaffensprozessen, sportlichen Betätigungen und ähnlichem assoziiert – sowie auch mit dem Spielen von Computerspielen, welches aus Sicht der modernen Psychologie sogar als Paradebeispiel dafür gilt.[835]

Nach dieser Lesart wäre Zarathustras Übermensch jemand, der sich im Flow befindet, sein Handeln als sinnvoll erlebt und daher keinen darüber hinausgehenden Sinn benötigt. Und indem metatragische Protagonisten sich ein spielerisches Dasein gestalten, streben sie nach diesem Zustand, genau wie Zarathustra.

Im Zusammenhang von metatragischem Utopismus ist relevant, dass das Zustandekommen von Flow-Zuständen keine weitere Definition von Spielen an sich ist, sondern ein anwendbares Bewertungskriterium für erfolgreiches Game-Design. Effektiv ist Flow-Erleben sogar anhand von Atmung, Herzaktivität und Hautwiderstand empirisch mess- und somit potenziell einsetzbar, um zu quantifizieren, wie stark Spieler in ein Spiel involviert werden[836].

Auch lässt sich klarer eingrenzen, wodurch Flow herbeigeführt wird. Csíkszentmihályi selbst benennt als Weg dazu, konkrete, klar strukturierte und umsetzbare Ziele zu verfolgen. Der Medienwissenschaftler Christoph Klimmt dagegen sieht die Ursache im hochfrequenten Wechsel von Anspannung und Erfolg.[837]

In jedem Fall entscheidend ist das richtige Verhältnis von Anforderungen und Fähigkeiten.

---

835 Vgl. Sweetser/Wyeth 2005, S. 1-3
836 Vgl. beispielsweise Böttcher 2005. https://www.rab-software.de/de/game-flow-analyse/computerspiele-flow, zuletzt geprüft am 14.02.2020
837 Vgl. Sweetser/Wyeth 2005, S. 3-6

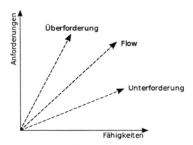

Abbildung 15: Flow-Diagramm. Der als Flow bezeichnete Tätigkeitsrausch kommt zustande, wenn fortlaufend erfolgreich Aufgaben bewältigt werden. Erforderlich sind somit verfügbare Tätigkeiten, deren Anspruch weder zu gering noch zu hoch ist, damit die eigenen Fähigkeiten ihm gerecht werden.

Flow ist somit nicht bloß Spaß im hedonistischen Sinne, sondern ein Zustand der Erfüllung, bei dem das eigene Handeln und das fiktionale innere Ich-Konzept zumindest zeitweilig übereinstimmen. Playfulness – als Weg zu Flow-Zuständen – als positiven Wert zu begreifen, ist zudem ein hilfreicher Schritt dabei, die Fragen zu beantworten, die sich aus der utopistischen Idee ergeben, dem Leben spielerische Qualitäten zu verleihen. Interessante Entscheidungen kommen zustande, wenn das Zusammenspiel aus individuellen Fähigkeiten und vorhandenen Möglichkeiten Menschen weder über- noch unterfordert. Somit bestünde das Ziel entsprechender Politik darin, Angebote zur Betätigung zu schaffen, welche dies ermöglichen.

Im Kontext transhumanistischer Technologien könnte es jedoch genauso darin bestehen, Menschen zu schaffen, die zu den bestehenden Angeboten passen. Flow bedeutet, dass man das tut, was man will – und somit das will, was man tut. Um einen solchen Zustand herbeizuführen ist egal, an welcher Stelle man ansetzt.

Der Wert Playfulness könnte absolut als Ideal einer Gesellschaftsordnung fungieren, welche derjenigen aus BRAVE NEW WORLD ähnelt und darauf basiert, die menschliche Physis und Psyche fortwährend zu manipulieren. Der Unterschied bestünde einzig darin, dass versucht würde, die Menschen in einen interessierten Flowzustand zu versetzen, anstatt sie glücklich und zufrieden zu machen. Wie erwähnt, ist Flow ein messbarer körperlicher Zustand und kann somit, wenigstens hypothetisch, auf medizinischem Weg erzeugt werden.

Sofern die menschliche Konstitution dabei über ein gewisses Maß hinaus verändert würde, müsste das nicht einmal mehr etwas mit Spielen oder herkömmlichen erfüllenden Tätigkeiten zu tun haben – denn diese sind ein Weg zum Flow für *Homo Sapiens Sapiens*.

Playfulness rechtfertigt, den Menschen oder die Welt anzupassen, in der er lebt – oder beides zugleich. Mehrheitlich tendieren die untersuchten Metatragödien dazu, einen reflexiven Umgang mit der eigenen Identität (und damit damit eine individualistische Lebensführung) gegenüber transhumanistischen Eingriffen in die menschliche Physis zu bevorzugen, beides dient jedoch dem gleichen Zweck. BIOSHOCK und WESTWORLD z.B. sind allemal als interessierter Flirt mit entsprechend technologischen Ansätzen lesbar.

In jedem Fall bietet Playfulness einen Wert, der von Wohlbefinden und der (abschließenden) Stillung von Bedürfnissen, freiem Willen, der Legitimation durch Gott oder verlässliche Wahrheit, nationaler oder kultureller Identität sowie auch Produktivität und Leistung ebenso unabhängig ist wie von der Nutzung bestimmter Technik – wie sie z.B. der von Harari beschriebene Dataismus propagiert. Gleichzeitig aber steht Playfulness zu keinem dieser Konzepte in direktem Widerspruch. So könnte z.B. Zarathustras Übermensch nach der hiesigen Lesart ein anatomisch ganz banaler Homo Sapiens Sapiens sein – oder etwas völlig anderes.

Auch lassen sich soziale Narrative mit vorgeblichem Wahrheitsanspruch potenziell allein dadurch rechtfertigen, wie es sich anfühlt, diese zu vertreten. Als ihr praktischer Nutzen – im Sinne der Metamoderne – rechtfertigt sie allein, dass sie das eigene Erleben stimulieren. So scheint der Charakter Noah in DARK durchaus in seiner Priesterrolle aufzugehen, obgleich er gar nicht an die Lehre glaubt, welche er predigt (siehe Kapitel 7.1.4).

Eine in ihrer Ambivalenz noch verstörendere Figur ist in diesem Zusammenhang der Oberst der SS Hans Landa in dem Tarantino-Film INGLOURIOUS BASTERDS. Als typischer Film Noir-Charakter von der Sorte, welcher es gelingt, ein Leben nach den eigenen Regeln zu führen, scheint Landa seinen Beruf als Privatdetektiv vor allem aufgrund der damit einhergehenden Gelegenheit auszüben, Abenteuer zu erleben und seiner Neugierde bezüglich der Geschichten fremder Menschen nachzugeben. Aufgrund der dahingehend noch weitergehenden Gelegenheiten hat er sich dem nationalsozialistischen Regime Adolf Hitlers angeschlossen und jagt in dessen Auftrag Juden, welche sich im besetzten Frankreich versteckt halten.

Der Subtext des Charakters besteht in der gefährlichen Feststellung, dass die kriegstreiberische Ideologie der Nationalsozialisten sich bei aller Destruktivität verführerisch dazu eignet, das eigene Leben narrativ aufzuladen – unabhängig davon, dass sie darüber hinaus irgendeine Rechtfertigung benötigt.

Allerdings lässt in INGLOURIOUS BASTERDS eben dieser Hans Landa schließlich zu, dass Hitler ermordet und der Zweite Weltkrieg überraschend beendet wird. Dabei scheint es ihm darum bestellt zu sein, sich selbst zu retten und nicht mit dem Regime unterzugehen – an dessen erklärten Zielen ihm ohnehin nicht eigentlich gelegen war. Gegenstand seines Interesses scheint einzig das subjektive Empfinden und Leben einzelner Menschen zu sein – in diesem Fall vor allem sein eigenes (siehe Kapitel 6.7).

Gleichwohl begeht er kurz vor Hitlers Tod noch einen Mord, um eine am Attentat beteiligte Schauspielerin zu bestrafen: ohne, dass er damit etwas anderes bezweckt. Gewissermaßen ist er ein Identitäts-Opportunist, der seine Rolle bis zum letzten Moment auskostet und danach das sinkende Schiff verlässt.

Von Interesse ist, dass in Tarantinos folgendem Film DJANGO UNCHAINED ein in Denken und Persönlichkeit beinahe identischer Charakter vorkommt, welcher ebenfalls von Christoph Waltz verkörpert wird: der Kopfgeldjäger Dr. King Schultz. Anders als Hans Landa setzt sich dieser jedoch durchaus für seine Mitmenschen ein und opfert schlussendlich sogar das eigene Leben, um einen grausamen Sklavenhalter in den Südstaaten des 19. Jahrhunderts für seine unmenschlichen Gräueltaten zu bestrafen. Obwohl es infolge dieser Tat tatsächlich zur Befreiung aller Sklaven kommt, ist dies in dem Moment keinesfalls abzusehen. Die Aktion scheint für ihn aus sich selbst heraus befriedigend zu sein. Scheinbar tut er all dies aus einer sehr ähnlichen, im Grunde metatragischen Weltsicht heraus – welche jedoch mit anderen Narrativen verknüpft wird.

Ebenfalls von Interesse ist eine These Žižeks, wonach nationalsozialistische Ideologie auf ihre Anhänger einen im Grunde genommen ähnlichen Reiz ausübt wie das Spiel POKÉMON GO[838] AUF seine Spieler. Letzteres wird auf mobilen Endgeräten wie Smartphones gespielt und basiert auf deren Positionsdaten: um die im Zentrum des Spiels stehenden digitalen Zauberwesen zu fangen, müssen reale Orte besucht

---

838 POKÉMON GO. Android/iOS. Entwickler: Niantic. Publisher: The Pokémon Company/Nintendo. 2016

werden, an denen dies dann jeweils möglich ist. Gewissermaßen wird die banale wirkliche Welt des Alltags in beiden Fällen durch eine narrative Ebene aufgeladen: in einem Fall scheinen sich überall Pokémon zu verstecken, im anderen Juden und Staatsfeinde. Dies ist in beiden Fällen nicht wirklich der Fall und eignet sich dennoch, um Menschen zu begeistern – sei es zum Wandern und Erkunden der eigenen Umgebung oder zum Unterstützen des faschistischen Regimes.[839] Das Leben als Spiel zu betrachten kann unschuldige Züge annehmen und zu harmloser sportlicher Betätigung anregen – oder alles andere als unschuldig ausfallen.

Playfulness ist ein Wert, der sich auf die Lebensgestaltung von Menschen bezieht. Dabei bleiben seinerseits diverse Fragen offen, z.B., um welche Menschen es geht. Wer soll sich im Flow-Zustand befinden? Alle? Immer? Oder nur bestimmte Eliten oder Personen zu bestimmten Zeiten, etwa während fester Rituale? Oder nur die Bewohner einzelner Städte oder Länder?

Nietzsches Philosophie ist dabei stark individualistisch („[…] *seinen* Willen will nun der Geist"), obwohl sie durchaus auch gesellschaftspolitische Dimensionen aufweist (siehe Kapitel 6.8). Zentrale Themen seines Denkens sind Leid und persönliche Sinnkrisen, die narrativiert und dadurch als solche subjektiv bedeutsam bzw. zum Spiel werden. Beispielsweise heißt es in *Jenseits von gut und Böse*:

> Und gibt es etwas Schöneres, als nach seinen eignen Tugenden *suchen*? Heißt dies nicht beinahe schon: an seine eigne Tugend *glauben*?[840]

Auch in Metatragödien wird Identitätsverlust vom Problem zur Möglichkeit, da er den Anlass gibt, sich mit dem Abenteuer der Persönlichkeitskonstruktion zu befassen. Die Frage, wer man ist, der Verlust der persönlichen Erzählung, kann seinerseits zur Erzählung werden – sowohl eine persönliche als auch eine medial vermittelte, z.B. ein metatragischer Kinofilm. So wird auch der Rezipient einer Metatragödie darin bestätigt, Metatragödien zu rezipieren: dadurch beschäftigt er sich ja bereits mit Identität und reflektiert potenziell auch indirekt die eigene. Metatragödien machen sich selbst zu einem Teil der Utopie, die sie vermitteln. So ist es nötig, sie aktiv selbst zu interpretieren – und eben das kann bereits einen Akt der Playfulness darstellen und beim

---

839 Vgl. Žižek 2016. https://www.zeit.de/2016/34/augmented-reality-pokemon-go-slavoj-zizek, zuletzt geprüft am 14.02.2020
840 Vgl. Nietzsche 2010, S. 819

richtigen Maß an Komplexität zum Flowzustand führen. Besonders im Falle metatragischer Serien ist dieser Umstand von Interesse: so wird der Rezipient gleichsam darin bestätigt, die nächste Folge einzuschalten. Indem der Zuschauer von DARK mit den Protagonisten miträtselt, eröffnet er sich die Option, die sinnstiftenden Geschichten, mit denen diese sich identifizieren, zu einem gewissen Grad auch auf sich selbst zu beziehen. Das Narrativ individueller Identitätskrisen benötigt individuelle Biographien, doch das zum Flow führende Narrativ ist prinzipiell völlig austauschbar. Playfulness ist ein Wert, der fast beliebig mit anderen Werten kombiniert werden kann. Für sich genommen ist er amoralisch, aber dadurch steht er Moral nicht im Wege. Metatragödien bieten eher ein Ideal als eine Anleitung, wie genau es zu erreichen ist. Damit verbunden sind, wenn überhaupt, bestimmte Kategorien, in denen zu denken dabei hilfreich sein kann. Obwohl z.B. das buddhistische Ziel einer Überwindung des Leids durch das Ziel ersetzt wird, die Wirklichkeit spielerisch zu erleben, schließt das nicht aus, dass buddhistische Meditationspraktiken womöglich nicht auch dazu beitragen könnten. Playfulness kann damit korrelieren, über sich selbst hinauszuwachsen und Meisterschaft in irgendeiner Fähigkeit zu erlangen oder sich auf den reflektierten Genuss des täglichen Geschehens zu konzentrieren. Um Menschen in Flow zu bringen, ist poteziell Bildung nützlich – genauso aber Anarchie, Chaos und Krieg. In UNBREAKABLE und den Folgefilmen führt der untote Autor gezielt Katastrophen herbei, um unter den Opfern jene Menschen ausfindig zumachen, die gerade in Krisensituationen ihr Potenzial entfalten. Genauso wäre auf Playfulness abzielende Politik in jedem Fall zielgruppenabhängig: so wie auch (Video-)Spiele, Filme oder sonstige Erzählungen. Beispielsweise Žižek plädiert jedoch gerade darum für Chancengeichheit:

> Egalitarianism often de facto means I am ready to renounce something so that others will also not have it. This is [...] the problem with political correctness. [...] Should we then drop egalitarianism? No. Egalitarianism can also mean, and that's the quality I advocate, creating the space for as many as possible individuals to develop their different potentials. [...] I see healthcare and education and so on as enabling me to focus my life on more important creative issues. I see equality, this basic equality of chances, as a space for creating differences and yes, why not, even different more appropriate hierarchies.[841]

---

[841] Vgl. Žižek in: Žižek/Peterson 2019. https://www.youtube.com/watch?v=lsWndf

Exakt weil verschiedene Menschen von verschiedenen Narrativen, Umständen und Zielen motiviert werden, sollten seiner Meinung nach die Voraussetzungen geschaffen werden, um dem eigenen Leben eigenverantwortlich einen sinnstiftenden Verlauf zu geben. Oder, im metatragischen Sinne: es zu einer interessanten Geschichte zu machen.

Playfulness bedeutet, die Realität als Geflecht von Möglichkeiten zu betrachten (siehe Kapitel 6.5) und dies wird deutlich einfacher, wenn einzelnen Menschen tatsächlich greifbare Möglichkeiten zur Gestaltung des eigenen Daseins geboten werden. Diese Voraussetzungen zu schaffen kann, durchaus auch die Gestalt politischer Maßnahmen annehmen – der in Kapitel 3.2 beschriebene Unterschied zwischen den Standpunkten Žižeks und Petersons läuft im Wesentlichen darauf hinaus, ob dies der Fall sein sollte oder nicht.

Wie ein finsteres Zerrbild der Idee wirkt das Szenario von THE HUNGER GAMES. So wie der Autorencharakter von UNBREAKABLE absichtlich Krisen auslöst, um den Überlebenden darauf aufbauende Geschichten zu ermöglichen, herrscht dort ein Bürgerkrieg zwischen verschiedenen Parteien – wobei es allen um diesen Konflikt und die damit einhergehenden Möglichkeiten an sich geht, wenn auch jeweils um verschiedene Möglichkeiten. Sie alle empfinden sich als Spieler – spielen aber verschiedene Spiele.

So genießt der Diktator des untergehenden Systems es, eben diese Rolle auszukosten, wie er mehrfach offen zugibt. Diesem bodenständigen Größenwahn stehen die Rebellen gegenüber, denen es eher darum geht, ihr heroisches Narrativ zu verkörpern, als um die eigentliche Sache, für die sie eintreten. Ihr Propagandaregisseur hat einfach Spaß an den Zügen und Gegenzügen strategischer Medienproduktion und sieht im Krieg nicht mehr als eine gute Gelegenheit dazu.

Die Protagonistin selbst flüchtet schließlich in ihr eigenes Spiel – ein idyllisches Familienleben, in welchem sie sich mit der Pflege ihrer labilen Psyche beschäftigt und diesen Prozess seinerseits narrativiert, wie sie im finalen Monolog ihrer Tochter beichtet:

> "Did you had a nightmare? I have nightmares too. Some day I'll explain it to you. Why they came. Why they will never go away. But I tell you, how I survive it. I make a list in my head. Of all the good things I have seen someone do. Every little thing I can remember. It's like a game. I do it over

---

zuOc4, zuletzt geprüft am 14.02.2020, Min: 1:01:00

and over. Gets a little tedious after all these years. But there are much worse games to play.⁸⁴²"

Die vordergründige Melodramatik birgt einen lakonischen Subtext: privater Kitsch ist die bessere Unterhaltung als kollektiver Bürgerkrieg. In gewisser Hinsicht ist Playfulness ein sehr zynischer Wert: was auch immer man spielt, ist über seine spielerische Qualität hinaus genauso gut wie alles andere (siehe Kapitel 6.3). Dies gilt im Privaten ebenso wie politisch. Bedeutung erwächst daraus, sich welche auszudenken – doch das tut das Gehirn von selbst.

Das Leben hat einen Sinn – und man kann nichts dagegen tun. Spielen ist aus metatragischer Sicht Notwendigkeit, keine Option.

Vergleichbar damit ist die Erkenntnis, zu welcher in verschiedener Form letztlich beinahe alle Charaktere der Serie M – EINE STADT SUCHT EINEN MÖRDER gelangen: feste Rollen und die damit einhergehende Verantwortung zu verweigern, ist selbst eine feste Rolle.

Unschuld besteht nicht in spielerischem Tun um seiner selbst willen. Spielen ist per se nicht unschuldig – und gleichzeitig ist alles Spiel. Die eigentliche Frage ist, *was* man spielt und *wie* schuldig man ist: individuelle Verantwortung besteht darin, sich mit dieser Frage zu beschäftigen.

So führt eine Reihe komplexer Zusammenhänge dazu, dass der Vater eines von dem im Zentrum der Handlung stehenden Kindermörders getöten Mädchens diesen in einer Art Schauprozess anklagt. Seine Anklage richtet sich jedoch zugleich gegen das (aus Vertretern der organisierten Kriminalität bestehende) Publikum des Schauprozesses, gegen die Gesellschaft im Allgemeinen und gegen deren vom Mörder in verzerrter Form vertretene Werte von Authentizität und Selbstverwirklichung.

Bezeichnenderweise tut er das verkleidet in seiner Rolle als Captain Hook, die er sonst als Berufsschauspieler auf der Bühne verkörpert:

> „Du willst uns weißmachen, dass ein Kind überhaupt nicht böse sein kann! Dass ein Kind immer das Recht darauf hat, Kind zu sein. Aber niemand, niemand trägt mehr Schuld als ein Kind, dass nicht erwachsen werden will. Niemand macht die Welt grausamer als all jene, die beschließen, für immer Kind zu bleiben.⁸⁴³"

---

842 Vgl. THE HUNGER GAMES: MOCKINGJAY - PART 2., Min.: 2:03:00
843 Vgl. M – EINE STADT SUCHT EINEN MÖRDER, Staffel 1, Folge 6, Min.: 40:00

Darüber hinaus ist M – EINE STADT SUCHT EINEN MÖRDER als kritischer Kommentar zur realen politischen Situation Österreichs sowie den generellen gesellschaftlichen Konsequenzen der Digitalisierung zu verstehen. Der konservative Glaube an ein wahres Ich und freien Willen wird angesichts der immer effizienteren technischen Möglichkeiten zur Manipulation von Menschen als gefährliche Illusion dargestellt, analog zum Standpunkt Hararis. Diese Gefahr als solche zu begreifen geht damit einher, menschliches Denken als erzählerischen Vorgang zu verstehen – bzw. als spielerische Tätigkeit.

In dieser verbindenden Idee aller metatragischen Werke besteht große Ähnlichkeit zu Johan Huizingas Konzept des *Homo ludens*. Dessen Kerngedanke lautet, dass menschliche Kultur – von Politik und Philosophie über Wissenschaft bis hin zu Kunst – grundsätzlich in religiösen Mythen und Kulten wurzelt. Deren Kern aber bildet das Heraustreten aus dem eigentlichen Leben hinein in fiktionale Realitäten – also das Spielen von Spielen. Dieses ist für sich genommen weder gut noch böse, sondern das, woraus solche Kriterien überhaupt erst hervorgehen. Geweihte Handlungen sind laut Huizinga stets formal identisch mit Spielen: die Ziele, denen sie dienen, liegen außerhalb der rational fassbaren Wirklichkeit und halten als Rechtfertigung für Regeln her. Spielen ist sein eigener – objektiv völlig willkürlicher – Zweck, anhand dessen Ordnung und Bedeutung in einer chaotischen Welt geschaffen werden. Kultur und Zivilisation sind nichts anderes als komplizierte Spiele, die zwar umfassende Vorteile bieten, letztlich aber nicht um deretwillen gespielt werden, sondern einfach, weil Spielen in der menschlichen Natur liegt. Der Homo ludens braucht Mysterien, um deretwillen er sich dann bemüht, das nicht-mysteriöse in den Griff zu bekommen.[844]

Caillois' im Vorfeld zitierte Definition von Spielen nimmt auf Huizingas Konzept Bezug und versteht sich als respektvolle Kritik daran. Nach Caillois besteht trotz der formalen Ähnlichkeit ein Unterschied zwischen Kultur bzw. Religion und Spielen im engeren Sinne – die der erwähnten Definition entsprechen. Bei Letzteren fehlt demnach das Mysterium: man ist sich völlig bewusst, dass man ein Spiel ohne höheren Sinn spielt.[845] MONOPOLY und der Kapitalismus mögen einander ähneln, doch bei Ersterem werden keine hitzigen Debatten über die Existenz oder Nichtexistenz unsichtbarer Hände geführt.

---

844 Vgl. Huizinga 1956, S. 12-15
845 Vgl. Callois 2001, S. 4

Demnach liegt Huizinga zwar damit richtig, dass alles, was Menschen denken, tun und glauben, letztlich Spiele sind, es macht jedoch einen enormen Unterschied, ob man merkt, dass man spielt, oder nicht. Sein Homo ludens ist keine Utopie, sondern ein Versuch, den Menschen als Kultur erzeugendes Wesen zu beschreiben.

In Metatragödien jedoch wird er zu einer solchen. Zu begreifen, dass man spielt, verändert den Charakter des Spiels. Und da nach Huizinga alle Ausdrücke menschlicher Kultur Spiele sind, trifft das auch auf Utopien zu: Metatragödien, gleich welchen Mediums, sind Spiele, die spielerisch fordern, dass man Spiele spielt.

Vor dem Hintergrund einer sich rasant wandelnden Welt, dem Heraufdämmern verstörend mächtiger Technologie und der damit einhergehenden Entfremdung von sich selbst ist eben diese Forderung von großer Bedeutung: zivilisatorisch, wenn nicht sogar anthropologisch.

Der moderne Mensch – taxonomisch der Homo sapiens sapiens, der weise weise Mensch – hat sich aus einer früheren Art – dem Homo sapiens – entwickelt. Seine Weisheit jedoch wird schon von der Postmoderne angezweifelt und verblasst gegen die maschinelle Intelligenz von Algorithmen. Was ihm bleibt, ist seine Fähigkeit, zu spielen und sich dadurch selbst einen Sinn zu geben.

Eben diese wird in Metatragödien zum Wert erhoben und z.B. im Fall der Hosts in WESTWORLD, Kubricks 2001: A SPACE ODYSSEY oder ALSO SPRACH ZARATHUSTRA wird das Ergebnisse sogar als neue Spezies klassifiziert.

Dabei handelt es sich um ein Narrativ, das vor Digitalisierung und Postmoderne standhält und nicht unweigerlich auf transhumanistische Göttlichkeitsbestrebungen, Optimierungswahn und Dataismus hinausläuft, sondern darauf, sich als Spieler zu erkennen – und mit Bedacht zu wählen, was man spielt. Dem intrinsischen Sinnpotenzial der autopoietischen Adaption spielerischer Formen.

Oder, etwas griffiger: dem Homo ludens ludens.

Nachwort: Jenseits von Grand Theft Auto

Metatragik ist ein Utopismus des 21. Jahrhunderts. Er besteht in der Proklamation, dass jedes Leben es wert ist, erzählt sowie erlebt zu werden – und erzählens- sowie lebenswert zu sein. Er zeigt Menschen als halb blinde und halb irre Geschöpfe und obendrein allzu verletzlich: gefangen zwischen Chaos und Illusion kann das Dasein dennoch Spaß machen oder zumindest interessant sein – und gerade darum sollte es das auch.

Die von Harari aufgeworfene Frage, was wir in Zukunft wollen wollen, findet in Metatragödien keine abschließende Antwort.

Gleichwohl bieten sie eine Substitution der Problematik an.

In diesem Sinn lautet die eigentliche Frage: was wollen wir spielen? CALL OF DUTY[846], AGE OF EMPIRES[847] und DOOM? ADVENTURE CAPITALIST[848], WE HAPPY FEW[849] und GRAND THEFT AUTO[850]? Oder DON'T STARVE[851] und LIFE IS STRANGE? Was zu wollen wäre passend – zu den Bedingungen, die sich herbeiführen lassen?

Wie soll der Restart aussehen, nach dem Game-Over des Nihilismus?

Metamoderne Denker wie Peterson und Žižek machen Vorschläge. Auf persöhnlicher, sozialer und globarer Ebene. Der jeweilige Fokus ist dabei unterschiedlich – genau wie auch das präferierte Spiel.

Gemein ist ihnen, Dekonstruktion als Methode anstatt Ziel zu sehen.

Metatragödien bieten die dramatische Adaption dieses Gedankens. Im Prager Frühling der 1960er forderten Menschen einen Sozialismus mit menschlichem Antlitz[852]: was Metatragödien heute fordern, gleicht eher einer Digitalisierung mit spielerischem Interface. Der Kristall-

---

846 CALL OF DUTY. PC u.a. Entwickler: Infinity Ward. Publisher: Activision/Aspyr. 2003
847 AGE OF EMPIRES. PC/Windows Mobile. Entwickler: Ensemble Studios. Publisher: Microsoft. 1997
848 ADVENTURE CAPITALIST. PC u.a. Entwickler: Hyper Hippo Productions. Publisher: Kongregate/Hyper Hippo Productions. 2014
849 WE HAPPY FEW. PC/PlayStation 4/Xbox One. Entwickler: Compulsion Games. Publisher: Gearbox Publishing. 2018
850 GRAND THEFT AUTO. PC u.a. Entwickler: DMA Design/Rockstar North. Publisher: Rockstar Games. 1997
851 DON'T STARVE. PC u.a. Entwickler: Klei Entertainment. Publisher: Klei Entertainment. 2013
852 Vgl. Hamburger Abendblatt (2008). https://www.abendblatt.de/politik/ausland/article107439287/Prager-Fruehling-Sozialismus-mit-menschlichem-Antlitz.html, zuletzt geprüft am 14.02.2020

palast am Ende des Fortschritts muss keine sterile Zelle und kein Irrenhaus sein, weil wir aus postmoderner Sicht alle verrückt sind. Wenn die real existierende Wissenschaft uns gottgleiche Macht verleiht, können wir noch immer entscheiden, was wir damit anstellen. Wozu wir uns machen.

Zu Menschen, die Götter spielen – oder umgekehrt.

Danksagung

Ich danke...

Meinen großartigen Eltern Grete und Ralph Boehm, welche die Entstehung dieses Buches in vielfacher Hinsicht erst möglich gemacht haben.
Meinen Mentoren und Professoren Prof. Daniel Ackermann, Prof. Dr. Georg Felser, David Lochner, Michael Musal, Thomas Schmieder, Prof. Dr. Ulrike Starker und Prof. Dominik Wilhelm, für großartige Lehre und Unterstützung. Im Besonderen danke ich Prof. Martin Kreyßig und Prof. Christopher Jung sowie Prof. Alexander Marbach und Falk Pötz für unschätzbare Denkansätze und die direkte Betreuung des Projekts in entscheidenden Phasen.

Meinen Freunden Jenny Albrecht, Nikolas Angrabeit, Charel Baum, Lara Binder, Lauritz Brinkmann, Michael Caris, Patricia Clare, Johanna Daher, Philipp Dyballa, Sandra Hanstein, Stefan Harich, Christina Honig, Johannes Hurtig, Marcel Jürß, Lars Kai Andreas Kramer, Klara Lindner, Kilian Matuschke, Bastian Meyer, Philip Müller, Laura Netzband, Anette Oeffner, Sebastian Peuker, Hanna Podsada, Felix Reichel und Oliver Steinbach, die mich beim Schreiben, Nachdenken und Recherchieren beraten, bei bester Laune gehalten und in angebrachten Fällen kritisiert haben. Im Besonderen danke ich Tobias Bauer und Marieke Polnik für ihre gewissenhafte Beschäftigung mit der Rohfassung des Manuskripts in einem kritischen Zwischenstadium.

Den Angestellten des Tectum Verlags für ihre Unterstützung bei der Veröffentlichung.

Abschließend danke ich Ihnen: dass Sie dieses Buch aufgeschlagen und bis zur Danksagung einschließlich eben dieser Zeile gelesen haben. Das ist nicht selbstverständlich und vielleicht sogar – eine gute Geschichte?

Herzlichst,

Robert Boehm

Quellenverzeichnis

Literatur

Achenbach, Hermann (Hg.) (2009): Die Verwandlung der Wirklichkeit. Kunst und Spiritualität nach der Postmoderne. Birnbach: DRP Rosenkreuz Verlag.

Balázs, Béla: Zur Kunstphilosophie des Films (1938). In: F.-J. Albersmeier (Hrsg.): Theorie des Films. Reclam, Stuttgart 1995.

Barbara, Santa; Munzert, Reinhard (1999): Der Steppenwolf und die moderne Psychologie. Erlangen.

Bertens, Johannes Willem (1995): The idea of the postmodern. A history. London, New York: Routledge.

Biesen, Sheri Chinen (2005): Blackout. World War II and the origins of film noir. Baltimore, Md.: Johns Hopkins Univ. Press.

Bishop, Paul; Stephenson, Roger H. (Hg.) (2005): Friedrich Nietzsche and Weimar classicism. Suffolk: Boydell & Brewer.

Borde, Raymond; Chaumeton, Etienne; Hammond, Paul (2002): A panorama of American film noir, 1941-1953. San Francisco: City Lights Books.

Brinckmann, Christine N. (2014): Farbe, Licht, Empathie. Schriften zum Film 2. Marburg: Schüren (Züricher Filmstudien, 32 i.e. 31).

Bruder, Klaus-Jürgen (1995): Das postmoderne Subjekt. Freie Universität Berlin. Arbeitskreis Psychologie und Postmoderne am Studiengang Psychologie.

Buckland, Warren (Hg.) (2009): Puzzle films. Complex storytelling in contemporary cinema. Malden, MA: Wiley-Blackwell.

Bukow, Gerhard Chr; Fromme, Johannes; Jörissen, Benjamin (Hg.) (2012): Raum, Zeit, Medienbildung. Untersuchungen zu medialen Veränderungen unseres Verhältnisses zu Raum und Zeit. Wiesbaden: VS Verlag für Sozialwissenschaften (SpringerLink Bücher, 23).

Bürger, Peter (2007): Bildermaschine für den Krieg. Das Kino und die Militarisierung der Weltgesellschaft. 1. Aufl. (Telepolis).

Caillois, Roger; Barash, Meyer (2001): Man, play, and games. 1. Illinois paperback. Urbana, Ill.: Univ. of Illinois Press.

Conrad, Mark T. (2006): The philosophy of film noir. Lexington, Ky: University Press of Kentucky (The Philosophy of Popular Culture).

Eco, Umberto (2012): Die Geschichte der Schönheit. 4. Aufl. München: Dt. Taschenbuch-Verl. (dtv, 34369).

Eliade, Mircea (1958): Rites and Symbols of Initiation. New York: Spring Publications.

Fischer, Robert; Körte, Peter; Seeßlen, Georg (Hg.) (1998): Quentin Tarantino. 2., erw. Aufl. Berlin: Bertz (Film, 1).

Flusser, Vilém (1998): Vom Subjekt zum Projekt. Menschwerdung. Ungekürzte Ausg. Frankfurt am Main: Fischer-Taschenbuch-Verl. (Fischer Forum Wissenschaft Kultur & Medien, 13388).

Frankfurter, Bernhard (1997): Carl Mayer: im Spiegelkabinett des Dr. Caligari. Der Kampf zwischen Licht und Dunkel. Wien: Promedia (Edition Forschung).

Frenschkowski, Marco (Hg.) (2011): Chronik des Cthulhu-Mythos. Orig.-Ausg. Taucha: Festa.

Frink, Alexandra (1998): Die starken schönen Bösen. Mörderinnen im Film. Hochsch. der Künste, Magisterarbeit--Berlin. Alfeld: Coppi-Verl. (Aufsätze zu Film und Fernsehen, 61).

Fukuyama, Francis (2018): Identität. Wie der Verlust der Würde unsere Demokratie gefährdet. Unter Mitarbeit von Bernd Rullkötter. 1. Auflage. Hamburg: Hoffmann und Campe.

Giroux, Henry A. (1991): Postmodernism, feminism, and cultural politics. Redrawing educational boundaries. Albany: State University of New York Press (SUNY series, teacher empowerment and school reform).

Gribbin, John (2014): Auf der Suche nach Schrödingers Katze. Quantenphysik und Wirklichkeit. Unter Mitarbeit von Friedrich Griese. München: Piper ebooks (Piper Taschenbuch, 95677).

Grob, Norbert (Hrsg.) (2012): Filmgenres: Film noir. Stuttgart: Reclam.

Harari, Yuval Noaḥ (2015): Eine kurze Geschichte der Menschheit. Unter Mitarbeit von Jürgen Neubauer. 23. Auflage. München: Pantheon.

Harari, Yuval Noah (2017): Homo Deus. Eine Geschichte von Morgen. 1. Aufl. München: C.H.Beck.

Harari, Yuval Noaḥ (2018): 21 Lektionen für das 21. Jahrhundert. Unter Mitarbeit von Andreas Wirthensohn. 7., durchgesehene Auflage. München: C.H. Beck.

Hölzer, Henrike (2005): Geblendet. Psychoanalyse und Kino. Humboldt-Univ., Diss. u.d.T.: Hölzer, Henrike: "Sündiger Genuß", Liebe oder Terror?--Berlin, 2003, Der weibliche Blick im Kino der binären Oppositionen. Wien: Turia + Kant.

Huizinga, Johan (1956): Homo Ludens. Vom Ursprung der Kultur im Spiel. Rowohlt Taschenbuch Verlag GmbH.

Guérot, Ulrike (2016): Warum Europa eine Republik werden muss! Eine politische Utopie. Bonn: Dietz.

Jacoby, Mario (2017): Individuation and narcissism. The psychology of self in Jung and Kohut. Classic edition. Abingdon, Oxon, New York, NY: Routledge.

Jaspers, Kristina; Unterberger, Wolf; Freud, Sigmund (Hg.) (2006): Kino im Kopf. Psychologie und Film seit Sigmund Freud ; [Ausstellung Kino im Kopf. Psychologie und Film seit Sigmund Freud, 14. September 2006 bis 7. Januar 2007; eine Ausstellung der Deutschen Kinemathek, Museum für Film und Fernsehen, Berlin]. Ausstellung Kino im Kopf: Psychologie und Film seit Sigmund Freud; Deutsche Kinemathek - Museum für Film und Fernsehen; Ausstellung "Kino im Kopf. Berlin: Bertz & Fischer.

Joshi, Sunand T. (2016): H. P. Lovecraft - Leben und Werk 1. Berlin: Golkonda Verlag.

Joshi, Sunand T. (1990): H.P. Lovecraft. The decline of the West. Berkeley Heights: Wildside Press.

Jung, C. G.; Hull, R. F. C. (2014): Psychology and Alchemy. Florence: Taylor and Francis (Collected Works of C.G. Jung).

Kant, Immanuel (2003): Kritik der praktischen Vernunft. Hamburg: Meiner (Philosophische Bibliothek, 506).

Kobbert, Max J.; Falkenberg, Karin; Nürnberg, Museen der Stadt (2018): Kulturgut Spiel (Schriftenreihe der Museen der Stadt Nürnberg).

Koelb, Clayton (Hg.) (1990): Nietzsche as postmodernist. Essays pro and contra. Albany: State University of New York Press (SUNY series in contemporary continental philosophy).

Lang, Peter (Hg.) (2009): Post-CocaColonization: Zurück zur Vielfalt?

Leschke, Rainer; Venus, Jochen; Heidbrink, Henriette (Hg.) (2007): Spielformen im Spielfilm. Zur Medienmorphologie des Kinos nach der Postmoderne. Bielefeld: Transcript-Verl. (Medienumbrüche, 22).

Lyden, John (2003): Film as religion. Myths, morals, and rituals.

Meusburger, Peter; Schwan, Thomas (2003): Humanökologie. Ansätze zur Überwindung der Natur-Kultur-Dichotomie. Stuttgart: Steiner (Erdkundliches Wissen, 135).

Mink, Janis Marie; Duchamp, Marcel (1994): Marcel Duchamp. 1887 - 1968 ; Kunst als Gegenkunst. Orig.-Ausg. Köln: Taschen (/Kleine Kunstreihe], 35).

Naremore, James (2008): More than night. Film noir in its contexts. Updated and expanded ed. Berkeley: University of California Pr.

Nietzsche, Friedrich (2009): Die fröhliche Wissenschaft. (La gaya scienza). Köln: Anaconda.

Nietzsche, Friedrich (2010): Also Sprach Zarathustra. Hamburg: Nikol.

Nietzsche, Friedrich (2010): Jenseits von Gut und Böse. Hamburg: Nikol.

Nietzsche, Friedrich (2010): Menschliches, allzumenschliches. Hamburg: Nikol.

Peterson, J.B. (2013). Three forms of meaning and the management of complexity. In In K. Markman, T. Proulx, & M. Linberg (Eds.). The Psychology of Meaning (pp. 17-48). Washington, DC: American Psychological Association.

Piaget, J. (1962). Play, dreams and imitation in childhood. In Piaget, J. (1962). Play, Dreams and Imitation (pp. 147-168). New York: Norton.

Pohl, Rüdiger (2007): Das autobiographische Gedächtnis. Die Psychologie unserer Lebensgeschichte. 1. Aufl. s.l.: Kohlhammer Verlag.

Prater, Andreas (1992): Licht und Farbe bei Caravaggio. Studien zur Ästhetik und Ikonologie des Helldunkels. Stuttgart: Steiner.

Rainbird, Sean (Hg.) (2006): Joseph Beuys und die Welt der Kelten. Schottland, Irland und England 1970-85. München: Schirmer Mosel.

Rollings, Andrew; Morris, Dave (2004): Game architecture and design. New ed., 7 pr. Berkeley, CA: New Riders (NRG).

Roth, Theodor (Übersetzer, Originalquelle nicht angegeben) (1846): Der Aberglaube. Stuttgart: Gesellschaft zur Verbreitung guter und wohlfeiler Bücher. (Wochenbände für das geistige und materielle Wohl des deutschen Volkes).

Rudrum, David; Stavris, Nicholas (Hg.) (2015): Supplanting the postmodern. An anthology of writings on the arts and culture of the early 21st century. First published.

Salebury, Mark u.a. (Hg.) (2014): Alien. The archive : the ultimate guide to classic movies. Twentieth Century-Fox Film Corporation. 1st. edition. London: Titan Books

Sammer, Petra (2015): Storytelling. 1. Auflage, 3. korrigierter Nachdruck. Bejing, Cambridge, Farnham, Köln, Sebastopol, Tokyo: O'Reilly (O´Reilly basics).

Schlobinski, Peter; Siebold, Oliver (Hg.) (2011): Wörterbuch der Science-Fiction. 1st, New ed. Frankfurt a.M: Peter Lang GmbH Internationaler Verlag der Wissenschaften.

Schmidt, Miriam (2015): Zu Hermann Hesses "Der Steppenwolf". Inwiefern ist der Roman autobiografisch und welche Gesellschaftskritik ist erkennbar? München: GRIN Verlag.

Schopenhauer, Arthur (1813): Über die vierfache Wurzel des Satzes vom zureichenden Grunde. Zürcher Ausgabe. Werke in zehn Bänden. Band 5, Zürich 1977. Erstdruck: Rudolstadt 1813. 2. verbesserten Auflage, Frankfurt am Main 1847.

Schwarz, Egon (1961): Zur Erklärung von Hesses "Steppenwolf" (53), S. 191–198.

Seel, Martin (2013): Die Künste des Kinos. Frankfurt am Main: Fischer (S. Fischer Wissenschaft).

Seeßlen, Georg (1998): Detektive. Mord im Kino. Überarb. und aktualisierte Neuaufl. Marburg: Schüren (Grundlagen des populären Films).

Sellmann, Michael (2001): Hollywoods moderner "film noir". Tendenzen, Motive, Ästhetik. Univ., Diss.--Kiel, 2000. Würzburg: Königshausen & Neumann (Kieler Beiträge zur Anglistik und Amerikanistik, N.F., 17).

Stange, Manfred (2011): Die Edda. Götterlieder, Heldenlieder und Spruchweisheiten der Germanen ; vollständige Textausgabe. Überarb. Neuausg. mit Nachw., Kommentar und Reg., 10. Aufl. Wiesbaden: Marixverl.

Tarkovskij, Andrej; Schlegel, Hans-Joachim; Laade, Wolfgang (1988): Die versiegelte Zeit. 3., erw. Neuaufl. Berlin: Ullstein (/Wolfgang Laade Music of Man Archive]).

Tasker, Y. (2013). Women in Film Noir. In A Companion to Film Noir (eds A. Spicer and H. Hanson).

Telotte, J. P. (1989): Voices in the dark. The narrative patterns of film noir. Urbana, Ill.: University of Illinois Press.

Tuska, Jon (1984): Dark cinema. American film noir in cultural perspective. Westport, Conn.: Greenwood Press (Contributions to the study of popular culture, no. 9).

Victoria, Brian Daizen (1997): Zen at war. 1. ed. New York: Weatherhill.

Waugh, Patricia (2013): Metafiction. The theory and practice of self-conscious fiction. 1. iss. in pb. London: Routledge (The new accent series).

Welsch, Wolfgang (2008): Unsere postmoderne Moderne. 7. Aufl. Berlin: Akad.-Verl. (Acta humaniora).

Wolin, Richard (2004): The seduction of unreason. The intellectual romance with fascism : from Nietzsche to postmodernism. Princeton, N.J: Princeton University Press.

Žižek, Slavoj (2016): Ärger im Paradies. Vom Ende der Geschichte zum Ende des Kapitalismus. Unter Mitarbeit von Karen Genschow. Frankfurt am Main: FISCHER Taschenbuch (Fischer, 03282).

Zeitschriftenaufsätze

Agnew, N. M., & Brown, J. L. (1989): Foundations for a model of knowing: II. Fallible but functional knowledge. In: Canadian Psychology/Psychologie canadienne (30), S. 168–183. Online verfügbar unter https://psycnet.apa.org/record/1989-35330-001, zuletzt geprüft am 14.02.2020.

Böhme, Hartmut (1986): Lebendige Natur–Wissenschaftskritik, Naturforschung und allegorische Hermetik bei Goethe. In: Deutsche Vierteljahrsschrift für Literaturwissenschaft und Geistesgeschichte (60), S. 249–272. Online verfügbar unter https://link.springer.com/article/10.1007/BF03375910, zuletzt geprüft am 14.02.2020.

Burgemann, Hilm-Uwe (2017): Jeder Mensch ist ein Künstler. In: *Philosophie Magazin* (146 (Sonderausgabe 08)), S. 58–59.

Guida, Jeremy (2015): Producing and Explaining Charisma: A Case Study of the Films of Alejandro Jodorowsky. In: *Journal of the American Academy of Religion* (83), S. 537–553.

Gutmann, Helmut (1974): Das Musikkapitel in Thomas Manns Zauberberg. Helmut Gutmann Vol. 47, No. 3 (May, 1974), pp. 415-431. In: *The German Quarterly* (47), S. 415–431. Online verfügbar unter http://www.jstor.org/stable/404020, zuletzt geprüft am 14.02.2020.

Jameson, Frederic (1974): History and the death wish: Zardoz as open form. In: Jump Cut: A Review of Contemporary Media (3), S. 5–8. Online verfügbar unter http://www.ejumpcut.org/archive/onlinessays/JC03folder/ZardozJameson.html, zuletzt geprüft am 14.02.2020.

Kinder, Marsha (1974): Reviewed Work: Zardoz by John Boorman. In: Film Quarterly (27), S. 49–57.

Karlsen, Mads Peter; Villadsen, Kaspar (2016): Foucault, Maoism, Genealogy: The Influence of Political Militancy in Michel Foucault's Thought. In: Atlantic Studies (13:2), S. 165–186

Kubsch, Ron (2004): Vom Ende der großen Erzählungen. In: MBS Texte. Philosophische Anstöße. (3), S. 3–29.

Lavrin, Janko: A Note on Nietzsche and Dostoevsky. In: The Russian Review 1969 (28). Online verfügbar unter https://www.jstor.org/stable/127505?seq=1#page_scan_tab_contents, zuletzt geprüft am 14.02.2020.

Levine, Joseph (1983): Materialism and qualia: the explanatory gap. In: Pacific Philosophical Quarterly (64), S. 354–361.

Jackson, Helen; Ormerod, Paul (2017): Was Michael Gove right? Have we had enough of experts? In: *Prospect Magazine* (257). Online verfügbar unter https://www.prospectmagazine.co.uk/magazine/michael-gove-right-about-experts-not-trust-them-academics-peer-review, zuletzt geprüft am 14.02.2020.

Markus, Paulus (2009): Die Stellung des Subjekts bei Foucault und Habermas. In: *tabularasa. Zeitung für Gesellschaft & Kultur.* Online verfügbar unter https://www.tabularasamagazin.de/die-stellung-des-subjekts-bei-foucault-und-habermas/, zuletzt geprüft am 14.02.2020.

Neustadt, Robert (1997): Alejandro Jodorowsky: Reiterating Chaos, Rattling the Cage of Representation. In: Chasqui (26), S. 56–74.

Noys, Benjamin; Murphy, Timothy S. (2016): Introduction: Old and New Weird. In: Genre. Forms of Discourse and Culture. (49), S. 117–134. Online verfügbar unter https://read.dukeupress.edu/genre/article/49/2/117-134/5721, zuletzt geprüft am 14.02.2020.

Öhman, Arne; Flykt, Anders; Esteve, Francisco (2001): Emotion Drives Attention: Detecting the Snake in the Gras. In: *Journal of Experimental Psychology* (130), S. 466–478. Online verfügbar unter https://pdfs.semanticscholar.org/2526/bcef3b0631a2b6972bfac7182b146c06018f.pdf, zuletzt geprüft am 14.02.2020.

Pan-Chiu, Lai (2005): Trinitarische Perichorese und Hua-yen Buddhismus. In: Ars Disputandi Supplement Series (2), S. 45–61.

Reschke, Renate (2017): Die Kunst ordnet das Chaos. In: *Philosophie Magazin* (146 (Sonderausgabe 08)), S. 46–49.

Sloterdijk, Peter (2016): Wie ein Abendmahl – ohne Jesus und Judas. In: Die Zeit (53). Online verfügbar unter https://www.zeit.de/2016/53/peter-sloterdijk-fussball-zynismus, zuletzt geprüft am 14.02.2020.

Sorensen, Leif (2010): A Weird Modernist Archive: Pulp Fiction, Pseudobiblia, H. P. Lovecraft. In: Modernism/modernity (17/3), S. 501–522. Online verfügbar unter https://muse.jhu.edu/article/406818/summary, zuletzt geprüft am 14.02.2020.

Sweetser, Penelope/Wyeth, PEta (2005): GameFlow: A Model for Evaluating Player Enjoyment in Games. In: Computers in Entertainment (CIE) - Theoretical and Practical Computer Applications in Entertainment (3), S. 1–24. Online verfügbar unter https://www.valuesatplay.org/wp-content/uploads/2007/09/sweetser.pdf, zuletzt geprüft am 14.02.2020.

Newmark, Catherine (2017): Apoll&Dionysos. In: *Philosophie Magazin* (146 (Sonderausgabe 08)), S. 43–53.

Schrader, Paul (1972): Notes on Film Noir. In: Film Comment (8(1)), S. 8–13.

Vermeulen, Timotheus/van den Akker, Robin (2010): Notes on metamodernism. In: Journal of Aesthetics & Culture (2), S. 1–14. Online verfügbar unter https://www.tandfonline.com/doi/full/10.3402/jac.v2i0.5677, zuletzt geprüft am 14.02.2020.

Internetquellen

Amazon Prime Video (2018): The Man In The High Castle Season 3 - Official Trailer | Prime Video. Online verfügbar unter https://www.youtube.com/watch?v=Xunwv3rRWYo, zuletzt aktualisiert am 23.08.2019, zuletzt geprüft am 14.02.2020.

Beckermann. Haben wir einen freien Willen?. Online verfügbar unter http://www.philosophieverstaendlich.de/freiheit, zuletzt aktualisiert am 10.03.2005 zuletzt geprüft am 14.02.2020.

Bertits, Andreas (2016): Westworld: Serie wurde von BioShock und The Elder Scrolls inspiriert. Online verfügbar unter http://www.pcgames.de/Westworld-Serie-264893/News/tv-serie-bioshock-the-elder-scrolls-hbo-red-dead-redemption-1209646/, zuletzt aktualisiert am 05.10.2016, zuletzt geprüft am 14.02.2020.

Beuth, Patrick (2017): https://www.zeit.de/digital/internet/2017-11/way-of-the-future-erste-kirche-kuenstliche-intelligenz, zuletzt aktualisiert am 18.11.2017, zuletzt geprüft am 14.02.2020.

Beuys (1985). Frühstücksgespräch. Online verfügbar unter https://www.youtube.com/watch?v=6CqlaCoXre8&t=1162s, zuletzt aktualisiert am 06.07.2013, zuletzt geprüft am 14.02.2020.

Blackmore (2000): Evolution. Die Macht der Meme. Online verfügbar unter http://www.spektrum.de/magazin/die-macht-der-meme/827031, zuletzt geprüft am 14.02.2020.

Böttcher, Ralf Armin (2005): Computerspiele & Flow. Diplomarbeit: Flow-Messsystem. RAB Software. Online verfügbar unter https://www.rab-software.de/de/game-flow-analyse/computerspiele-flow, zuletzt geprüft am 14.02.2020.

Bramesco, Charles (2017): Gore Verbinski Explains What Happened to His 'Bioshock' Movie in Reddit AMA. http://screencrush.com/gore-verbinski-bioshock-movie-reddit-ama/, zuletzt aktualisiert am 15.02.2017, zuletzt geprüft am 14.02.2020.

Cdu.de (2018): Plakate zur Bundestagswahl. Online verfügbar unter https://www.cdu.de/artikel/plakate-zur-bundestagswahl, zuletzt aktualisiert am 24.08.2017, zuletzt geprüft am 14.02.2020.

Copyright Springer Verlag GmbH Deutschland (2017): Lexikon der Mathematik. euklidisches Parallelenaxiom. Spektrum.de. Online verfügbar unter https://www.spektrum.de/lexikon/mathematik/euklidisches-parallelenaxiom/4589, zuletzt geprüft am 14.02.2020.

de Rochefort, Simone (2016): Westworld's creators were inspired by Red Dead Redemption and BioShock. Be kind to your NPCs. Online verfügbar unter https://www.polygon.com/tv/2016/10/9/13221024/westworld-hbo-grand-theft-auto-nycc-2016, zuletzt aktualisiert am 09.10.2016, zuletzt geprüft am 14.02.2020.

Frank, Arno (2019): Mit dem Taschenmesser ins Artilleriegefecht. Philosophenduell Zizek vs. Peterson. Online verfügbar unter https://www.spiegel.de/kultur/gesellschaft/slavoj-zizek-vs-jordan-peterson-marxist-gewinnt-philosophenduell-a-1263756.html, zuletzt aktualisiert am 20.04.2019, zuletzt geprüft am 14.02.2020.

Haardt/Conrad (2006). Kirsten Claudia Voigt auf den Spuren des Beuys'schen Nietzsche-Studiums Joseph Beuys liest Friedrich Nietzsche: Das autopoietische Subjekt. Online verfügbar unter http://www.schirmer-mosel.com/deutsch/pdf/PM_Beuys_Nietzsche.pdf, zuletzt geprüft am 14.02.2020.

Hale, Mike (2017). Review: 'American Gods' Works in Mysterious Ways. Online verfügbar unter https://www.nytimes.com/2017/04/28/arts/television/american-gods-tv-review.html?mcubz=0, zuletzt aktualisiert am 28.04.2017, zuletzt geprüft am 14.02.2020.

Hamburger Abendblatt (2018). Prager Frühling: "Sozialismus mit menschlichem Antlitz". Online verfügbar unter https://www.abendblatt.de/politik/ausland/article107439287/Prager-Fruehling-Sozialismus-mit-menschlichem-Antlitz.html, zuletzt aktualisiert am 15.08.2008, zuletzt geprüft am 14.02.2020.

Harari, Yuval Noaḥ (2019): Nationalism vs. globalism: the new political divide | Yuval Noah Harari. Hg. v. TED. Online verfügbar unter https://www.youtube.com/watch?v=szt7f5NmE9E&list=WL&index=26&t=0s, zuletzt aktualisiert am 21.02.2019, zuletzt geprüft am 14.02.2020.

Harari, Yuval Noah/Portman, Natalie (2018): Yuval Noah Harari & Natalie Portman. Online verfügbar unter https://www.youtube.com/watch?v=87XFTJXH9sc&list=WL&index=28&t=0s, zuletzt aktualisiert am 29.09.2018, zuletzt geprüft am 14.02.2020.

Heidegger, Martin (1962): Martin Heidegger - Zeit und Sein (Vortrag aus dem Jahr 1962). Online verfügbar unter https://www.youtube.com/watch?v=cQ5Hvg620SU, zuletzt aktualisiert am 12.11.2015, zuletzt geprüft am 14.02.2020.

Hicks, Stephen (1998): Postmodernism Part 1. Online verfügbar unter https://www.youtube.com/watch?v=ZhK6XOT3uAA, zuletzt aktualisiert am 01.03.2015, zuletzt geprüft am 14.02.2020.

IGE. Die Heldenreise. Online verfügbar unter http://www.heldenreise.de/, zuletzt geprüft am 14.02.2020.

imdb.com. American Gods (2017–). Parents Guide. Online verfügnar unter https://www.imdb.com/title/tt1898069/parentalguide?ref_=tt_stry_pg#certification, zuletzt geprüft am 14.02.2020.

imdb.com. Dark (2017–). Parents Guide. Online verfügnar unter https://www.imdb.com/title/tt5753856/parentalguide?ref_=tt_stry_pg#certification, zuletzt geprüft am 14.02.2020.

imdb.com. Westworld (2016–). Parents Guide. Online verfügbar unter https://www.imdb.com/title/tt0475784/parentalguide?ref_=tt_stry_pg, zuletzt geprüft am 14.02.2020.

imdb.com: Westworld. Trivia. Online verfügnar unter https://www.imdb.com/title/tt0070909/trivia?ref_=tt_trv_trv, zuletzt geprüft am 14.02.2020.

Karasek, Hellmuth (1994): LOKOMOTIVE DER GEFÜHLE. Der Spiegel (52). Online verfügbar unter http://www.spiegel.de/spiegel/print/d-13687466.html, zuletzt aktualisiert am 26.12.1994, zuletzt geprüft am 14.02.2020.

Kienzl, Michael (2012): Zardoz – Kritik. Online verfügbar unter http://www.critic.de/film/zardoz-3912/, zuletzt aktualisiert am 17.04.2012, zuletzt geprüft am 14.02.2020.

Lake, Sam u.a. (2018): Control Dev Diary 01 - Introducing the Story. Online verfügbar unter https://www.youtube.com/watch?v=eMHfnPCZWgw&list=PLDDaqwy2GJQkF5K45jfki5Mb9R30ATZNO&index=1, zuletzt aktualisiert am 02.07.2018, zuletzt geprüft am 14.02.2020.

Lexikon der Filmbegriffe (2014): Mindgame-Movies. Online verfügbar unter http://filmlexikon.uni-kiel.de/index.php?action=lexikon&tag=det&id=8240, zuletzt aktualisiert am 24.04.2014, zuletzt geprüft am 14.02.2020.

Meyers Großes Konversations-Lexikon. Online verfügbar unter http://www.zeno.org/Meyers-1905/A/Ostăra, zuletzt geprüft am 14.02.2020.

Monforton (2017). Death To The Author: killing creators in Dishonored, Portal and BioShock. Online verfügbar unter https://www.rockpapershotgun.com/2017/09/19/death-of-creators-dishonored-portal-bioshock/, zuletzt aktualisiert am 19.09.2017, zuletzt geprüft am 14.02.2020.

Morgenstern, Hans (2013, April 28,): How Stanley Kubrick broke the rules of Classical Hollywood cinema and made a better film with '2001: A Space Odyssey': My MA thesis redux – part 4 of 4. Chapter III-B: The Sublimation of Narrative: Film Techniques in 2001: A Space Odyssey. Online verfügbar unter http://indieethos.com/2013/04/28/how-stanley-kubrick-broke-the-rules-of-classical-hollywood-cinema-and-made-a-better-film-with-2001-a-space-odyssey-my-ma-thesis-redux-part-4-of-4/, zuletzt aktualisiert am 2013.04.2013, zuletzt geprüft am 14.02.2020.

Narcisse, Evan (2017). American Gods' Fantastic First Season Ends With Shock and Awe. Online verfügbar unter https://io9.gizmodo.com/american-gods-fantastic-first-season-ends-with-shock-a-1796197953, zuletzt aktualisiert am 19.06.2017, zuletzt geprüft am 14.02.2020.

Nicholson, Rebecca (2017). American Gods review – gorgeous gore for supernatural worshippers. Online verfügbar unter https://www.theguardian.com/tv-and-radio/tvandradioblog/2017/may/01/american-gods-review-gorgeous-gore-for-supernatural-worshippers, zuletzt aktualisiert am 01.05.2017, zuletzt geprüft am 14.02.2020.

Parker, Ian in: Encyclopedia Britannica. https://www.britannica.com/biography/Slavoj-Zizek, zuletzt geprüft am 14.02.2020.

Perry, Spencer (2017): Dark Teaser Trailer Offers First Look at Cryptic New Netflix Series. Online verfügbar unter https://www.comingsoon.net/tv/trailers/892807-dark-teaser-trailer-offers-first-look-at-cryptic-new-netflix-series, zuletzt aktualisiert am 04.10.2017, zuletzt geprüft am 14.02.2020.

Peterson, Jordan B. (2017): 2017 Personality 08: Carl Jung and the Lion King (Part 2). Online verfügbar unter https://www.youtube.com/watch?v=X6pbJTqv2hw, zuletzt aktualisiert am 07.02.2017, zuletzt geprüft am 14.02.2020.

Planchet, Robert (1997): Spurensuche auf David Lynchs Lost Highway mit Slavoj Zizek. Online verfügbar unter http://cinetext.philo.at/magazine/circvit.html, zuletzt aktualisiert am 11.02.2003, zuletzt geprüft am 14.02.2020.

Pötz, Falk (2016): Utopien im Film: Gibt es nicht. Hochschule Mittweida. Online verfügbar unter https://www.hs-mittweida.de/newsampservice/hsmw-news/pressearchiv/detailansicht-pressearchiv/archive/2016/juli/select/hsmw-news/article/2319/utopien-i.html, zuletzt aktualisiert am 11.07.2016, zuletzt geprüft am 14.02.2020.

Renfro, Kim (2017): Everything you need to know about the confounding season finale of Netflix's 'Dark'. Insider.com. Online verfügbar unter https://www.insider.com/dark-season-finale-analysis-2017-12, zuletzt aktualisiert am 06.12.2017, zuletzt geprüft am 14.02.2020.

Rodenwald, Henriette: Dark (TV-Serie, 2017). Die Zeit ist nur eine Illusion. Hg. v. KINO-ZEIT. Online verfügbar unter https://www.kino-zeit.de/film-kritiken-trailer/dark-2017, zuletzt geprüft am 14.02.2020.

rottentomatoes.com. Dark. https://www.rottentomatoes.com/tv/dark/s01. Online verfügbar unter https://www.rottentomatoes.com/tv/american_gods/s01, zuletzt geprüft am 14.02.2020.

rottentomatoes.com. American Gods. Online verfügbar unter https://www.rottentomatoes.com/tv/american_gods/s01, zuletzt geprüft am 14.02.2020.

rottentomatoes.com. Westworld. Online verfügbar unter https://www.rottentomatoes.com/tv/westworld, zuletzt geprüft am 14.02.2020.

Sandwell, Ian (2018). Exclusive: Neil Gaiman says American Gods season 2 is "darker and more dangerous" in thrilling first look. http://www.digitalspy.com/tv/american-gods/news/a855961/american-gods-season-2-first-look-filming-neil-gaiman/, zuletzt aktualisiert am 30.04.2018, zuletzt geprüft am 14.02.2020.

ScreenPrism (2017): Westworld's Deep Reading: How Stories Shape Us. Online verfügbar unter https://www.youtube.com/watch?v=qYtFYowC7LU, zuletzt aktualisiert am 18.05.2017, zuletzt geprüft am 14.02.2020.

Seager, William/Allen-Hermanson, Sean (2001): Panpsychism. Stanford Encyclopedia of Philosophy. Online verfügbar unter https://stanford.library.sydney.edu.au/archives/spr2012/entries/panpsychism/, zuletzt aktualisiert am 23.08.2010, zuletzt geprüft am 14.02.2020.

Shermer (2010): The pattern behind self-deception. Online verfügbar unter https://www.youtube.com/watch?v=b_6-iVz1R0o, zuletzt aktualisiert am 14.06.2010, zuletzt geprüft am 14.02.2020.

Scheer, Ursula (2017): Netflix-Serie „Dark" : Auf dem Weg in die Angst. Frankfurter Allgemeine Zeitung. Online verfügbar unter https://www.faz.net/aktuell/feuilleton/medien/die-erste-deutsche-serie-von-netflix-dark-15318487.html, zuletzt aktualisiert am 01.12.2017, zuletzt geprüft am 14.02.2020.

Schwartz, Terri (2017). American Gods: Season 1 Review. Online verfügbar unter http://www.ign.com/articles/2017/06/23/american-gods-season-1-review, zuletzt aktualisiert am 23.06.2017, zuletzt geprüft am 14.02.2020.

Spektrum.de.: Solipsismus. Online verfügbar unter https://www.spektrum.de/lexikon/psychologie/solipsismus/14433, zuletzt geprüft am 14.02.2020.

Spiegel Online (2018): Folgen der Digitalisierung. Gewerkschaften lehnen bedingungsloses Grundeinkommen ab. Online verfügbar unter http://www.spiegel.de/wirtschaft/soziales/gewerkschaften-lehnen-bedingungsloses-grundeinkommen-ab-a-1205467.html, zuletzt aktualisiert am 30.04.2018, zuletzt geprüft am 14.02.2020.

Stanford Encyclopedia of Philosophy (2005): Postmodernism. Online verfügbar unter https://plato.stanford.edu/entries/postmodernism/, zuletzt aktualisiert am 05.02.2015, zuletzt geprüft am 14.02.2020.

Steinkuhl, Hendrik (2017): Nur 10 Minuten lang Weltklasse: Warum die deutsche Netflix-Produktion „Dark" an "Stranger Things" nicht heranreicht. Online verfügbar unter https://meedia.de/2017/12/01/nur-10-minuten-lang-weltklasse-warum-die-deutsche-netflix-produktion-dark-an-stranger-things-nicht-heranreicht/, zuletzt aktualisiert am 01.12.2017, zuletzt geprüft am 14.02.2020.

Ströbele, Carolin (2017): Düsternis, perfekt ausgeleuchtet. Online verfügbar unter https://www.zeit.de/kultur/film/2017-11/dark-netflix-baran-bo-odar-jantje-friese, zuletzt aktualisiert am 29.09.2017, zuletzt aktualisiert am 29.11.2017, zuletzt geprüft am 14.02.2020.

The Undertaker (2013): El Topo wurde von der FSK geprüft. Alejandro Jodorowskys Film bald von Bildstörung auf DVD & BD. Hg. v. Schnittberichte.com. Online verfügbar unter https://www.schnittberichte.com/news.php?ID=6222, zuletzt aktualisiert am 09.10.2013, zuletzt geprüft am 14.02.2020.

Tidona, Vera (2016): Westworld - Enthält die neue HBO-Serie ein BioShock Easter Egg?. Online verfügbar unter https://www.gamestar.de/artikel/westworld-enthaelt-die-neue-hbo-serie-ein-bioshock-easter-egg,3304266.html, zuletzt aktualisiert am 20.10.2016, zuletzt geprüft am 14.02.2020.

Weisstein, Eric W. (2018): Klein Bottle. Online verfügbar unter http://mathworld.wolfram.com/KleinBottle.html, zuletzt geprüft am 14.02.2020.

William, Dylan. Relevance as MacGuffin in Mathematics Education. Online verfügbar unter http://mrbartonmaths.com/resourcesnew/8.%20Research/Real%20Life/Relevance%20as%20MacGuffin%20%28BERA%2097%29.pdf, zuletzt geprüft am 14.02.2020.

Wulff, Hans Jürgen (2012): Lexikon der Filmbegriffe. Vierte Wand. Online verfügbar unter http://filmlexikon.uni-kiel.de/index.php?action=lexikon&tag=det&id=2999, zuletzt aktualisiert am 18.01.2012, zuletzt geprüft am 14.02.2020.

Zardoz | Trailer | 1974 (2012). Online verfügbar unter https://www.youtube.com/watch?v=TVakHZp5ZBE, zuletzt aktualisiert am 04.10.2012, zuletzt geprüft am 14.02.2020.

Žižek, Slavoj (2012): SLAVOJ ŽIŽEK on the Desert of Post-Ideology | Master Class | Higher Learning. Toronto International Film Festival Inc. Online verfügbar unter https://www.youtube.com/watch?v=kugiufHh800&t=37s, zuletzt aktualisiert am 13.12.2012, zuletzt geprüft am 14.02.2020.

Žižek, Slavoj (2016): Augmented Reality. "Pokémon Go" ist Ideologie! Das Trendgame dieses Sommers imitiert Mechanismen von Vorurteilen und Missachtung. Zeit Online. Online verfügbar unter https://www.zeit.de/2016/34/augmented-reality-pokemon-go-slavoj-zizek, zuletzt aktualisiert am 12.09.2016, zuletzt geprüft am 14.02.2020.

Žižek, Slavoj (2018): Why do people find Jordan Peterson so convincing? Because the left doesn't have its own house in order. Online verfügbar unter https://www.independent.co.uk/voices/jordan-peterson-clinical-psychologist-canada-popularity-convincing-why-left-wing-alt-right-cathy-a8208301.html, zuletzt aktualisiert am 13.02.2018, zuletzt geprüft am 14.02.2020.

Žižek, Slavoj (2019): Professor Slavoj Žižek | Full Address and Q&A | Oxford Union. Oxford Union. Online verfügbar unter https://www.youtube.com/watch?v=545x4EldHlg, zuletzt aktualisiert am 01.01.2019, zuletzt geprüft am 14.02.2020.

Žižek, Slavoj (2019): Slavoj Zizek on kids who protest climate change. How to Watch the News, episode 04. RT. Online verfügbar unter https://www.youtube.com/watch?v=c7DEKkiZzVg, zuletzt aktualisiert am 30.04.2019, zuletzt geprüft am 14.02.2020.

Žižek, Slavoj/Peterson, Jordan B. (2019): HAPINESS: CAPITALISM VS: MARXISM. Hg. v. Jordan B. Peterson. Online verfügbar unter https://www.youtube.com/watch?v=lsWndfzuOc4, zuletzt aktualisiert am 15.05.2019, zuletzt geprüft am 14.02.2020.

Sonstige Quellen

Barthes, Roland (1967): THE DEATH OF THE AUTHOR. Online verfügbar unter https://writing.upenn.edu/~taransky/Barthes.pdf, zuletzt geprüft am 14.02.2020.

Beuys, Joseph (1978): Aufruf zur Alternative, S. 1–12. Online verfügbar unter http://www.sozialimpuls.info/assets/pdf/Beuys-Aufruf-1978.pdf, zuletzt geprüft am 14.02.2020.

Böhm, Elisabeth/Dennerlein, Katrin: Das generische Feld des Bildungsromans. (Conference Proceedings of: Der Bildungsroman im literarischen Feld. Neue Perspektiven auf eine Gattung mit Bourdieus Feldtheorie. Internationale, DFG-finanzierte wissenschaftliche Tagung. Universität Bayreuth, 19.-21.04.2013.). Online verfügbar unter http://www.jltonline.de/index.php/conferences/article/view/582/1407, zuletzt geprüft am 14.02.2020.

Breton, André (1936): What is Surrealism? (A lecture given in Brussels on 1st June 1934 at a public meeting organised by the Belgian Surrealists, and issued as a pamphlet immediately afterwards). Online verfügbar unter http://peculiarmormyrid.com/wp-content/uploads/2015/04/what_is_surrealism.pdf., zuletzt geprüft am 14.02.2020.

Bruning, Laura (2014): Realitätsebenen im Dark Drama. Masterarbeit. Universität Bielefeld, Bielefeld. Fakultät für Linguistik und Literaturwissenschaft. Online verfügbar unter http://www.gorillaverlag.com/wp-content/uploads/2014/09/dark-drama-bruning.pdf, zuletzt geprüft am 14.02.2020.

Durgnat, Raymond (1970): The Family Tree of Film Noir. Online verfügbar unter https://atomicanxietyblog.files.wordpress.com/2012/09/51818818-raymond-durgnat-the-family-tree-of-the-film-noir.pdf, zuletzt geprüft am 14.02.2020.

Fairbairn, Marty (2006): Der Ansturm des Realen. In: Booklet der DVD zu THE PERVERT'S GUIDE TO CINEMA.

Freud (1921). Massenpsychologie und Ich-Analyse. Online verfügbar unter http://www.textlog.de/freud-psychoanalyse-masse-urhorde.html, zuletzt geprüft am 14.02.2020.

Haraway, Donna (1995): Ein Manifest für Cyborgs. Feminismus im Streit mit den Technowissenschaften. In: *Die Neuerfindung der Natur. Primaten, Cyborgs und Frauen.*, S. 33–72.

Levine, Joseph (1983): MATERIALISM AND QUALIA: THE EXPLANATORY GAP. Online verfügbar unter https://onlinelibrary.wiley.com/doi/abs/10.1111/j.1468-0114.1983.tb00207.x, zuletzt geprüft am 14.02.2020.

Löser, Claus (2014): EIN MAULWURF IM HEILIGEN BERG DES KINOS - ALEJANDRO JODOROWSKY UND SEIN FILMISCHES FRÜHWERK. Hg. v. C. Baiersdörfer & A. Beneke GbR (Bildstörung). Booklet der DVD-Version zu THE HOLY MOUNTAIN.

Lyotard, Jean-Francois (1982): Beantwortung der Frage: Was ist postmodern? Online verfügbar unter https://encyclopediaworldart.files.wordpress.com/2009/08/lyotard-jean-francois-was-ist-postmodern.pdf, zuletzt aktualisiert am 02.2005, zuletzt geprüft am 14.02.2020

Martin, Kenneth D. (2005): LA LECCIÓN DE "LA MUERTE DEL INTELECTUAL" EN EL MAESTRO Y LAS MAGAS. DE ALEJANDRO JODOROWSKY. Online verfügbar unter https://getd.libs.uga.edu/pdfs/martin_kenneth_d_200805_ma.pdf, zuletzt geprüft am 14.02.2020.

Nagel, Thomas (1986). What is it Like to be a Bat?. Online verfügbar unter http://www.philosopher.eu/others-writings/nagel-what-is-it-like-to-be-a-bat/, zuletzt geprüft am 14.02.2020.

Nietzsche, Friedrich: Götzen-Dämmerung: oder Wie man mit dem Hammer philosophiert. Zeno.org. Online verfügbar unter http://www.zeno.org/Philosophie/M/Nietzsche,+Friedrich/G%C3%B6tzen-D%C3%A4mmerung/Spr%C3%BCche+und+Pfeile/11-20, zuletzt geprüft am 14.02.2020.

Platon (5. Jhd. V.Chr.): Politeia. Online verfügbar unter https://www.projekt-gutenberg.org/platon/platowr3/staat07.html, zuletzt geprüft am 14.02.2020.

Sartre, Jean-Paul (1946): L'existentialisme est un humanisme. Online verfügbar unter https://books.google.de/books?hl=de&lr=&id=2DE5DwAAQBAJ&oi=fnd&pg=PT3&dq=L%E2%80%99existentialisme+est+un+humanisme&ots=eS1_W7AOhB&sig=kFdYDEX-XRo4ZSTsI-bxXfEA-Iw#v=onepage&q&f=false, zuletzt geprüft am 14.02.2020.

Silver, Alain (1996): Son of Noir: Neo-Film Noir and the Neo-B Picture - Google Scholar. Online verfügbar unter http://www.intelligentagent.com/noir/Silver.pdf, zuletzt geprüft am 14.02.2020.

Turner, Luke (2011): The Metamodernist Manifesto. Online verfügbar unter http://www.metamodernism.org/, zuletzt geprüft am 14.02.2020.

Wachholz, Mark (2014): Höllentrips aus der Postmoderne. Eine Bestimmung des Genres Dark Drama. Online verfügbar unter http://www.gorillaverlag.com/wp-content/uploads/2014/09/dark-drama-wachholz.pdf, zuletzt geprüft am 14.02.2020.

Žižek, Slavoj (2006): Der Kollaps der Intersubjektivität. In: Booklet der DVD zu THE PERVERT'S GUIDE TO CINEMA.

Dokumentarfilme

JEU D'ÉCHEC AVEC MARCEL DUCHAMP. R.: Jean-Marie Drot. FRAU 1963
LA CONSTELLATION JODOROWSKY. R.: Louis Mouchet. CHE 1994
ROLLING THUNDER REVUE: A BOB DYLAN STORY BY MARTIN SCORSESE. R.: Martin Scorsese. USA 2019
THE PERVERT'S GUIDE TO CINEMA. R.: Sophie Fiennes. AUS/GBR/NLD 2006
THE PERVERT'S GUIDE TO IDEOLOGY. R.: Sophie Fiennes. GBR/IRL 2012
JODOROWSKY'S DUNE. R.: Frank Pavich. FRA/USA 2013

Ludographie

ADVENTURE CAPITALIST. PC u.a. Entwickler: Hyper Hippo Productions. Publisher: Kongregate/Hyper Hippo Productions. 2014
AGE OF EMPIRES. PC/Windows Mobile. Entwickler: Ensemble Studios. Publisher: Microsoft. 1997
ALAN WAKE. PC/Xbox 360. Entwickler: Remedy Entertainment/ Nitro Games. Publisher: Microsoft Game Studios/ Remedy Entertainment/Nordic Games. 2010
BATMAN: ARKHAM ASYLUM. PC u:a.. Entwickler: Rocksteady Studios. Publisher Eidos Interactive/ Square Enix:. 2009
BIOSHOCK. PC u.a.. Entwickler: 2K Australia u.a.. Publisher: 2K Games. 2007
BIOSHOCK 2. PC/PlayStation 3/Xbox 360. Entwickler: 2K Australia u.a.. Publisher: 2K Games. 2010
BIOSHOCK INFINITE. PC u.a. Entwickler: Irrational Games/2K Australia. Publisher: 2K Games. 2013
BIOSHOCK INFINITE: BURIAL AT SEA. PC u.a. Entwickler: Irrational Games. Publisher: 2K Games. USA 2013-2014
CALL OF DUTY. PC u.a. Entwickler: Infinity Ward. Publisher: Activision/Aspyr. 2003
CONTROL. PC/PlayStation 4/Xbox One. Entwickler: Remedy Entertainment. Publisher: 505 Games. 2019
DARK SOULS. PC u.a.. Entwickler: From Games. Publisher: Bandai Namco Games. 2011
DEATH STRANDING. PC/PlayStation 4. Entwickler: Kojima Productions. Publisher: Sony Interactive Entertainment/505 Games. 2019
DISCO ELYSIUM. PC/ PlayStation 4/Xbox One. Entwickler: ZA/UM. Publisher: ZA/UM. 2019

DISHONORED 2. PC/PlayStation 4/Xboy One. Entwickler: Arkane Studios. Publisher: Bethesda Softworks. 2016

DON'T STARVE. PC u.a. Entwickler: Klei Entertainment. Publisher: Klei Entertainment. 2013

DOOM. PC u.a. Entwickler: Id Software. Publisher: Atari/Activision/GT Interactive. 1993

ECHO. PC/PlayStation 4. Entwickler: Ultra Ultra. Publisher: Ultra Ultra. 2017

GRAND THEFT AUTO. PC u.a. Entwickler: DMA Design/Rockstar North. Publisher: Rockstar Games. 1997

HELLBLADE: Senua's Sacrifice. PC/PlayStation 4/Xbox One. Entwickler: Ninja Theory. Publisher: Ninja Theory. 2017

LIFE IS STRANGE. PC u.a. Entwickler: Dontnod Entertainment. Publisher: Square Enix. 2015

MASS EFFECT. PC u.a. Entwickler: BioWare. Publisher: Microsoft Game Studios. 2007

MINECRAFT. PC u.a.. Entwickler: Mojang u.a.. Publisher: Mojang/Mocrosoft Studios/SCEI. 2009

POKÉMON GO. Android/iOS. Entwickler: Niantic. Publisher: The Pokémon Company/Nintendo. 2016

PORTAL. PC u:a.. Entwickler: Valve Software. Publisher: Electronic Arts/Valve Software. 2007

PORTAL 2. PC u.a. Entwickler: Valve Software. Publisher: Valve/Electronic Arts. 2011

PREY. PC/Xbox 360. Entwickler: Human Head Studios u.a.. Publisher: 2K Games. 2006

PREY. PC/Xbox One/PlayStation 4. Entwickler: Arkane Studios Austin. Publisher: Bethesda Softworks. 2017

SID MEIER'S CIVILIZATION. PC u.a.. Entwickler: MicroProse. Publisher: MicroProse. 1991

S.T.A.L.K.E.R.: SHADOW OF CHERNOBYL. PC. Entwickler: GSC Game World. Publisher: CIS: GSC World Publishing/THQ. 2007

THE ELDER SCROLLS V: SKYRIM. PC u:a.. Entwickler: Bethesda Game Studios. Publisher: Bethesda Softworks. 2011

THE SIMS. PC u.a. Entwickler: Maxis. Publisher: EA Games. 2000

STREET FIGHTER. PC U.A. ENTWICKLER: CAPCOM. PUBLISHER: CAPCOM. 1987

WE HAPPY FEW. PC/PlayStation 4/Xbox One. Entwickler: Compulsion Games. Publisher: Gearbox Publishing. 2018

WHAT REMAINS OF EDITH FINCH. PC/ PlayStation 4/Xbox One. Entwickler: Giant Sparrow/SCE Santa Monica Studio. Publisher: Annapurna Interactive. 2017

X-COM: ENEMY UNKNOWN. PC u.a.. Entwickler: Firaxis Games. Publisher: 2K Games. 2012

Filmographie

12 MONKEYS. R.: Terry Gilliam. USA 1995

1984. R.: Michael Radford. GBR 1984

2001: A SPACE ODYSSEY. R.: Stanley Kubrick. USA 1968

A CLOCKWORK ORANGE. R.: Stanley Kubrick. GBR/USA 1971

A CURE FOR WELLNESS. R.: Gore Verbinski. GER/USA 2016

ADAMS ÆBLER. R.: Anders Thomas Jensen. DNK/GER 2006

ALIEN. R.: Ridley Scott. GBR/USA 1979

ALIEN^3. R.: David Fincher. USA 1992

ALIEN: COVENANT. R.: Ridley Scott. GBR/USA 2017

ANNIHILATION. R.: Alex Garland. GBR/USA 2018

ANTICHRIST. R.: Lars von Trier. NDK u.a. 2009

APOCALYPSE NOW. R.: Francis Ford Coppola (as Francis Coppola). USA 1979

APOCALYPSE NOW REDUX, R.: Francis Ford Coppola. USA 2002

ARRIVAL. R.: Denis Villeneuve. USA 2016

BACK TO THE FUTURE. R.: Robert Zemeckis. USA 1985

BAD TIMES AT THE EL ROYALE. R.: Drew Goddard. USA 2018

BATMAN BEGINS. R.: Christopher Nolan. GBR/USA 2005

BEING JOHN MALKOVICH. R.: Spike Jonze. USA 1999

BLACK HAWK DOWN. R.: Ridley Scott. GBR/USA 2001

BLACK MIRROR: BANDERSNATCH. R.: David Slade. USA/GBR 2018

BLACK SWAN. R.: Darren Aronofsky. USA 2010

BLADE RUNNER. R.: Ridley Scott. HKG/USA 1982

BLADE RUNNER 2049. R.: Denis Villeneuve. CAN/GBR/HUN/USA 2017

BLINKENDE LYGTER. Anders Thomas Jensen. DNK/SWE 2000

BLUE VELVET. R.: David Lynch. USA 1986

CLOUD ATLAS. R.: Tom Tykwer/Lana Wachowski/Lilly Wachowski. GER/HKG/SGP/USA 2012

DEADPOOL. R.: Tim Miller. USA 2016

DAS LETZTE SCHWEIGEN. R.: Baran bo Odar. GER 2010

DAS TESTAMENT DES DR. MABUSE. R.: Fritz Lang. GER 1933
DER ZAUBERBERG. R.: Hans W. Geissendörfer. AUS u.a. 1982
DIE FARBE. R.: Huan Vu. GER 2010
DOOM. R.: Andrzej Bartkowiak. CZE u.a. 2005
DR. STRANGE. R.: Scott Derrickson. USA 2016
DUNE. R.: David Lynch. USA 1984
EX MACHINA. R.: Alex Garland. GBR 2014
EASTER PARADE. R.: Charles Walters. USA 1948
EL LABERINTO DEL FAUNO. R.: Guillermo del Toro. ESP/MEX/USA 2006
EL TOPO. R.: Alejandro Jodorowsky. MEX 1970
ENTER THE VOID. R.: Gaspar Noé. FRAU u.a. 2009
ERASERHEAD. R.: David Lynch. USA 1977
FIGHT CLUB. R.: David Fincher. GER/USA 1999
DAS CABINET DES DR. CALIGARI. R.: Robert Wiene. GER 1920
DESPICABLE ME 3. R.: Kyle Balda/ Pierre Coffin/Eric Guillon. USA 2017
DJANGO UNCHAINED. R. Quentin Tarantino. USA/GER 2012
DOGVILLE. R.: Lars von Trier. DNK u.a. 2003
DONNIE DARKO. R.: Richard Kelly. USA 2001
FLASH GORDON. R.: Mike Hodges. GBR/NEL/USA 1980
GUARDIANS OF THE GALAXY. R.: James Gunn, USA 2014
GLASS. R.: M Night Shyamalan. USA 2019
GROUNDHOG DAY. R.: Harold Ramis. USA 1993
HARDCORE HENRY. R.: Ilya Naishuller. RUS/USA 2015
HIGH-RISE. R.: Ben Wheatley. BEL/GBR/IRL 2015
HITCHCOCK. R.: Sacha Gervasi. GBR/USA 2012
INGLOURIOUS BASTERDS. R. Quentin Tarantino. USA/GER 2009
IN THE MOUTH OF MADNESS. R.: John Carpenter. USA 1994
JAWS. R.: Steven Spielberg. USA 1975
KILL BILL. R.: Quentin Tarantino. USA 2003
KISS ME DEADLY. R.: Robert Aldrich. USA 1955
KUNG FURY. R.: David Sandberg. SWE 2015
LA CRAVATE. R.: Alejandro Jodorowsky. FRAU 1957
LA JETÉE. R.: Chris Marker. FRA/GER 1962
LES RIVIÈRES POURPRES. R.: Mathieu Kassovitz. FRA 2001
LE VOYAGE DANS LA LUNE. R.: Georges Méliès. FRA 1902
LOGAN. R.: James Mangold. USA 2017

Lola rennt. R.: Tom Tykwer. DEU 1998
Lost Highway. R.: David Lynch. FRAU/USA 1997
M. R.: Fritz Lang. GER 1931
Mad Max. R.: George Miller. AUS 1979
Mad Max 2. R.: George Miller. AUS 1981
Mad Max Beyond Thunderdome. R.: Geroge Miller/George Ogilvie. AUS 1985
Mad Max: Fury Road. R.: George Miller. AUS/USA 2015
Män som hatar kvinnor. R.: Niels Arden Oplev. SWE u.a. 2009
Mænd & Høns. R.: Anders thomas Jensen. DNK/GER 2015
Memento. R.: Christopher Nolan. USA 2000
Metropolis. R.: Fritz Lang. GER 1927
Monsters. R.: Gareth Edwards. GBR 2010
Oblivion. R.: Joseph Kosinski. USA 2013
Paradox. R.: Michael Hurst. USA 2016
Pulp Fiction. R.: Qurntin Tarantino. USA 1994
Prometheus. R.: Ridley Scott. GBR/USA 2012
Raiders of the Lost Ark. R.: Steven Spielberg. USA
Raus. R.: Philipp Hirsch. GER 2019
Reservoir Dogs. R.: Quentin Tarantino. USA 1992
Resolution. R.: Justin Benson/Aaron Moorhead. USA 2012
Requiem for a Dream. R.: Darren Aronofsky. USA 2000
Sauna. R.: Antti-Jussi Annila. CZE/FIN 2008
Scott Pilgrim vs. the World. R.: Edgar Wright. CAN/GBRJPN/USA 2010
Shutter Island. R.: Martin Scorsese. USA 2010
Slipstream. R.: Sir Anthony Hopkins. USA 2007
Snowpiercer. R.: Joon-ho Bong. CZE/KOR 2013
Solaris. R.: Andrej Tarkowskij. RUS 1971
Split. R.: M. Night Shyamalan. USA 2016
Stalker. R.: Andrej Tarkowskij. RUS 1979
Star Wars: Episode I - The Phantom Menace. R.: George Lucas. USA 1999
Star Wars: Episode II - Attack of the Clones. R.: George Lucas. USA 2002
Star Wars: Episode III - Revenge of the Sith. R.: George Lucas. USA 2005

STAR WARS: EPISODE IV - A NEW HOPE. R.: George Lucas. USA 1977

STAR WARS: EPISODE V - THE EMPIRE STRIKES BACK. R.: Irvin Kershner. USA 1980

STAR WARS: EPISODE VI - RETURN OF THE JEDI. R.: Richard Marquand. USA 1983

STAR WARS: EPISODE VII - THE FORCE AWAKENS. R.: Jeffrey Jacob Abrams. USA 2015

STAR WARS: EPISODE VIII - THE LAST JEDI. R.: Rian Jonson. USA 2017

STAR WARS: EPISODE IX - THE RISE OF SKYWALKER. R.: Jeffrey Jacob Abrams. USA 2019

STRANGER THAN FICTION. R.: Marc Forster. USA 2006

SUNSET BLVD.. R.: Billy Wilder. USA 1950

TATORT: IM SCHMERZ GEBOREN. R.: Florian Schwarz. GER 2014

TAXI DRIVER. R.: Martin Scorsese. USA 1976

THE BALLAD OF BUSTER SCRUGGS. R.: Ethan Coen/Joel Coen. USA 2018

THE BIRDS. R.: Alfred Hitchcock. USA 1963

THE CABIN IN THE WOODS. R.: Drew Goddard USA 2012

THE DARK KNIGHT. R.: Christopher Nolan. GBR/USA 2008

THE DARK KNIGHT RISES. R.: Christopher Nolan. GBR/USA 2012

THE DEAD DON'T DIE. R.: Jim Jarmusch. USA/SWE 2019

THE DEPARTED. R.: Martin Scorsese. HKG/USA 2006

THE DISCOVERY. R.: Charlie McDowell. USA 2017

THE ENDLESS. R.: Justin Benson/Aaron Moorhead. USA 2017

THE EVIL DEAD. R.: Sam Raimi USA 1981

THE GODFATHER. R.: Francis Ford Coppola. USA 1972

THE HOLY MOUNTAIN. R.: Alejandro Jodorowsky. MEX/USA 1973

THE HUNGER GAMES. R.: Gary Ross. USA 2012

THE HUNGER GAMES: Catching Fire. R.: Francis Lawrence. USA 2013

THE HUNGER GAMES: MOCKINGJAY - PART 1. R.: Francis Lawrence. USA 2014

THE HUNGER GAMES: MOCKINGJAY - PART 2. R.: Francis Lawrence. GER/USA 2015

THE LION KING. R.: Roger Allers/Rob Minkoff. USA 1994

THE MALTESE FALCON. R.: John Huston. USA 1941

The MATRIX. R.: Lana Wachowski/Lilly Wachowski. USA 1999

THE MATRIX RELOADED. R.: Lana Wachowski/Lilly Wachowski. AUS/USA 2003

THE MATRIX REVOLUTIONS. R.: Lana Wachowski/Lilly Wachowski. AUS/USA 2003
THE PRESTIGE. R.: R.: Christopher Nolan. USA 2006
THE ROAD. R.: John Hillcoat. USA 2009
THE ROCKY HORROR PICTURE SHOW. R.: Jim Sharman. UK/USA 1975
THE SHAPE OF WATER. R.: Guillermo del Toro. CAN/USA 2017
THE SILENCE OFT HE LAMBS. R.: Jonathan Demme. USA 1991
THE TERMINATOR. R.: James Cameron. GBR/USA 1984
THE TRUMAN SHOW. R.: Peter Weir. USA 1998
THE WORLD'S END. R.: Edgar Wright. GBR/USA/JPN 2013
THOR: RAGNAROK. R.: Taika Waititi. USA 2017
TOMORROWLAND. R.: Brad Bird. ESP/FRA/GBR/USA 2015
TOUCH OF EVIL. R.: Orson Welles. USA 1958
TRUDNO BYT BOGOM. R.: Aleksey German. RUS 2013
UNBREAKABLE. R.: M. Night Shyamalan. USA 2000
VALHALLA RISING. R.: Nicolas Winding Refn. DNK/GBR 2009
V FOR VENDETTA. R.: James McTeigue. GBR/GER/USA 2005
WANTED. R.: Timur Bekmambetov. GER/USA 2008
WATCHMEN. R.: Zack Snyder. USA 2009
WESTWORLD. R.: Michael Crichton. USA 1973
WHEN NIETZSCHE WEPT. R.: Pinchas Perry. USA 2007
WHO AM I – KEIN SYSTEM IST SICHER. R.: Baran bo Odar. GER 2014
WILD AT HEART. R.: David Lynch. USA 1990
WOLFMAN. R.: Joe Johnston. USA 2010
ZARDOZ. R.: John Boorman. IRL/USA 1974

Fernsehserien

AMERICAN GODS [Fernsehserie]. Creators: Bryan Fuller/Michael Green. USA 2017
ASH VS EVIL DEAD [Fernsehserie]. Creators: Ivan Raimi/Sam Raimi/ Tom Spezialy. USA 2015-2018
BLACK MIRROR [Fernsehserie]. Creator: Charlie Brooker. GBR seit 2011
BEYOND WESTWORLD [Fernsehserie]. Creators: Michael Crichton/ Lou Shaw USA 1980
BRON/BROEN [Fernsehserie]. Creators: Måns Mårlind/ Hans Rosenfeldt/Björn Stein. SWE/DNK/GER 2011-2018

CARNIVAL ROW [Fernsehserie]. Creator: Travis Beacham/René Echevarria. USA seit 2019
DARK [Fernsehserie]. Creators: Baran bo Odar/Jantje Friese. GER seit 2017
DIRK GENTLY'S HOLISTIC DETECTIVE AGENCY [Fernsehserie]. Creator: Max Landis. USA 2016-2017
FUTUREWORLD [Fernsehserie]. Creator: Richard T. Heffron. USA 1976
GAME OF THRONES [Fernsehserie]. Creators: David Benioff/Daniel Brett Weiss. GBR/USA seit 2011
M – EINE STADT SUCHT EINEN MÖRDER [Fernsehserie]. Creator: David Schalko AUS/GER 2019
MANIAC [Fernsehserie]. Creators: Cary Joji Fukunaga/Patrick Somerville. USA 2018
MR. ROBOT [Fernsehserie]. Creator: Sam Esmail. USA seit 2015
MY LITTLE PONY [Fernsehserie]. Creator: Jay Bacal. USA 1986
PHILIP K. DICK'S ELECTRIC DREAMS [Fernsehserie]. Creator: David Farr u.a.. GBR/USA seit 2017
PREACHER [Fernsehserie]. Creators: Sam Catlin/Evan Goldberg/Seth Rogen. USA seit 2016
STRANGER THINGS [Frensehserie]. Creators: Matt Duffer/Ross Duffer. USA seit 2016
THE MAN IN THE HIGH CASTLE [Fernsehserie]. Creator: Frank Spotnitz. USA seit 2015
TWIN PEAKS [Fernsehserie]. Creator: Mark Frost/David Lynch. USA 1990-2017
VIKINGS [Fernsehserie]. Creator: Michael Hirst. IRL/CAN seit 2013
WESTWORLD [Fernsehserie]. Creators: Jonathan Nolan/Lisa Joy. USA seit 2016

Prosa und Lyrik
A DREAM WITHIN A DREAM. Autor: Edgar Allan Poe. 1849
ALSO SPRACH ZARATHUSTRA. Autor: Friedrich Nietzsche. 1891
AMERICAN GODS. Autor: Neil Gaiman. 2011
ATLAS SHRUGGED. Autor: Ayn Rand. 1957
AT THE MOUNTAINS OF MADNESS. Autor: Howard Phillips Lovecraft. 1936
BRAVE NEW WORLD. Autor: Aldous Huxley. 1932
CALL OF CTHULHU. Autor: Howard Phillips Lovecraft. 1926
CATCHING FIRE. Autor: Suzanne Collins. 2009
DAS SCHLOSS. Autor: Franz Kafka. 1926

DER KÖNG DES STERBENS. Autor: Laura Bruning. 2017
DER STEPPENWOLF. Hermann Hesse. 1927
DER ZAUBERBERG. Autor: Thomas Mann. 1924
DIE STADT DER TRÄUMENDEN BÜCHER. Autor: Walter Moers. 2004
DIE VERTAUSCHTE KÖPFE. Autor: Thomas Mann. 1941
DUNE. Autor: Frank Herbert. 1978
FAUST. EINE TRAGÖDIE. Autor: Johann Wolfgang von Goethe. 1808
FAUST. DER TRAGÖDIE ZWEITER TEIL. Autor: Johann Wolfgang von Goethe. 1832
GOD EMPEROR OF DUNE. Autor: Frank Herbert. 1981
HEART OF DARKNESS. Autor: Joseph Conrad. 1899
IN DER STRAFKOLONIE. Autor: Franz Kafka. 1919
JURASSIC PARK. Autor: Michael Crichton. 1990
МЕТРО 2033. Autor: Dmitri Alexejewitsch Gluchowski. 2007
MOCKINGJAY. Autor: Suzanne Collins. 2010
PERDIDO STREET STATION. Autor: China Miéville. 2000
PRESTUPLENIJE I NAKASANIJE. Autor: Fjodor Michailowitsch Dostojewski. 1866
ПИКНИК НА ОБОЧИНЕ, PIKNIK NA OBOTSCHINJE. Autor: Arkadi Strugazki/Boris Strugatzki. 1971
SACRED EMILY. Autor: Gertrude Stein. 1913
SOUTHERN REACH: ANNIHILATION. Autor: Jeff Vandermeer. 2014
SOUTHERN REACH: AUTHORITY. Autor: Jeff Vandermeer. 2014
SOUTHERN REACH: ACCEPTANCE. Autor: Jeff Vandermeer. 2014
THE COLOUR OUT OF SPACE. Autor: Howard Phillips Lovecraft. 1927
THE HUNGER GAMES. Autor: Suzanne Collins. 2008
THE ISLAND OF DR. MOREAU. Autor: Herbert George Wells. 1896
THE KING IN YELLOW. Autor: Robert William Chambers. 1895
THE LIZARD OF OOZE. Autor: Jay Lake. 2005
THE NEW WEIRD. Herausgeber: Ann VanderMeer/Jeff VanderMeer. 2008
THE WEIRD. A COMPENDIUM OF STRANGE AND DARK STORIES. Herausgeber: Ann VanderMeer/Jeff VanderMeer. 2012
V FOR VENDETTA. Autor: Alan Moore. 1988
WATSON'S BOY. Autor: Brian Evenson. 2000
ZAPISKI IZ PODPOL'JA. Autor: Fjodor Michailowitsch Dostojewski. 1864

Diskographie

Apparat. "GOODBYE" by Apparat. The Devil's Walk. Mute, 2013

Strauss, Richard. „ALSO SPRACH ZARATHUSTRA" by Strauss, Richard. 1896

Bowie, David/Queen. „UNDER PRESSURE" by Bowie, David/Queen. HOT SPACE. Mountain Studios/Montreux, 1981

Cash, Johnny. „AIN'T NO GRAVE (GONNA HOLD THIS BODY DOWN)" by Ely, Claude. AMERICAN VI: AIN'T NO GRAVE. American Recordings/Universal, 2010

Nena. "IRGENDWIE, IRGENDWO, IRGENDWANN" by Nena. Feuer und Flamme. CBS, 1985

Rolling Stones. „PAINT IT, BLACK" by Jagger, Mick/Richards, Keith. AFTERMATH. London Records/Decca Records, 1966

Soap&Skin. "ME AND THE DEVIL" by Soap&Skin. [PIAS], 2013

Soundgarden. „BLACK HOLE SUN" by Cornell, Chris. SUPERUNKNOWN. A&M Records 1994

Yoo Gun-hyung, Psy. "GANGNAM STYLE" by Yoo Gun-hyung, Psy. PSY's Best 6th Part 1. YG Entertainment/Universal Republic/School Boy, 2012

Zimmerman, Robert Allen (Bob Dylan). „A HARD RAIN'S A GONNA FALL" by Zimmerman, Robert Allen (Bob Dylan). THE FREEWHEELIN' BOB DYLAN. Columbia Records, 1963

Zimmerman, Robert Allen (Bob Dylan). „HOUSE OF THE RISIN' SUN" by Zimmerman, Robert Allen (Bob Dylan). BOB DYLAN. Columbia Records, 1962

Bildquellen

Abbildung 1: Eigene Darstellung [Screenshot], ZARDOZ.

Abbildung 2: Eigene Darstellung [Screenshot], STAR WARS: EPISODE VIII – THE LAST JEDI.

Abbildung 3: Clarke, Roy (2014). Online verfügbar unter https://pixabay.com/photos/grain-retro-forties-trepidation-3026099/, zuletzt aktualisiert am 18.12.2017, zuletzt geprüft am 14.02.2020

Abbildung 4: Eigene Darstellung [Screenshot], WESTWORLD (Staffel 1).

Abbildung 5: Eigene Darstellung [Screenshot], ZARDOZ.

Abbildung 6: Eigene Darstellung [Screenshot], WESTWORLD (Staffel 1).

Abbildung 7: Eigene Darstellung.

Abbildung 8: Tttrung (2006): Klein bottle. Online verfügbar unter https://de.wikipedia.org/wiki/Datei:Klein_bottle.svg, zuletzt aktualisiert am 17.08.2007, zuletzt geprüft am 14.02.2020

Abbildung 9: Eigene Darstellung [Screenshot], ZARDOZ.

Abbildung 10: Eigene Darstellung.

Abbildung 11: NASA/Ames/JPL-Caltech (2011): Kepler-22b - Comfortably Circling within the Habitable Zone. Onlinve verfügbar unter https://www.nasa.gov/mission_pages/kepler/multimedia/images/kepler-22b-diagram.html, zuletzt aktualisiert am 02.11.2018, zuletzt geprüft am 14.02.2020

Abbildung 12: Eigene Darstellung [Screenshot], ANNIHILATION.

Abbildung 13: Muybridge, Eadweard (1887): Woman walking downstairs. Online verfügbar unter https://en.wikipedia.org/wiki/File:Female_nude_motion_study_by_Eadweard_Muybridge_(2).jpg, zuletzt aktualisiert am 26.03.2005, zuletzt geprüft am 14.02.2020 / Muybridge, Eadweard (1893): The zoopraxiscope* - a couple waltzing (No. 35., title from item.). Online verfügbar unter https://de.wikipedia.org/wiki/Datei:Phenakistoscope_3g07690u.jpg, zuletzt aktualisiert am 28.03.2020, zuletzt geprüft am 14.02.2020 / Marey, Étienne-Jules (1890-1891): Man walking. Online verfügbar unter https://en.wikipedia.org/wiki/File:Marey-_Man_walking,_1890%E2%80%9391.jpg, zuletzt aktualisiert am 17.11.2009, zuletztgeprüft am 14.02.2020

Abbildung 14: Eigene Darstellung [Screenshot], AMERICAN GODS (Staffel 1).

Abbildung 15: C.Löser/Marcuse7 (2008): Flow.svg. Online verfügbar unter https://commons.wikimedia.org/wiki/File:Flow.svg, zuletzt aktualisiert am 16.03.2008, zuletzt geprüft am 14.02.2020, bearbeitet am 07.02.2020